公共行政学

GONGGONG XINGZHENGXUE

蒋国宏
宋　超 ◎ 主编

首都经济贸易大学出版社
Capital University of Economics and Business Press
·北京·

图书在版编目(CIP)数据

公共行政学／蒋国宏，宋超主编． -- 北京：首都经济贸易大学出版社，2021．2

ISBN 978-7-5638-3173-9

Ⅰ．①公… Ⅱ．①蒋… ②宋… Ⅲ．①行政学-高等学校-教材 Ⅳ．①D035-0

中国版本图书馆 CIP 数据核字(2020)第 244645 号

公共行政学

蒋国宏　宋　超　主编

责任编辑	彭伽佳
封面设计	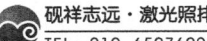
出版发行	首都经济贸易大学出版社
地　　址	北京市朝阳区红庙(邮编 100026)
电　　话	(010)65976483　65065761　65071505(传真)
网　　址	http://www.sjmcb.com
E - mail	publish@ cueb.edu.cn
经　　销	全国新华书店
照　　排	北京砚祥志远激光照排技术有限公司
印　　刷	北京七彩京通数码快印有限公司
成品尺寸	170 毫米×240 毫米　1/16
字　　数	475 千字
印　　张	27.75
版　　次	2021 年 2 月第 1 版　2021 年 2 月第 1 次印刷
书　　号	ISBN 978-7-5638-3173-9
定　　价	55.00 元

图书印装若有质量问题，本社负责调换

版权所有　侵权必究

目 录

第一章 绪论 ………………………………………………………………… 1
第一节 行政与公共行政学 ……………………………………………… 1
第二节 公共行政学的历史演进与发展趋势 …………………………… 7
第三节 学习公共行政学的意义与方法 ………………………………… 33

第二章 行政体制 …………………………………………………………… 41
第一节 行政体制与行政权力 …………………………………………… 41
第二节 行政体制的形成动因与体系构成 ……………………………… 54
第三节 当代中国的行政体制与改革 …………………………………… 60

第三章 行政职能 …………………………………………………………… 75
第一节 行政职能概述 …………………………………………………… 75
第二节 行政职能的主要内容 …………………………………………… 79
第三节 行政职能的转变 ………………………………………………… 83

第四章 行政主体 …………………………………………………………… 107
第一节 行政组织 ………………………………………………………… 108
第二节 行政领导者 ……………………………………………………… 116
第三节 人事行政 ………………………………………………………… 127

第五章 行政决策 …………………………………………………………… 149
第一节 行政决策概述 …………………………………………………… 149
第二节 行政执行 ………………………………………………………… 163

第六章 机关管理 …………………………………………………………… 175
第一节 机关管理概述 …………………………………………………… 175
第二节 会议管理 ………………………………………………………… 182

第三节　文书档案管理 ··· 188
　　第四节　后勤管理 ··· 196
第七章　财务行政 ··· 203
　　第一节　财务行政概述 ··· 203
　　第二节　预决算管理 ··· 207
　　第三节　预算会计 ··· 216
　　第四节　政府审计 ··· 219
第八章　行政信息 ··· 229
　　第一节　行政信息概述 ··· 229
　　第二节　行政信息管理与行政信息公开 ··································· 232
　　第三节　行政咨询 ··· 238
　　第四节　电子政务 ··· 244
第九章　行政监督 ··· 255
　　第一节　行政监督概述 ··· 255
　　第二节　行政监督体系 ··· 265
　　第三节　我国行政监督机制的完善 ······································· 281
第十章　行政法治 ··· 293
　　第一节　行政法治概述 ··· 293
　　第二节　行政立法与行政执法 ··· 323
　　第三节　违法行政及其责任制度 ··· 334
第十一章　行政伦理 ··· 341
　　第一节　行政伦理概述 ··· 341
　　第二节　行政伦理的基本原则和规范 ····································· 351
　　第三节　行政伦理失范与建设路径 ······································· 358
第十二章　行政绩效 ··· 369
　　第一节　行政绩效管理概述 ··· 370
　　第二节　行政绩效价值 ··· 377
　　第三节　行政绩效管理的类型与方式 ····································· 381

第四节　绩效实施与过程管理 ················· 384
　　第五节　行政绩效评估的方法 ················· 393
第十三章　行政发展 ························· 403
　　第一节　行政环境与行政管理 ················· 403
　　第二节　行政改革概述 ····················· 411
　　第三节　中国的行政改革与行政发展 ············· 419
参考文献 ······························ 433
后记 ································ 438

第一章 绪 论

作为一门年轻的学科，公共行政学100多年来得到了迅速的发展，取得了丰硕的成果，业已成为社会科学领域最富有生机和活力的学科之一，并在经济和社会发展中发挥了不可替代的巨大作用。在国际形势发生深刻变化、国内主要矛盾发生重要变化、科学技术日新月异的今天，在社会转型加快、改革不断深化的中国，加强公共行政学的学习和研究，对于树立民主、效率、公正、廉洁的治理理念，增强公共服务的能力，提升服务的水平和层次，推进治理体系和治理能力的现代化，卓有成效地对社会事务进行管理，满足人们不断增长的对美好生活的向往具有十分重要的现实意义。

第一节 行政与公共行政学

一、行政的含义与特征

（一）行政的含义

公共行政学，俗称行政管理学，简称行政学，是一门研究国家行政管理活动及其规律的科学。要学习公共行政学，首先必须弄清行政、行政管理等基本概念。在我国古代，人们早就使用"行政"一词，以表达推行政令、执掌政务、对公共事务进行管理的意思。《史记·周本纪》最早明确采用"行政"一词："周公、召公二相行政，号曰'共和'。"在西方，人们也很早就采用了与中文"行政"相对应的词汇，表示对国家政务进行管理。

作为一门独立的学科，公共行政学诞生于19世纪末20世纪初的美国。与文学、史学等传统学科相比，公共行政学是一门年轻的学科，迄今人们仍然在其身份、研究对象和基本范畴等基础性问题上存在分歧，对行政的定义也未形成一种被普遍接受的理解。西方政治思想史上对行政曾有过三种理解：

（1）法国著名启蒙思想家孟德斯鸠把管理国家的活动分为立法、行政、司法三类，并主张这三种权力分别由三个独立的部门掌握，以相互制约和平衡，避免权力过度集中，防止出现专制。有学者据此认为行政是与立法、司法鼎立的三权之一，是由政府机关管辖的事务。但这种理解不符合现代社会的实际情况，过于狭隘。众所周知，在三权分立的制度设计中，立法主制定法律，行政主执行法律，司法主维护法律，三者不仅相互独立，且地位平等，并无高下之分。事实上，现代社会中政府权力和活动不断扩展，机构日益膨胀，越来越明显地"凌驾"于立法和司法机关之上，而且行政机关拥有制定同议会立法效力相当的行政命令权和制定同法院判决效力相近的行政裁决权。当然，立法、司法机关也同样承担着大量的人事和财务等方面的行政事务。

（2）以古德诺（F. J. Goodnow）为代表的一些学者主张从政治与行政功能两分的角度认识行政，认为政治与行政是政府的两种功能，政治是国家意志活动的领域，主要是指国家政策的制定；行政则是实现国家目的的方法和技术，主要是国家政策的执行。这成为行政学中影响很广的一种观点。但政治与行政在事实上存在着不可分割的关系，政治主张和意图需要通过行政活动去实现和体现；与此同时，现代国家的政府机关日益积极地参与政治决策，带有强烈的政治色彩。任何行政活动都不可能不体现国家意志，带有政治倾向，代表占统治地位的阶级、阶层和集团的利益。那种与政治不相联系的纯粹的行政现象是不存在的。

（3）以怀特（Leonard D. White）为代表的一部分学者从管理功能的角度来理解行政，认为凡是管理都是行政。1926年，怀特在《行政学导论》一书中提出：行政乃是为完成某种目的时对许多人所做的指挥、协调和控制①。费富纳（John M. Phiffner）在1930年出版的《行政学》一书中也说，"行政就是由一些人的协调和努力，使政府的工作得以做成"②。罗森布鲁姆（D. Rosenbloom）说，"公共行政是为圆满完成立法、行政、司法政府部门的整体

---

① L.D. 怀特. 行政学导论 [M]. 纽约：麦克米伦出版公司，1955：3.
② J.M. 费富纳，R.V. 普莱休斯. 行政学 [M]. 纽约：罗纳德出版公司，1955：6.

性社会功能而运用管理、政治与法律途径的一连串活动过程"①。但这些观点没有体现行政管理与其他管理的差别，不足以反映行政管理的特殊性；而且这些定义过于强调行政活动的技术性，无视行政活动中政治条件和政治因素的影响，因此难以揭示作为一种国家管理活动的行政的本质和特点。

我们认为，行政是由政府处理公共事务的活动，即行政机关所发动、用以处理公共问题的活动。具体地说，行政是国家行政机关依据相关法律，运用国家权力，为适应经济社会发展的要求，维护和发展占统治地位的阶级或集团的利益，而对国家事务、社会事务以及机关内部事务进行的组织和管理活动。为了将其与企业管理（亦称"私人行政"，Private Administration）区分开来，人们又称之为"公共行政"（Public Administration）。

（二）行政管理的特点

管理，即管辖和治理，主其事曰管，治其事为理。管理是管理主体在一定的环境中影响管理对象，以实现组织目标的过程。管理伴随人类社会的产生而出现，有着比行政更为悠久的历史。氏族、部落时期，公共事务和公共利益的出现使管理应运而生，也不可或缺，而国家的产生则标志着以国家权力为基础的行政管理的正式产生。行政管理是管理的主要类型之一，自人类进入文明社会即已开始，是指国家行政机关及其雇员在管理国家事务、社会事务和机关内部事务的过程中进行的计划、组织、指挥、协调和控制等各项管理活动。行政具有管理的一般要素和特点，但行政只是管理的一种，只有通过国家行政机关对国家各种事务所进行的管理，才是行政管理。行政管理与一般管理活动的区别或者说其特点表现在以下几个方面②。

第一，行政管理活动具有很强的政治性、权威性和强制性。政治性也称为阶级性。行政管理活动是在国家诞生后才出现的。国家是阶级斗争发展到一定阶段的结果，是阶级矛盾不可调和的产物，是一个阶级（阶层）压迫和统治另一个阶级（阶层）的工具。行政是国家意志的执行，而国家意志首先代表着统治阶级或统治阶层的意志。换言之，任何一个政府在进行管理时必

---

① David H. Rosenbloom. Public Administration：Understanding Management, Politics and Law in the Public Sector [M]. 4th ed, New York：McGraw-Hill, 1998：6. 引自：吴琼恩，周光辉，魏娜，卢伟斯. 公共行政学 [M]. 北京：北京大学出版社，2006：7.

② 郭小聪. 行政管理学 [M]. 2版. 北京：中国人民大学出版社，2008：7-8.

然首先代表和反映处于统治地位的阶级或集团的利益。行政管理的权力基础是公共权力。公共权力在国家产生后就表现为国家权力，行政管理所行使的是其中的行政权力。由于公共权力由宪法和法律所赋予，得到社会和公民的广泛认同，因此具有很高的权威性；同时其行使又是不以管理对象的意志为转移的，有军队、警察、监狱等国家机器作为后盾和保证，这又决定了其具有强制性的特点。

第二，行政管理活动具有明显的广泛性和复杂性。与企业管理相区别的是，行政管理更多地涉及整个社会公共事务的管理，它所管的是公民个人或企业管不了或不想管的社会公共事务，包括提供公共产品和公共服务，例如国防、外交、教育、安全保障、社会治安、城市交通、供水、供电、供气等，涉及社会生活的方方面面，内容十分丰富。这使行政管理活动具有明显的广泛性和复杂性。

第三，行政管理活动具有全局性、服务性和非营利性的特点。社会公众之所以心甘情愿地让渡出一部分权利，选出自己的代表，组建政府并赋予其一定的权力，其目的和初衷就是要缓和彼此间的矛盾，维护社会的稳定，更好地保障和发展自己的利益。因此，行政机关及其工作人员必须代表社会整体利益，满足公众多样化、个性化的需求，做好服务工作，并在服务中体现廉价高效的原则，绝不能忘记自己的公仆身份和服务实质，仅代表个人或小集团的利益，也不应以营利为目的。这使行政管理活动具有了全局性、服务性和非营利性的特点。

第四，行政管理具有规范性、合法性和合理性等特点。行政管理必须承担社会公共责任，包括对社会公众和公民所负的责任，对国家宪法和法律所负的责任，对上级行政机关或行政领导所负的责任，以及对执政党所负的责任等。这决定了行政管理必须杜绝随意性和盲目性，一切按法律办事，按规定办事，不得有超越和违反法律的行为；同时，必须妥善处理合法与合理的关系，从实际出发，按客观规律办事，根据社会公众不断发展变化的需要创造性地进行社会事务的管理。

第五，行政管理具有社会性和民主性的特点。由于行政管理以行使公共权力为基础管理社会公共事务，以服务公共利益为宗旨，必须向社会公众负责，做到公平和公正，而要做到这两点，就必须实现政务公开，接受社会各方面的监督。这就要求政府给予民众广泛的知情权,定期向社会汇报工作,向人大做政府工作报告,为社会公众参与政府管理、监督政府工作创造条件。公开、公平、公正的管理原则体现了行政管理社会性和民主性的特点。

二、公共行政学的研究对象与主要特点

（一）公共行政学的概念

公共行政学又称行政管理学,简称行政学,它是一门研究政府组织及其工作人员依法从事国家事务、社会公共事务以及政府机关内部事务管理过程中带有规律性的原理、原则、方法和技术的科学。国家事务、社会事务和机关内部事务纷繁复杂,但我们可以透过现象看本质,从偶然性背后找出必然性,发现其内在的、稳定的必然联系,即规律性,推动公共行政活动的科学化、法制化、规范化、合理化、效率化和现代化,促进政府公正、廉洁、高效地服务和实现公共利益。

（二）公共行政学的研究对象

公共行政学有自己独特的研究领域和研究对象,是以政府管理实践为基础而形成的系统化的理论体系,是研究行政现象、行政过程内在本质联系的科学。

公共行政学的研究对象具体包括以下几个方面:

第一,行政管理的主体。行政主体的健全、合理、优质是保证行政管理高效率和高效益的决定性因素。行政主体包括行政组织和机构、行政领导以及执行行政公务的工作人员。

第二,行政管理活动的客体。行政管理不仅包括以政府机构协调运转和提高行政效率为目的的政府内部事务的管理,也包括以巩固和完善国家组织、维护和发展国家利益为目的的国家重大事务的管理,以及旨在为发展社会的经济、文化、教育、科技、卫生等各方面事业的社会事务管理,其范围遍及国家和社会生活的各个方面和全体国民,具有广泛的外延性和关系国家和社会的全局性。

第三,行政管理的基本依据。行政组织对国家事务、社会公共事务以及政府机关内部事务进行有效管理必须凭借一定的权力,这就是行政权力。行

政权力是国家权力结构的重要组成部分,是国家行政机关为有效实现国家意志,依据特定的手段和宪法原则对国家事务进行管理的权力。

第四,行政管理的根本原则。依法管理是行政管理的根本原则。行政管理特别是现代行政管理必须以法律为根本的活动准则,在法律规定的范围内实施管理。任何机关和个人都只有依法行政的义务,没有超越宪法和法律的特权。

第五,行政管理的根本目的。行政管理的根本目的是要维护和发展好最广大人民的长远利益和根本利益,因此,如何把握行政管理的客观规律,实现行政管理的科学化,就成为公共行政学研究的重要使命。

(三) 公共行政学的学科特点

公共行政学的学科特点可以主要归结为以下对立统一的几个方面:

第一,政治性和社会性。政治性就是其阶级性。公共行政学作为理论与应用相结合的一门社会科学,是社会上层建筑的重要组成部分,必然要反映一定时期占统治地位的生产关系和经济基础,为统治阶级的意志和利益服务。与此同时,公共行政学研究社会公共事务管理的一般规律,这些规律可为不同性质国家的政府所采用,具有广泛的实务性和技术性。

第二,实践性和理论性。公共行政学不是纯理论的思辨性学科,它的研究课题来自公共行政的实践,其总结归纳的管理原则、程序、技术方法等也具有很强的实践性、操作性,可以广泛运用于政治、经济、文化和社会管理的各个领域。但作为一门学科,它不是停留在对行政现象的简单描述和记录,而是对其内在的稳定的必然联系的探索和总结,是理论的抽象和概括,是由特定的范畴、原理、规范构成的理论体系,从而具有理论性。

第三,复杂性和普适性。各国国情不同,历史文化传统和现实经济发展水平和所处社会发展阶段不同,管理的对象因时因地而异,因此,公共行政学具有对象的复杂性,绝不能不加区分地照搬照抄别国的经验和做法。与此同时,我们也应看到,公共行政学毕竟是对人类行政管理实践活动一般规律的分析和概括,是行政管理活动内在基本规律的体现,因此也可以为不同社会制度和国情国家的政府管理提供指导和借鉴。

第四,综合性与独立性。政府管理涉及社会生活的方方面面,在研究公共行政现象的过程中,公共行政学不能不应用其他许多学科的大量研究成果。

有学者指出，综合性是公共行政学的最大学科优势和突出的特点之一①。因此，研究公共行政学就需要具备管理学、政治学、法学、经济学、社会学、心理学等多学科的相关知识，同时还要将当代科学技术的理论与方法，如系统论、信息论、控制论、网络技术、计算机控制等融入公共行政学中。与此同时，公共行政学是以政府管理实践为基础形成的系统化的理论体系，有自己独特的研究领域和研究对象、范畴和体系，是其他任何学科所不能替代的。正如有学者指出的那样，"公共行政学已经从其基础学科中解放出来，并形成了自身的知识体系、理论原则和方法论"②。

第五，权变性和规范性。公共行政学研究的内容、重心、理论和方法不是一成不变的，必须随着时代的进步而演变和革新。只有不断适应新的发展变化，更新和丰富发展自身的内容，才能更好地指导实践。但是公共行政活动要求依法行使国家权力，其管理规律反映的原理、原则、机制、方法等都具有规范性，表现为依法进行管理，约束和调节人们的行为和社会关系。

第二节 公共行政学的历史演进与发展趋势

20世纪初公共行政学产生于西方国家是有其多方面条件的。首先，原有的行政管理方法难以适应时代的需要，迫切需要有一门学科从理论上来指导国家的行政管理活动，使政府能更好地履行职能，完成其使命。在奴隶社会、封建社会甚至资本主义发展初期，由于社会生产力水平不高，社会关系相对简单，国家事务和社会公共事务不太繁杂，政府职能有限，主要集中在保卫国家免遭外来侵略、维护社会秩序、保护个人财产，行政管理还不可能成为一门独立的学科。19世纪下半叶，随着资本主义的发展和工业革命的完成，以及垄断组织的出现和城市化的发展，政府职能由政治统治扩大到对经济和社会事务的管理，这使得行政活动范围扩大，行政机构迅速增加，行政人员队伍日益壮大。机构臃肿所造成的庞大的财政开支和效率极低的官僚作风妨

---

① 张国庆. 行政管理学概论 [M]. 2版. 北京：北京大学出版社，2000：12.
② N. J. M. Nelissen. Public Administration at the Edge of a New Millennium: Megatrends in the Science of Public Administration in Western Europe [J]. International Journal of Organization Theory and Behavior, 1 (3), 1998: 261.

碍了资本主义商品经济的发展，不能为其进行海外殖民、商品和资本输出提供支持，因此引起了资产阶级乃至社会公众的不满，他们要求研究行政现象和行政规律的呼声日益强烈。因此，从这一意义上说，公共行政学是资本主义社会经济和政治发展到更高阶段的产物。

其次，科学管理运动的兴起推动了公共行政学的形成与发展。19世纪末，自由资本主义发展到垄断资本主义阶段，生产面临着一些前所未有的矛盾和问题。工人的"有意磨洋工"使劳动生产率低下；劳资之间的对立和员工之间的不协调妨碍了生产的增长和利润的增加；缺乏严格的责任制度以及专门化的管理知识和管理人才使专业化协作生产陷于混乱。这些矛盾和问题呼唤着管理思想和管理制度的创新，催生了科学管理时代的到来。泰勒所开创的科学管理理论最初是针对企业管理提出的，着眼于如何在工厂中提高劳动生产率问题。但他主张实行预先计划；用科学的方法挑选员工；对员工进行科学教育和培训，以使他们掌握标准化的操作方法，使用标准化的工具、机器和材料，在标准化的作业环境中，完成经测算规定的工作定额；管理部门和员工之间保持密切友好合作关系等也为政府管理提供了方法和启迪。正是在科学管理运动兴起后，一些学者开始探讨通过科学管理的原则来提高政府管理效率。从某种意义上说，正是科学管理运动的兴起才促成了西方公共行政学的形成与发展。

最后，政治学、管理学、心理学、经济学、法学、社会学等相关学科的发展为公共行政学的发展提供了支撑。以政治学为例。有人把政治学和行政学这两门科学比做根与树、花与果的关系，认为行政学之树源之于政治学之根，行政学之果结之于政治学之花。从学科发展的历史看，行政学的确是从政治学中分离出来而成为一门独立学科的。在行政科学产生以前，其有关内容就包含在政治学之中。政治学的发展是促进行政学产生和发展的一个重要因素。

一、公共行政学在西方国家的兴起和发展

1845年，法国科学家安培（A. M. Ampere）在《关于科学的哲学的论述》一文中建议设立专门研究政府管理的行政科学，后称为官房学。

1865年，德国学者冯·史坦因出版了《行政学》一书，最早使用"行政

学"一词，但他当时主要是在行政法的意义上使用"行政学"一词的。

19世纪末20世纪初，公共行政学作为一门独立的学科在美国产生。关于公共行政学的发展阶段，学者们根据不同标准有着不同的划分，我们主要以公共行政学研究重心的转移为依据，将其发展划分为以下四个阶段。

（一）科学管理时期（19世纪末—20世纪20年代）

1887年，威尔逊在美国的《政治学季刊》上发表了著名论文《公共行政之研究》（The Study of Public Administration），主张把行政管理作为一门独立的学科来进行研究，提出"美国应当有一门关于行政的学科。这门学科探索的是怎样整顿政府、提高政府工作效率……使政府以高度责任感圆满地完成其工作"①。

1. 威尔逊论行政

威尔逊以政治与行政的区分为基础，提出建立公共行政学这一学科的必要性、研究目的、研究方法等，其主要思想观点是：

（1）主张政治与行政相分离。威尔逊提出：国家的权力主要掌握在决定政治的议会和执行政治的行政部门手中；因此，从结构上说，三权分立学说是不符合实际的，政治和行政的两分法才是正确的。威尔逊认为，将政治问题和行政问题联系在一起是政党分赃制的弊端所在。政治领域和行政领域完全可以泾渭分明地划分开来，一个良好的政府应有两大支柱，即坚强有力的政务官和效能精干的文官。行政人员工作的专业技术性使之独立于政治之外，这样可以减少政党分赃制的弊端。

（2）在将政治和行政区分为"政务"和"事务"的同时，威尔逊进一步提出了他的行政集权的理念。"巨大的权力和不受限制的自由处置权限在我看来似乎是承担责任的不可缺少的条件。……只要权力并不是不负责任的，那它就绝没有危险性。如果权力被加以分解，使得许多人各享有一份，那它就会变得模糊不清。而如果权力是模糊不清的，那它就会被弄成是不负责了。但是，如果权力是集中在各部门的首脑和部门所属各机关的首脑身上，那它就很容易受到监督和质询"②。要发挥和实现政治的功能，就必须纯洁政府的组织机构，加强执行，提高行政效率；为了效率，应当适当牺牲民主。

---

①② ［美］威尔逊. 行政学研究［J］. 国外政治学 . 1987,（6）.

（3）提出公共行政学研究的必要性、可能性、研究目标及任务。威尔逊指出，由于长期以来"麻烦的事情几乎都出在政府结构方面，因此结构问题就成为吸引人们思考的焦点。当时在行政管理方面很少或完全没有遇到麻烦问题，至少没有引起行政官员注意的问题。那时候政府的职能很简单，因为生活本身就很简单"。①因此所有的政治学论著仅围绕着政府的构成方式、国家的性质、主权的本质和地位、人民的权力和君主的特权等问题进行思考、争辩和论证，而行政管理则被看作"实际工作中的细节问题，只需在专家学者们就理论原则取得一致意见后由办事人员进行处理"②，所以一直未受到人们的重视。但是，随着社会的发展，政府的职能变得更加复杂，在数量上也同样大大增加。"行政管理部门将手伸向每一处地方以执行新的任务"③。如果说，我们"在以往许多世纪当中就可以明显地看出政府活动方面的困难在不断汇集起来，那么在我们所处的世纪则是眼看着这些困难正在堆积成无与伦比的高峰"④。

传统的论证主要集中在政治过程方面，而对如何实施法律则注意不够，所以应当把研究的重点放到行动的政府方面，即放到政府行政管理方面。威尔逊进一步指出，"在与行政职能有关的各个方面，一切政府都具有很强的结构方面的相似性"⑤，"所有相类似的政府，它们在行政管理方面的合法目的也是相同的"⑥，因而可以把行政作为一个相对独立的研究领域，采用科学方法寻找其规律性，找到为人们所认同的，适用于所有政府"进行良好行政管理的规则"的普遍理论，以建立一支训练有素的文官队伍，从而把那些没有经过训练而仅仅依靠经验办事的人员，"从行政管理方面可悲的严重失误中拯救出来"，"力求使政府不走弯路，使政府专心处理公务减少闲杂事务，加强和纯洁政府的组织机构，为政府的尽职尽责带来美誉"⑦。"这就是为什么会有这样一门学科的理由之一"⑧。

据此，威尔逊明确提出"行政学研究的目标在于了解：首先，政府能够适当地和成功地进行什么工作。其次，政府怎样才能以尽可能高的效率及在费用或精力方面尽可能少的成本完成这些适当的工作"⑨。威尔逊还特别强调，公共行政学的研究不能只局限于"纯粹技术细节的那种单调内容"，要研究和

---

①②③④⑤⑥⑦⑧⑨ [美] 威尔逊. 行政学研究 [J]. 国外政治学. 1987，（6）.

形成"比较高深的理论"。"行政管理研究的目的就在于把行政方法从经验性实验的混乱和浪费中拯救出来，并使她们深深根植于稳定的原则之上"①。此外，威尔逊还论及了创造精神、行政责任、文职官员培养等问题。

威尔逊的上述观点勾画出公共行政学研究对象的大致框架，而政治与行政两分法则是这一框架的重要基础。这篇文章的问世被认为是行政学产生的标志。威尔逊的思想经由古德诺加以系统论证，形成了被公认的公共行政学传统，并对公共行政学以后的发展产生了深远影响，这种影响一直持续到20世纪60年代。

2. 古德诺的贡献

如果说作为公共行政科学产生的重要基础的政治与行政相区分的观点在威尔逊那里还是一个粗略的划分（他没有对此进行深入研究，也没有提出政治与行政这两者之间关系的系统分析和理论论证）的话，那么在古德诺那里，这一缺憾得到了弥补。

1900年，行政学的奠基人之一古德诺出版了《政治与行政：对政府的研究》一书，对政治与行政的分离理论进一步做了系统发挥，这就为创建系统的公共行政学提供了理论基础。《政治与行政：对政府的研究》是最早的行政学专著之一，对后来的行政学有着深刻的影响。古德诺认为：

（1）传统的三权分立学说不符合民主国家的实际，因为民主国家的主要职能只有政治和行政两种，司法只不过是行政的一小部分而已，并对此进行了全面系统的论证，主张否定立法、司法、行政的三分法，而代之以政治与行政的两分法。

古德诺批评了孟德斯鸠的三权分立原则，提出政治与行政的协调机制。他认为，一个政府机关只行使其中的一种权力仅仅是一种极端的形式，"这种极端的形式不能作为任何具体政治组织的基础。因为这一原则要求存在分立的政府机构，每个机构只限于行使一种被分开了的政府职能。然而，实际政治的需要却要求国家意志的表达与执行之间协调一致"②；"一种行为准则，

---

① ［美］威尔逊. 行政学研究［J］. 国外政治学. 1987，（6）.
② ［美］古德诺. 政治与行政——一个对政府的研究［M］. 王元，杨百朋，译. 北京：华夏出版社，1987：14.

即国家意志的表达,如果得不到执行,实际上就什么也不是,只是一纸空文"①。

(2) 古德诺认为,在所有的政府体制中都存在着"两种性质截然不同的政府职能",这两种职能可以分别称作"政治"与"行政";政治与指导和影响政府的政策相关,而行政则与这些政策的执行相关;行政学不研究政治问题,那是政治学的任务,也不使用民主或程序的标准,而是研究政府的行政效率、使用方法或技术的标准。

(3) 为了提高行政效率,最好将政党的因素和政治权宜等政治排斥在行政之外,为了克服当时盛行的"政党分肥制"所带来的不良后果,古德诺提出要对文官制度进行改革,将政府文职官员区分为政务官和常务官,并规定常务官不得参与政党活动,以保证文官队伍的"政治中立"。

不难看出,威尔逊与古德诺是公共行政学的拓荒者,尽管他们没有提出公共行政科学本身的若干范畴和具体的研究内容,却奠定了该学科产生和得以存在的理论基础和研究传统,政治与行政两分法就是被公认为公共行政科学的重要传统。当然,公共行政科学的理论体系和研究的具体内容主要是由以后的思想家们建构的。

3. 韦伯的官僚组织理论

韦伯在行政学领域最重要的贡献是提出了官僚集权组织理论。1922年,韦伯出版《社会组织与经济组织理论》一书,他认为,无论是大企业还是政府、军队、政党、教会等,都需要建立合理的组织进行管理;而最理想、最有效的组织形式是官僚集权组织。实行官僚制的组织,无论是在社会组织还是在经济组织之中,"精确、速度、细节分明……减少摩擦、降低人和物的成本,在严格的官僚主义治理中,一切都提高到最佳点"②。这种官僚集权组织是以合理合法的权力为基础,通过法律确定的职位的权力进行管理的。韦伯提出的理想的官僚集权组织是一种包含多种因素的行政组织体系:它实行分工,明确规定每一个成员的权力和责任,并且把这些权力和责任作为正式职

---

① [美] 古德诺. 政治与行政——一个对政府的研究 [M]. 王元,杨百朋,译. 北京:华夏出版社,1987:11.

② 戴维·奥斯本特德·盖布勒. 改革政府——企业家精神如何改革着公共部门 [M]. 周敦仁,译. 上海:上海译文出版社,2006:11.

责使之合法化；它通过正式考试或者训练教育而获得的技术资格来挑选组织中的成员；在一般情况下，所有担任公职的人员都是任命的；行政管理人员领取固定的薪金，他们是专职的公职人员；行政管理人员不是他所管辖的那个单位的所有者；行政管理人员要遵守组织中规定的规则和纪律。韦伯认为，这种理想的行政组织体系能有效地提高行政效率，在精确性、稳定性、严格的纪律性和可靠性等方面都要优越于其他组织体系。韦伯提出的具有强烈政治学、社会学色彩的组织理论，为许多行政组织理论家所继承，成为西方公共行政学中行政组织理论研究的重要出发点。韦伯所精心设计的行政组织蓝图为大型社会组织提高行政效率提供了一种理性模式，因而他也被誉为"现代组织理论之父"。

韦伯提出了职位和职权的非人格化原则、组织形态的层级化原则、组织运作的法规化原则和工作人员的专业化原则。他的官僚制理论也被认为是传统行政模式的最重要的理论原则。因此有人说，"仅从行政学角度来看，韦伯的官僚制理论与威尔逊和古德诺的政治—行政二分法是一致的"，韦伯的官僚制理论"从组织体制角度为行政学的创立提供了理论框架"[1]。

4. 怀特的《行政学导论》

怀特，美国人，曾任芝加哥大学教授，美国文官委员会主席，1926年，他出版了《行政学导论》[2]一书，全面反映了传统时期公共行政学的理论观点，被认为与威尔逊的《行政学研究》一样，对公共行政学成为一个独立的研究领域起了重要作用。《行政学导论》是美国第一本公共行政学的教科书，同时它的问世标志着作为一个独立学科，公共行政学最终形成。此外，怀特还出版有《近世公共行政的趋势》《联邦主义者》《外国的文官制度》等著作。

在《行政学导论》一书中，怀特坚持古德诺倡导的政治与行政两分论，采用理论的研究方法，对行政活动的基本原理，即行政活动的根源、一般规律、具有指导性的普遍法则以及在整个逻辑体系中成为公理的内容进行了比较系统、深入的分析。怀特指出："行政管理是在完成国家的各个目标过程中

---

[1] 丁煌. 西方行政学理论概要 [M]. 北京：中国人民大学出版社，2005：36-37.
[2] 中文版译为《行政学概论》，商务印书馆，1947年版.

对人与物的管理。"他把公共行政的目标明确表述为："公共行政的目的，就是在官员和雇员的处置下，对各种资源加以最有效的利用……良好的行政千方百计追求的是：消除浪费、保护材料和资源、迅速而圆满地完成公众的目标。"①

怀特的公共行政学理论也是围绕效率准则来建立的，他所关注的是影响行政效率的组织、人事、财务及法规几个方面，因此，把行政要素归纳为组织原理、人事行政、财务行政、行政法规，并把这些行政要素作为一个有机的体系加以综合考察和分析。怀特把效率作为公共行政学追求的目标，除了受到泰勒、韦伯效率理论的启示外，也反映了当时在由"议会主导"型国家向"行政主导"型国家转变过程中所出现的一种矛盾，即政府自身管理状况与公众对政府要求之间的矛盾。一方面，工业化、城市化带来了一系列前所未有的、与社会成员息息相关的复杂社会问题，需要政府处理，由此而使政府职能扩大、权力增加、责任加重；另一方面，政府及其工作人员却存在冗员充斥、素质不高、管理混乱、效率低下的问题，以致腐败盛行，公共资金浪费巨大，公共工程承包合同中贿赂横行。这种矛盾不仅影响到政府的"形象"，还使社会各集团的矛盾激化。怀特强调行政效率并把它作为公共行政的目标，实际上正是想通过增进公共福利的途径获取公共利益，从而使政府与居民、居民与居民之间黏合为稳定的利益共同体。

5. 其他学者的贡献

古立克，美国人，在哥伦比亚大学任教 20 多年，曾任美国财政部特别助理，他在 1923 到 1961 年间主持美国政府事务研究所工作。他还在联合国等世界组织中先后担任过政府计划、组织、都市管理、财政、人事等部门的负责人。古立克学术研究兴趣广泛、成果丰硕，在行政学领域的研究成果集中反映在他和厄威克合编的于 1937 年出版的《管理科学论文集》一书中。在这本论文集中，他把科学管理理论中有关管理职能的论述加以系统化，提出了著名的管理七职能论（POSDCORB）：计划（planning）、组织（organising）、人事（staffing）、指挥（directing）、协调（coordinating）、报告（reporting）、

---

① Leonard D. White, Introduction to the Study of Public Aolministration [M]. New York: Macmillan, 1926: 1-2.

预算（budgeting）。POSDCORB 就是取这些职能的英文词的字头组成的。古立克提出的管理七职能在西方被视为 20 世纪行政学理论的基石，因为这七个职能既构成了行政管理活动的基本内容，也为行政机关开展行政活动提供了基本指导原则。

厄威克（Lyndall F. Urwick），英国人，曾任设在日内瓦的国际管理协会会长，一生编写过许多管理方面的著作。除了同古立克合编的《管理科学论文集》一书外，还著有《管理的要素》《英国科学管理的发展》《组织的科学原则》《管理备要》《明天的管理》等著作。厄威克受韦伯的影响很大，他把行政组织和行政管理问题放到整个社会的经济、政治结构中去考察；在方法论上又受到行为学派的影响，侧重心理分析，即强调人的动机、创造性等因素在行政活动中的作用。他认为，管理应以发挥人的创造性为主旨，因而任何组织都要允许形成一定的"交流幅度"，成为一种使个人能够在精神上和体力上得到最大限度发挥和提高的团体组合。厄威克最重要的理论贡献是提出了适用于一切组织的八项原则。这八项原则是：目标原则；相符原则；职责原则；组织层级原则；控制幅度原则；专业化原则；协调原则；明确性原则。这些原则至今被西方行政学奉之为行政组织的基本原则。

魏洛比（W. F. Willoughpy），美国人，曾任美国劳工部专家顾问和普林斯顿大学教授，擅长政治学和心理学，对经济和法律也颇有研究，后曾主持美国行政研究所及美国国会图书馆的行政书籍出版事宜。1928 年，魏洛比出版了《行政学原理》一书。这是继怀特《行政学导论》之后的又一本有影响的公共行政学教材。他认为，财政、预算和物资管理是公共行政学的主要研究范畴，而这些内容却常常被人们忽视。因此，他用比较长的篇幅来论证这些内容，拓宽了公共行政学的研究范围，体现了他对公共行政学的杰出贡献。此外，魏洛比还著有《现代国家的政府》等论著。

费富纳（John M. Pfiffner），美国人，曾在美国南加州大学任教多年，1946 年出版了《行政学》一书。该书与怀特的《行政学导论》、魏洛比的《行政原理》齐名，被称为三大行政学教科书。他还著有《行政组织理论》《行政学研究方法》等著作。

可以看出，传统时期的公共行政学思想以关于行政效率和行政组织的研究为特征，强调标准化、计划化、协调化和效率化。它关注的中心问题是用什么样的组织方式来保证行政效率的提高，效率作为公共行政学追求的最高目标，构成了公共行政学思想的一大理论传统。正如古立克所说："在行政科学中（无论是公共行政还是私人行政），基本的'善'就是效率。行政科学的基本目的就是以最少的人力和材料的消耗来完成手头上的工作。因此，效率是行政管理的价值尺度中的头号公理。"

以政治与行政两分法和效率目标为基本点建立的公共行政学理论既反映了传统时期公共行政学的理论贡献，又带有那个时期不可避免的明显缺陷：①它将政治与行政截然分开，忽视了政治因素对行政过程的影响；②它用封闭、静态的研究方法研究组织结构，忽视了组织与环境的关系；③它过分推崇效率原则，而忽视了行政活动中公平、公正的最高价值取向。④它片面强调人的物质需求及其满足，而忽视了人的需求及其满足。

美国学者文森特·奥斯特罗姆（Vincent Ostrom）在《美国公共行政的思想危机》一书中，将传统公共行政学思想称之为威尔逊—韦伯范式，他指出，这一思想的基本特征是："单一权力中心"，"层级（等级）结构"，"政治与行政的严格分离"。如果说传统的公共行政学思想曾经顺应和推动了工业化社会的发展，那么，随着社会变迁和公共行政学的进一步发展，威尔逊—韦伯范式的弊端逐步暴露出来，受到越来越多的批评以至激烈抨击，到20世纪60年代后，威尔逊—韦伯范式逐步为一种新的范式——"民主行政范式"所取代。

这一时期的公共行政学深受泰罗倡导的科学管理理论的影响，学者们在科学管理思想的影响下，借鉴企业经营管理的一些理论和原则，提出政府行政管理的一些理论、原则和原理，力图以此指导行政工作，提高行政效率。他们根据科学管理理论有关建立合适组织的原则，注重组织结构的研究，提出了行政管理中的组织原理；他们根据科学管理理论的协调化原则，强调行政组织与所属人员之间、行政人员之间的合作、协调一致和相互督促；他们根据科学管理理论的计划性和程序化原则，主张行政工作也要先拟订管理计划目标，再采用目标分解法，把大的行政目标分解为若干层次的子目标，以保证总目标有计划、有步骤地实现；他们还根据科学管理理论的核心原则——效率原则，着力寻求提高政府工作效率和节省开支的途径和方法等。

（二）行为科学时期（20世纪30—60年代）

这一时期的行政管理理论认为，行政体制不能仅仅研究和改善行政组织和行政条件,不能漠视人的社会性和心理因素,而应当跳出"经济人"理论的束缚,把在行政过程中活动着的人作为分析的中心,重视人与人的关系,重视研究人的行为与动机,以及人与行政组织的合作关系。也有的学者把这一时期称为公共行政学的批评与转变的时期。

这一时期影响较大的有霍桑实验学派、社会系统学派、决策理论学派、需要层次论、X-Y理论学派等。

1. 霍桑实验学派

该学派代表人物是美国哈佛大学教授埃尔顿·梅奥(Elton Mayo,1880—1949)和罗特利斯伯格(Eritz J. Roethlisberger,1898—1974)。他们两人主持了1927年到1932年在芝加哥西方电器公司霍桑工厂进行的研究,即著名的霍桑实验。根据实验结果,他们提出以下观点:①工人是"社会人",不是"经济人"。人的本性是社会的,有着复杂的社会心理,金钱不是唯一的激励因素,影响人的生产积极性的因素还有社会和心理的因素。②除了正式组织以外,还存在"非正式组织"。它与正式组织是相互依存的,是对正式组织的有效补充。要求管理人员依据效率逻辑和成本逻辑进行管理时,不能忽视感情逻辑。③工作效率的高低不仅取决于工作条件和工作方法,而且在很大程度上取决于职工的工作情绪,即"士气"。④要有新型的领导,使正式组织的经济需要和非正式组织的社会需要取得平衡。霍桑实验学派强调人除了物质需要外,还有更重要的需要,即社会需要,主要是良好人际关系的需要。梅奥等人的研究奠定了行为科学的理论基础。他们的观点主要反映在梅奥的《工业文明的人类问题》(1933)《工业文明的社会问题》、罗特利斯伯格的《管理与士气》等著作中。

2. 社会系统学派

该学派的代表人物和创始人是美国著名管理学家切斯特·I.巴纳德(Chester I. Barnard,1886—1961)。他的代表作是1938年出版的《管理人员的职能》一书。巴纳德系统地论述了正式组织、非正式组织的特性以及两者之间的关系,他把社会学的概念运用于管理研究,并把研究重点放在组织结构和逻辑分析上。

(1)运用社会系统的观点推进了对正式组织的研究。巴纳德认为,正式组织不是单个人的行为,而"是人们自觉的、有意的、有目的的一种协作",

是"有意识地加以协调的两个或两个以上的人的活动或力的系统。"① 不管是哪种形式的组织或哪一层级的组织，这一系统都包含了三种普遍的要素：协作意愿、共同的目标、信息沟通。

（2）非正式组织理论。巴纳德认为，非正式组织属于正式组织的一部分，它没有正式结构，是不定型的，往往也不能自觉地认识到共同的目的，而是在共同工作中自然形成的一定的态度、习惯和规范。非正式组织因正式组织存在而产生，对正式组织起着三种作用：①从事正式组织难以或不宜沟通的信息、意见；②通过对协作意愿的调节，维持正式组织内部的团结；③以避免正式的控制，维持个人品德、个人自尊和独立选择。巴纳德强调，非正式组织的存在及其作用可以增强组织能力，使组织更有效率，所以行政主管人员要重视非正式组织，创造条件发挥非正式组织的作用。

（3）权威的接受理论。巴纳德对权威的认识与众不同，他认为权威的来源和实质不在于权威者或发出命令的人，而在于被命令者接受不接受。若被命令者不接受，也就不存在这个权威。上级的命令要被下级所接受或同意，必须满足四个要求：①受命者对命令本身十分明确；②受命者认为所下达的命令同他们的组织的目标是一致的；③同受命者的个人利益保持一致；④受命者有能力遵守或执行这个命令。

（4）组织平衡理论。巴纳德认为，组织的存在取决于组织成员的贡献与满足之间的平衡。行政组织中每一个成员之所以能效力组织，是因为受到来自两方面的激励：积极的激励是组织向其成员提供的"诱惑"，包括物质方面和非物质方面的条件；消极的激励是组织成员对组织的"贡献"，即所从事的工作。只要前者大于后者，组织成员就会愿意继续为该组织效力。一个行政领导者要善于协调"贡献"与"诱惑"之间的平衡关系，不断将组织成员的贡献转换成诱惑，又利用诱惑促使组织成员做出更多的贡献，才能保持组织的活力和发展。

（5）行政主管人员的职能。巴纳德认为，作为经理或行政主管人，其职能"在于维持一个协作努力的系统"，在于"维持组织运转"，类似于大脑和神经系统对身体其他部位的作用。具体来说有三项职能：①提供一个正式组

---

① 雷恩. 管理思想的演进 [M]. 北京：中国社会科学出版社，2000：349.

织和非正式组织互相合作的信息交流系统，形成有效的信息沟通网络；②通过合理选用工作人员以及"士气""诱惑""威慑"等所谓"维持方法"，促使组织成员协力工作，多做贡献；制定目的和目标，包括决策和授权。

3. 决策理论学派

该学派的代表人物是1978年诺贝尔经济学奖获得者，美国卡内基—梅隆大学的教授赫伯特·西蒙（Herbert A. Simon，1916—　）。西蒙将管理学、社会学、心理学、运筹学、计算机科学等多种学科的知识运用于决策理论的研究，使公共行政学的研究更显露出跨学科的性质。他的代表作包括《行政行为——行政组织中决策过程的研究》（1947年）、《组织》（1958年）和《管理决策新科学》（1960年）。

西蒙认为，早期行政学者试图建立永久不变、到处适用的"行政原则"是不科学的，实际上不过是"行政谚语"，无助于问题的解决；他主张行政学研究应以事实问题为对象，针对事物的规律性做经验性、实证性研究。西蒙对传统行政学只注意组织的结构、固定的权力关系以及法令规章的制定这类静态东西的研究方法也表示不满，提出要注意对人的行为、行政的功能、非正式组织、决策活动、信息沟通等动态东西进行研究。由于西蒙等人把行为科学的理论和方法引入行政学研究领域，形成了行政学界一个新的学派，即行为主义派或逻辑实证论派。

西蒙在行政学理论方面最突出的贡献是把社会科学中的决策概念引入行政管理，建立了一个比较完整的决策理论体系。西蒙的主要观点包括：

（1）管理就是决策。决策是一切政府组织和行政管理过程中的重要活动，是行政的中心。决策过程和决策行为存在于一切组织的行政管理过程之中，因此，行政学必须注重决策问题的研究。西蒙综合运用控制论、系统论、运筹学、心理学、计算机科学以及各种定量分析技术等方面的成果，深入地研究管理决策过程和技术问题，试图建立"管理决策新科学"。

（2）心理环境对决策本身和决策过程及程序具有重要影响。西蒙采用行为主义的行政研究方法，系统地研究了行政决策过程。他把决策过程分为三个阶段，即情报阶段、设计阶段、抉择阶段，强调整个决策活动过程都需要对实际情况有真切的了解，需要上层和下层间的密切配合，需要做好信息沟通。

(3) 与"完全理性""寻求最优"的经济人不同,"行政人"(或"管理人")是在"有限理性"的范围内运用相对简单的经验方法,按照"满意原则"挑选决策方案并进行决策的。

(4) 决策既有程序化决策,也有非程序化决策。行政研究所涉及的一是价值因素,二是事实因素,前者是目的,后者是手段,强调决策不能只注意事实和过程,而忽视社会价值。

对行政组织的研究,西蒙认为:行政组织的作用在于提供一个有利于做出合理决策的组织结构,所以他把行政组织活动视为由一系列决策行为形成的决策过程,强调行政组织要为决策活动提供各方面的信息,要确定行政组织及其所属机构的活动目标,要确定各个层级组织的成员制定决策的范围,并为达到组织目标创造各种条件,提供各种有效手段。另外,西蒙还继承和发展了巴纳德的非正式组织理论和组织平衡理论,对非正式组织的存在和作用,对组织与所属人员之间彼此保持"贡献"与"满足"的平衡,对行政组织的活动过程以及组织成员的行为方式和动机,做了更为宽泛而深入的论证和分析。

总之,在行为科学理论发展阶段,行政观念、行政组织、行政权力、人事行政以及行政管理方式等方面都受到行为科学的影响,克服了传统理论阶段的不足,从只注重组织结构、法令、规章制度及权责分配,到同时重视组织中人员意见的沟通、个人需要的满足以及非正式组织作用的发挥;从重视监督制裁,到重视激发人的积极性;从专断领导到民主管理;从"重事"到"重人"的转变。但有时也走向了极端,即过分强调人的行为因素,忽视了组织结构、法制的作用,忽视了环境的影响等。

(三) 管理科学时期(20世纪60—70年代)

20世纪60年代后,一方面,随着经济和科技的发展,行政管理的范围、职能、机制、各种制约因素及行政管理的技术性和复杂性不断发展变化,另一方面,由于社会问题、各种冲突、行政危机不断加剧,使公共行政学的研究沿着多元的、多方向的趋势发展,并形成了种种对立的观点和派别。美国管理学者孔茨(Harold Koontz)在1980年发表的《再论管理理论的丛林》一文中认为当时至少已发展到十一个学派,除了文中提到的外,还有组织行为学派、社会技术学派、经理角色学派、经营管理理论学派等。

在这一时期,欧美发达资本主义国家对于公共行政学研究的范围扩大了,不仅扩大到政治因素,而且扩大到社会因素;不仅研究一般行政,而且研究专业行政;在政策分析、系统方法、政府责任与道德权力结构、行政体制、政府间关系等方面进行了更深入的研究,研究机构也普遍得到了加强。

1. 一般系统学派

这一学派的代表人物是奥地利生物学家路·冯·贝塔朗菲(L. V. Bertalanffy),在20世纪60年代最为盛行。一般系统学派从系统的观点来考察和管理企业,使各个系统和有关部门相互联系网络更加清楚,有利于更好地实现企业的总目标。一般系统学派认为管理系统具有以下基本特征:

(1)管理系统的目标是多层次、多样化的综合体系。如企业管理系统,既有管理的总目标,又有各部分(车间、班组)的具体目标;既有经济效益目标,又有社会效益目标;既有量的目标,又有质的目标;等等。所有这些目标形成统一的综合体系,管理就是要在这样的目标体系下进行调节,谋求最佳效益。

(2)管理系统还包括人的系统,包含着人们的价值观念和利益关系。在管理过程中所形成的秩序背后便是建立在一定价值上的利益的某种平衡。人的系统的稳定性是保证管理系统可靠性和有效性的最重要的方面。

(3)管理系统往往需要做长期的分析、把握和预测未来发展的趋势。

(4)管理系统中的竞争性和动态特征十分明显。管理系统中普遍存在着竞争,不仅系统与外部存在竞争,系统内部各层次和各部分之间也有竞争。一方面,这些竞争需要管理加以调节,以达到系统的某种适度的平衡;另一方面,这些竞争又不断呈现出强烈的动态特征,促使系统各方面不平衡地发展,使管理的调节手段以选择和定向为中心内容。

2. 行政生态学派

一般系统理论与公共行政学相结合,形成了行政生态学。一般认为,最早运用生态观点来研究公共行政现象的是美国人高斯(John M. Gaus)。他在1936—1947年间发表了《美国社会与公共行政》、《公共行政的境界》和《政府生态学》等作品,阐述了政府及其行政行为与社会环境相互关系的重要性,强调政府与其生态环境的交互作用,开创了从社会文化的角度研究公共行政的先例。

集生态行政研究之大成,用生态理论和模式来解释行政现象的则是美国人里格斯（Fred W. Riggs），他于 1957 年所著的《农业型与工业型行政模式》以及于 1961 年发表的《行政生态学》被认为是行政生态学论著的典范。里格斯借助"结构—功能分析法"和物理学上的"光谱分析"概念，根据农业社会、工业社会以及过渡型社会三种不同的社会形态，提出了与之相适应的三种行政模式。他认为，迄今为止，人类的行政模式可以分为融合型（fused model）的农业型行政、棱柱型（prismatic model）的过渡型行政、衍射型（diffracted model）的工业型行政三种模式。

融合型行政模式是农业社会的行政模式，其特征是：经济水平处于农业生产力主导的阶段；政治与行政不分，权力来源于君主；实行世卿世禄的行政制度，行政官吏在政治和经济上自成特殊的阶级；政府与民众较少沟通；土地的分配和管理是政府的重要事务；官僚的职位重于行政政策；行政风范带有浓重的亲族主义色彩；行政活动以地域或土地为基础；行政的主要问题是维持行政的一致和统一。

衍射型行政模式是工业社会的行政模式，其经济基础是美国式的自由经济或苏联式的管制经济；其特征是社会高度的专业化，因而行政管理的主要问题是谋求专业化基础上的协调与统一。

棱柱型行政模式是处于农业社会向工业社会过渡期间的一种行政模式。其特征是，政府的制度、法规不健全，不能在实际上起到约束和规范作用；形式上虽已抛弃了传统社会中的行政特性，实际上仍具有其影响力；同时呈现出异质的行政制度、行政风范和行政行为；传统结构与现代结构重叠存在。

3. 权变理论学派

权变观是 20 世纪 70 年代形成于西方的一种管理理论。权变观以系统理论为基础，否认一成不变、普遍适用的"最佳"管理理论和方法，认为每一种组织都有其特定的社会环境和内部条件，因此，随机应变，一切以时间、地点和条件为转移是组织管理行之有效的关键。"权变管理就是依据环境自变数和管理思想及管理技术因变数之间的函数关系来确定的一种对当时当地最有效的管理方式"[①]。

这个学派的代表人物是美国的弗雷德·卢桑斯（Fred Luthans），其代表

---

① 牟永贵，等：基层管理与领导方法［M］. 吉林：吉林人民出版社，2017：43.

作是《权变管理理论：走出丛林的道路》（1973年）和《管理导论：一种权变学说》。权变理论的重要点在于否认存在普遍适用于所有环境的原则，强调组织的多变量性，其意义在于使管理理论不致陷入某一种不变的教条，而是随着管理实践的发展不断变化着。每一个特定的组织都必须确切地了解自己所处情境的各种可变数以及这些变数之间的相互关系和相互作用，把握组织管理过程中各种复杂的因果关系。因此，不存在一种普遍适用的管理原则和组织模式，一切都取决于时间、地点和条件。

（四）新公共管理时期（20世纪80年代以后）

1. 新公共行政学

1968年，由时任《公共行政评论》主编的美国行政学家沃尔多发起和赞助，一群青年行政学者聚集在锡拉丘兹大学明诺布鲁克会议中心举行研讨会，回顾和总结公共行政的发展历程，寻求公共行政今后的发展方向，讨论这个学科的重点应该放在何处，以迎接未来的挑战。会议成果集中反映在1971年马诺力主编出版的《迈向新公共行政：明诺布鲁克观点》一书中。该书被称为"新公共行政学"的宣言，其中弗里德里克森的《走向一种新的公共行政学》一文，以及他在1980年出版的《新公共行政学》一书，集中体现了"新公共行政学"的基本观点，他本人也成为"新公共行政学"的主要代表人物。"新公共行政学"以一种全新的视角研究公共行政领域，他们不满于传统行政以国家为中心来提高管理的效率、经济和效果，不满于POSDCORB以及诸如操作研究、决策科学、系统理论、PPB、MBO及其他强调"理性""科学""行为主义"的技术职业性发明。他们的基本思想是，要以社会公平作为核心价值，建构一种入世的、改革的、具有广泛民主性质的新公共行政学。概括来说，新公共行政学的理论观点主要集中在以下几个方面：

（1）主张社会正义（social justice）和社会公平（social equity）。他们认为，传统的公共行政学注重效率、经济目的和管理行为的协调性或许并没有错，但传统的政府管理过于专注高层管理和重要职能部门的管理，以至于效率、经济目的和管理行为的协调性经常以社会公平为代价，而实现社会正义和社会公平恰恰是公共行政的根本目的，因此，要在公共行政学的经典目标和理论基础中增加社会公平一项，并以此为核心重塑现代公共行政的价值体系。这也是新公共行政学的理论基点以及其与传统行政学最重要的差别。弗里德里克森指出，社会公平是一系列价值偏好包括组织设计偏好和行为方式偏好的关键词语。"社会公平强调政府提供服务的公平性；社会公平强调公共管理者在决策和组织推行过程中的责任与义务；社会公平强调公共行政管理的变革；社会公平强调对公众要求做出积极的回应（responsiveness），而不是以追求行政组织自身需要的满足为目的；社会公平还强调在公共行政的教学与研究中更注重与其他学科的交叉，以实现对解决相关问题的期待……总之，倡导公共行政的社会公平是要推动政治权力以及经济福利转向社会中那些缺乏政治、经济资源支持，处于劣势境地的人们。"[1] 据此，新公共行政学提出了自己的目标：现代公共行政必须考察政府提供的服务是否促进社会公平，效率必须以公平的社会服务为前提和代价。

（2）拒绝"政治中立"的观点，主张放弃政府的与逻辑实证论相联系的表面上的"价值中立"（value-neutrality），转而按照后逻辑实证论（post positivism）专注于更为人道、更为有效、更为公正的新公共行政的价值观和伦理观。他们认为按照"价值中立"只对事实做出客观的描述是远远不够的，还必须提出和确定是非判断标准，并实际做出是非判断，社会平等和正义才是政府公共行政管理真正的规范基础。行政系统游离于政策制定之外的状况根本不存在。行政人员既从事行政执行，也从事政策制定，"行政管理者不是中性的。应责成他们承担责任，把出色的管理和社会公平作为社会准则、需要完成的事情或者基本原理"[2]。对行政人员的决策地位的认识采取积极态度有助于提高行政机关及其人员的自觉意识，即除在执行政策中尽职尽责外，更以主动的态度设计政策议程，并使用裁量权发展公共政策，使政策更加有效地解决社会问题。

（3）主张改革的、入世的、与实际过程相关的公共行政学。他们认为，公共行政学因其研究对象使然，应当把研究的重点转向与社会环境相关、与公众相关、与政策相关、与政府及其官员相关的问题上来，而不应当仅仅关注那些与学术相关、与理论相关、与思辨相关、与研究方法相关的问题。因此，新公共行政学主张：第一，变革，改变那些妨碍实现社会公平的政策和

---

[1] 弗里德里克森. 新公共行政学 [M]. 亚拉巴马：亚拉巴马大学出版社，1980：38.
[2] 彭和平，竹立家. 国外公共行政理论粗选 [M]. 北京：中央党校出版社，1997：330-364.

制度结构。"变革是新公共行政学的基础"。第二，关注政策，通过入世的、积极进取的科学方式更为普遍地改进影响所有人生活质量的各项政策，其名言是"关心国防部，更关心国防"。第三，典范革命（paradigm revolution），即对传统行政学的基本假定、理论框架、价值规范、研究范畴、研究方法等进行重大的调整，重视"行动理论"。

（4）主张构建新型的政府组织形态。新公共行政学认为，组织结构与功能状况关系到公共服务的质量，传统的科层官僚组织结构已经造就了一种超稳定的能力，使政府失去了必要的敏感性和同情心，正在远离社会公众。这就需要寻求不断的灵活性，使变革成为经常的组织要求，寻求顾客导向、应变灵活和回应性强的组织形态。分权、权力下放、规划、合同、敏感性训练、责任扩大、顾客导向、组织发展成为新公共行政学分析组织问题的一些基本概念。与此同时，传统的组织理论只关注公共组织的内部问题，且理论构成过于空洞。这就需要从一种完全不同的角度对行政现象进行分解，通过重新定义分配过程、整合过程、边际交换过程和社会情感过程，构建新型的公共组织，进而实现社会公平。

（5）主张突出政府行政管理的"公共"性质。他们认为，公共之于政府的重要性意义正在淡化，而公共性质——公共目的、公共利益、公共权力、公共行为等正是政府公共管理（public management）与以产权私有为基础的私人管理（private management）的根本性区别，因此，不存在适用于一切组织的"全称性管理科学"，为了实现社会公平，必须坚持政府管理的公共性质。在这方面，新公共行政学偏重"公共的"而不是"一般的"，公共的实质意义就在于代表公共利益（public interest），与此相一致，政府必须坚持公共目的（public purpose），承担公共义务或公共责任（public accountability）。

（6）主张"民主行政"（democratic administration），并以此作为新公共行政的"学术识别系统"。新公共行政学认为，民主行政的核心价值观在于尊重人民主权和意愿，实现社会正义和社会公平，反对滥用权力和行政无能。为此，民主行政要求以公众意愿、公众利益为导向，强调公众的利益应高于政府自身的利益扩张和利益满足，强调公众参与，强调政府信息和公共政策的公开性，反对政府自利和代表党派利益，反对专业主义。他们期待着公共行政发展进入一个全新的领域，即建立民主行政的模型，并主张通过行政改革使民主行政得以实现。

新公共行政学理论的主张对今天行政学的发展有着重要影响，尤其是关于公共行政的价值观、道德观和关注现实政策的主张，一直是当代公共行政的中心议题。

2. 公共政策学派

公共政策分析也称政策科学、系统分析、政策研究、社会工程、系统工程等。有一种观点认为，公共政策分析将成为公共行政研究的主要领域。[①] 一般认为，最初把政策与科学直接联系并赋之以现代意义的是美国政治学学者拉斯维尔（Harold D. Lasswell）。人们通常把他与其同事于1951年合著的《政策科学：近来在范畴与方法上的发展》一文作为现代政策科学的发端。20世纪60年代，美国联邦政府率先吸收和采用了政策科学的研究成果，并将其直接应用于联邦政府所面临的若干大型、复杂国策问题的研究和处理，成功地大规模集中和组织了专业力量和生产力量，解决了诸如国防、空间探索、高尖新科技开发等领域里的某些问题，从而引起了各国政府和世界的普遍重视。

公共政策学派注重应用人类社会一切可能的知识以及与知识相关联的直觉、判断力、创造力来更好地制定政策。对所涉及的政策问题，它不仅强调对组成政策的诸元进行分解式的单体研究，而且要求对诸元之间关系的结构及其作用力，以及由此产生的特质进行整体性的分析。其基本的价值衡量标准是要设计出既符合社会大众的利益和政治、经济、文化、伦理观念（即具社会可行性），又符合政策制定者的既得利益和意识、目标（即具组织可行性的政策）。与此同时，公共政策十分注重对政策制定系统本身的研究和改进。换言之，公共政策一方面强调政策适用者或社会对象的分析，另一方面注重政策制定者及其所属系统、程序、方法的优化。任何高效益的政策都是以一个良好的政策制定系统为基础的。公共政策问题所涉及的动态因素很多，所以特别强调"选择性"的意义。政策科学中的选择性至少具有四重含义，即正确的社会调查方法和政策分析技术的选择性、恰当政策信息的选择性、政策

[①] 菲利克斯.A.尼格罗，等.公共行政学简明教程[M].郭晓来，等，译.北京：中共中央党校出版社，1997：22.

讨论或争论的选择性以及政策自身的选择性。

3. 新公共管理理论

20 世纪 80 年代后，为迎接新技术革命、经济全球化、财政危机的挑战，英美等西方发达国家纷纷开展了一场政府再造运动，其核心是力图将私人部门和企业管理的方法用于公共部门。这场改革催生出不同于传统公共行政理论的新范式，这就是新公共管理理论，也有人称之为"管理主义"或"以市场为基础的公共行政学"。

如果说传统的公共行政以威尔逊、古德诺的政治—行政二分论和韦伯的科层制论为其理论支撑的话，新公共管理则以现代经济学和私营企业管理理论及其方法作为自己的理论基础。首先，新公共管理从现代经济学中获得诸多理论依据，如从"理性人"（人的理性都是为自己的利益，都希望以最小的付出获得最大利益）的假定中获得绩效管理的依据；从公共选择和交易成本理论中获得政府应以市场或顾客为导向，提高服务效率、质量和有效性的依据；从成本—效益分析中获得对政府绩效目标进行界定、测量和评估的依据等。其次，新公共管理又从私营管理方法中汲取营养，认为私营部门的许多管理方式和手段都可为公共部门所借用。如私营部门的组织形式能灵活地适应环境，而不是韦伯所说的僵化的科层制；对产出和结果高度重视，而不是只管投入，不重产出；人事管理上实现灵活的合同雇佣制和绩效工资制，而不是一经录用永久任职，等等。总之，新公共管理认为，那些已经和正在为私营部门所成功地运用着的管理方法，如绩效管理、目标管理、组织发展、人力资源开发等并非为私营部门所独有，它们完全可以运用到公共部门的管理中。

新公共管理并没有形成统一、规范化的理论体系。许多学者对这一理论的发展做出了重大贡献。英国行政学家克里斯托夫·胡德（Chiristopher Hood）著有《行政的限度》《政府的工具》等；美国政府改革家戴维·奥斯本（David Osborne）与特德盖·布勒合著有《改革政府：企业精神如何改革着公营部门》《摈弃官僚制：政府再造的五项战略》；美国行政学家迈克尔·巴泽雷（Michael Barzelay）著有《突破官僚制：政府管理的新愿景》《新公共管理：改进研究和政策对话》等。新公共管理理论的基本主张有：

（1）以顾客为导向，奉行顾客至上的全新价值理念。在政府与公众的关系上，政府不再是发号施令的权威官僚机构，而是以人为本的服务提供者；

政府公共行政不再是"管治行政",而是"服务行政"。公民是享受公共服务的"顾客",政府以顾客需求为导向,尊崇顾客主权,坚持服务取向,以提供全面优质的公共产品、公平公正的公共服务为其第一要务。"由顾客驱动的政府是能够提供多样化和高质量的公共服务的政府。"① 对公共服务的评价应以顾客的参与为主体,注重换位思考,通过顾客介入,保证公共服务的提供机制符合顾客的偏好,并能产出高效的公共服务。

(2) 政府职能由"划桨"转为"掌舵"。用《改革政府》的作者戴维·奥斯本的话说,政府在公共行政中的角色应是"掌舵"而不是"划桨",只是制定政策而不是执行政策。他们认为传统政府低效的一个重要原因就是忙于划桨而忘了掌舵,做了许多做不了、做不好、舍本求末的事情。正如彼得·德鲁克在其名著《不连续的时代》中所写的:"任何想要把治理和实干大规模地联系在一起的做法只会严重削弱决策的能力。任何想要决策机构去亲自实干的做法也意味着干蠢事。"② 至于掌舵的主要途径,新公共管理理论认为,要通过重新塑造市场,不停地向私人部门施加各种可行和有利的影响,让其以"划桨"的方式来进行。

(3) 政府管理应广泛引入市场竞争机制,通过市场测试,让更多的私营部门参与公共服务的提供,提高服务供给的质量和效率,实现成本的节省。以竞争求生存,以竞争求质量,以竞争求效率。竞争性环境能够迫使垄断部门对顾客的需要变化做出迅速反应。

(4) 重视效率追求。追求效率是公共行政的出发点和落脚点。新公共管理在追求效率方面主要采取三种方法:①放松严格的行政规制,实行严明的绩效目标控制;确定组织、个人的具体目标,并根据绩效目标对完成情况进行测量和评估。②重视管理活动的产出和结果,关注公共部门直接提供服务的效率和质量,主张对外界情况的变化以及不同的利益需求做出主动、灵活、低成本、富有成效的反应。③广泛采用私营部门成功的管理手段和经验,如重视人力资源管理、强调成本—效率分析、全面质量管理、强调降低成本、提高效率等。

---

① 王丽莉.服务型政府:从概念到制度设计 [M].北京:知识产权出版社,2009:95.
② 郑晓燕.中国公共服务供给主体多元发展研究 [M].上海:上海人民出版社,2012:2.

（5）改造公务员制度。①通过推行临时雇佣制、合同用工制等新制度，打破传统的文官法"常任文官无大错不得辞退、免职"的规定。②废弃公务员价值中立原则，强调公务员与政务官之间存在着密切的互动和渗透关系，主张对部分高级公务员应实行政治任命，让他们参与政策的制定过程，并承担相应的责任，以保持他们的政治敏锐性，使他们以主动的精神设计公共政策，使政策能更加有效地发挥其社会功能。

（6）创建有事业心和有预见的政府。新公共管理理论认为，"政府必须以收费来筹款，通过创造新的收入来源以保证未来的收入"①。同时，政府还必须转变价值观，尽可能转变为企业家，学会通过花钱来省钱，为获得回报而投资。与此同时，新公共管理理论认为，社会更需要预防，为此，政府应该把更多的工作放在预防上。有预见的政府会做两件根本的事情：①使用少量钱预防而不是花大量钱治疗；②在做出重要决定时，尽一切可能考虑到未来。

新公共管理理论在发展过程中遭到不少的批评，但新公共管理范式的出现构成了对传统的公共行政学范式的严峻挑战，它改变了传统行政学的研究范围、主题、方法、学科结构、理论基础和实践模式，成为当代西方公共管理尤其是政府管理研究领域的主流。

4. 新公共服务理论

新公共服务理论源于对新公共管理理论主张市场化和竞争化而导致公共利益与公民权利缺失进行的反思与批判，是进入21世纪后在批判新公共管理运动和在新公共行政基础之上发展起来的一种新的公共行政理论。新公共服务主要建立在民主公民权理论、社区与公民社会理论、组织人本主义和新公共行政和后现代公共行政等四个传统理论的基础之上。美国学者珍妮特·V.登哈特和罗伯特·B.登哈特是其代表人物，他们的思想突出体现在《新公共服务》一书之中。其主要观点有：

（1）服务而不是掌舵。对于公务员来说，他们的任务不是试图控制或者掌握社会新的发展方向，而是要利用基于价值的共同领导来帮助公民表达，满足他们共同利益的需求。

---

① 张国庆，主编. 行政管理学概论［M］. 2版. 北京：北京大学出版社，2000：654.

（2）公共利益是公共行政的目的而不是副产品。公共行政官员必须促进树立一种集体的、共同的公共利益观。这个目标不是找到由个人决策驱动的快速解决问题的方法，而是要争取公民共同的利益和共同的责任。政府的积极作用就是创造一种和谐环境，在和谐环境中，公民通过平等对话表达共享价值，从而形成对公共利益的集体表达。公共行政人员要把公民彼此联系起来，使他们能够在理解彼此利益的基础上了解公共利益，从而对公共利益有更为宽泛、长远的认识。

（3）战略性思考，民主化行动。公共行政的目标是要确保政府的开放性、可接近性、具有回应性，这样才能最终确保政府的运作是为公民服务，是为公民价值的实现创造机会。

（4）为公民服务而不是为顾客服务。公共利益不是个人自身利益的聚集，而是就共同利益对话的结果。因此，公务员不仅要关注"顾客"的需求，更需要关注公民，并且要与公民之间建立信任和合作的机制。

（5）责任并不是单一的。旧公共行政和"新公共管理"对于责任问题的认识过于简单化，其实责任问题并不简单。公务员应该关注的不仅仅是简单的市场，他们还应该关注宪法和法令、政治规范、社区价值观、职业标准和公民利益。

（6）重视人而不只是生产力。从长远来看，如果公共组织及其所参与其中的网络基于对所有人的尊重，通过合作和共同领导来运作的话，那么它们就更可能获得成功。

（7）公民权和公共服务比企业家精神更重要。新公共服务理论认为，公共行政人员应清醒地认识到公共项目和资源并不属于他们，而是属于国家公民。他们同时扮演了公共资源管理员、公共组织监管员、社区参与催生员、民主对话和公民价值的促成者，以及基层社区领导者等多种角色，他们应保障公民的公共利益不受到侵害。因此，公共行政人员不仅要与公民协同工作、共享权力，还要对他们在社会公共治理过程中所扮演的角色进行重新定位，即他们是负责任的参与者而不是企业家。

二、我国公共行政学的历史和现状

（一）1949年以前的公共行政学

行政管理的实践与人类文明的历史一样悠久。我国是世界四大文明古国之一,在漫长的封建社会发展史上,逐步形成了一套内容丰富、特点突出、相对完善的行政管理制度,其中尤以中央集权的大一统国家行政体制、官吏制度和监察制度为突出;制定了《周礼》《秦律》《汉律》《唐六典》《元典章》《明清会典》等规范政府管理的法典;形成了"民为邦本,本固邦宁"(《尚书》)的人本主义态度,"足国之道,节用裕民,而善藏其余"和"节用以礼,裕民以政"(《荀子·富国》)的财政管理思想,"选贤与能,讲信修睦"(《礼记·礼运》)的人事管理与诚信行政的理念以及"用兵之道,以计为道"(《孙子兵法》)的决策与计划管理的观念等。对这些历史成就及其在人类文明史上的先进性,国外的很多学者都是推崇备至的。国外不少学者认为,历史上最早研究管理并有所成就的首推中国。不过,现代意义上的公共行政学却是从西方国家引进和借鉴的。

19世纪末20世纪初,几乎与西方国家行政学的形成同时,我国一些学者很快就开始了翻译和引进西方国家行政学的研究成果。当时翻译出版了一些较有影响的译著,如英国的《列国计岁政要·首一卷》(麦丁富得力)、日本的《行政学总论》(蜡山政遂)、《行政法撮要》(美浓部达吉)等。从20世纪30年代开始,我国一些学者陆续发表了一些研究成果。1933年,上海明智书局出版了江康黎的《行政学原理》,该书被认为是中国第一本由国人自己编著的行政学著作①。1935年,商务印书馆出版了张金鉴的《行政学的理论与实际》。另外,龚祥瑞、楼邦彦合著的《欧美官吏制度》等也有相当的影响。

1934年,国民政府设立了"行政效率研究会",从事行政学的研究,并出版了《行政效率》(半月刊),后更名为行政效率促进会和《行政研究》月刊。1944年,张金鉴、唐振楚等人成立行政学会,并出版《行政学季刊》。

在理论研究不断发展的同时,公共行政学也步入了我国高等院校的殿堂。到中华人民共和国成立以前,各大学政治学系及培训学校大都开设了行政学课程,有的还招收硕士研究生,选派一定数量的留学生出国深造。不仅如此,公共行政学传入我国并与我国实际相结合,也影响了我国的实际行政过程。例如,我国资产阶级民主革命的先驱孙中山先生提出并实践了五权分立(这五权分别是:立法、行政、司法、考试、监察)的思想,组建了我国现代史

---

① 杨沛龙.中国早期行政学史:民国时期行政学研究[M].北京:社会科学文献出版社,2014:41.

上第一个资产阶级政府。

(二) 1949年之后的公共行政学

中华人民共和国成立以后,中国共产党和政府从我国国情和不同阶段的不同任务出发,对改善我国的国家行政管理状况做了巨大、艰苦的努力,积累了一定的历史经验和教训。

中华人民共和国成立前夕召开的中国人民政治协商会议第一届全会通过的《共同纲领》和《政府组织法》,对新中国的国家制度和行政体制做出了明确的规定。中华人民共和国成立之初,依据新政协制定的人民政府组织法,初创了人民民主专政的国家机构,建立了各级人民政权,制定了各项行政管理制度。以后,随着中央和地方各级行政机构的设置,在进行国家行政事务管理的过程中,逐步形成了一套行政管理的理论、原则和方法,主要包括:行政管理体制集中统一;坚持党对行政工作的思想政治领导;贯彻民主集中制,实行集体领导、分工负责;实行民主管理,保障人民当家作主;尊重客观规律;注意精简机构,提高行政效率等。

但是,由于对行政学学科性质的认识发生偏差,仅看到其为资产阶级服务的功能,却忽视了其科学性和公共性,看不到它也能为人民造福。因此,作为一门社会科学的公共行政学课程和专业在1952年我国高校院系调整时被撤销,这在相当程度上影响了我国国家行政即政府管理科学化的进程。

十一届三中全会之后,长期中断的公共行政学的教学与研究工作也随之恢复。1978年,中国共产党十一届三中全会纠正了长期以来的"左"的错误,进行了比较广泛的拨乱反正,为我国社会科学的繁荣发展提供了重要条件。思想上的拨乱反正和对外开放国策的实施为向西方学习、借鉴和吸收人类文明的一切有益成果扫清了道路。而改革开放的实践也为公共行政学的研究提出了许多新的课题,成为推动公共行政学研究深入发展的重要动力。

1979年3月30日,邓小平在理论工作务虚会上指出:"政治学、法学、社会学以及世界政治的研究,我们过去多年忽视了,现在也需要赶快补课。"① 这一重要指示为政治学、行政学的恢复和发展提供了重要根据。1980年12月,中国政治学学会成立,开始酝酿恢复和发展公共行政学的有关事宜,一

---

① 邓小平文选[M].2卷.北京:人民出版社,1994:180-181.

些研究者公开发表文章呼吁讨论有关公共行政学的问题。

1982年1月29日,著名学者夏书章在《人民日报》发表《把行政学的研究提上日程是时候了》,迈开了中国行政管理学繁荣发展具有决定意义的第一步。1985年,山西人民出版社出版了夏书章和刘怡昌等编的《行政管理学》一书。

1982—1984年,我国行政改革过程中所暴露出来缺乏系统、科学的行政理论指导的缺陷,对恢复和发展公共行政学提出了现实要求。这就从理论和实际两个方面为恢复和发展公共行政学创造了充分的条件。

1984年8月,在中央领导同志的亲自过问下,由国务院办公厅和劳动人事部联合发起召开了全国性的公共行政学研讨会,并正式筹备建立中国公共行政学会。此后,在全国范围内很快掀起一股学习和研究公共行政学的热潮,不少大学和研究单位先后设置了公共行政学专业、开设了公共行政学课程。1988年,公共行政学专业正式列入全国高等教育自学考试开考专业,《行政管理学》甚至被视为我国几千万党政干部的必修课。1987年成立了"全国行政学教学研究会"。1988年10月,中国公共行政学会正式成立,并发行了会刊《中国行政管理》。1989年7月,在国际行政学会第21届大会上,我国正式成为会员国,同年12月,又成为亚太地区行政学会会员国。这标志着我国公共行政学的国际交流进入了一个新的阶段。1988年筹备,1995年正式成立了国家行政学院,公共行政学开始纳入国家行政建设的轨道。1996年10月,目前世界行政科学领域规模最大、层次最高、最为重要的学术组织——国际行政科学学会在北京成功召开了第三届大会。目前,干部人事制度改革、政务公开、反腐倡廉、民主监督、依法行政等改革课题的研究正极大地丰富了公共行政学研究的内容。我们有理由相信,随着政治体制改革的深入开展,我国今后的公共行政学研究将进一步拓宽和加深。

第三节 学习公共行政学的意义与方法

一、学习公共行政学的意义

管理、科学与技术共同构成现代文明的三大支柱,管理已日益成为现代社会经济发展的重要推动力,其对人类生活的影响越来越深刻。美国著名的曼哈顿工程的技术总负责人奥本海默曾经说过,"使科学技术发挥威力的是组织管理"①。阿波罗登月计划总负责人韦伯说:"我们没有使用一项别人没有的技术,我们的技术就是科学的组织管理。"②1984年8月30日,《人民日报》发表评论员文章,明确指出:"为什么30年来我们的发展速度比较慢,社会主义制度的优越性没有充分发挥呢?主要原因不外两个,一个是我国政治上犯了不少错误,一个是我们的经营管理、行政管理落后。"

行政管理不仅是现代管理的重要组成部分,也与我们的生活息息相关。正如美国著名行政学家沃尔多所说,"我们所有人的福利、幸福以及我们实实在在的生活,在很大程度上都取决于影响和维持我们生活的行政机构的表现……不管你愿意不愿意,行政管理关系到每一个人。如果我们希望活下去,我们最好琢磨琢磨行政管理。"③

学习和研究公共行政学的目的和意义主要在于以下几个方面:

一是有助于行政机关掌握现代行政活动的客观规律,改进管理,实现行政管理的科学化、民主化、法制化和现代化。

二是有助于增强行政人员的现代管理意识,全面提高他们的基本素质和管理水平,造就一支适应新时代中国特色社会主义建设需要的行政管理队伍。学习和研究行政学对提高从业人员的政治和业务素质,充分发挥其主动性、积极性和创造性,进而适应日新月异的行政环境的要求具有深远的意义。

三是有助于我们运用科学的理论指导和推动行政管理体制改革,促进政治体制改革的展开和经济体制改革的深化。我国的改革开放已逾40年,摸着石头过河的年代早已过去,理论指导不足造成的后果发人深省,其教训也值得我们珍视和吸取。

四是有助于正确行使国家权力,履行政府职能,提高管理水平和行政绩效,促进社会民主、和谐、公平、公正,更好地推动经济、社会的持续健康发展,实现人的自由全面发展。发展是解决我国一切问题的基础和关键。当前,中国特色社会主义进入新时代,我国社会的主要矛盾已经转化为人民日益增长的美好生活需要和不平衡不充分的发展之间的矛盾。人民美好生活需

---

① ② 张永良. 管理学基础 [M]. 3版. 北京:北京理工大学出版社,2018:2.
③ 转引自:王江河,主编. 行政管理学 [M]. 北京:经济科学出版社,2010.

要十分广泛,不仅对物质文化生活提出了更高要求,而且在民主、法治、公平、正义、安全、环境等方面的要求日益增长。社会主义现代化是全面的现代化,不仅是农业、工业、国防和科学技术的现代化,也是人的现代化和管理的现代化。学习和研究公共行政学对于回应时代关切、更好满足人民对美好生活的需要无疑具有十分重要的意义。

二、学习和研究公共行政学的方法

工欲善其事,必先利其器。要学好公共行政学,就必须掌握科学的方法。公共行政学的研究方法很多,以下择其要者进行简要介绍。

第一,规范研究的方法。规范研究是一种以价值问题为核心关注点、以解读和阐释文本为主要形式、通过严谨的逻辑构造来回答某个学科乃至人生与世界的"大问题"的研究方法。① 这种方法以求"善"为目标,着眼于建立一般理论和原则,偏重于价值思考,讨论"什么是好的",事物应当是什么?事物的发展应当如何?当代行政活动"应该怎样做?"试图寻找一种理想状态的东西。公共行政领域需要富于批判性与建设性的规范研究。不过,当前中国的公共行政学研究总体上缺乏有质量的规范研究。一方面,我们对规范研究的质量标准缺乏应有的学术判断,另一方面,现有的规范研究太过沉迷于空泛的体系建构,缺乏针对行政实践的原创性理论。②

第二,实证研究的方法,或称经验研究法。任何社会科学的研究总不能摆脱规范与实证二元化取向的格局,都是在规范研究与实证研究的张力场中成长的③。现代行政学正是围绕着这两条理论主线不断发展起来的。只有同时熟悉它们各自的主要理论和操作方法,才能完整和准确地把握现代公共行政学。实证研究法以求"真"为取向,着眼于揭示客观事实,关注事物"是什么",而不是"应当是什么?"这一方法认为,价值的渗透会妨碍人们对客观事物本来面目的认识,因此力主价值中立。

第三,历史研究的方法,又称史学研究法。要推进行政学科的发展,就必须对前人就行政管理领域进行探索的实践进行总结,批判地继承前人的研

---

① 颜昌武,牛美丽.公共行政学中的规范研究[J].公共行政评论,2009(1).
② 颜昌武,牛美丽.公共行政学中的规范研究[J].公共行政评论,2009(1).
③ 胡伟.在经验与规范之间:合理性理论的二元取向及意义[J].学术月刊,1999(12).

究成果。要注重研究公共行政和公共行政学的起源、发展及演变沿革，不同时期的不同特点和历史类型，以及历史情形对现实行政的影响和借鉴意义。著名学者拉施尔德曾说过，"没有地理和历史的相关知识，我们就无法评估社会现象的独特性和相对性——过去的知识有助于我们增长见识，并有助于我们深入了解当代行政架构和过程是怎样的，为什么会这样，以及它们的起源。"① 事实上，一种缺乏历史意识的中国公共行政学研究不仅不能帮助我们理解中国公共行政的过去，而且使得我们不能很好地理解目前实践的历史逻辑，也在一定程度上妨碍了我们理性而冷静地审视那些不断涌入的西方公共行政学理论。②

第四，调查研究的方法。行政学是一门理论性与实践性相统一的学科，一方面要勤学深思，掌握其基本原理和方法，运用逻辑思维对行政管理的现象进行归纳或演绎，并得出思想、观点的方法。另一方面要把书本知识与行政管理的具体实践联系起来，用科学理论指导实践活动，同时用实践来检验理论，并总结实践中行之有效的经验和方法，探索行政管理活动的客观规律，以进一步丰富和发展公共行政学理论。"没有调查就没有发言权。"行政管理活动必须遵循国家的法律、法规，不能随心所欲、为所欲为，同时又必须因时、因地、因人、因事制宜。要做到这一点，就必须做系统周密的调查研究。通过调查，不仅可以接近或了解事实的真相，而且能够发现行政管理的新现象和新问题。

第五，比较分析的方法。比较研究法是在对研究对象之间相似性与差异性进行甄别判断的过程中实现研究思路和视域的拓宽，包含横向与纵向两种基本研究方法，也是公共行政学常用的一种方法。它既包括历时性比较，也包括共时性比较。国家不论大小，强弱，其政治和行政管理的制度、措施和运作方法总有长短、得失、优劣，对不同时期、不同国家的行政组织、行政行为和行政文化、不同行政制度或行政模式、不同公共政策选择等方面进行比较，可以帮助我们拓展视野，开阔思路，明辨是非，权衡得失，也可以发现行政管理过程中的共性与个性，或者说相似性与差异性，总结出其中的客观规律。当然，在使用这一方法时，必须注意其可比性，防止刻意模仿和照搬照抄。

---

①② 马骏，刘亚平. 中国公共行政学的"身份危机" [J]. 中国人民大学学报，2007（4）.

第六，系统分析的方法，又称生态研究法或环境研究法，是从整体与部分相统一的角度来阐释系统内部各要素之间以及系统与相关外部环境之间相互作用、相辅相成的关系，也就是说，要以全面系统的视域审视研究对象，以获得对事物的整体性认知。众所周知，行政系统、行政活动是社会系统及社会活动的重要组成部分，它们之间相互影响，相互制约。社会系统为行政系统提供支持、要求、资源、供应，行政系统反过来为社会系统提供服务和产品。社会系统为行政系统提供生存和发展的环境，行政系统反过来影响和推动社会的发展。运用系统分析方法就是将相关行政活动、行政过程乃至整个社会环境视为一个有机整体，着重研究各个相关部分的交互影响、双向往来、动态平衡、彼此关系，进而寻求最优化的行政选择。

第七，案例分析的方法，又称案例研究法。案例分析法在医学、法学等领域的成功引起了公共行政学科的重视和采纳。案例分析法的特点是对已经发生的真实而典型的行政事件，通过广泛收集各种可能的资料，以公正的观察者的态度撰写成文，以供分析研究和借鉴之用。它不仅有利于我们生动具体地加深对行政管理理论知识的理解，而且可以提高我们分析和解决实际问题的能力。

思考题

1. 如何科学理解行政和行政管理？
2. 简述公共行政的主要特点。
3. 试述威尔逊的行政思想。
4. 试述新公共行政学的主要理论观点。
5. 新公共管理理论评析。
6. 简述学习公共行政学的目的和意义。
7. 如何学好公共行政学？

案例

澳门的官员财产申报及其启示

据中新网（2012年）3月5日电：中国国务院总理温家宝5日在政府工

作报告中说，各级领导干部特别是高级干部要坚决执行中央关于报告个人经济和财产，包括收入、住房、投资，以及配偶子女从业等重大事项的规定，并自觉接受纪检部门的监督。

你是出于公心，你怕什么呢？

陈明金曾以痛斥政府机构臃肿、炮轰官员答问敷衍成为澳门年度曝光率最高的议员之一。"你是出于公心，怕什么呢！"陈明金说，这是民意代表、从政者需要负责的，也是基本的要求。近日，他又以全国政协委员身份接受南都周刊采访时说：财产公开是从政基本要求而引发热议。这要追溯到去年12月澳门立法会的一般性讨论上，官员财产公开的法案获全票通过。从2012年起，澳门所有副局级以上官员将公开自己的财产状况，接受公众检视。

澳门规定，不申报或故意不实申报者可以处以刑事处罚，即触犯违令罪，处最高1年徒刑或科罚金。故意作不准确申报会触及刑法典"作虚假之当事人陈述或声明罪"，可处最高3年徒刑或科罚金。

引发热议的主要焦点还是聚焦在大陆官员公开财产上，早在20世纪80年代，有关部门就提出建立干部财产申报制度，1994年，全国人大常委会就已将《财产申报法》正式列入立法规划，可这些都进展缓慢。澳门用了8年，做到了官员公开财产以及完备的法律配套，而我们提出县处级以上干部申报财产是在1995年，我相信这里更大的争议应该是其中的利益博弈。

博弈中的罪与罚

2007年，澳门发生运输司司长欧文龙贪污腐败案，引发了澳门各界对公开政府官员财产的呼声，这也是澳门历史上贪污腐败职位权利最高的官员。正是欧文龙案之后，澳门政府以及各界越来越意识到公开官员财产的重要性。随后，澳门廉政公署即开始对财产申报法律展开检讨和修订，在2011年12月澳门立法会的一般性讨论上，官员财产公开的法案获全票通过。

这里可以看出，澳门公开官员财产也不是一蹴而就的，而是通过吸取教训总结经验后逐步得出的结论。澳门的官员财产申报并未像中国台湾、香港那样，从申报伊始就走向公开。澳门官员财产申报始于1998年，从主要官员（行政长官、司长、立法会议员、司法官、行政会成员等"政治职位据位人"),再到 2012 年澳门所有副局级以上官员公开自己的财产状况。同时,此项制度也是从申报保密走向公开的过程。实施一开始,政府官员申报结束后,大小官员的财产资料被要求严格保密,公众不能随便查阅。司法官、廉政专员或警局在对当事人展开刑事调查时才能调取官员财产资料。官员申报财产却不公开,其弊端在被称为澳门"世纪贪腐案"的欧文龙案中集中展现出来。正是由于运输司司长欧文龙贪污腐败案的出现,让澳门各界认识到财产申报而不公开的危害性,这个教训也着实惨痛。

港台经验为澳门指路

澳门政府在走过如此之弯路之后,越来越意识到学习台港公开官员财产之重要性。中国台湾地区公职人员财产申报的相关规定在 1993 年已经获得通过,它和"公职人员财产申报资料审核及查阅办法"等一起,确立了关于官员财产的强制申报、强制公开、强制信托、强制处罚四大原则。据《学习时报》介绍,香港地区财产申报主体主要包括两个层次:一是特区政府指定的 27 个主要职位,包括政务司司长、财政司司长、律政司司长等;二是包括上述职位人员的政务助理和私人秘书,以及其余的所有首长级职位。这些都为澳门官员财产公开做了很好的引导和示范。尤其在现任澳门特首崔世安上任后,积极推动官员财产申报透明度的提高,使得澳门官员财产申报公开得以全面实施。

我们还可以注意到个细节,在官员财产申报公开的同时,也包括他们的配偶及子女也要申报财产公开。

据吴杰在港台澳三地官员财产公开制观察的文章中说:综合看港台澳三地的财产申报及公开制度,把级别最高的部分官员纳入公开范围是它们的共同点,这一点与大陆目前部分地区实行的财产公开制存在很大差别。

(资料来源:雅虎海外网,http://overseas.cn.yahoo.com/ypen/20120401/963712.html,2012 年 04 月 01 日 07:46。题目为选者所加)

问题: 如何理解行政管理的公共性?结合案例谈谈你对实行"官员财产申报制度"的意义和澳门官员公开财产启示的认识。

第二章 行政体制

第一节 行政体制与行政权力

行政体制是国家推行行政事务所建立的管理体制，其内涵和外延虽说在不同语境下有不同的理解，但作为核心要素的行政权力，几乎得到了学界的普遍认同和极大关注。行政权力的正当、有效行使，将对经济、社会与科技的发展起到十分积极的促进作用。

一、行政体制概述

（一）对行政体制概念的解读

对于行政体制这一概念，理论界和实务界存在不同的理解。归纳而言，大致有两种代表性观点。

一种观点是从主体的角度来界定行政体制。比如，有学者把行政体制做狭义和广义上的区分。狭义的行政体制特指政府体制，广义的行政体制则包括了执政党在内的一切国家机关体制。就我国政治发展的现状而言，行政体制改革应取其狭义[1]。另一位学者从"政府"这一概念着手，把行政管理体制亦做广义和狭义之分，认为广义的行政管理体制涉及与国家公共行政管理相关联的诸方面的法权主体及其相互关系，并以这些法权主体相互关系的改变或调整为体制改革的核心内容；而狭义的行政管理体制特指以政府即国家行政机关为中心的行政系统[2]。

---

[1] 胡伟. 政府过程 [M]. 杭州：浙江人民出版社，1998：292.
[2] 张国庆，主编. 行政管理学概论 [M]. 北京：北京大学出版社，2000：559-560.

另一种观点是直接从内容或要素的角度来界定行政体制。有学者认为行政体制应包括相互关联的双重含义：一是行政管理的组织结构体制，即由机构设置、人员配备、职能分工、法规制度等要素相互联结的组合形式；二是行政管理的运行机制，是指按照行政管理的运行规律和特点，为实现其总体目标所采取的调节手段、方式和方法。[①] 有学者认为，行政体制是以一定的行政思想和观念为指导，由国家宪法、法律规定的有关国家行政机关的产生、职能、权限、组织机构、领导体制、活动规程等方面的准则体系，以及政府体制内各权力主体的关系形态。[②] 还有学者认为，行政体制是制度化的行政关系及其相关的政治关系，是有关行政的"体"（行政主体、行政客体和有关政治主体及其基本关系）和"制"（相关基本制度）的总和。[③]

我们不难发现，学者对行政体制的描述着重以政府职能、行政权力为核心，并结合与此相关的组织机构、运行方式等问题来构建行政体制的内在结构，以此把握行政体制的边界。

其实，行政体制是一套涉及行政系统或政府系统的体系和制度，不仅涵盖各级政府自身内部的权力结构，也包括这些权力合理有效运行的一系列制度。我们认为，行政体制的概念可以从广义和狭义两个方面来界定。狭义的行政体制就是为了确保国家目的的实现而确立的，关于政府的职能定位、权力配置、运行规则和法律保障等一系列制度的总称。而广义的行政体制除了狭义的界定外，还包括为顺利实现这些制度所匹配的相关制度（如公务员制度、社会自治组织制度、公共财政制度等）的总称。本书将主要对狭义的行政体制展开研究和叙述。

(二) 行政体制的主要内容

从概念出发，我们可以进一步认识行政体制所包含的主要内容。

1. 职能定位

职能一词包含"职责"和"功能"两方面。行政职能或政府职能就是指行政机关在管理国家和社会事务，并为社会提供公共服务过程中的基本职责和功能作用。行政职能的定位是根据某个时期内国家的政治、经济、文化、

[①] 汤庭芬. 行政管理体制改革应把握和处理好的几个问题 [J]. 求是, 1998 (18).
[②] 张立荣. 行政制度的含义、特征及功能分析 [J]. 社会主义研究, 2002 (3).
[③] 颜延锐, 等, 编著. 中国行政体制改革问题报告 [M]. 北京: 中国发展出版社, 2004: 10.

社会发展状况和形势,确定各级政府以及政府各部门应当履行的职责与功能。由于政府的权力、机构、规模、组织形式和管理模式主要由政府的职能所决定,所以政府职能"反映了政府活动的基本方向、根本任务和主要作用"①。

在现代社会,政府的基本职能主要有三项:一是安全保障职能。对外,政府要行使国家主权,积极参与国际政治事务,抵御外来侵略以及损害国家主权的行为;对内,政府要确保国家统一,防止分裂,确保公民的人身安全和财产安全,维护经济秩序和社会生活秩序,保护公共利益。二是经济管理职能。现代国家肩负着发展经济、开发资源、发展社会生产力、提高人民社会水平、提升综合国力的重任。政府对经济的管理,既要在宏观上保持经济总量平衡、产业结构优化、健全宏观调控体系和调控手段,又要在微观上制定行业政策和市场准入制度,维护行业平等竞争,保护市场主体的合法权益等。三是社会管理职能。社会管理的范围十分广泛,包括文化艺术、科技、教育、卫生、就业、社会保障以及预警和应急机制等各方面。

行政职能在行政体制中占有重要地位,是确定各级政府权力范围和任务的基础。任何一个政府机关的活动内容和任务都必须根据已经确定的职能来开展和进行,否则有可能导致政府职能的越位、缺位和错位。现代公共行政的发展也使得政府职能定位成为调整政府与社会、与市场、与公民个人之间关系的重要内容和手段。

2. 权力配置

在政治学上,权力是指一种广泛的影响力或支配力,它强调的是事物的相互作用以及这种作用的不平衡性,也就是一定主体对一定客体的支配,通过这种支配,使客体的行为符合主体的目的性。② 行政权力是指各级政府机关以及其他依法履行公共管理和服务职能的行政主体在履行职能的过程中,依照法律法规的规定所享有的影响力或支配力。

行政权力和行政职能是两个关系极其密切的范畴。行政权力和行政职能之间实际上是手段与目的的关系:行政职能的设定为各级政府确定了工作的任务方向和价值目标,而行政权力则为各级政府完成这些任务创造了条件和

---

① 金太军,等.政府职能梳理与重构[M].广州:广东人民出版社,2002:1.
② 李景鹏.试论行政系统的权力分配和利益结构的调整[J].政治学研究,1996(3).

途径。因此，行政权力的配置应与其职能联系在一起，每一个政府机关无论拥有什么权力、多大权力，都应当是其职能的反映。具体说来，行政权力的配置主要包括以下几方面：一是行政权力在中央与地方各级政府之间的配置；二是行政权力在没有隶属关系的同级政府之间的配置；三是行政权力在同一级政府内各部门之间的配置；四是行政权力在具体部门内的配置。

与权力配置直接相关的是政府机构的设置。由于政府机构是行政权力的具体承担者，在一级政府内部，究竟应当设置哪些机构、多少机构，应当赋予各类机构何种地位和权限，主要由各个机构的权力配置所决定。当然，行政机构的设置还应遵循行政管理自身的规律。

3. 运行规则

此处讲的运行规则是指行政权力的运行所要遵行的基本规则。"运行"本是物理学上的术语，是指物体运动和行进的过程，强调物体的一种运动状态。行政权力的运行则是行政权力在各级政府及政府各部门之间进行划分和配置的基础上，在行政系统内部的运作过程。它强调行政权力在上下级政府之间、同级政府之间以及本级政府内各部门之间的运动和行进。行政权力的运行贯穿于行政权力行使的所有环节，如决策、执行、监督、协调等。

行政权力的运行规则是引导、规范和制约行政权力运行的基本轨迹及以此为基础的制度体系。如同体育比赛需要规范参赛选手的比赛规则、市场竞争需要引导和监督各类市场主体的竞争规则一样，行政机关在行使行政权力时也需要一套规则的引导、规范和制约。由于行政权力的运行涉及资金、人事、项目建设等大量公共资源的配置和使用，所以行政权力的运行有没有规则、有什么样的规则就显得十分重要。当然，对规则的内容，不同的人可能有不同的理解。普遍认为，引导和制约行政权力运行的应当是一套公开、明确、理性的，能够确保行政权力行使规范和科学的规则体系。

在计划经济体制下，权力运行规则主要以命令和服从为基础。在市场经济深入发展的今天，传统的权力运行规则逐渐瓦解，而新的权力（利）运行规则尚未完全建立，因而导致许多违背法治精神的"潜规则"出现，如"跑部钱进""官出数字，数字出官""上有政策，下有对策"等。这些大量"潜规则"的存在使得行政权力运行偏离了正常轨道，背离了设置行政权力的初衷。

4. 法律保障

法律规范是行政体制框架内的主要内容，不可缺少。当然，这里的法律是指广义上的法律，即不仅包括宪法、法律、行政法规、地方性法规、政府规章、自治条例和单行条例，也包括法律原则和法律精神。

法治社会强调的依法行政就是以法律规则作为政府行为的基本依据，法律规则一旦制定出来，政府不能对此以政策修正或改变，政府首长更不能以行政命令变更法律规则。政策或行政首长的命令与法律规则相抵触时，执法机关应执行的是法律规则而非政策或命令。如果我们背离了"职权法定"原则，缺乏严格刚性的法律制度规范，政府部门就很容易出现职能交叉，政府机构改革也难以走出"精简——膨胀——再精简——再膨胀"的怪圈；如果我们缺乏对权力配置和运行的法律规范和监督，"潜规则"等制度性腐败就会盛行。因此，行政体制不能也不可能回避法律的价值和作用。法律保障与职能定位、权力配置、运行规则等环节一样，都有着十分重要的地位，可以也应当成为行政体制的基本内容。

职能定位、权力配置、运行规则和法律保障是行政体制的四个基本内涵。其中，职能定位是基础，权力配置是核心，运行规则是关键，法律保障是手段；它们之间相互联系、相互作用，共同构成了行政体制的总体框架。

（三）行政体制的功能

行政体制的功能是指行政体制所存在的价值及发挥的积极作用。具体体现在以下几方面。

1. 有力促进了市场经济的纵深发展

行政体制的不断调整逐步适应了从计划经济到市场经济变革的发展历程，而且在市场经济向纵深发展的过程中仍然是十分重要的促进力量。一方面，我国经济的市场化程度较低，市场机制在经济运行、资源配置方面的作用还没有完全发挥出来，加上其自身诸如信息不对称、投机率高等弊端，使得单纯的市场调节还隐藏着不少危机。所以，需要加强政府在经济运行、市场监管中的调控能力，用政府调节和监管这只"有形的手"来弥补市场机制的缺陷。要实现这些目标，就要对政府职能进行新的定位，进一步划分政府与市场的产权边界和利益界分，探索科学有效的调节和监督方式。另一方面，政府也应当顺应市场经济深入发展的形势，通过调整权力配置减少权限冲突，改革政府机构提高工作效率,提高政府在经济管理中的能力和水平,为企业和市场的进一步发展创造良好条件。

2. 积极回应利益多元化社会建构的需要

在向市场经济体制转型的过程中,经济规律使得政府不得不开始放松手中的权力,承认并开始保护企业、社会组织和个人的利益和价值。一元化的社会结构逐步瓦解,取而代之的是多元化的社会利益结构;不但社会个体之间的交往可以通过市场机制和契约机制来完成,而且政府也不可以像过去那样对社会生活事无巨细的控制和管理。此外,利益多元化还表现为地区利益、地方利益、行业利益的凸现,合作与竞争的共存客观上也需要行政体制做出积极回应。

在我国,由于这种多元化社会结构本身就是在政府主导下的改革而逐步形成的,因而以政府职能、权力配置、运行规则等为主的行政体制的价值也因为社会结构的变迁而日益彰显。一直以来我们对行政体制功能的理解大多是从经济角度出发,即行政体制必须不断适应经济发展和改革的需要,提出应以调整政府经济管理职能和权限为重点,但忽视了行政体制在调整收入分配、缩小贫富差距、完善社会保障、实现共享式发展等方面的价值。

实际上,经济改革带来的社会结构调整也是行政体制必须回应的重要方面。利益多元化的社会结构要求政府在社会管理理念上实现从控制本位向服务本位的转变,为各类利益主体的崛起和博弈提供良好的发展环境、平等的竞争机制、基本的公共设施以及完善的社会保障。所以,政府的职能定位、目标选择、权力配置、行政方式、运行规则、法律制度等要正视并积极回应多元利益主体崛起的现实,确保社会转型过程中理性、效率、稳定、公平精神的落实,使各类利益主体的价值在经济改革、社会转型的过程中能得到最大程度的体现,也确保社会各阶层都能及时分享改革发展带来的成果。

3. 全力服务公共行政的有效开展

市场经济的深入发展、市民社会的崛起和利益主体多元化的日益形成,加快了传统意义上的国家行政向公共行政转变的步伐。在此过程中,现代行政权呈现多元化的发展趋势,国家行政机关已不是唯一的行使行政权的主体,越来越多的非政府组织等参与到社会公共事务的管理和服务活动之中,这是市场机制所带来的必然结果,也是社会发展的基本规律。

公共行政的有效开展要求对公权力进行重新调整和配置，以发挥社会自治的力量，保障公众在社会事务管理中的参与权利，而这些也都依赖于行政体制发挥其基础性作用，因为没有具体的制度基础，公共行政的有效运行只能成为空谈。灵活、高效、务实的行政体制将改革公权力的行使方式，积极引入符合现代市场经济规律和价值理念的管理和服务手段，促进社会各部门的合理分工和资源的有效配置，推进公共行政的顺利开展。

4. 努力推进行政法治的顺利发展

行政法治是现代法治建设的重要组成部分，它反映了经济社会发展对行政权力行使的全面要求，其核心的价值追求在于依法行政，建设法治政府。落实到法律制度上，就是作为国家权力体系中的政府及行政机关自身的组织结构、职能权限要有法律依据；行政机关行使权力中的方式、程序要受法律的监督和制约；行政机关行使权力时侵害了公民、法人或其他组织等行政相对人的权利，也应当被依法追究相应的责任。

在行政法治的推进过程中，合理的行政体制建构或行政实体制度建设具有基础性的地位。令人遗憾的是，三十多年的行政法治发展并没有对行政实体制度给予应有的重视，行政体制也始终没有完全纳入法制轨道，这既影响了行政法治的发展，也不利于行政体制的完善。

二、行政体制的核心要素——行政权力

（一）行政权力概述

1. 行政权力的含义

权力就是一定的社会组织中被少部分人控制、掌握以支配他人以及财、物的力量。这一定义包括以下内容：①权力存在于一定的组织当中，并依附于一定的职位，以职位为依托。②权力是行使者达到某种目标的工具。③权力是对他人、事和财物的支配力量。

所谓行政权力，作为政治权力的一种，它是国家行政机关依靠特定的强制手段，为有效执行国家意志而依据宪法原则对全社会进行管理的一种能力。

2. 关于行政权力的各种学说

（1）早期分权说。人们对于行政权力的认识，最早发端于分权学说。一般认为，亚里士多德首开分权学说的先河。他在《政治学》一书中将国家权

力分为三种机能：议事、执行和审判。

(2) 三权分立学说。到了近代，国家权力的分工日趋明显，人们对于行政权力的认识也进一步深化。近代意义上的分权学说是从洛克开始的，他认为国家有三种权力，即立法权、行政权和对外权。孟德斯鸠把国家权力划分三种：立法权代表国家的一般意志；行政权主要执行国家意志；司法权主要在于保护民众的利益。三权分立学说是适应资产阶级反对封建君主绝对专制权力的需要而产生的。现代政治学进一步发展了以三权分立为代表的分权学说，通过研究分权之后出现的权力不平衡现象，强调了分权基础上权力制衡的重要意义。

(3) 政治与行政两分法。一般认为，近代德国学者 J·K. 布隆赤里较早提出了将政治与行政分开的思想，行政学创始人伍德罗·威尔逊以及社会组织之父马克斯·韦伯都对此做了进一步的继承和发展。美国学者 F·J. 古德诺全面阐述了政治与行政二分法的原理，认为国家只有政治与行政两种权力。

(4) 五权宪法学说。五权宪法学说是孙中山先生在借鉴西方三权分立学说的基础上，结合中国情况创立的一种学说。他把国家权力分为立法权、司法权、行政权、监察权和考试权五种。

(5) 议行合一学说。议行合一理论既不同于三权分立学说，又不同于政治与行政二分法的学说，这是马克思主义的观点。议即立法权，行即行政权，议行合一即指立法权与行政权紧密结合，统一运行。

3. 行政权力的特征

行政权力作为国家权力的一种，既有一般国家权力共同的特征，又有着不同于其他国家权力的结构与内容。行政权力与其他国家权力相比具有如下特征：

(1) 公益性。行政权力是一种公权力，它的存在和行使绝不是为了追求行政权力主体自身的利益。行政权力的目的是通过执行国家的法律、法规、政策等来有效地实现国家意志，而国家意志在本质上是公共利益的体现。因此，行政权力行使的目的是为了实现公共利益，而不是为了实现某一个党派、某一个团体、某一个企业的利益。

(2) 优益性。由于行政权力的行使以实现公共利益为目标，因此，国家为行政权力的有效行使设定了一系列保障条件，使得行政机关在行使行政权力时依法享有一定的行政优先权和受益权。

（3）强制性。国家行政机关为了社会公共利益的实现，必须要让体现公共利益的国家法律、法规、政策等得到落实，这使得行政权力的行使方式主要表现为强制性地推行政令，强制性成为行政权力有效地执行国家意志的显著特征。当然，行政权力行使的强制性并不排除行政权力在行使中也会存在某些具体的非强制性的行政方式，如行政指导、行政合同等。即便如此，强制力也是作为一种后盾力量而发挥作用的。

（4）单方面性。行政权力的行使目的是为了国家利益和公共利益，作为国家利益和公共利益的代表的行政主体在行使行政权力的过程中一般不必征得相对方的同意。尽管随着行政民主化的发展，现代社会中的行政相对方已经有机会广泛地参与行政决策以及行政行为的实施，但这种参与主要是起一种建议的作用，这种建议是否被采纳或被接受，将取决于行政主体的意志。

（5）不可处分性。行政权力是权力与职责的统一，这种统一性决定了行政权力是不能自由处分的。作为行政权力行使主体的行政机关，必须严格按照法律、法规的规定来行使行政权力，没有法律上的依据，行政机关不能随意增加、减少或者转让对行政权力的行使，更不能放弃对行政权力的行使。

（6）广泛性。现代行政权力行使的范围除涉及治安、税务、外交、军事等传统事务外，还包括经济、科技、文化教育、卫生、社会福利、环境保护等社会生活的所有领域。这种行政权管辖涉及公民几乎从摇篮到坟墓的一生的所有事务，是其他国家权力所不具备的。

（二）行政权力的分配

1. 行政权力的初次分配

行政权力的初次分配是指行政权力首先在中央政府和地方政府之间以及各专业管理领域之间进行的分配。这种分配一般从两个方面进行，即：

（1）结构性分配。这是根据行政权力的层次性而对其所做的纵向垂直性分割，主要表现为中央政府和地方政府行政权力的分配。这种分配的结果使行政主体呈现出等级差别，层次越高，权力也就越大。一般而言，在单一制国家中，中央政府分配的权力要多于地方政府；在复合制国家中，中央政府与地方政府的权力则大体对等。不过，在当代世界各国政府中，随着市场经济多元利益主体的形成，地方政府权力逐渐扩大已成为一种发展趋势。

（2）功能性分配。这是根据行政权力作用客体的不同和承担任务的不同而对行政权力在各个专业领域之间进行的一种横向分配，分配的结果形成了各个专业领域的行政管理权力。行政权力在各专业管理领域的分配使行政主体呈现出专业领域的差别。行政机构设置中部门与部门之间的关系可以看作各专业领域行政权力分配的结果。

行政权力在行政组织之间既纵向配置给各级政府，又横向在同级政府各职能部门之间进行科学分解，共同构成一个纵横交错、相互联系和制约的行政权力网络，推动行政系统的正常运转。

2. 行政权力的再分配

行政权力的再分配是指行政权力在一个具体的行政机关内部所进行的分配，行政权力的再分配主要是通过逐级授权实现的。

（1）行政授权的性质。所谓行政授权，是指行政组织内部上级行政机关依法定程序把某些行政权力授予下级行政机关或公务人员行使，下级行政机关或公务人员获得授权后，就可以在授权范围内自主地处理有关的行政事务。在行政授权关系中，授权者对被授权者有指挥和监督的权力，被授权者对授权者有按要求完成任务的义务。行政授权既可以减少上级行政机关的负担，使之有时间处理重大问题，又可以提高下级的工作能力，充分发挥其专长，还可以对下级产生巨大的激励和推动作用，因此，行政授权的意义是非常重大的。

行政授权就性质而论是上级行政主体将其部分权力分配给下级行政主体的一种管理行为。这一性质包含了三个方面的主要内容。

第一，行政授权从本质上讲是行政组织内部权力分配的特定方式。它通过上下级行政主体之间在不同层次上的授权与被授权，形成一种权力配置体系，从而不断适应行政工作的发展变化。

第二，行政授权实际上是领导活动的一部分。授权行为一般是上级给下级分配或布置任务，因而是上级对于下级的一种领导或管理行为。所以，行政授权也可以看作是领导方法或者领导艺术问题。

第三，行政授权也是一种行政职权与职责高度统一的管理行为。上级指派任务也就是将一定的职权和责任同时交给下级，下级在行使权力的同时也担负相应的责任。这就导致了一个权责体系的产生。

（2）行政授权的方式。根据行政工作内容的重要程度、上级行政主体的管理水平以及下级行政主体的工作能力等综合情况，可将行政授权分为充分授权、不充分授权、制约授权和弹性授权。

充分授权也叫一般授权，是指上级行政主体在给下级分派任务时，允许下级按照自己的思路和想法决定行动方案，发挥自己的积极性和创造性去努力工作、达到目标。以这种方式进行的授权通常是上级向下级发布一般工作指示，而不是要求下级完成特定的任务。绝大多数的行政授权都属于这一类。

不充分授权也叫特定授权或称刚性授权，是指上级领导对下级的工作范围、内容、应达到的绩效目标，完成工作的具体途径都有详细的规定，下级必须严格按照上级领导的意图开展工作，执行上级领导发布的各项指示。这种授权形式通常适用于一些重大的事项或任务。由于事关重大，上级领导不能不负起主要责任，授予下级以有限的开展工作的权力。

制约授权又叫复合授权，是把某项任务的职权分别授予两个或多个子系统，使子系统之间产生互相制约的作用，以避免出现疏漏。当工作难度较大、技术性较强而容易疏漏，不宜进行充分授权，或者是领导者本人专业知识不足无法实施不充分授权时，可采用制约授权。这种方式的授权通常需要授权者利用助理的帮助和协商。

弹性授权也叫动态授权，是指在完成同一项任务的不同阶段采取不同的授权方式。这种授权适用于对复杂的任务，或对下级的能力、水平无充分把握的情况，以及环境、条件多变的情况。

（3）行政授权的一般步骤。具体如下：

①确定授权内容。根据行政任务，行政领导必须确定其工作的内容与范围，然后对这些工作进行分析比较，确定哪些是自己应该做的，哪些是应交由下级或者下级行政机关去处理的。

②选择授权对象。行政授权内容确定后，上级领导便要在下级中选择适当的授权对象。选择授权对象时所依据的是指派工作的性质、工作量的大小、工作的重要性以及复杂性的程度等。

③规定授权目标和责任。行政授权后一般都采取目标管理形式，故上级领导在授予下级权力后要对其工作所应达到的目标、成果，以及完成工作的权限和所应负的责任等都做出明确的规定。

④正式授予权力。授权可以采取开会任命的方式,也可以采取发文件、任命书或聘书等方式进行。

⑤检查授权工作结果。上级领导检查授权工作结果可以要求下级定期填报表格,提出书面报告,或者被授权者定期做述职报告等方式进行。

(三) 行政权力的运行

1. 行政权力运行过程中的负效应

行政权力是人们实现公共利益的工具。行政权力如果得到正当、有效的行使,将能极大地促进经济、社会与科技的发展。但是行政权力毕竟是一种能够控制他人意志的强制性力量,如果使用不当,将会给国家和公民带来灾难。行政权力运行过程中的负效应是指行政主体在行使行政权力的过程中所产生的违背行政根本目的的结果和现象。主要表现为:①利益倒错、公仆变成为主人;②权力角逐,手段变成为目的;③权力僭越(超越本分),职权扩张为特权;④传统惯性,导致权力滥用。

2. 行政权力运行的原则

行政权力运行过程中应遵循一定的原则。

(1) 为人民服务的原则。行政权力是一种国家权力,这种国家权力最终是由人民赋予的。因此,行政权力的行使必须以人民的利益为出发点,符合为人民服务的目的。

(2) 依据法律的原则。行政机关在行使行政权力时必须有法律依据,这是现代依法行政对于行政机关行使行政权力的基本要求。

(3) 不超越权限的原则。超越职权是指行政机关所做的行政决定超越了法律、法规规定或授权的范围。"越权无效"是法治行政的精髓。因此,行政权力的行使必须在法定的权限范围内才是有效的。行政机关在无法律依据时,不得随意做出影响公民、法人和其他组织合法权益的决定,否则就要承担相应的法律责任。

(4) 遵守程序的原则。行政程序作为规范行政权力、体现法治形式合理性的行为过程,是实现行政法治的重要前提。在一定意义上,只有程序正义才是真正看得见的正义。程序一旦为法律所规定,就应得到行政机关的遵守。

(5) 公正原则。公正地行使行政权力是行政机关树立行政权威的源泉;对于行政管理相对方来说,公正行使权力是信任行政权力的基础,也是行政权具有执行力的保证。排除各种可能造成不平等或偏见的因素,是行政权力公正行使的基本内容,是行政民主化的必然要求。

(6)公开原则。公开是政府活动公开化的具体体现,是公民参政权的延伸。行政权力行使的公开性将提高公民对行政机关的信任度,使公民能够监督行政机关及其工作人员是否依法行政,从而有利于行政机关克服官僚主义,同时也保障了公民对于政府工作的了解权和监督权。

(7)权责统一的原则。如果只有权力而没有责任,掌权者就会毫无顾忌地滥用权力。因此,行政权力的行使必须坚持有权必有责的原则。责任既是对行政权力行使的约束,也是让掌权者负有一种使命感,使掌权者能够本着对国家负责、对人民负责的态度去行使权力。

3. 限制行政权力的滥用

行政权力的滥用是行政主体在行使权力过程中所产生的违背行政根本目的的某种结果和现象。其主要表现有:

(1)追求不正当目的。行政权力作为国家权力,能够对社会价值进行权威性的分配。但由于在行使行政权力时存在着人格化的过程,如果缺乏相应的利益协调和权力制约机制,公职人员就有可能为了追求自己的私利而置国家利益于不顾,用国家权力来满足私人利益的需要,使自己变成"贪官污吏"。

(2)不相关的考虑。在行使行政权时,考虑了不应当考虑的因素,或者没有考虑应当考虑的因素,都是不相关的考虑。在行政管理实践中,我们常见的人情行政、关系行政、金钱行政等,都是不相关考虑的表现。不相关的考虑会导致不合理的行政决定,是对行政权力的滥用。

对行政权力的制约应该是一项系统工程,这就要求我们在完善行政权力的同时必须确立一套完善合理的制约机制,以求最大限度地防止随时可能出现的行政权力的滥用。我们以为,对行政权力的制约机制包括以下两方面:

①他律机制。孟德斯鸠认为,"从事物的性质来说,要防止滥用权力,就必须以权力约束权力"[①]。分权与制衡是制约现代政治权力的必然选择。所以,

---

① 孟德斯鸠. 论法的精神 [M]. 上册. 张雁深,译. 北京:商务印书馆,1961:154.

他律机制是制约行政权力的根本措施。他律机制是其他政治权力以及行政客体对于行政权力主体的制约，主要包括立法权力和司法权力等行政权力之外的国家权力的监控、政党政治权力的监督、舆论权力的监督、公民和公民集团的监督等多种形式。

②自律机制，即行政权力自身所应具备的防范措施与制度等，主要包括利益协调机制、行政责任机制和行政伦理机制。

第二节　行政体制的形成动因与体系构成

一、行政体制的形成动因

一个国家行政体制的形成和发展往往要受到该国特定的经济、政治、文化、历史传统和国际环境等因素的制约和影响，正确分析和认识影响国家行政体制的诸因素，有利于深入认识各国行政体制的特点，借鉴各国行政管理体制的先进经验，确立符合本国国情的行政体制。

（一）政治动因

政治因素主要是指一个国家的基本政治制度。基本政治制度是影响行政体制最直接、最权威的因素。基本政治制度是行政体制赖以建立的重要政治基础，决定了行政体制的性质和行政权力运行的基本方向。各国的行政实践表明：任何一个国家的行政体制都要受到该国基本政治制度的影响和制约。任何一个国家的行政体制都必须与该国基本政治制度相适应，而不能与之相矛盾。基本政治制度的改革与发展必然要求并推动行政体制的发展和变化。例如在我国，行政体制很大程度上受到人民代表大会制度、中国共产党领导下的多党合作制、民主集中制的影响和制约。

（二）经济动因

影响行政体制的经济因素主要是指行政体制所处的社会经济基础、经济发展状况和经济结构的总和。社会经济基础是指在一定历史阶段占统治地位的生产关系各个方面的总和；经济发展状况主要是指一定社会的生产力发展水平；经济结构则是指社会经济各种成分、国民经济各部门的构成及相互关系。经济因素是影响行政体制的深层根源。国家行政体制在很大程度上受经济因素的制约和影响。如在我国传统的计划经济体制下，必然要求建立高度集中的行政体制；随着我国社会主义市场经济体制的建立，我国高度集中的行政体制必然进行相应变革，否则会严重影响社会主义市场经济的建立和完善。

（三）文化动因

文化是社会系统中处于较深层次、较为稳定的子系统，它对行政体制的建立和发展具有深远而持久的影响。任何一个行政体制的结构形式、运行程序、决策过程以及行政人员的行为、态度、价值观等都直接或间接地受到文化、意识形态的影响和制约。在文化子系统中，直接影响行政体制的是政治文化，它是一个国家在一定时期流行的占统治地位的政治思想、政治心理和价值观念的总和。它积淀在民族的文化心理结构中，渗透到人们的言行之中，对行政体制的建立、稳定、发展、变革等都有重要影响。例如在我国，封建主义残留的官本位思想、人治思想等对我国行政体制的建立和发展产生了许多消极的影响。

（四）国际环境动因

国际环境是指一个国家所面临的国际政治、经济、军事、科技、文化等因素的总和。现代国家都是国际社会的组成部分，国与国之间的交往日益频繁，国际环境对一个国家的行政体制产生越来越重要的作用。特别是当代经济全球化的出现，使得国际环境因素在推动一国或地区行政体制的构建上的作用日益加强。经济全球化使民主、法治、公正、人权、责任、服务等价值理念日益得到普遍认同，成为各国行政管理的共同追求；经济全球化使得各国政府有条件了解其他国家的行政管理经验，研究其行政体制的科学性、合理性，从而借鉴外来经验改造内部落后的行政管理方式。经济全球化考验着国家竞争力和政府管理理念、管理体制以及政府的管理能力和水平。在当今世界，国际环境将对一国行政体制的构建产生深远影响。

（五）科学技术动因

科学技术是推动社会发展的重要因素，也是影响行政体制的重要因素。科学技术的进步往往引起经济的发展、生活方式的变革、思想观念的转型和政治的发展，从而引起行政体制的发展。

二、行政体制的体系构成

(一) 行政领导体制：首长制与委员会制

行政领导体制是以行政组织最终决策权分配为标准来划分的一种行政体制。根据行政组织中拥有最终决策权的人数，可以将行政领导体制分为首长制和委员会制。

1. 首长制和委员会制的含义

首长制是指行政组织中的行政首长一人拥有最后的决策权并负有全部行政责任的一种行政领导体制。首长制是人类历史上古老而普遍的行政领导体制。奴隶社会、封建社会的行政体制中，国王、皇帝享有至高无上的权力，属于首长制。在现代国家中，首长制仍然是一种重要的行政领导体制。美国的总统制是首长制的典型代表。在总统制中，总统是国家实际权力的中心，行政权完全属于总统，对行政事务，总统有最后决定权，并对其承担全部责任，其他行政人员只向总统一人负责；由总统组织和领导内阁，内阁不是决策机关，仅是总统的集体顾问或办事机构，向总统个人负责。我国各级政府及内部机构也实行首长制。我国《宪法》规定："国务院实行总理负责制，各部、各委员会实行部长、主任负责制"；"地方各级人民政府实行省长、市长、县长、区长、乡长、镇长负责制"。

委员会制是指行政组织的决策权和行政责任由一个集体委员会共同承担的体制。与首长制相比，实行委员会制的国家不多。目前，瑞士联邦政府是委员会制的典型代表。瑞士的最高行政机关是联邦委员会，由联邦议会的国民院和联邦院联席会议所选出的七名委员组成，并从中选出联邦委员会主席、副主席各一人。七名委员分任七个部的部长，任期四年，可以无限期连选连任，彼此权力平等；一切重要事务均由他们集体决策。新中国成立初期曾在最高行政机关政务院实行过委员会制。政务院各政务委员权力平等，最高决策权属于全体政务委员，行政决策遵循少数服从多数的原则。

2. 首长制和委员会制的利弊

首长制的优点主要表现在责任明确，避免互相推诿扯皮；权力集中，指挥灵活统一，减少不必要的摩擦和冲突；决策与行动迅速，行政管理效率较高；易于保守秘密。首长制符合行政管理的特点。美国著名行政学家怀特曾指出，首长制适合于执行与指导的事务，委员会制适合于政策寻求与决定的事务。张居正在《陈六事疏》中也认为："天下之事，虑之贵详，行之贵力，谋在于众，断在于独。"在行政管理实践中，首长制被普遍采用。

首长制也存在明显的缺点。主要表现为：一是决策和处理问题难免会出现"智者千虑，必有一失"的现象，影响行政效能；二是容易产生滥用权力、独断专行、压制民主、营私舞弊、个人崇拜等弊端；三是往往会导致下级养成依赖心理，对工作缺乏必要的积极性和主动性。

与首长制相比，委员会制的优点是：决策能集思广益，考虑问题较周全，能反映各方面的利益和要求；领导成员之间分工合作，能力互补，责任共同承担，有利于协调一致地推进工作；互相制约，互相监督，防止权力专断和营私舞弊。其缺点是：事权分散，权责不明，易造成相互扯皮，借口集体负责而实际上无人负责；行动迟缓，坐失时机，议而不决，决而不行，反应迟钝，致使行政效率低下，并且容易泄露决策机密。

首长制与委员会制各有优劣，现实中应结合实际采用，以发挥它们的长处，扬长避短。就首长制而言，要充分发挥其优势，需要注意以下几点：一是要注意维护行政首长的权力，树立其权威；二是要完善有关的参谋机构、咨询机构，以弥补首长个人见识、智力和精力的不足；三是要完善行政首长的选拔、任用、考核、奖惩、罢免等方面的制度、程序，确保行政首长的素质，防止以权谋私、滥用权力。就委员会制而言，为了充分发挥其功能和作用，需要注意：一是要确定适当的委员会规模；二是要建立科学合理的委员会运作规则；三是要健全委员会组成人员的选拔、任用、考核、奖惩、罢免等方面的制度、程序，以确保委员的素质。

（二）行政权力体制：集权制与分权制

行政权力体制是以行政组织内部行政权力纵向分配为标准而划分的一种行政体制。根据行政组织内部行政权力纵向划分情况，可以将行政权力体制分为集权制与分权制。

1. 集权制与分权制的含义

集权制是指主要行政权集中于中央或上级政府，中央或上级政府对下级有直接指挥管理权，地方或下级政府依据上级政府的命令、指令，在中央授权范围内处理公务的行政体制。法国是传统的中央集权制国家，尤其是在

1982年地方分权改革之前，法国实行高度中央集权。那时，法国省政府的主要官员不是由选民选举产生，也不是由省议会选举或任命，而是由中央直接任命。各省省长均由总理和内政与权力下放部部长提名，部长会议讨论通过，总统任命。省政府秘书长、办公厅主任、参事长等则由内政部长直接任命。省长是中央政府的代表，直接对中央政府负责，定期向中央报告本省的政治、经济情况；同时，省长又是所在省的最高行政长官，集行政、治安、财政大权于一身。这一切都体现了法国中央集权的体制。1982年法国实行体制改革，高度中央集权的体制有了很大的改变，但法国仍是一个集权制国家。

分权制是指中央（或上级政府）和地方（或下级政府）各有自己明确的职责范围，地方或下级政府依法处理管辖范围内的事务，有很大的自主权，中央或上级政府不得随意干预的行政体制。在联邦制国家中，分权的行政权力体制最为普遍，美国、加拿大等联邦制国家的行政权力体制都属于分权制。如在美国，其地方政府的自主权很大。美国联邦宪法与法律明文规定授予联邦政府的权力及保留给各州的权力；同时还明确规定联邦中央与各州的"共有权力"与"禁止使用的权力"。州政府在自己的职权范围内可独立行使职权，不受联邦政府的任何干预。州长由本州选民直接或间接选举产生，是各州的最高行政长官。州以下的地方政府的主要官员均由地方议会或选民选举产生，他们直接对地方议会或选民负责。一些具有法人资格的地方政府则具有更大的自主权，它们不仅有行政上的独立性，还有财务上的独立性，可以自己决定预算、征税、收费或举债，而无须中央政府或上级政府审批。

2. 集权制与分权制的利弊

集权制的优点主要有：政令统一，目标一致，防止政出多门；层级节制，指挥灵活有力；力量集中，发挥优势，统筹兼顾，维护组织的整体利益；权力集中，令行禁止，保证中央和上级权威。集权制容易产生的弊端有：管理形式单一、刻板，适应各种环境的能力较差；层级节制较多，下级依赖上级，唯命是从，决策迟缓，缺乏应有的责任心和应变力；忽视地方利益，压抑地方积极性、创造性和主动性，往往导致组织体制僵化；在缺乏有效监控时，易出现中央或上级权力的专制与独裁。

分权制的优点是：分级治事，分层负责，有利于发挥下级的主动性与创造性；地方自主，靠点决策，有利于各级行政机关因地制宜，有效地处理自己管辖范围内的事务；分权分工，体现民主管理，有利于防止和避免上级专断与独裁。分权制容易产生的弊端有：过度分权，易导致政令不一、地方本位主义和各自为政；由于实行分权，各自都享有一定的自主权，不利于内部协调，不利于集中力量，统筹全面的发展；易产生有令不行、有禁不止，上有政策、下有对策等现象；易造成各地经济的畸形发展，加重地区间的不平衡。

综上所述，集权制与分权制二者皆有利弊。在行政管理实践中，如何处理集权与分权的关系一直是一个重要问题，处理得好，政通人和，效能显著；处理得不好，则会压抑地方或中央的积极性。一般来讲，一个国家纵向行政权的集中与分散程度要根据行政环境、行政规模、历史传统、社会经济发展水平、文化科学技术状况和其他因素而定。

（三）行政结构体制：层级制与职能制

行政结构体制是指以行政组织系统内部结构组成关系为标准所划分的一种行政体制。根据行政组织内部各机构是按纵向或是按横向设置，可分为层级制和职能制。

1. 层级制和职能制的含义

层级制，亦称"直线制""分级制""系统制"，是指行政领导机关由上而下分作若干纵向层级，每一层级对上级负责，各层级领导者所管业务相同，范围随着层级升高而扩大的体制。在层级制下，每层所管的业务性质与下层完全相同，但其管辖范围随层级降低而缩小，并实行上下对口、下级对上级负责的制度。如政府系统划分为国务院、省级政府、市级政府、县级政府和乡镇政府。

职能制，亦称"分职制""机能制""幕僚制"，是指在同一级行政领导机关内，平行设置若干部门，每一部门所管业务性质不同的体制。如政府机关设立的工业、农业、财政、税务、工商、公安等部门，这些部门工作各异，所管范围一致。

2. 层级制和职能制的利弊

层级制的优点有：结构较为简单，相互衔接联系简捷迅速；事权集中，责任分明；节制严明，决定迅速，指挥统一；上下级之间业务性质相同，有利于人员的晋升补缺和平级调动。

层级制的缺点是：易造成上级行政领导人员管辖事务过多、过紧，出现草率从事，不能集中精力思考和研究组织的重大问题，不利于发挥下级工作人员的积极性、主动性，不利于应付复杂多变的管理事务；层级节制过严，中间层次过多，会造成信息传递失真，决策失误；过分强调上下级之间的隶属关系，使横向部门之间互相联系以及协调与合作出现困难。

职能制的主要优点有：各部门业务单一，职责明确，有利于提高工作人员的专业素质，建立有效的工作秩序，提高行政效率；同时，各职能部门围绕管理的总体目标开展工作，有利于行政领导者从繁杂的事务中解脱出来，集中精力考虑全局的重大政策；由于职能分工，使行政管理工作深入细致，实现专业化分工的效益，有利于解决现代行政管理职能日益广泛化、复杂化与行政领导个人能力和精力有限之间的矛盾。

职能制的主要缺陷有：存在"视野隧道"，各职能部门常常会因为追求职能目标而看不到全局利益，不同职能部门之间利益和视野的不同会导致职能间的冲突，使行政组织横向协调比较困难；部门间各自为政，相互推诿和扯皮；如果分工过细，还会造成部门林立、机构臃肿、工作重复等弊端；各职能部门也能在对下级组织进行指挥时，破坏组织命令统一性，形成多头领导，政出多门。

在行政管理实践中，层级制和职能制往往结合并用，以层级制为基础，在每一层级进行职能分工。层级制与职能制相辅相成、相互依赖、有机结合在一起，使整个行政组织充分发挥其应有的功能。

第三节 当代中国的行政体制与改革

一、当代中国的行政领导体制及其改革

(一) 中国行政领导体制的演变

中国的行政领导体制经历了一个较长的历史发展过程。新中国成立后比较长的时间内，中央人民政府和各级地方政府的行政领导体制都是委员会制。就中央政府而言，新中国成立初期的《中央人民政府组织法》规定：政务院会议，须有政务委员过半数的同意始得开会，须有出席政务委员会过半数的

同意始得通过决议。1954年《宪法》改政务院为国务院，国务院总理负责主持和召集全体会议和常务会议；国务院做出的决定和命令，须由国务院全体会议和常务会议通过。因此，国务院采取的仍然是委员会制。实践表明，这种合议制已越来越不适应行政活动发展的需要，弊端日益明显。名义上集体负责，实际上无人负责。鉴于此，我国决定改革行政机关的领导体制。1982年12月4日，五届全国人大五次会议通过的《宪法》明确规定："国务院实行总理负责制。各部、各委员会实行部长、主任负责制。""总理领导国务院的工作。副总理、国务委员协助总理工作。""国务院各部部长、各委员会主任负责本部门的工作，召集和主持部务会议或者委员会会议、常务会议，讨论决定本部门工作的重大问题。"与此同时，"地方各级人民政府实行省长、市长、县长、区长、乡长、镇长负责制"。随着国务院组织法和地方各级人民政府组织法的实施，我国正式确立了从中央到地方的各级人民政府的行政首长负责制。

（二）行政首长负责制的基本内容

1. 国务院总理负责制的基本内容

中国最高行政机关国务院实行总理负责制。所谓总理负责制，是指总理对他主管的工作负全部责任，并对其主管的工作享有完全的决定权。

总理负责制的主要内容有：第一，总理领导国务院工作；副总理、国务委员协助总理工作。第二，总理负责召集和主持国务院会议。第三，国务院会议讨论决定重大问题不采取少数服从多数的表决方法，而是在经过充分讨论之后，由总理做结论，总理的结论就是国务院的结论。第四，总理签署国务院发布的决定、命令、行政法规、向全国人大及其常委会提出的议案以及任免人员等事项。第五，国务院组成人员由总理提名，由全国人大或人大常委会决定。国务院各部、各委员会的设立、撤销或者合并，经总理提出，由全国人大及其常委会决定。第六，总理代表国务院向全国人大及其常委会负责并报告工作。

这里需要说明的是，根据现行《宪法》和《国务院组织法》，国务院会议是指国务院全体会议和国务院常务会议。但在我国过去的行政管理实践中，还存在总理办公会议，很多与国计民生有关的重大决策，都是在总理办公会议上拍板的。2004年后，国务院做出决定，取消总理办公会议，这意味着国务院决策过程向着民主化、法制化方向又迈进了一步。

2. 国务院组成部门首长负责制的基本内容

国务院各部、各委员会实行部长、主任负责制，各部部长、各委员会主任负责本部门工作，召集和主持部务会议或者委员会会议、常务会议，讨论决定本部门工作的重大问题，签署上报国务院的重要请示，向下下达命令指示。副部长、副主任协助部长、主任工作。各部、各委员会对本部门的重大工作通过会议形式进行集体讨论，并在此基础上由部长或主任集中正确意见，形成决定。

3. 地方各级政府首长负责制的基本内容

我国地方各级人民政府也实行首长负责制，即分别实行省长、自治区主席、市长、州长、县长、区长、乡长、镇长负责制。各级政府首长负责制的主要内容包括：各级政府首长分别领导本级政府的工作，通过办公机构负责处理日常工作；召集和主持本级政府的全体会议和常务会议；认真执行本级人大及其常委会的决定。

(三) 改革和完善行政首长负责制

行政首长负责制是我国 1982 年《宪法》确立的一项行政领导体制，它实施近 30 年来，对克服行政机关中责任不明、互相扯皮和效率低下的状况起到了积极作用，但这一制度在实践中尚存诸多问题，亟待完善。

1. 行政首长负责制在我国实践中的主要问题

其一，行政首长决策机制不健全。这主要表现在以下三个方面：一是行政首长最后决策权范围界定模糊不清。如行政首长决策权范围与人大决策权范围的界线不明，尤其是地方行政首长与地方人大决策权范围模糊；行政首长应提交政府常务会议或全体会议集体讨论的重大问题的范围不明；行政首长决策范围与党组织决策范围界分不明。二是行政首长行使决策权的程序和规则不完善，民主化和科学化程度较低。三是缺乏决策跟踪反馈机制和完善的行政决策监督机制。

其二，行政首长责任机制不健全，行政首长个人责任最后得不到落实。我国法律法规对行政首长所应承担的各种责任形式的规定尚不完善。如行政首长向人大做报告的制度不完善。我国法律对行政首长提交报告的时间、报告中应写的内容、报告的审议后果等均没有具体规定，使得现实生活中这种形式对行政首长工作的监督作用不大。除此之外，人大罢免行政首长的制度、行政决策责任追究机制等也不完善。

其三，行政首长的选拔制度存在不完善的地方。目前，我国在行政首长产生方面也存在一些问题。这主要表现在行政首长产生的过程比较重视上级意见，忽视群众意愿，透明程度不高，不能正确处理好党管干部与权力机关依法行使任免权的关系等问题。

其四，行政首长监督机制不健全。目前我国行政监督的主要问题有：一是行政监督整体功能不强，缺乏监督合力；二是我国行政监督主体的地位不高，缺乏监督力度；三是行政监督法规仍不完善，监督缺乏可操作性。

2. 改革和完善我国的行政首长负责制

第一，要科学界定行政首长的最后决策权范围。首先，要明确划分行政决策权与人大决策权之间的界线，明确规定"两会"集体讨论的重大问题的范围和程序。在具体界定行政首长决策权范围时，应根据决策主体（行政首长、人大）的决策权特点、决策事务的性质两方面因素来考虑决策权的划分。其次，要明确划分行政首长决策权与党委决策权之间的界线。必须在理论上充分认识政府和党的性质、职能、组织形式和工作方式的不同，要根据党组织和行政首长各自的性质、地位、活动方式正确划分两者的决策权范围。

第二，赋予行政首长一定的人事权，真正树立行政首长的权威。人事权是行政首长权威能否树立起来的关键因素，也是行政机关能否形成一个办事高效、决策迅速的执行机关的重要因素。从世界范围来看，绝大多数国家都把行政领域的人事权主要地赋予行政首长行使。我国在人事权上实行"党管干部"的原则。根据我国的具体情况，可以考虑赋予行政首长人事变更建议权。此外，还要考虑改变地方政府副职的产生办法。我国地方各级政府的副职是由同级人大选举产生，并由人大罢免的。这种副职产生方式造成首长与副职之间没有主次之分，使首长的法定权威面临挑战。因此，地方各级政府的副职的产生办法可改为由首长提名，同级人大决定，这比较符合行政首长负责制的基本要求。当然，采用这种办法涉及现行宪法和地方组织法，应做必要的法律调整。

第三，明确行政首长的责任追究机制。要从法律上完善行政首长的责任追究机制，对行政首长所要承担的每种责任的条件、追究责任主体、追究责任程序和方式等做出明确规定。针对我国目前的情况,要完善行政首长的责任追究机制,可以从以下几个方面入手:一是建立健全行政首长向同级权力机关报告的制度,明确规定报告的主要内容、提交报告的时限、报告的审议结论及后果;二是加强罢免、辞职制度的建设,对行政首长罢免、辞职的标准与理由进行明确具体确定,并建立起辞职程序、罢免申诉制度等;三是完善重大事件的责任追究制度、述职述廉制度、质询制度和民主评议制度等。

第四,完善行政首长的选拔制度。在完善行政首长选拔制度方面,主要需要解决的问题包括:一是要处理好党管干部与依法行使任免权的关系;二是要增加行政首长选拔的公开性、竞争性、民主性;三是依法实施各级政府行政首长的选任制。在地方,特别是在县乡两级探索和试行行政首长的直选制。根据我国的具体情况,可考虑先在县、乡级实行县长、乡长和镇长的真正选举,待条件成熟时,推广到县以上的政府机关。当前,县乡两级政府与农民的矛盾较多,许多政府官员官僚主义严重,严重脱离人民,甚至欺压百姓,严重影响了党与人民、政府与人民的关系。要改变这种情况,从根本上、制度上解决问题,还必须扩大基层民主。

第五,完善对行政首长的监督机制。针对我国行政监督体制中存在的各种问题,改革和完善行政监督体制应从以下方面入手:建立运转协调的行政监督体制,充分发挥其整体功能;提升监督主体的地位,健全以权力约束权力的行政监督制约机制;加强立法,健全行政监督法制。

二、当代中国的行政权力体制

中国是单一制国家,无论是立法权、司法权还是行政权,都集中于中央政府。因此,中国行政权力体制也是集权制。

(一) 中国行政集权制的主要内容

中国行政集权制的表现是多方面的,主要体现在以下三个方面。

1. 在行政事务管理方面,国务院对地方各级行政机关有广泛的领导权

《宪法》第89条规定了国务院的职权,其中有关对地方的行政领导权主要有:统一领导全国地方各级国家行政机关的工作,规定中央和省、自治区、直辖市国家行政机关的具体职权划分;领导和管理经济工作、城乡建设、教育科学、文化卫生体育、计划生育工作、民政公安、司法行政、监察工作、

民族事务等。在规定中央行政机关广泛领导权的同时，我国宪法和法律对地方各级政府职权的规定未能划清中央与地方各级政府各自的职责范围。地方政府的职权，除外交、国防等外，几乎是国务院职权的翻版，导致中央对地方实行全面的行政领导。

2. 在组织人事方面，中央或上级政府对地方或下级政府的机构和人员编制享有领导和监督权

这主要表现在：一是中央拥有编制立法权。制定有关编制的各种组织法规和条例是中央管理机构的重要工作之一。二是中央或上级政府拥有编制审批权。在人员编制方面，中共中央和国务院有权核定各级政府行政编制总额，地方各级党委和政府统一领导本地区的编制工作，在中央政府核定的编制员额内，分配并审核本地区各级政府及其工作部门的行政编制名额。在机构编制方面，中央、国务院对各级政府机构设置进行总量控制。三是中央对机构设置进行程序上的控制，在政府机构的设置方面实行统一领导、分级管理的制度。地方各级政府根据工作需要设立必要的工作部门，须报上一级政府批准，报同级人民代表大会备案。

3. 中央对地方的行政监督

中央对地方的行政监督主要表现在：一是国务院对地方政府的监督权。省级地方政府必须向国务院报告工作，并接受国务院的行政监督。地方制定的地方性法规和地方政府规章，必须报国务院审查或备案。国务院有权"改变或者撤销地方各级行政机关的不适当的决定和命令"。二是国务院各主管部门对地方各级政府相应工作部门的监督。《宪法》第90条规定，国务院各部、各委员会可以根据法律和国务院的行政法规、决定、命令，在本部门的权限内发布命令、指示和规章。《地方各级人民代表大会和地方各级人民政府组织法》第66条也规定，省、自治区、直辖市的人民政府的各工作部门受人民政府统一领导，并且受国务院主管部门的领导或者业务指导。因此，国务院主管部门对地方相应工作部门有着相应的行政监督权。三是各级监察委员会依法对所有行使公权力的公职人员进行监察，调查职务违法和职务犯罪，开展廉政建设和反腐败工作，维护宪法和法律的尊严。尤其是对其依法履职、秉公用权、廉洁从政从业以及道德操守情况进行监督检查；对违法的公职人员依法做出政务处分决定；对履行职责不力、失职失责的领导人员进行问责等。

(二) 中央与地方关系的调整和改革历程

中华人民共和国成立以来，中央政府与地方政府关系的调整和改革可分为以下几个阶段。

1. 第一阶段（1949—1978年）

从中华人民共和国成立到1978年，这一阶段中央与地方的关系总体来讲呈现出中央高度集权、地方政府基本上没有自主权的局面。但在这一阶段的不同时期，随着政治、经济、社会的发展，中央与地方的关系也得到了一些调整。

1956—1958年，在特定社会历史条件下，我国形成了中央高度集权的行政管理体制。当时这种体制对恢复国民经济、维护祖国统一及稳定社会秩序等具有重要作用。但随着社会经济的发展，这种体制的弊病开始暴露出来。为此，1956—1958年，我国进行了中央与地方关系的第一次大调整。从1956年到1957年，国务院多次做出有关决议，要求把一部分工业管理、商业管理、财务管理、计划管理权限下放给地方行政机关和厂矿企业。根据中央的规定，1958年，中央各部门把一部分计划、基建项目审批、财政、税务、商业等权限下放给地方，中央直管的9 300个企事业单位下放了8 100多个，只保留了1 200多个大型企业和军工企业；同时，中央还向企业下放了内部的人事安排权和机构设置权。这是新中国成立以来中央第一次大规模地向地方下放权力。1958年放权后不久就暴露出放权中的许多问题，如权力下放过多、过急，地方管理混乱，国民经济的综合平衡受到破坏等。1961年1月20日，中共中央发出指示，强调提出经济管理的大权应该集中到中央、中央局和省（自治区、直辖市）三级。为此，中央政府大面积上收了所下放的权力。

1970—1974年，我国进行了中央与地方关系的第二次大调整。从1970年开始，国务院各部门把绝大部分直属企业、事业单位下放给地方管理。到了1975年，经济生活中又出现了乱和散的问题，于是狠抓整顿，又将计划、企业管理、物资流通等方面的权力上收。

2. 第二阶段（1978—1988年）

从1978年改革开放至1988年，这一阶段中央与地方的关系出现了一些新的特点：中央高度集权体制开始动摇，中央与地方的关系开始向法制化的方向迈进。

1978年12月，随着党的十一届三中全会的召开，我国进入了改革开放和现代化建设的新时期。在改革开放的大背景下，我国对中央与地方的关系进行了一系列新的调整。具体措施包括：修订《宪法》和修改《地方各级人民代表大会和地方各级人民政府组织法》，对中央与地方的关系做了相应变革，明确规定中央和地方国家机构职权划分的总原则是在中央的统一领导下，充分发挥地方的主动性、积极性；明确列举中央与省级政府之间、地方各级政府之间的职权范围。二是随着经济体制改革的推行，提出了政企分开、简政放权。通过改革财税体制、计划体制等，普遍扩大了各级地方政府的管理权限；设立经济特区、经济技术开发区、保税区，给予它们更多的经济管理自主权等；对某些中心城市实行计划单列，扩大中心城市的经济管理权限。

3. 第三阶段（1988—1992年）

1988年至1992年是我国以转变政府职能为中心的行政改革深化阶段。1987年10月召开了党的十三大，规划了政治体制改革的蓝图，提出克服权力过分集中这一弊端的有效途径是"进一步下放权力"，指出处理中央与地方关系总的原则是："凡是适宜于下面办的事情，都应由下面决定和执行"，"要在保证全国政令统一的前提下，逐步划清中央和地方的职责，做到地方的事情地方管，中央的责任是提出大政方针和进行监督"。在十三大报告中，第一次明确提出了以转变职能为重点的改革思路。1988年4月，国务院着手行政改革，通过转变职能，实现精简机构人员、下放权力、理顺关系、增强活动的目的。但行政改革后不久，我国经济转入治理整顿时期，1988年9月的党的十三届三中全会提出在中央与地方关系方面，要正确处理局部利益同整体利益的关系，树立全局观念，适当集中统一，加强宏观调控与监督，同时上收了一些权力。

4. 第四阶段（1992—2012年）

1992年10月，党的十四大召开，我国进入建立社会主义市场经济体制的新阶段。在这一阶段，我国在政府职能进一步转变的基础上，中央和地方的关系进行了多次调整。

在1993年的行政改革中，提出理顺关系，合理划分中央与地方的管理权限，充分发挥中央与地方两个积极性，使地方在中央方针政策的指导下，因地制宜发展本地区经济和各项社会事业。因此，部分权力又下放给地方。在

1998年的行政改革中，将中央政府各部门管理的部分审批权和具体事务性工作共100多项职能下放给地方政府。在2003年的行政改革中，根据党的十六大精神，进一步界定了中央与地方政府的职能，提出中央负责宏观调控、经济决策，地方负责执行具体事务。在2003年10月14日通过的《中共中央关于完善社会主义市场经济体制若干问题的决定》中又明确指出："合理划分中央和地方经济社会事务的管理责权。按照中央统一领导、充分发挥地方主动性积极性的原则，明确中央和地方对经济调节、市场监管、社会管理、公共服务方面的管理责权。属于全国性和跨省（自治区、直辖市）的事务，由中央管理，以保证国家法制统一、政令统一和市场统一。属于面向本行政区域的地方性事务，由地方管理，以提高工作效率，降低管理成本，增强行政活力。属于中央和地方共同管理的事务，要区别不同情况，明确各自的管理范围，分清主次责任。根据经济社会事务管理责权的划分，逐步理顺中央和地方在财税、金融、投资和社会保障等领域的分工和职责。"

2008年，根据党的十七大提出的"加快行政管理体制改革，建设服务型政府"的精神，掀起以"大部制"体制为核心的行政改革，成立了交通运输部、人力资源和社会保障部、环境保护部、住房和城乡建设部等共26个部委。经过调整，除国务院办公厅外，国务院设置组成部门27个，直属特设机构1个，直属机构15个，办事机构4个，部委管理的国家局16个，直属事业单位14个。国务院正部级机构减少4个。

5. 第五阶段（2012年至今）

2012年，党的十八大报告提出深化行政体制改革。行政体制改革是推动上层建筑适应经济基础的必然要求；要按照建立中国特色社会主义行政体制目标，深入推进政企分开、政资分开、政事分开、政社分开，建设职能科学、结构优化、廉洁高效、人民满意的服务型政府；深化行政审批制度改革，继续简政放权，推动政府职能向创造良好发展环境、提供优质公共服务、维护社会公平正义转变；稳步推进大部门制改革，健全部门职责体系；优化行政层级和行政区划设置，有条件的地方可探索省直接管理县（市）改革，深化乡镇行政体制改革；创新行政管理方式，提高政府公信力和执行力，推进政府绩效管理；严格控制机构编制，减少领导职数，降低行政成本；推进事业单位分类改革；完善体制改革协调机制；优化行政层级和行政区划设置。

2013年，国务院重点围绕转变职能和理顺职责关系，稳步推进大部门制改革，实行铁路政企分开，整合加强卫生和计划生育、食品药品、新闻出版和广播电影电视、海洋、能源管理机构。组建了国家卫生和计划生育委员会、国家食品药品监督管理总局、国家新闻出版广电总局，重新组建了国家海洋局、国家能源局，不再保留国家电力监管委员会等。经过改革，国务院正部级机构减少4个，其中组成部门减少2个，副部级机构增减相抵，数量不变。改革后，除国务院办公厅外，国务院设有组成部门25个。

2017年，党的十九大报告指出，要继续深化机构和行政体制改革；统筹考虑各类机构设置，科学配置党政部门及内设机构权力、明确职责；统筹使用各类编制资源，形成科学合理的管理体制，完善国家机构组织法；转变政府职能，深化简政放权，创新监管方式，增强政府公信力和执行力，建设人民满意的服务型政府；赋予省级及以下政府更多自主权；在省市县对职能相近的党政机关探索合并设立或合署办公；深化事业单位改革，强化公益属性，推进政事分开、事企分开、管办分离。2018年3月，十三届全国人大一次会议表决通过了关于国务院机构改革方案的决定，提出深化国务院机构改革，要着眼于转变政府职能，坚决破除制约使市场在资源配置中起决定性作用、更好发挥政府作用的体制机制弊端，围绕推动高质量发展，建设现代化经济体系，加强和完善政府经济调节、市场监管、社会管理、公共服务、生态环境保护职能，结合新的时代条件和实践要求，着力推进重点领域、关键环节的机构职能优化和调整，构建起职责明确、依法行政的政府治理体系，增强政府公信力和执行力，加快建设人民满意的服务型政府。本轮机构改革对国务院组成部门进行了较大调整，具体表现在：组建自然资源部，不再保留国土资源部、国家海洋局、国家测绘地理信息局；组建生态环境部，不再保留环境保护部；组建农业农村部，不再保留农业部；组建文化和旅游部，不再保留文化部、国家旅游局；组建国家卫生健康委员会，不再保留国家卫生和计划生育委员会，不再设立国务院深化医药卫生体制改革领导小组办公室；组建退役军人事务部；组建应急管理部，不再保留国家安全生产监督管理总局；重新组建科学技术部；重新组建司法部，不再保留国务院法制办公室；优化水利部职责，不再保留国务院三峡工程建设委员会及其办公室、国务院南水北调工程建设委员会及其办公室；优化审计署职责，不再设立国有重点大型企业监事会；监察部并入新组建的国家监察委员会，不再保留监察部、国家预防腐败局。改革后，国务院正部级机构减少8个，副部级机构减少7个，除国务院办公厅外，国务院设置组成部门26个。

总之，中华人民共和国成立以来，为适应我国政治、经济、社会发展的需要，我国中央与地方的关系不断在进行调整和改革，取得了一些成绩，同时在中央与地方关系方面仍存在一些问题。这些问题主要表现在：中央与地方权责划分仍不科学、不具体；规范中央与地方关系的法律制度还不健全；下放权力结构具有片面性等。因此，进一步理顺中央与地方的关系仍是摆在党和国家面前的重要任务。

（三）进一步完善和改革中央与地方的关系

进入21世纪以来，我国中央与地方关系面临着新的国际国内形势。一方面，我国社会主义市场经济体制初步建立，政治体制改革迈出新的步伐；另一方面，国际局势正在发生深刻变化，经济全球化的趋势不断发展，科技进步日新月异，综合国力竞争日趋激烈。新的形势对我国中央与地方的关系提出了挑战。针对新形势的挑战和我国目前存在的问题，进一步完善和改革中央与地方关系应注意以下几点。

1. 切实转变政府职能，合理划分中央与地方政府权责

政府职能转变是解决中央政府与地方政府关系的基础与前提。1949年以后几次大的中央与地方关系的调整，主要内容都是在对企业的经营管理权是交给中央政府还是交给某级地方政府上做文章，没有涉及政府职能的转变。政企关系没有理顺，整个政府管了不该管也管不好的事，反复出现权力一分散就乱、一集中统一就死的局面。自1988年提出转变政府职能后，我国中央与地方权责调整有了比较大的进展，但目前我国政府职能的转变还不到位，政府越位、缺位、错位的现象仍然存在。因此，切实转变政府职能是进一步理顺中央与地方关系的重要一步。

2. 科学划分中央与地方政府的权责

在切实转变政府职能的基础上，需进一步划分中央与地方政府的权责。为此，首先应对中央与地方各自应拥有的权力进行充分的理论论证。目前，国内外理论界从不同的角度研究了中央与地方权责划分的问题，提出了有益的分析，这对我们正确划分中央与地方权责具有十分重要的作用。与此同时，

应注意汲取和借鉴西方发达国家在处理中央与地方关系时的一些有益的经验和做法。在发达国家,一般将政府管理的事权划分为三部分:一部分是中央政府的"专有权力",主要涉及外交、国防、国家安全、货币、宏观经济调控等职权;一部分是地方政府的"专有权力",主要涉及地区性交通、警察、消防、教育、环保、供水、垃圾处理等事务;还有一部分是中央与地方政府的"共有权力",如科学、教育、环保等事务。我们应综合各种理论研究和各国的管理实践,结合我国国情,科学合理地划分中央与地方政府的职责与权限。

3. 加强相关法制建设

长期以来,我国规范中央与地方关系的主要手段是政策性文件,随意性较大,缺乏稳定性,因此,应加强相关国家立法,尽快制定行政组织法、程序法、编制法、地方财政法等法律规范,将纵向权力划分的原则、内容、监督机制以及程序等都以法律形式加以规范。总之,只有把中央与地方关系奠定在法治这一坚固的基础上,才能促进中央与地方关系改革的顺利进行,保证国家的长治久安和经济社会的稳定发展。

三、当代中国的行政结构体制

(一) 层级制

中华人民共和国成立 70 年来,我国政府层级制的发展大体经历了四个阶段:

第一阶段(1949—1953),我国主要实行中央、大区、省、县、乡五级制,设中央和地方各级人民政府。这一时期县以上地方各级人民政府实际上是本行政区域内行使权力的地方性国家政权机关,地方各级人民政府委员会既是实际权力机关,又是行政机关,并且领导地方同级人民政府,实行双重政府体制。

第二阶段(1954—1967),我国实行中央、省、县、乡(人民公社)四级制。1954 年,中国第一部《宪法》颁布。1954 年《宪法》规定:全国划分为省、自治区、直辖市;省、自治区分为自治州、县、自治县、市;县、自治县分为乡、民族乡、镇;直辖市和较大的市分为区;自治州分为县、自治县、市。自治区、自治州、自治县都是民族自治地方。经过这次调整,我国政府层级基本定型,形成中央、省、县、乡(人民公社)四级制。此外,《宪法》

规定，地方各级人民委员会是本级人民代表大会的执行机关，是地方国家行政机关；同时，人民委员会又行使本级人民代表大会常设机关的职权。

第三阶段（1967—1977），我国实行中央、省、地、县、人民公社五级制。"文化大革命"期间，我国政府层级结构受到了严重破坏。1967年1月以后，全国各地纷纷建立革命委员会，地方各级人民委员会在事实上不复存在。同时，地方各级人民代表大会不能召开，地方各级党委陷于瘫痪状态，革命委员会实际上拥有党委机关、地方国家权力机关和地方国家行政机关的全部权力。原省级行政机关的派出机构行署改称为地区，作为省与县之间的一级地方政权组织而存在，使地方行政建制由三级变为四级，不必要地增加了管理层次。

第四阶段（1978年至今），我国中央、省、县、乡四级制和中央、省、市、县、乡五级制同时并行。1978年《宪法》颁布后，规定"地方各级革命委员会，即地方各级人民政府，是地方各级人民代表大会的执行机关，是地方各级国家行政机关"。1979年召开的五届人大第二次会议对1978年《宪法》做了局部修改，同时通过了修订的《地方各级人民代表大会和地方各级人民政府组织法》，地方各级革命委员会统统改称人民政府，县以上地方各级人民政府不再行使本级人民代表大会的常设机关的职权。1982年《宪法》的制定改变了政社合一的人民公社体制，恢复了乡级人民政府建制，并规定：全国分为省、自治区、直辖市；省、自治区分为自治州、县、自治县、市；县、自治县分为乡、民族乡、镇；直辖市和较大的市分为区、县；自治州分为自治县、县、市；自治区、自治州、自治县都是民族自治地方。这样，我国政府层级基本上划分为四级，即中央、省（自治区、直辖市）、县（自治县、市）、乡（民族乡、镇）。在经济比较发达的地区，为促进城乡结合和工农结合，打破条块分割，充分发挥城乡两个方面的积极性，实行市管县的行政体制。实行市管县的地方就是在省、县之间增加一级政区，实行五级制。在有些自治区，下辖自治州，州以下有县，也是五级制。这就使我国现行政府层级形成了四级和五级并存的体制。另外，1982年《宪法》还规定，国家在必要时得设立特别行政区；省、自治区的人民政府在必要的时候，经过国务院的批准，可以设若干行政公署，作为它的派出机关；县、自治县的人民政府在必要的时候，经省、自治区、直辖市的人民政府批准，可以设若干区公所，作为它的派出机关；市辖区、不设区的市的人民政府，经上一级人民政府批准，可以设立若干街道办事处，作为它的派出机关；行政公署、区公所、街道办事处在各自的区域内代表上级人民政府管理行政事务。

（二）职能制

在职能制方面，不同层级的部门设置有所不同。

国务院分设若干部、委、直属机构；省、自治区政府分设若干厅、局、委；市、州、县政府分设若干局；区政府分设若干分局；乡、镇政府分设若干所。国务院的各部委与地方各级行政组织相对应的厅、局、分局、所之间也存在逐层递进的隶属关系。下面简单介绍中央人民政府——国务院的部门设置。

目前，国务院部门设置情况如下：一是国务院办公厅1个；二是国务院组成部门26个，具体是外交部、国防部、国家发展和改革委员会、教育部、科学技术部、国家民族事务委员会、公安部、国家安全部、民政部、司法部、财政部、人力资源和社会保障部、自然资源部、住房和城乡建设部、交通运输部、工业和信息化部、水利部、农业农村部、商务部、文化和旅游部、国家卫生健康委员会、生态环境部、退役军人事务部、应急管理部、中国人民银行、审计署；三是国务院直属特设机构1个，即国务院国有资产监督管理委员会；四是国务院直属机构10个，具体是海关总署、国家市场监督管理总局、国家税务总局、国家广播电视总局、国家体育总局、国家统计局、国家医疗保障局、国务院参事室、国家机关事务管理局、国家国际发展合作署。

思考题

1. 如何认识行政体制的主要内容？
2. 行政权力的含义及其特征是什么？
3. 行政授权的性质及其方式是什么？
4. 请评述首长制和委员会制的利弊。
5. 请评述我国中央与地方的关系。

案例

街道管理体制改革

北京市政府自1999年开始，每年均召开城市管理工作会议，研究城市管理体制改革，并且明确提出改革的突破口是街道管理体制，希望通过街道管理体制改革转变政府职能。

2002年7月，北京东城区和平里街道办事处选择了组织分化策略进行街道管理体制改革。东城区和平里街道办事处将社区服务中心、社区文体中心、社保中心、环卫所、绿化办、敬老院等事业单位从自身分离出来，组建了街道社区服务管理中心（以下简称"中心"）。"中心"《章程》明确规定：中心是非政府、非营利的具有法人地位的事业单位。街道办事处负责制定社区建设与社区服务发展规划，确定"中心"的工作任务和目标，对其实行宏观管理和指导、监督；通过"项目经费"的运作方式，与"中心"建立"委托－代理"关系，并给予资金支持。"中心"对办事处和社区居民负责，根据社区居民实际需要做好社区服务管理和监督。

社区服务管理中心的建立，在街道层面建立起了一种新型的街道管理模式：街道党工委领导、人大监督、街道办事处依法行政、社区服务管理中心承办社会服务。这种新型街道管理模式的建立，在街道层面把党务工作、行政工作和社会服务工作区分开来，分别交由街道党工委、街道办事处、社区服务管理中心来执行，建立起三个相互独立又相互关联的工作平台：街道党建工作平台、街道政务工作平台、街道社会公共事务服务平台。

这样，北京东城区和平里街道办事处的社区服务管理中心就作为具有独立法人资格的非政府、非营利事业单位，承担了从政府剥离出来的事务性工作，受街道办事处委托，在街道辖区范围内向民众提供社会公共服务。

问题：请对北京市和平里街道办事处的管理体制改革进行评析。

第三章
行政职能

自人类进入文明时代，政府职能问题即已产生，而现代政府的行政职能问题则开始于 20 世纪 30 年代西方资本主义世界的经济大危机。从那时起，政府职能问题就成为公共行政学的基本问题，也构成当代西方国家社会科学最丰富多彩的领域之一。当前，我国的改革开放和中国特色社会主义建设进入了新时代，切实转变政府职能、增强政府对行政环境变化的回应力，对促进我国经济和社会又好又快发展、满足人民对美好生活的向往具有十分重要的现实意义。

第一节 行政职能概述

在当今世界，政府职能问题已成为人们广泛关注的焦点。正如世界银行在《1997 年世界发展报告：变革世界中的政府》中所指出的那样："在世界各地，政府正成为人们注目的中心。全球经济具有深远意义的发展，使我们再次思考政府的一些基本问题：它的作用应该是什么、它能做什么和不能做什么，以及如何最好地做这些事情。"[①]

一、行政职能的含义与特点

（一）行政职能的含义

职能是指人、事物、机构应有的职责和功能。行政职能，也称政府职能

[①] 世界银行.1997 年世界发展报告：变革世界中的政府 [M]. 北京：中国财政经济出版社，1997：1.

或行政功能①,是指政府为实现国家利益,满足社会发展的需要而对国家政治、经济和社会事务进行管理时所负有的职责和任务。行政职能主要涉及政府的职责范围(管什么)、履行职责方式(怎么管)、在国家和社会生活中的职责履行情况(管的结果)等问题。通俗地说,行政职能就是研究政府管什么、怎么管和管的结果等问题。

(二) 行政职能的特点

1. 阶级性与公共性

马克思主义认为,政府的基本职能有两种,即政治统治职能和社会管理职能。国家职能是政治统治职能和社会管理职能的统一,偏废任何一方都是有害的。行政职能一方面必须执行和体现国家的政治统治职能,体现国家意志的要求,反映政府所代表的国家性质和活动方向,为占统治地位的阶级所赖以存在与发展的经济基础服务,具有一定的阶级性,失去了政治统治职能,统治阶级的地位和利益就不能维护;另一方面,作为国家权力的执行机关,必须适应国家社会生活发展的需要,承担和执行社会公共管理职能,以服务社会公共利益的面目出现在世人面前。"政治统治到处都是以执行某种社会职能为基础,而且政治统治只有在它执行了它的这种社会职能时才能持续下去。"② 从某种意义上说,行政职能本质上是国家公共权力的执行,它通过行使行政权实现对社会的治理,维护国家的统治。因此,行政职能更多地表现为一种社会公共管理职能,带有很强的公共性。

2. 执行性与强制性

在传统社会中,国家立法、行政、司法职能常常混为一体。在现代社会中,国家的行政职能与立法职能、司法职能区别开来,具有明显的执行性质,表现为执行国家意志的管理方面的职能。正如美国学者古德诺指出的,政治是国家意志的表达,行政是国家意志的执行。在我国,行政管理必须贯彻执行党的路线、方针、政策,必须执行人民代表大会的决定和决议,执行国家的法律、政策,它必须具有明显的权威性,必须以国家强制力为后盾,因而

---

① 行政职能,也称政府职能。此处的政府是指狭义的政府。行政功能是指行政组织系统在整个政治体系结构中发挥的作用。当对某一级政府所具有的功能以规范化的职责、任务加以确定时,行政功能就表现为具体的行政职能。参见张永桃.行政管理学[M].北京:高等教育出版社2003:53.

② 马克思恩格斯选集[M].3卷.北京:人民出版社,1972:219.

具有很强的强制性。

3. 整体性与多样性

就整体性而言，政府行政系统是整个社会系统中的一个子系统，行政职能是整个国家职能系统的一部分，它与国家其他职能有机地联系着：行政职能的履行既受立法机关的监督，又以司法机关等国家强制力为后盾。从行政系统自身来看，行政职能本身也是一个完整的体系，其职能结构极为庞大和复杂，内容涉及对国家事务和社会公共事务进行管理的全部活动，同时政府内部各纵向层级和横向部门间又有各自的职能领域，各要素纵横交错，相互支持而又相互制约，构成了一个完整的行政职能体系。因此，理解行政职能，要从整体上进行把握，理清行政职能与外部环境之间、行政职能与国家立法和司法职能之间、行政职能各领域和各层次之间的相互关系，而不能把它们简单地割裂开来。行政职能受其他国家职能影响和制约，反之，行政职能发挥的程度又制约和影响其他国家职能的实现程度。

就多样性而言，行政管理的范围遍及国家和社会生活的各个方面，因此，行政管理职能是多种多样的，广泛渗透到整个社会生活的每个角落，涵盖社会的各个领域，并且每种职能都具有十分丰富的内涵。这种职能范围的多样性不仅是非政府机构的职能无法比拟的，也是其他国家机关职能如立法、司法职能所望尘莫及的。

4. 相对稳定性与动态发展性

一方面，在某一特定的时空下，政府的行政职能是确定的，保持着一定的稳定性，与政府的立法、司法职能等始终有着明确的边界，不能混淆。另一方面，行政职能不是静止不变的，随着国家政治、经济、科学技术的发展，社会生活和行政环境的变化，行政职能的范围、内容、主次关系、作用方式等也必然发生变化。适应环境变化需要，及时调整和转变行政职能，是搞好行政管理的重要前提，也是政府行政系统赖以生存与发展的前提条件，否则，就无法保证行政管理的活力，政府就会成为社会发展的障碍，就没有存在的必要了。事实上，在不同的时期和不同的社会环境下，尽管政府的基本职能维持了一定的稳定性，但政府的职能的内容、重点、方式、作用等总是有所变化的。

二、行政职能的类型

从阶级属性上看，行政职能可分为奴隶制国家的行政职能、封建制国家的行政职能、资本主义国家的行政职能和社会主义国家的行政职能。

按职能指向看,行政职能可分为对内职能和对外职能。其中,对内职能占有主要的地位。

从职能的属性看,可分为政治职能和社会管理职能,具体包括统治性职能、保卫性职能、管理型性职能和服务性职能;

从层次上分析,行政职能有高、中、低层次之别。处于不同层次的行政机关,其行使职能的范围、内容和方法也不尽相同,由此形成了丰富多彩的职能体系。例如,中央人民政府即国务院的职能,主要是管理国家事务和全国性公共事务,如国防、外交、国家安全、发行货币、宏观调控、全国性基础设施建设等,以及与之相应的机构设置、人员编制、经费支付等。地方各级人民政府职能,主要是在维护国家利益和中央权威的前提下管理地方性公共事务,如对本地区经济社会发展实施区域调节与管理,举办地方公益事业、征收地税赋等,和与之相应的机构设置、人员编制、经费支付等公共事务。

三、行政职能的地位和作用

行政职能是行政学研究的核心问题,加拿大著名政治学家雷斯尼克曾经指出,20世纪有关国家理论的文献所提出的最有意义的,也是涉及最多的就是国家在不同社会中的实际职能问题。

(1) 行政职能是行政管理的核心内容,它直接回答政府是"干什么的""应该干什么""不应该干什么""正在干什么"等问题,直接体现了国家行政管理的性质和方向。行政职能是国家行政管理活动的前提,只有明确政府的行政职能,才可能在此基础上科学地界定政府行政管理的目标、内容、过程及其运作方式,进行科学的行政管理。

(2) 行政职能是行政机构设置和改革的重要依据。一方面,政府机构是政府职能的物质载体,政府职能的有效发挥必须通过一定的政府机构来实现;另一方面,政府机构设置必须以政府职能为依据。只有以职能为基础来建设行政组织,才能科学地认识到哪些机构是应该加强、必须建立健全的,哪些是应予合并、撤销、调整的,才能科学合理地设置和改革机构。行政职能的变化客观上要求行政机构、人员编制方面做出相应的改革。职能转变了,机构亦应随之改革和变化。

（3）行政职能是确定行政活动方式、实现行政运行机制科学化的依据。政府职能转变是行政体制和机构改革的关键。行政体制和机构改革必须根据政府职能的变化，相应地进行调整和改革。

（4）行政职能的实现程度是检验行政管理结果、衡量行政效率的标准和依据。行政管理的根本目的在于不断提高行政效率，影响行政效率的因素固然许多，但最终检验行政效率高低的标准要看整个政府职能发挥的好坏。行政职能所提供的服务数量和服务质量是衡量政府行政管理效率高低的重要指标之一。

第二节 行政职能的主要内容

中国台湾地区的学者张金鉴教授认为，行政职能大体上可以分为六种：①维护职能，即维护国家法典和制度的职能，主要通过制定得到社会公众普遍认同的国家典章法令，建立、确定和巩固国家的政治意识形态、国家的基本社会制度、国家的基本价值范畴、国家的法统。②保卫职能，即保卫国家和民族独立，保卫公民生命、财产和公民权利，维护社会秩序的职能。③扶助职能，即扶助各界公民、公民团体、工商组织均衡发展，扶助弱者生存的职能。④管制职能，即管制社会行为主体与国家公共权力主体的社会行为的职能。⑤服务职能，即通过兴办各类公共事业，直接造福于国民的职能。⑥发展职能，即运用各种可能的方式启发、诱导创新的意图和积极性，促动、推进社会发展和进步的行为的职能。①

布坎南认为，政府的职能可以分为三个层次：第一，执行现行法律的那些行动；第二，包括现行法律范围内的集体行动的那些行动；第三，包括改变法律本身和现行成套法律规定的那些活动②。

目前，国内许多学者主张从动态和静态两个维度进行考察，将政府职能分为运行职能和基本职能。

---

① 张金鉴. 行政学典范 [M]. 台北："中国行政学会"（中国台北），1992：103-104.
② 詹姆斯·M. 布坎南. 自由、市场和国家——80年代的政治经济学 [M]. 平新乔，莫扶民，译. 上海：上海三联书店，1989：244.

一、行政管理的运行职能

行政职能是一个功能运行的过程。从运行角度,行政职能作为一般管理活动,包括计划、组织、指挥、协调、控制等各个环节,任何一个环节都在行政职能系统中发挥着非常重要的作用。也有人将行政管理的运行职能称为程序性职能。

(一)计划职能

计划职能是指政府为完成某一时期内的任务或某一项任务,制定目标,确定实现其目标的方案、步骤、时限的管理过程。计划,按时间可分为长期计划和短期计划;按层次可分为战略计划和作业计划;按明确性可分为指导性计划和具体性计划。计划职能体现了行政管理的目的性和规划性,内容包括确定行政管理应履行的重要职责及目标,制订实现目标的计划,编制预算,选择方案、程序、步骤和方法,其实质是根据实际情况,设计并选择优化目标以及为实现这一目标规划最佳程序和方法等。

(二)组织职能

组织职能体现了政府行政管理的整体性和凝聚性,是政府机构和公务员实现行政管理目标和管理效能的关键性职能,主要体现为行政机构和人员把确定的计划方案付诸实施的活动。它要求通过科学设计组织结构和权责关系,合理安排和指挥组织系统内各种机构及各类人员的工作。组织职能主要包括四个方面的内容:一是将计划方案中的整体目标具体化为可操作执行的工作项目;把整体目标进行分解,并落实到具体的机构或个人。二是做好组织内部的职权划分,授予下属执行任务的权力,明确相应的责任。三是对具体行政工作的指挥督导,做好人员的选拔、调配、培训和考核,并建立相应的监督、奖惩制度。四是做好财力、物力资源的调配与管理,提供必要的信息。

(三)指挥职能

指挥职能是指行政领导为有效实现组织目标,利用行政命令、颁布行政法规、制定方针政策,采用激励机制和纪律措施来推动所辖各类机构和人员发挥作用、履行职责。为进行有效的指挥,必须确保高层的意图及时、准确地贯彻到各级组织和相关人员之中;必须提供统一的指导意见和行为准则;必须有效地约束下级机构和人员,避免其滥用职权或出现差错。

(四) 协调职能

协调职能是行政管理过程中平衡各类行政关系、调节各种利益因素的职能。它可以消除组织之间、组织与个人之间、组织成员之间、组织上下级之间的矛盾，通过照顾各方利益，改善相互之间的关系，减少行政过程中的功能消耗，建立和谐的、相互促进的联系，从而使组织成员协同一致地实现行政目标，实现行政管理运行的有效化、高效化。

(五) 控制职能

控制职能是指政府为使组织目标按计划完成，防止和纠正行政计划实施过程中偏离目标而对执行过程进行监督、检查、修正和纠偏的管理活动。它主要通过建立信息反馈和绩效评估机制，按照行政计划标准，衡量计划完成情况并纠正计划执行中的偏差，以确保计划目标的实现。其中，明确的控制标准，恰当的控制幅度，畅通的反馈渠道，有力的调节手段，持之以恒的检查、督促，是实现有效控制必不可少的条件。

二、行政管理的基本职能

从静态结构的角度看，政治职能、经济职能、文化职能和社会职能反映了政府活动的范围和性质，是任何历史阶段、任何性质国家的政府普遍具有的，因此也被称为政府的基本职能。

从现代社会和各国政府行政实践来看，行政的基本职能和运行职能是相辅相成的，前者界定了管理的客体，后者则是指怎么管理这些客体；前者回答管什么的问题，后者回答怎么管的问题。由于政府的基本职能决定了政府在社会中究竟扮演什么角色，究竟起什么作用，它制约着政府在公共领域活动的正当性与效率，因此，政府的基本职能比政府的运行职能更重要。

(一) 政治职能

政治职能亦即政府维护和实现阶级统治、保卫国家利益和社会安全的基本职能，即政府管理国家政治事务的职能，包括阶级专政职能、军事保卫职能、社会治安职能、民主政治职能、国际交往职能等，主要通过国防、外交、社会稳定、打击犯罪、健全民主参政、民主监督等活动来体现。它鲜明地反映了国家的阶级本质和政府行政活动在一定时期内的基本方向、方式和作用。

我国政府职能主要包括四大政治职能：①军事保卫职能，即维护国家的独立和主权完整、保卫国防安全、防御外来侵略的职能。②外交职能,即通过政府的外交活动,促进本国与世界各国的正常往来,建立睦邻友好的双边关系,促进国与国之间互惠互利,反对霸权主义、强权政治,维护世界和平方面的职能。③治安职能,即维护国内社会秩序,镇压分裂国家和危害社会安全的活动,保障人民的政治权利和生命财产安全,维护宪法和法律尊严的职能。④民主建设职能,即通过政府活动,推进国家政权建设和民主政治发展的职能。在我国,建设高度的社会主义民主,推动政治文明建设,是我国现代化建设的重要目标和任务,也是社会主义制度优越性的体现。

(二) 经济职能

经济职能是指政府为国家经济的稳定和发展,对社会经济生活进行领导、组织、管理、规划的职能。它是政府的最主要、最基本的职能。不管国家性质、社会制度如何,任何现代国家都以不同的方式并在不同程度上运用这一职能。但经济职能的内容、范围、方式和手段受制于一国的经济体制及生产力的发展的状况。

现阶段,我国政府主要有六大经济职能:①宏观调控的职能。政府应研究、制定、运用各种经济政策,对整个国民经济的运行进行宏观调控。②加强农业、基础工业和基础设施建设的职能。政府要采取经济和法律的手段,对农业、基础工业、基础设施建设,统筹规划,制定政策,进行管理,引导产品结构调整,维护平等竞争秩序。③监督市场运行的职能。政府为确保市场交易的正常进行,维持公平竞争,维护企业的合法权益,须对企业和市场进行管理和监督。④调节社会分配和组织社会保障的职能。政府为保证社会公平,缩小地区发展差距和个人收入差距,调节社会分配,组织社会保障,以提高社会整体福利水平,最终实现共同富裕。⑤保护生态环境和自然资源的职能。政府通过各种手段,对因经济发展、人口膨胀等因素所造成的环境恶化、自然资源破坏等问题进行治理、监督和控制,从而促进经济的可持续发展。⑥国有资产管理的职能。政府对国家投入各类企业的国有资产依法进行管理和监督,以保证国有资产的保值、增值。

(三) 文化职能

文化职能是指政府为满足人民日益增长的文化生活的需要,依法领导、组织、管理科学、教育、文化、卫生、体育等事业的职责。具体包括意识形态职能；加强社会道德建设的职能、清除有害文化产品的职能；发展文学艺术和体育卫生职能；发展科学技术和教育职能。现代各国政府越来越重视教育和科学，把制定科教发展战略当作一项重要任务，通过创办各类学校，普及教育，培养各类专门人才，提高科学研究水平和国民文化素质。长远来看，文化职能发挥如何将深刻影响着一个国家和社会未来的发展水平。

我国政府文化职能的具体内容是：制定和实施教育、科学文化事业的发展战略和规划；制定和颁布教育、科学文化事业发展的政策、法令和规定，指导、监督、协调各地、各部门对于教育、科学文化事业发展的关系；切实加强全民的思想道德教育，紧密结合改革开放和社会主义现代化建设的实际，根据转型时期的社会特点，大力加强和改进意识形态领域里的各种工作，在国民中广泛开展爱国主义、集体主义、社会主义和自力更生、艰苦奋斗的思想教育，抵制和反对封建主义、资本主义的各种腐朽思想，消除不利于祖国统一和国家稳定的反对思想的影响；有领导、有秩序地逐步开展教育、科学文化体制的改革，促进文化事业的繁荣发展，为我国现代化建设和实现民族伟大复兴提供强大的精神动力和智力支持。

（四）社会职能

社会职能是指政府对社会公共生活领域进行管理的职能。社会职能有广义和狭义之分。广义的社会职能是指是除了政治职能之外的所有社会管理职能，狭义的社会职能是指政府所承担的社会管理（加强社区建设，提高人民群众和社会组织的自我服务和自我管理能力）、社会服务、社会保障（社会福利、社会救济、社会保险）和可持续发展（人口控制、保护和合理利用资源和保护环境）方面的职责。

第三节 行政职能的转变

一、行政职能转变的含义

行政职能转变是指政府根据社会环境发展变化的需要，对其履行职责的范围和发挥功能的领域做出适当的调整。行政职能是随着国家经济、政治及社会环境的变化而变化的；其中，经济环境的变化起决定作用，因为经济基础决定上层建筑，随着经济环境的变化，社会的阶级结构、主要矛盾等都会随之变化，这就要求作为上层建筑范畴的行政职能进行相应变化，否则不仅会造成行政管理的滞后和僵化，还会使政府成为经济社会发展的障碍。

行政职能转变包括两种类型。一是行政职能性质与内容的转变；二是行政职能内部结构的变化。

第一，行政职能性质与内容的转变。国家政权性质发生了重大变化，必然会引起行政职能的相应变化。1949年新民主主义革命的胜利，使中国摆脱了半殖民地半封建的社会形态，政治体制和社会结构发生了翻天覆地的变化，政府的行政职能由原来维护少数人的剥削统治转变为维护革命的胜利果实和大力发展落后的国民经济，以满足广大人民群众日益增长的物质生活和精神生活需求。

虽然政权性质不发生变化，但随着科学技术的进步，社会生产力的发展，社会公共事务的增减，行政职能在内容和范围方面也会发生变化。由于国家路线方针政策的变化，或社会工作重心的转移，行政职能的内容、方法和手段发生了转变。依法治国方略的提出又进一步将行政职能的实现方式纳入法制化和规范化的轨道。职能行使的方式也会随之调整。比如，传统社会政府对社会事务的管理方式是政治性、行政性和直接性的，到了现代社会，政府对社会事务的管理则更多采取经济性、法律性、间接性的方式。

第二，行政职能内部结构的变化，包括行政职能体系内部的重新分解、转移和合并等。

所谓职能结构，是指政府职能的构成及各类职能在政府职能体系中所占的比重和相对地位。由于历史传统、经济状况、文化背景、社会价值观、现代化的发展进程等因素的影响和制约，不同国家的政府职能结构往往是不同的。即使同一国家的政府职能结构，在不同的历史发展时期也存在着差异。随着时空的变化，行政职能内部不同内容的主次地位、履行强度也会发生变化。

政府职能结构的重心从某个职能转向另一个职能。从各国政府职能的演进历史来看，传统社会政府职能结构的重心在于政治职能，通过暴力和专政来保证统治阶级的统治地位，因而镇压和暴力统治是政府的主要职能。而当代各国的政府职能体系中，政治职能逐渐弱化，暴力手段"悄悄地"弱化并处于相对次要的地位,而保持经济发展和提供社会服务的职能趋于加强,经济职能和社会职能居于主要地位。政府职能的这种转变是人类文明发展和社会进步的规律。人类文明愈发展,社会愈进步,政府的社会公共管理职能会愈加强。如 1978 年党的十一届三中全会之后,我国大力推行改革开放政策,政府的工作重心由"以阶级斗争为纲"转变为"以经济建设为中心",特别是中国特色社会主义市场经济体制的初步确立,使公共行政的政治职能逐渐弱化,而经济职能和社会职能的重要性逐渐提升。

二、西方国家政府职能的演变

(一) 前资本主义国家的政府职能

古代西方时期,由于社会政府职能简单且尚未分化,具有综合性,政治统治职能和社会管理职能浑然一体,政府职能的重点在于维护政治统治,因而较多采取军事、暴力的手段,社会管理、经济职能很少。奴隶制国家通过强化镇压职能和军事保卫职能,镇压奴隶和贫民等广大被压迫群众的反抗,以维持奴隶主阶级政权的生存和发展。封建制国家经济管理职能的内容稍有增加,在发展经济方面多承担了一些责任。为了巩固封建主的统治、增加税收,政府往往出面建立官营企业,实行专营买卖等。比较而言,古代东方社会政府的经济职能要相对发达一些。水利是农业的命脉,农业生产离不开水利,需要兴建、管理水利工程,而分散的小生产者在人力、财力和物力上无法承担这项任务,这就需要皇(王)权的力量,运用国家的权威,集中社会资源,统一组织和管理全国的水利灌溉事业和其他公共工程,这种经济职能反过来又强化了政治上的中央集权。与此同时,政府还组织修建道路和桥梁,进行某些社会公共事业的建设,组织军队,维持地方治安,处理民事纠纷,监督官方意识形态的传播,进行教育管理。当然,封建制国家的社会管理职能还是很微弱的,其职能的重点仍在于维护政治统治,通过强化政治职能,镇压农民和其他劳动者的反抗,协调统治阶级内部各个阶层、各个集团之间的矛盾和利益,以维护和巩固封建主阶级的政权。

这一时期,学者们关于政府职能的思考打上了浓厚的伦理学烙印。古希腊著名思想家亚里士多德曾指出:只有能够维护公共利益,保证人们过上优渥生活的政府,才是正义的、善的政府。政府应履行负责市场管理、监护城区公共财产、维护并修理遭到损害的建筑和街道、查察田畴、解决民间纠纷、征收并保存公共财产收益,办理民间契约和法庭判决的注册事务、执行判决、负责城防等职能。只有具有这些功能,城邦生活才能健康发展。中世纪著名的神学家托马斯·阿奎那提出,国王或者政府的职能在于"殚精竭虑地增进公共利益",只有增进公共利益的政府才是正义的政府。政府要增进公共利益,必须履行三个方面的职能:一是确保所统治的社会安宁,即建立社会秩序的职能;二是必须保证不让任何事情来破坏这样所建立起来的安宁,即维持秩序的职能;三是必须费尽心机继续扩大社会福利,即发展公共利益职能。

(二) 自由资本主义时期的政府职能

自由资本主义时期政府职能的重点仍在于政治职能,其本质是通过政治统治职能镇压封建残余势力的反抗,维护资本主义的生产资料私有制,巩固和发展新生的资产阶级政权。

在自由资本主义时期,资本主义发展正处于上升阶段,深受封建专制之害的新兴资产阶级为了发展政治、经济和文化,保障其财产自由和平等权利,主张限制国家权力的行使,把政府干预限制在最小范围之内,认为市场的价格和价值规律能够自动发挥作用,生产要素可以自由流动,个人在追求自身利益时,对社会利益的贡献往往要比他自觉追求社会利益更为有效。因此奉行自由放任的政策,希望主要依靠市场来调节和引导社会经济发展,政府只是充当"守夜人"的角色,反对政府干预经济生活。洛克提出,政府的主要任务是保护个人的自由和财产。"政府除了保护财产之外,没有其他目的。"[①]亚当·斯密崇尚市场对经济的自动调节作用,主张实行弱势政府职能模式,将政府职责范围界定在国防、司法、公共服务和维持公共机构的存在上。他认为,政府应发挥三大职能,"首先在保护本国社会的安全,使之不受其他独立社会的暴行与侵略……第二个义务,为保护人民不使社会中任何人受其他人的欺侮和压迫,换言之,就是建立一个严正的司法行政机构……第三种义务就是建立并维持某些公共机关和公共工程"[②]。

"守夜人"政府理论反映了处于资本主义发展初期,新兴资产阶级要求摆

[①] 洛克. 政府论 [M]. 瞿菊农,叶启芳,译. 北京: 商务印书馆,1964: 94.
[②] 亚当·斯密. 国民财富的性质和原因的研究 [M]. 郭大力,王亚南,译. 北京: 商务印书馆,1994: 254,272,284.

脱封建残余势力的压制和束缚，独立发展资本主义的愿望，同时也是当时市场经济尚不成熟的产物，是自由放任主义的体现。"守夜人"政府理论的提出导致政府从经济领域中全面撤退，为市场经济的发育扫清了道路。

(三) 垄断资本主义时代的政府职能

近代以后，西方学界关于政府职能的争论主要集中在政府与市场、国家与社会、公平与效率三个方面，涉及政府的经济职能、政治职能和社会职能。理论界对于政府应当承担诸如维护社会秩序、保证国家和公民的安全等服务于公共利益的政治和社会职能一般没有多大分歧，纷争主要集中于政府与市场的关系，核心是在社会资源配置中政府与市场各自所处的位置和发挥的作用，其实质是政府这只"看得见的手"与市场这只"看不见的手"之间如何协调。

19世纪末至20世纪上半叶，资本主义的发展进入垄断阶段。一方面，垄断使价值规律发挥作用受到了巨大的限制，另一方面，科学技术迅猛发展，工业社会更趋向于社会分工和专业化以及集权化，特别是30年代席卷全球的经济危机，更是打破了亚当·斯密关于市场万能的神话。1929—1933年席卷资本主义世界的经济危机将整个资本主义世界推到了崩溃的边沿。美国出现了经济持续衰退；金融体系接近崩溃；失业剧增；生产相对过剩；社会处于深刻的以信念和信任崩溃为基础的社会危机之中。人们这样描述当时的情景和感受："它像世界末日，使我们那么多人心都凉透了。""它像一阵阴风，连我们住的房屋似乎都在瑟缩，毫无安逸的希望。"[①] 收入锐减的农民、失业的工人都采取了各种形式激烈的抗争活动。显然，西方资产阶级政府当初奉行的"自由放任"政策和"守夜人"职能理论已越来越适应不了这一时期社会政治经济发展的要求。

出于解决资本主义经济危机的需要，资产阶级政府强化了统治职能；与此同时，政府对社会经济的调节和干预力度空前加大，也使得政府的经济、社会职能得到扩大和加强。人们认识到市场不是万能的，市场机制这只"看不见的手"也存在一定的缺陷。单纯的市场调节会导致收入分配中的两极分化，进而影响社会稳定；市场的自由竞争和利润追逐容易产生外部的不经济

---

① 哈罗德·克勒曼. 情绪紧张激烈的年代 [M]. 纽约, 1957: 107、112.

行为；市场不愿意为社会提供无利可图的公共产品和服务等。因此，需要政府介入来弥补市场机制的不足。

1936年，凯恩斯发表了《就业、利息和货币通论》一书，并由此确立了一整套国家干预主义的宏观经济理论体系，主张要全面增强国家的作用，认为政府不应该仅仅是社会秩序的消极保护者，还应该是社会秩序和经济生活的积极干预者，特别是要熟练地、有效地利用政府的财政职能影响经济的发展。凯恩斯国家干预政策的主要内容有：①不断扩大国家的财政预算支出，对国民收入进行再分配，增加政府对于军事工业和公共建筑的投资及对私人企业的补贴，大量采购商品和劳务。②运用金融和货币政策调节经济，减少危机的破坏。在周期性的经济波动中，政府采取不同的金融货币流量，调节信用。③逐步增加社会福利支出，既可缓和社会阶级矛盾，稳固垄断资本的统治，又可扩大有效需求，刺激经济的发展。凯恩斯还把政府的经济职能归结为确立法律框架、改善经济效率、促进收入公平及支持宏观经济稳定四个方面，主张"不能让经济力量自由运用，须由政府来约束或指导"①。

（四）当代西方国家的政府职能

20世纪70年代以后，西方资本主义出现了新的经济危机，通货膨胀和经济停滞同时出现，即所谓"滞胀"，凯恩斯主义陷入两难选择：如果采用扩张性的财政政策，势必加剧通货膨胀；如果采用紧缩性的财政政策，又会导致经济停滞。在这种条件下，出现了所谓"新自由主义经济理论"，该理论崇尚新古典主义经济学，主张政府不干预社会或少干预社会；其重要观点是：基于自由竞争的市场原理是正确的，只有市场可以对资源进行有效的配置；"政府不是喂养于天国、产奶于地上的母牛"，政府同市场一样，会失灵。政府存在缺陷是因为担任政府公职者也是"理性经济人"，也会有追求自己私利的本性，也要对自己行为的成本与收益进行计算。因此，"政府失灵"是不可避免的，会出现包括行政效率低下、费用高昂、计划执行不当、官员特权横行、机构自我扩张、财政赤字与日俱增、行政人员以权谋私、大量政府开支落入特殊利益集团的私囊、官僚主义猖獗等弊端。他们认为，市场缺陷并不是政府干预经济的理由，如果以"失败的政府"去干预"失败的市场"，必然使

---

① 凯恩斯. 就业利息和货币通论 [M]. 北京：商务印书馆，1977：323.

经济雪上加霜。解决市场缺陷唯一正确的途径是进一步明晰产权，而不是进行政府干预。他们对全能政府模式进行了批评，主张回归自由主义，把政府的职能限制在最小范围之内，实行"最低限度政府"。哈耶克曾经指出，政府的缺陷和市场的缺陷一样严重。政府对经济的干预并不一定能弥补市场失灵，"如果绝大部分的经济活动都渐渐受制于国家的直接控制，那么这将对自由构成真正的威胁"[1]。货币主义的代表人物弗里德曼则指出：正是国家干预活动阻碍了市场的健康发展、限制了公民的个人自由，"自由的制度会比强制性的国家力量提供更加肯定的途径。"[2] 弗里德曼由此主张国家干预应该转变方向，政府只扮演仲裁者和制度制定者的角色。

自20世纪70年代中期开始，减少政府干预的观点又弥漫于西方经济学领域和西方政府领域。1979年英国的撒切尔政府和1980年美国的里根政府在当选后尝试"小政府"模式。西方各国政府开始对"福利国家"政策进行检讨与反思，并在社会管理方面呈现出多元化、分散化和民营化的趋势。政府一改原先由自己直接包办各种社会福利和社会服务的做法，转而通过市场、非营利组织、其他社会团体共同参与社会管理，此举既减轻了政府负担，又释放了市场组织和非营利组织的能量，大大提高了政府的效率和服务质量。

20世纪90年代后，西方政府职能出现了调整和在一定程度上强化的趋势。1992年，克林顿政府的上台象征着美国又开始回归到政府主义。而梅杰政府和布莱尔政府也不再像撒切尔政府一样极端和抗拒政府主义了。2001年，纽约世界贸易中心遭恐怖分子袭击以后，人们对政府的信心达到了较高的水平；美国著名的能源公司——安然公司（Enron）的破产，致使人们要求更多的政府干预，以保持私营企业的诚信，但西方世界政府的回归已经不可能恢复到20世纪30年代的水平。一个有关政府角色的、实用主义的新时代已经到来，人们心目中最好的政府并不是那种规模减至最小的政府，而是一种重要的、强有力的机构，它能够促进私营企业的发展而非私营企业的必然竞争者。

世界银行在《1997年世界发展报告：变革世界中的政府》中指出，每一

---

[1] 弗里德利希·冯·哈耶克. 自由秩序原理 [M]. 北京：生活·读书·新知三联书店，1997：284.
[2] 米尔顿·弗里德曼. 资本主义与自由 [M]. 北京：商务印书馆，1986：195.

个政府的"核心使命"包含了五种基本的职能：①建立法律基础；②保持非扭曲性的政策环境，包括宏观经济的稳定；③投资于基本的社会服务和基础设施；④保护承受力差的阶层；⑤保护环境。①

三、我国政府职能的转变

（一）我国政府职能转变的必要性

1. 政府职能转变是社会发展的客观规律

政府职能不是一成不变的，在不同的国家、同一国家的不同历史阶段，随着政治、经济、社会、文化、科学技术的发展，行政职能的内容、职能侧重点和职能的实现方式等都在不断的变化和发展。

从人类文明的发展历程来看，各国政府职能的发展存在一个总的趋势：政府职能的内容不断丰富，由简单到复杂；职能覆盖的空间范围不断拓展，由小到大；职能重心由以政治职能为重心逐渐向以经济职能、社会事务管理职能、科技文化职能为重心转移。职能的性质从以保卫性、统治性的职能为主向以管理性、服务性的职能为主的方向转化。职能作用的程度从原来的宏观与微观并重，向以宏观调控为主转变。职能实现方式由以人治为主、行政命令手段为主向以法治为主、以行政手段、经济手段、法律手段并重转化。

改革开放前，我国政府行政职能过分膨胀，形成了所谓的"全能政府"、"超强势政府"和"管制型政府"的职能模式。现阶段我国虽然仍然存在敌对势力，但社会的主要矛盾已经不再是敌对阶级之间的矛盾，而是人民日益增长的物质文化需要同落后的社会生产之间的矛盾。我国政府把推动经济发展和社会建设放在政府工作的首要位置正是适应历史潮流的正确选择。

2. 推进政府职能转变是完善社会主义市场经济体制的内在要求②

市场经济的本质要求就是要充分发挥市场机制这只"看不见的手"的作用。企业和个人作为经济活动的主体，自主参与生产、流通和消费过程。然而，市场并不是万能的，也会出现"失灵"。因此，在市场经济条件下也需要发挥政府的作用，对市场进行有效调控和监管，纠正"市场失灵"，为经济社

---

① 世界银行.1997年世界发展报告：变革世界中的政府[M].北京：中国财政经济出版社，1997：4.

② 杨寅.公共行政学[M].北京：北京大学出版社，2005：43-47.

会发展创造良好的环境，包括健全的法律体系、公正的执法程序、正确的发展规划、良好的公共设施、必要的社会福利等。

根据休斯（Owen E. Hughes）的概括，在市场经济条件下，政府的基本职能主要有以下几个方面[①]：

（1）提供经济基础。政府为市场经济的正常运转提供必需的制度、规则和安排，包括对产权的界定与保护；契约的强制执行；为货币、度量衡、公司章程、破产、专利、版权提供标准；法律秩序的维护；以及关税体系等。实践证明，市场交易的前提是受保护的财产权、得到维护的交易秩序和对纠纷的有效解决，政府必须提供安全、秩序和公正的、具有规模经济的制度安排。没有政治体系为社会提供游戏规则和经济生活的框架，经济体系根本无法运作。

（2）提供公共产品与服务。对个人而言，有些公共产品具有应用的广泛性、不可分割性，以及非排他性等特征，如国防、道路与桥梁、航行救助、洪水控制、下水道清理、交通管理系统，以及其他基础设施，虽有益于整个社会，却很难根据使用的数量付费，很难禁止他人不付费而坐享其成，出现"搭便车"现象。私营企业很少愿意去生产，结果造成公共产品与服务不足。因此，政府有必要介入，提供这些公共产品。当然，政府干预并不意味着由政府全部直接提供，政府仍可通过私营企业来提供某些公共产品或准公共产品。

（3）解决与调整团体冲突。在一个社会中，不可避免地会发生各式各样的冲突，而政府得以存在的一个基本理由便是解决和缓解社会冲突，如通过制定童工法、最低工资法和劳工补偿计划等，在经济上保护弱者、抑制强者，以实现正义、秩序和稳定。

（4）维持竞争。从某种意义上来说，市场机制的有效性源自于市场中的有效竞争。但竞争在私营企业中并不总能持续进行，往往需要借助政府干预，方得以确保企业竞争的真正实现。一旦离开政府适度的管制，一些公司将可能发展成卡特尔等垄断形式，限制其他企业进入该行业，并自行制定商品价

---

① 欧文·休斯.公共管理导论[M].彭和平，等，译.北京：中国人民大学出版社，2001：119-121.

格,从而使自由企业制度的优越性无从体现。

(5) 保护自然资源。市场活动对环境的破坏是外部性和市场失灵的例证,因此,必须发挥政府的作用,防止资源浪费,保护自然环境不受侵害,并确保后代的利益不致受损。

(6) 为个人提供获得商品和服务的最低条件。完全的市场竞争有时会产生如贫困、失业、营养不良等残酷的或社会难以接受的后果,且有些人会由于疾病、年迈、缺少文化或其他原因而被排除在市场经济之外。此时就需要政府通过税收转移、累进所得税、对高收入消费者购买的货物进行课税等手段,解决因市场的不完备性和垄断定价所产生的收入分配问题,进行再分配,减少贫困。

(7) 保持经济稳定。在市场经济中,不会自动实现充分就业与物价稳定,还可能出现周期性的经济波动。对此,政府可以通过财政预算、货币政策及对工资与物价的调控等行为来缓解这种波动,以保持宏观经济的稳定。

改革开放以前,我国政府行政职能模式是在沿用革命战争年代产生和借鉴苏联模式的基础上发展起来的,政府在资源配置中的作用过大,政府以直接的行政手段广泛干预社会经济生活,采取的是政府为主体,行政化、计划化、集中化的管理方式,对经济实行集中计划管理,微观直接管理,政企不分、政事不分、政社不分,造成政府机构膨胀,资源配置效率低下,企业和社会缺乏应有的活力,同时在一定程度上引发了"寻租",因为这种配置行为为"设租"创造了条件,影响了市场的顺利发展。

1992年召开的党的十四大确定了我国经济体制改革的目标是建立社会主义市场经济体制。党的十六届三中全会通过的《中共中央关于完善社会主义市场经济体制若干问题的决定》指出,要更大程度地发挥市场在资源配置中的基础性作用,增强企业的竞争力,在21世纪一二十年代建立起比较完善的市场经济。2013年11月,党的十八届三中全会对全面深化改革做出总部署、总动员,提出全面深化改革的总目标——完善和发展中国特色社会主义制度、推进国家治理体系和治理能力现代化。政府应扮演自己的角色,切实推进政府职能转变。坚持社会主义市场经济改革方向,理顺政府与市场关系,改革制约、影响"使市场在资源配置中起决定性作用和更好发挥政府作用"的体制机制障碍。

近年来，国务院和地方各级政府积极推进行政审批制度改革，一方面取消了一大批行政审批项目，另一方面，一些政府该管又没有管或者没有管好，制假、售假、侵犯知识产权的现象还在一定范围内存在，社会管理和公共服务职能明显滞后。目前，政府职能转变不到位已成为完善我国社会主义市场经济体制的一个重要制约因素。政府职能不转变、不突破，其他改革也很难突破。

3. 推进政府职能转变是扩大对外开放，适应经济全球化、参与国际合作和竞争的要求

伴随着经济全球化进程的加快，世界范围内的国际竞争日趋激烈，特别是在加入世界贸易组织以后，适应开放经济、接轨世界的任务尤为紧迫。世界贸易组织一系列规则可以说大都是针对政府的。目前，一些地方政策的可预见性和法规的透明度不高，政府的运作方式还不够规范，"黑箱"操作在一些地方依然存在；有些法律法规与世界贸易组织规则和国际惯例不相适应；对知识产权的保护还需加强；行政性的部门垄断、行业垄断和行政壁垒较为突出等。同时，经济全球化还要求我国政府通过制度创新和制度供给，迅速发育和扩大市场，推动经济全球化的形成；同时，加快行政发展，以强化政府维护本国政治稳定和经济安全的职责。

开放带来进步，封闭必然落后。中国开放的大门不会关闭，只会越开越大。当前，世界多极化、经济全球化、社会信息化、文化多样化深入发展，各国的相互联系和依存日益加深。同时，世界经济深度衰退、国际贸易和投资大幅萎缩、国际金融市场动荡、国际交往受限、经济全球化遭遇逆流、一些国家保护主义和单边主义盛行、地缘政治风险上升，世界面临的不稳定性、不确定性突出，人类面临许多共同挑战。显然，没有哪个国家能够独自应对人类面临的各种挑战，也没有哪个国家能够退回到自我封闭的孤岛。因此，只有加快政府职能转变，提高政府管理与服务效率，才能推进更高水平的对外开放，为在开放合作中实现高质量发展、构建国内国际双循环相互促进的新发展格局营造良好的环境，为更好地融入世界舞台、参与国际竞争，为实现中华民族的伟大复兴创造了良好的条件。

4. 推进政府职能转变是更好满足人民对美好生活向往的必然要求

党的十九大报告指出，中国特色社会主义进入新时代，我国社会主要矛

盾已经转化为人民日益增长的美好生活需要和不平衡不充分发展之间的矛盾。我国稳定解决了十几亿人的温饱问题，总体上实现小康，不久将全面建成小康社会，人民美好生活需要日益广泛，不仅对物质文化生活提出了更高要求，而且在民主、法治、公平、正义、安全、环境等方面的要求日益增长。同时，我国社会生产力水平总体上显著提高，社会生产能力在很多方面进入世界前列，更加突出的问题是发展不平衡不充分，这已经成为满足人民日益增长的美好生活需要的主要制约因素。社会主要矛盾的变化对党和国家的工作提出了许多新要求。我们要在继续推动发展的基础上，着力解决好发展不平衡不充分的问题，大力提升发展质量和效益，更好满足人民在经济、政治、文化、社会、生态等方面日益增长的需要，更好地推动人的全面发展和社会的全面进步。

因此，我们要继续转变政府职能，深化简政放权，创新监管方式，增强政府公信力和执行力，建设人民满意的服务型政府，力争到21世纪中叶，在基本实现现代化的基础上再奋斗十五年，把我国建成富强、民主、文明、和谐、美丽的社会主义现代化强国。

（二）我国政府职能转变的原则和核心

我国行政职能转变的原则是：充分发挥市场调节和宏观调控各自的优势，实现政府职能和市场功能协调互补；切实贯彻"三个有利于"的改革标准，保证职能转变的正确方向；坚持效率优先、兼顾公平的原则，促进社会主义初级阶段我国经济和社会的又好又快发展。

我国行政职能转变的核心是解决职能的"越位、错位、缺位"问题。所谓"越位"，就是指不该由政府管的事情政府插手了，政府职能在一定程度上超越或代替了企业和市场的职能；"错位"主要表现在，中央和地方之间、政府内部各部门之间的职能存在一定程度的交叉、重复，机构"重复建设"带来政府管理行为的不合理交错、重叠；"缺位"主要表现在，应当由政府完成的事情政府没有完成，在市场无法调节的某些地方出现了"真空"。

（三）我国政府职能转变的基本内容

党的十六大和十六届三中全会为政府职能转变指明了方向，提出了明确的要求。十六大报告提出了"完善政府的经济调节、市场监管、社会管理和公共服务的职能"的观念。十六届三中全会通过的《中共中央关于完善社会主义市场经济体制若干问题的决定》指出,"切实把政府经济管理职能转到主要为市场主体服务和创造良好的发展环境上来","完善政府社会管理和公共服务职能"。2008年2月27日中国共产党第十七届中央委员会第二次全体会议通过《关于深化行政管理体制改革的意见》,强调深化行政管理体制改革要以政府职能转变为核心,加快推进政企分开、政资分开、政事分开、政府与市场中介组织分开,把不该由政府管理的事项转移出去,把该由政府管理的事项切实管好,从制度上更好地发挥市场在资源配置中的基础性作用,更好地发挥公民和社会组织在社会公共事务管理中的作用,更加有效地提供公共产品。

党的十九大报告指出,要深化机构和行政体制改革,转变政府职能,深化简政放权,创新监管方式;赋予省级及以下政府更多自主权;在省、市、县对职能相近的党政机关探索合并设立或合署办公;深化事业单位改革,强化公益属性,推进政事分开、事企分开、管办分离。

党的十九届三中全会提出:转变政府职能,优化政府机构设置和职能配置,是深化党和国家机构改革的重要任务。要坚决破除制约使市场在资源配置中起决定性作用、更好发挥政府作用的体制机制弊端,围绕推动高质量发展,建设现代化经济体系,调整优化政府机构职能,合理配置宏观管理部门职能,深入推进简政放权,完善市场监管和执法体制,改革自然资源和生态环境管理体制,完善公共服务管理体制,强化事中事后监管,提高行政效率,全面提高政府效能,建设人民满意的服务型政府。

1. 职能重心的转变

1956年,我国在社会主义改造任务基本完成之后,党和国家的工作重心本应转移到以经济建设为中心的轨道上来,但由于受"左"的思想影响,在长达20多年的时间里,我国一直是重政治统治职能,轻社会管理职能;重阶级斗争,轻经济建设;形成一条"以阶级斗争为纲"的错误路线,最后发生了"十年动乱",使我国国民经济濒于崩溃的边缘。党的十一届三中全会明确做出把党和国家的工作重点转移到经济建设上来的决策。正是在党的十一届三中全会路线的指引下,各级政府坚持以经济建设为中心,实现了政府职能重心的根本转变,开创了我国现代化建设的新局面。

2. 职能方式的转变

(1) 由运用行政手段为主向运用经济手段为主,并将经济手段与法律手段、行政手段结合起来。经济手段是指政府按照客观经济规律的要求，运用价格、财政、税收、信贷、工资、利润等经济杠杆来组织、调节和影响经济活动，实现经济管理的任务。

在传统计划经济体制下，整个社会处于行政机关高度控制下，政府对经济领域几乎都运用强制性行政手段进行管理，使企业缺乏自主性和能动性，抑制了企业的活力和自我管理能力。改革开放之后，政府开始按照客观经济规律的要求，运用价格、税收、信贷、工资、利润等经济杠杆来组织、调节或影响经济活动，实现经济管理任务。

十一届三中全会以来的实践证明，运用经济手段可以增强企业的外部压力和内在动力，增强企业的自主权，使其从政府的行政命令和指令性计划的束缚中解脱出来，促使企业树立竞争意识，从而主动地发掘潜力，最有效地使用人力、物力和财力，更好地提高技术和改善管理，提高企业的经济效益。运用经济手段也可以更好地增强企业的外部压力和内在动力，促使企业树立竞争意识，提高技术和改善管理。

随着以经济建设为中心的政治路线的确立，以及我国社会主义市场经济体制的建立和完善，经济手段已成为政府管理的主要手段。同时，政府也重视法律手段的运用，加强法制建设，积极推进依法行政。

（2）由微观管理、直接管理为主，转向宏观管理、间接管理为主。微观管理和直接干预是计划经济体制时期政府管理经济活动的唯一方式，审批与管制成为政府管理的基本手段。政府一方面对企业实行统一计划、统收统支，另一方面又要尽其保姆式的服务，对企业实行统负盈亏、统购包销，企业生产什么、生产多少、怎样生产以及产后效益等都由政府统管，这不仅严重抑制了企业和劳动者的积极性、创造性，也使政府因为对千差万别、瞬息万变的企业情况和市场活动难以做出准确了解和迅速反应而导致瞎指挥，妨害了经济发展。

十一届三中全会以来，政府通过向企业下放自主权，完善国有资产管理体制，建立现代企业制度等改革措施，促进企业逐步向自主经营、自负盈亏、自我发展的方向发展。在弱化直接干预企业的微观管理职能的同时，政府强化了宏观管理职能，精简和削弱了专业部门，强化监督和宏观调控部门。由直接管理向间接管理的转变，则是要综合运用经济、法律和必要的行政手段实施管理，推动"政府调节市场，市场引导企业"经济运行新格局的形成，政府的经济职能主要是宏观调控、提供服务和检查监督。

（3）由重计划、排斥市场转向以市场为主，计划与市场相结合。过去受"左"的思想影响，把计划经济与社会主义等同起来，认为计划经济是社会主义经济基本特征。同时又把计划与市场绝对对立起来，认为市场经济是资本主义特有的东西。正是在这种传统观念的支配指导下，我国形成了高度集中的计划经济体制，市场经济则长期被排除在社会主义大门之外，使社会主义经济不能正常地在市场经济轨道上运行，社会生产力得不到相应的发展。邓小平在总结社会主义国家只搞计划排斥市场的教训和我国经济体制改革实践经验的基础上，明确指出："只搞计划经济会束缚生产力的发展。把计划经济和市场经济结合起来，就更能解放生产力，加速经济发展"①党的十四大明确提出我国经济体制改革的目标是建立社会主义市场经济体制，标志着我国进入了从计划经济体制向市场经济体制过渡，建立和发展社会主义市场经济的新的历史时期。当然，由于市场本身的局限，加之我国经济体制改革仍离不开政府的主导作用，我们在充分发挥市场机制作用的同时，仍要发挥计划作用，把计划与市场有机地结合起来。

3. 职能关系的转变

职能关系问题是指不同的管理职能由谁来行使以及管理主体之间职责权限如何划分。一个国家的行政职能系统由若干层级的职能系统构成，各层级行政职能系统之间相互影响，相互作用，构成一个统一的整体。分清各职能主体的职责权限，理顺它们相互间的关系，是充分发挥职能系统整体作用的前提。我国公共部门过去存在的机构臃肿、人浮于事、办事拖拉、不讲效率、不负责任等官僚主义现象，都是与政府部门职责不清、职能不顺有关，管了许多不该管、管不好、管不了的事。因此，分清职能、理顺关系、明确不同管理主体之间的职责权限，是实现政府职能转变的关键环节。在我国，政府的职能关系主要表现为：中央与地方、上级与下级地方政府之间的职能关系；政企关系；政府与市场的关系；政府与社会的关系；政府内部各职能部门之间的关系。

---

① 邓小平文选［M］.3卷.北京：人民出版社，1993：148-149.

（1）理顺中央政府与地方政府、上级地方政府与下级地方政府之间的职能关系；健全发挥中央和地方两个积极性的体制机制；理顺中央和地方权责关系，加强中央宏观事务管理，维护国家法制统一、政令统一、市场统一；适当加强中央在知识产权保护、养老保险、跨区域生态环境保护等方面的事权，减少并规范中央和地方共同事权；赋予地方更多自主权，支持地方创造性开展工作；按照权责一致原则，规范垂直管理体制和地方分级管理体制；优化政府间事权和财权划分，建立权责清晰、财力协调、区域均衡的中央和地方财政关系，形成稳定的各级政府事权、支出责任和财力相适应的制度。构建从中央到地方权责清晰、运行顺畅、充满活力的工作体系。

（2）理顺政企关系。在原有的计划经济体制下，政府垄断了生产、流通、交换和分配的各个领域，并附之以指令性计划、一平二调、统收统支等制度措施指挥企业的生产经营活动。其结果，企业成为政府的附属物，失去其作为经济组织、社会组织的属性，反过来，企业又承担了本应由政府承担的大量社会事务，企业办医院、办学校，并承担了职工生老病死的终身保障。政企不分、政事不分造成政府职能结构的失衡和严重错位，政府不得不以大量的时间与精力忙于给企业下达指令性计划，分指标、分任务、从事分钱分物的直接管理和微观管理，使政府管了许多管不了也管不好的事。

理顺政企关系，就是要建立起政府以经济、法律、行政等综合手段规范管理市场，市场引导企业的宏观调控体制。调整理顺后的政企关系是：政府按投入企业的资本享有所有者权益，对企业债务负有限责任；向企业派出稽查特派员，监督企业资产营运和盈亏情况，负责企业主要领导干部的考核、任免，不直接干预企业的经营活动，取消政府对企业的行政隶属关系；企业依法自主经营、自负盈亏，照章纳税，对国有资本负有保值增值的责任，不损害所有者的权益。政府对产业经济的管理手段是产业政策，同时也运用一些必要的行政手段。

①把所有权和经营权相对分开。两权分离主要在于从所有权中严格地区分出经营权，即让国有企业掌握经营权，政府掌握所有权，两者井水不犯河水，使企业具有广泛的活动空间，发挥企业的活力，同时也切断了政府与国有企业的从属关系，实现政府职能的转变。

②把政府公共管理职能和国有资产出资人职能分开，理顺产权关系。要

实现政企分开，使企业成为自主经营、自负盈亏的市场主体，仅有两权分离是不够的，还必须在两权分离的基础上明确产权。明确产权关系是建立现代企业制度的基本要求，也是市场机制发挥作用的基础。明确产权关系的主要内容是，明确财产的法定主体，界定产权的客体和内容。企业享有的法人财产权，包括国家在内的出资者享有资产收益、重大决策和选择管理者等权利。

③实行国有资产分级管理体制，国有资产管理机构对授权经营的国有资本依法履行出资人的职责，维护所有者的权益，维护企业作为市场主体依法享有的各项权利，督促企业实现国有资本保值增值，防止国有资产流失。

（3）理顺政府与市场的关系。市场机制能够解决的，就让市场去解决；政府只管市场做不好和做不了的事；把市场对经济运行和资源配置的基础性作用与政府宏观调控的指导性作用有机地结合起来，形成政府引导市场、市场调节企业的格局。政府的主要职能包括：打破地区、部门分割和封锁，建立完善平等竞争、规范健全的全国统一市场；搞好国民经济发展总体规划和布局，统筹规划，协调和建立生产资料市场、金融市场、技术市场、信息市场和企业产权转让市场等，促进市场体制的发育和完善；发布市场信息，制止违法经营和不正当竞争，等等。

（4）理顺政府与社会的关系。一方面，实现政、社分开，把本来属于社会的权力转移给社会中介组织行使。

在传统计划经济体制下，我国各级政府按照自上而下的方式对口设立了一系列管理部门，采取行政命令的管理方法，通过强制性的指令性计划，全面地对社会进行管理，使政府的社会管理职能越来越重，政府机构和人员编制恶性膨胀，管理成本高昂，管理效率低下。另一方面，由于社会管理权力高度集中于政府、集中于上级管理部门，使社会自治能力、自律水平得不到锻炼与提高，抑制了社会自我管理、自我发展的能力，最终影响了社会健康协调发展。

社会主义市场经济体制为调整政府与社会的关系提出了新的要求，政府必须改变管理范围、管理模式和管理方法，切实实现政社分开，把本来属于社会的权力转移给社会中介组织行使，政府的基本职能就是组织"公共物品"的供给，管理好社会公共事务，改变计划体制下由政府包办一切的状况。为此，政府的社会管理要实现三大转变：即在管理范围上，改变原来由政府包办一切社会事务的做法,从过去以所有者、计划者的身份去直接管理"私人物品"生产的职能中退出来,加强对"公共物品"供给的管理,向社会提供公共服务;在管理模式上,从"大政府、小社会"向"小政府、大社会"转变,把社会事务大部分还给社会,实行政社分开,必须要求政府规模小,人员少,机构精干,只行使有限的权力,"小政府"只是对过去政府机构超常行为的校正,而不是剥夺政府权力;在管理方法上,从传统的以行政方法为主转变为间接的以法律方法为主。传统社会政府以行政手段干预社会,导致侵权现象时有发生,管理不规范,市场经济要求维护政府社会管理的合法性,建立法治政府,即政府行为是受法律约束和限制的,反对专横的自由裁量权。在具体措施上,政府要大力培养社会的自治能力,培育社会中介组织;加快社会保障制度改革,建立起与市场经济体制相适应的社会保障体系;确立政府与社会的良性互动关系;等等。

(5)理顺政府内部各职能部门的关系。一是对政府各部门进行职能分解和职能分析,明确分工,划清职责;二是加强制度建设,明确各部门的地位、作用及与相关部门之间的联系协调方式,使各部门行为有章可行,完善行政运行机制;三是完善协调机制,由于现实中各部门管理对象的复杂性,即使最明确合理的职责分工,也不可能完全避免职责交叉,为此,需要建立部门之间的工作协调机制,解决矛盾和纠纷。

(四)我国政府的职能体系

通过多次改革和政府职能的转变,我国政府初步形成了"经济调节、市场监管、社会管理和公共服务"的职能体系。具体内容如下:

1. 经济调节

经济调节就是对社会总需求和总供给进行总量调控,并促进经济结构调整和优化,保持经济持续、快速、协调、健康发展。改善经济调节强调更多地运用经济手段、法律手段,并辅之以必要的行政手段调节经济活动,制定规划和政策指导、发布信息以及规范市场准入,增强宏观调控的科学性、预见性和有效性,促进国民经济又好又快发展。

2. 市场监管

市场监管就是政府依法对市场主体及其行为进行监督和管理,维护公平竞争的市场秩序。我们要严格市场监管,推进公平准入,规范市场执法,加强对涉及人民生命财产安全领域的监管，切实维护市场秩序，防范经济风险。

严格市场监管首先要建设统一、开放、竞争有序的现代市场体系；要进行公用事业体制改革，打破行业垄断；大力推进市场对内对外开放，加快要素价格市场化，促进商品和各种要素在全国范围自由流动和充分竞争；要废止妨碍公平竞争、设置行政壁垒、排斥外地产品和服务的各种分割市场的规定，打破行业垄断和地区封锁；要积极发展独立公正、规范运作的专业化市场中介机构，按市场化原则规范和发展各类行业协会、商会等自律性组织；要完善产权法律制度，规范和理顺产权关系，保护各类产权权益。

其次，要维护和规范市场经济秩序；要理顺政府各部门职能，明确职责分工，避免因职能交叉造成管理上的重复或疏漏，影响市场经济秩序；要完善行政执法、行业自律、舆论监督、群众参与相结合的市场监管体系；要健全产品质量监管机制，严厉打击制假售假、商业欺诈等违法行为；要形成以道德为支撑、产权为基础、法律为保障的社会信用制度，进一步增强全社会的信用意识。

3. 社会管理

社会管理就是通过制定社会政策和法规，依法管理和规范社会组织、社会事务，化解社会矛盾，调节收入分配，维护社会公正、社会秩序和社会稳定。

今天，我们要加强社会管理，强化政府促进就业和调节收入分配职能，完善社会保障体系，健全基层社会管理体制，维护社会稳定。具体来说，包括以下几方面的内容：

首先，完善社会管理体制与机制。充分调动公众的积极性，发挥城乡社区自我管理、自我服务的功能，这是保持良好社会秩序的根本措施；要完善村民自治，健全村党组织领导的充满活力的村民自治机制；要完善城市居民自治，建设管理有序、文明祥和的新型社区。

其次，加强社会事务管理。要妥善协调不同利益关系，协调社会矛盾，及时解决改革和建设中的新问题，保证在全社会实现公平和正义；要建立和健全处理新形势下人民内部矛盾的有效机制，严肃查办严重损害群众利益问题的案件，切实维护和实现人民群众的根本利益，保障公民合法权益，保障人民生命财产安全；要全力维护社会安全秩序，加强社会治安综合治理，保障人民群众生命财产安全。

最后,加强政府危机管理,建立健全社会公共安全机制。这是提高应对突发事件和风险能力、维护国家安全和稳定发展的重要举措。要加强危机管理,建立预警机制,提前识别危机,对可能发生的危机与后果进行事先估计,做好应急准备;要健全快速反应机制,增强处理危机事件的能力,协调各方,及时果断处理突发性事件,避免引发社会矛盾;通过建立健全各种突发事件应急机制,提高政府应对公共危机的能力。

4. 公共服务

公共服务就是提供公共产品和服务,包括加强城乡公共设施建设,发展社会就业、社会保障服务和教育、科技、文化、卫生、体育等公共事业,发布公共信息等,为社会公众生活和参与社会经济、政治、文化活动提供保障和创造条件,努力建设服务型政府。

今天,我们要更加注重公共服务,着力促进教育、卫生、文化等社会事业健康发展,建立健全公平公正、惠及全民、水平适度、可持续发展的公共服务体系,推进基本公共服务均等化。具体来说,包括以下几方面的内容:

第一,不断完善就业服务体系和社会保障体系。

这是社会稳定和国家长治久安的重要保证。就业是最大的民生,要坚持就业优先战略和积极就业政策,实现更高质量和更充分就业。大规模开展职业技能培训,注重解决结构性就业矛盾,鼓励创业、带动就业。提供全方位公共就业服务,促进高校毕业生等青年群体、农民工多渠道就业创业。破除妨碍劳动力、人才社会性流动的体制机制弊端,使人人都有通过辛勤劳动实现自身发展的机会。完善政府、工会、企业共同参与的协商协调机制,构建和谐劳动关系。

要加强社会保障体系建设。按照兜底线、织密网、建机制的要求,全面建成覆盖全民、城乡统筹、权责清晰、保障适度、可持续的多层次社会保障体系。全面实施全民参保计划,完善城镇职工基本养老保险和城乡居民基本养老保险制度,尽快实现养老保险全国统筹;完善统一的城乡居民基本医疗保险制度和大病保险制度;完善失业、工伤保险制度;建立全国统一的社会保险公共服务平台。统筹城乡社会救助体系,完善最低生活保障制度。坚持男女平等的基本国策,保障妇女儿童的合法权益。完善社会救助、社会福利、慈善事业、优抚安置等制度，健全农村留守儿童和妇女、老年人关爱服务体系。发展残疾人事业，加强残疾康复服务。加快建立多主体供给、多渠道保障、租购并举的住房制度，让全体人民住有所居。

第二，大力发展教育卫生文体等社会事业。

建设教育强国是中华民族伟大复兴的基础工程，必须把教育事业放在优先位置，加快教育现代化，办好人民满意的教育。要全面贯彻党的教育方针，落实立德树人根本任务，发展素质教育，推进教育公平，培养德智体美全面发展的社会主义建设者和接班人。

要弘扬科学精神和工匠精神，加快建设创新型国家，强化国家战略科技力量，健全国家实验室体系，构建社会主义市场经济条件下关键核心技术攻关新型举国体制，加大基础研究投入，健全鼓励支持基础研究、原始创新的体制机制。建立以企业为主体、市场为导向、产学研深度融合的技术创新体系，支持大中小企业和各类主体融通创新，创新促进科技成果转化机制，积极发展新动能，强化标准引领，提升产业基础能力和产业链现代化水平。完善科技人才发现、培养、激励机制，健全符合科研规律的科技管理体制和政策体系，改进科技评价体系，健全科技伦理治理体制。

不断深化文化体制改革，加快完善遵循社会主义先进文化发展规律、体现社会主义市场经济要求、有利于激发文化创新创造活力的文化管理体制和生产经营机制。健全现代文化产业体系和市场体系，完善以高质量发展为导向的文化经济政策。完善文化企业履行社会责任制度，健全引导新型文化业态健康发展机制。完善文化和旅游融合发展体制机制。加强文艺创作引导，完善倡导讲品位讲格调讲责任、抵制低俗庸俗媚俗的工作机制。

大力实施健康中国战略。完善国民健康政策，为人民群众提供全方位全周期健康服务。深化医药卫生体制改革，全面建立中国特色基本医疗卫生制度、医疗保障制度和优质高效的医疗卫生服务体系，健全现代医院管理制度。加强基层医疗卫生服务体系和全科医生队伍建设。全面取消以药养医，健全药品供应保障制度。坚持预防为主，深入开展爱国卫生运动，倡导健康文明生活方式，预防控制重大疾病。实施食品安全战略，让人民吃得放心。坚持中西医并重，传承发展中医药事业。支持社会办医，发展健康产业。促进生育政策和相关经济社会政策配套衔接，加强人口发展战略研究。积极应对人口老龄化，构建养老、孝老、敬老政策体系和社会环境，推进医养结合，加快老龄事业和产业发展。

第三，树立和践行绿水青山就是金山银山的理念，加强生态文明建设。

建设生态文明是中华民族永续发展的千年大计。必须树立和践行绿水青山就是金山银山的理念，坚持节约资源和保护环境的基本国策，像对待生命一样对待生态环境，统筹山水林田湖草系统治理，实行最严格的生态环境保护制度，形成绿色发展方式和生活方式，坚定走生产发展、生活富裕、生态良好的文明发展道路，建设美丽中国，为人民创造良好生产生活环境，为全球生态安全做出贡献。

思考题

1. 简述行政职能的含义、地位和作用。
2. 简述我国政府行政职能的主要内容。
3. 试评述守夜人的政府职能理论。
4. 试述全面干预主义职能理论的贡献与局限。
5. 何谓政府职能转变？我国应如何实现政府职能转变？

案例

商家宰客，职能部门为何总是被打脸[①]

桂林1500元一斤的天价娃娃鱼，将年初哈尔滨398元一斤的天价鳇鱼瞬间"秒杀"。餐馆宰客的手法大同小异，但相对来说，桂林这家餐馆在未告知鱼价、未称重量的情况下，直接把鱼摔死后煮成一盆，将哈尔滨短斤缺两的手法直接给"秒杀"。死都死了，吃还是不吃，这是个问题。你不说话，便是默认。店家玩的这一招，就是赤裸裸的宰客行为。

官方在第一时间的处理手法，也是大同小异。警方协调，掏钱走人；物价部门回复，定价是餐馆的事……

---

① 本文引自《钱江晚报》，2016-04-23，作者：刘雪松．

第三章 行政职能

桂林物价局这次按哈尔滨物价部门的套路出牌，不料话音刚落，第二天，桂林官方通报，已组织物价、工商、食药监、公安、林业、畜牧水产等相关部门以及所属辖区成立联合调查组，对这起涉嫌价格违法行为迅速展开调查；对涉事餐馆进行查封，责令其停业整顿；一旦查明涉事餐馆存在价格欺诈、强买强卖等违法行为，物价部门将给予最高50万元的罚款。

早知这般，何必当初。这是每一次宰客事件出现之后，许多地方职能部门出尔反尔的表现，使此类事件仿佛步入了一个无法走出的怪圈。

其实仔细分析这些执法剧情的反转不难发现，包括物价部门在内的职能部门，第一时间为宰客的店家"脱罪"，未必是真为店家撑腰，而是为自己不作为找到法律借口的同时，给了店家一个顺水人情。无奈网络舆论咬住不放，不得不快刀斩乱麻，反刀断腕了结，以免越陷越深。

将执法的公信力对赌舆情，这是许多职能部门常用的套路：辖内的商家已经被曝光，多多少少责任总在，与其手上的法律被网友使，不如寻找法律中可以让自己撑得住的某个点，将运用法律的主动权握在自己手上。宁可与网络监督的舆论死扛，也不愿揽下自己的责任。

在宰客事件发生的最初，消费者单独向哪一个职能部门反映，都很难得到执法部门的强势支持。桂林宰客事件，食客王女士一行就是在110的"协调"下掏1 500元钱走人的。这钱，买的不是鱼，而是平安。要不然，食客连人都走不掉。

从有"定价权"，到食客报了警也能坐收1 500元，再到餐馆被查封，还要面临50万元的罚款。宰客的店家被执法部门一会儿举到法治的浪尖上做挡箭牌，一会儿重重地摔在地上喘不过气来。可见，没有法律的准绳做支撑，没有公正的执法做支点，"友谊的小船"随时都会被网友围观时掀起的"怒涛"所吞没。对于执法部门来说，同样也是如此。执法部门之所以在宰客事件上一次次被卷进舆论的漩涡，不是法律文本不靠谱，而是执法部门没定力。

问题：请运用行政职能的相关原理来分析上述案例，你认为如何才能避免再发生类似问题？

第四章 行政主体

主体和客体是相互联系、相互制约的一对哲学范畴。主体是实践活动和认识活动的承担者；客体是主体实践活动和认识活动指向的对象。通常情况下，国家行政机关即政府代表国家，通过实施公共行政管理来履行国家的社会职能，是行政管理行为的主体。国家行政管理的主体又可以分为以下三种：

第一，狭义的行政组织，即政府，包括中央政府和地方政府。政府是国家公共行政权力的象征、承载体和实际行为体。以政府名义发布的行政命令、行政决定、行政政策、行政法规、行政司法、行政裁决、行政惩处、行政检查等，在不违反宪法和有关法律的范围内，对所规定的适用对象产生效力，并以国家武装力量为后盾予以强制执行。

第二，行政领导者，行政首长。各国政府即行政机关通常实行首长负责制。行政首长无论在名义上还是在实际上，都是公共行政权力的掌控主体。在这里，行政首长是指一种非人格化的特定的职位，而不是作为社会存在的自然人。

第三，普通公务员。普通公务员是国家行政管理的又一种主体，他们人数众多，由法律保障其身份，规定其职责。他们是政府内逐级授权的最后一级，得到特殊授权，他们有时也能代表政府。他们的主要职责是处理政府大量的日常事务，具体执行既定的政府决策或首长决定。由于实行职务常任，他们对行政的技术程序和技术规范有较多的了解。他们是技术作业层上国家行政管理的主体。他们以其特有的方式、专长和优势，直接影响到国家行政管理的过程和结果。只有通过他们的努力，国家行政管理才能产生社会效应。因此，对他们的研究与对常务官员的研究一样，是现代人事行政的一个重要方面。

第一节　行政组织

著名管理学大师德鲁克（Drucker）曾经指出，当今社会是一个"组织化社会"，人们所赖以生存的一切都以组织为基础，在组织内发生。行政组织是行政管理活动的依托和承担者。研究行政组织，对认识行政管理活动的客观规律、提高行政管理的科学化具有重要的意义。

一、行政组织概述

（一）行政组织的含义

作为名词，组织是指一切由相互依赖和相互作用的各个部分所构成的、具有一定功能的整体。西方对组织（organization）最初的理解来自对人体"器官"（organ）独特功能的引申。作为动词，现代意义上的组织在西方始用于18世纪，是指"为特定目的而作的系统安排和布置"。

行政组织有广义、狭义之分。广义的行政组织是指为达到共同目的而负有执行性管理职能的组织。它既包括国家机关中立法、司法系统中负有执行性职能的各类单位和国家的整个行政系统机关，也包括各类企事业单位、群众团体、政党负有管理职能的组织系统。狭义的行政组织即国家行政机关，是指国家权力的执行机关，即根据宪法和法律组建的、体现统治阶级意志、行使行政权力、履行行政职能、推行政务、管理国家和社会公共事务，通过责权分配、层次结构、人员安排所构成的机关体系。本章所论述的是狭义的行政组织。

我国行政组织从纵向层次看有中央政府、地方政府和基层政府三级。

中央政府即国务院。它管辖全国政治、经济、文化、社会等事务；它所制定的方针、政策、法规、命令、指示、规定、条例，各级政府必须贯彻执行，其效力范围覆盖全国；各部、委、办是国务院的职能部门，具体主管某一专业部门的行政事务。

地方政府是指省政府、自治区、直辖市政府、计划单列市政府、设区的市政府、县政府和县级市政府、自治州政府、盟政府、旗政府等。其管辖权局限于其管辖的行政区域之内，同时，这些地方政府又设有具体职能部门，负责主管某一专业的行政事务。

基层政府是指乡（镇）政府，其不设职能部门，但有分管各方面业务的办事人员，设有少量的办事机构。

在世界各国，地方政府和基层政府无论从数量上还是人数上，都是政府的主体。1987年，美国一共有63 166个地方政府，包括3 042个县，19 205个自治市，16 691个乡镇，14 741个学区和29 487个特别区。它们在提供关键性的公共服务方面扮演着重要的角色。在这些服务中，最常见的是：警察和消防；教育；公共交通、街道和高速公路、机场和海港；排污与固体垃圾的收集和处理；公共保健和医院；公共福利；公园和娱乐；住房、城市修葺和土地使用控制；公共档案和法庭；供水；还有其他许多公用事业。这些服务影响着每一个公民。[1]

（二）行政组织的特征

行政组织是政府管理国家和社会公共事务、提供公共服务的组织，与其他组织相比，行政组织具有如下基本特征：

1. 行政组织是无须参与竞争的社会组织

行政组织具有天然的垄断性质。在竞争激烈的市场环境中，企业要面对无数竞争对手，它不能强迫消费者购买自己的产品，而只能在市场的约束下调整其生产活动，并不断通过降低成本、改善服务等方式来争取消费者，应付其他企业的竞争，实现优胜劣汰。竞争必须存在于两个以上行为主体之间，由于行政职能以及公共权力的排他性和强制性，使得行政组织享有免除竞争的客观现实性。正如施蒂格勒认为的那样："国家拥有一个在纯理论上即使最有势力的公民也不能分享的资源：强制权。国家可以通过文明社会法律所允许的唯一方法——税收——获取金钱，还可以在未经同意的情况下决定家庭和厂商的经济决策。"[2] 在政府管辖范围和区域内，政府对某一行政活动，按照统一标准进行集中统一处理，非经政府许可和授权，其他组织和个人不能从事这种处理活动。同时，政府制定的管理措施每个人都必须无条件接受。

---

[1] 文森特·奥斯特罗姆，等. 美国地方政府［M］. 井敏，陈幽泓，译. 北京：北京大学出版社：2004：1-3.

[2] G.J. 施蒂格勒. 产业组织和政府管理［M］. 上海：上海人民出版社，1996：212.

2. 行政组织是依法进行公共管理，服务于公共利益的社会组织

行政组织承担着运用公共权力去实现社会公共目标的责任，因而以超越局部利益、为全社会公共利益服务为重要特征。国家要维持统治阶级意志在社会中至高无上的地位，必须担负起社会管理职责，并施惠于社会公众，以换取社会对现存国家权威地位的承认。而提供公共管理和公共服务则是行政组织实现上述契约、维持社会平衡的重要手段和保证。

为公共利益服务的职能并非为政府行政组织所特有。政府之外的公共组织，比如民间性的各种公益性组织、慈善机构、社区组织和各种基金会、协会等，也承担着公共管理和公共服务职能，但是它们不执掌国家权力。政府行政组织是通过强制性行政权力的运行进行管理的，而政府之外的公共组织是非强制性的，主要是在自觉、自愿基础上，以道德和奉献为纽带从事公共管理和公共服务。此外，在现实生活中，一些公共服务，比如公共设施的修建可由企业承担，但其服务不过是获取利润的具体形式。何况由市场方式解决公共服务，有时面临供给囿于局部利益和自身价值取向，很难公正、充分、全面地提供公共服务，管理好公共事务，因此需要由政府提供一定的标准，并在政府的监督下进行。可见，正是基于同时满足权威、公正、服务这三个基本点的要求，行政组织才必须严格地按照法律来行使公共权力，履行行政职能。依法行政、保持利益中立是行政组织的又一基本特征。

3. 行政组织是不能创造自身运行所需经济收入的组织

作为经济组织的企业，其核心目的在于追求利润的最大化。支撑企业运行的经费只能来源于市场中的营利。与企业不同的是，政府行政组织运作本身需要消耗经济剩余，而不直接创造物质财富，其运行所需要的经费来源于税收。行政组织的运行经费只能来源于国家财政拨款，而不能通过各种形式的创收来获取经济收入。如果行政组织创造出直接归自己支配的"经济效益"，那就意味着其局部、自身经济利益的要求通过垄断性权力得到了实现。当然，行政组织的有效运作也间接地为增加社会物质财富创造了不可缺少的条件。

4. 行政组织是具有合法强制性公共权力的社会组织

众所周知，法律依靠外在的强制力实现某种社会行为规范，而伦理道德

则依靠良心、责任感、理想等内在强制力来实现某种社会行为规范；行政组织一方面依靠外在强制（法律、制度）来为自己存在的必然性和合理性提供支持和依据；另一方面，它依靠内在强制力（个人目标、协调）引导绝大多数社会成员服从权威，避免自身政治资源消耗过多。行政组织强制性包括：一是强制性公共权力并不需要时时刻刻的强制性行为来体现，而是通过使人遭受名誉、地位、经济损失和对某些行为自由度的温和限制发挥潜在的、合法的强制作用。二是这种强制性事实上表现为一种威慑力量。在现代民主社会中，行政强制更多是以说明其符合大多数人利益来说服组织成员自觉遵守和服从行政行为这样一种方式出现，而行政强制与充分尊重每个公民民主权利之间的矛盾，往往又对行政强制手段的合理性解释提出了更高的要求。

5. 行政组织必须处于社会的广泛监督之下

经济组织在合法范围内可以不理会舆论批评；政治组织则从组织的基本制度、个人行为到行为后果、开支大小等，都会受到公众舆论、新闻媒介的关注、影响，需要靠舆论和传媒生存，要设法尽量利用和迎合舆论。传媒和舆论构成了现代行政组织运作的基本信息环境，它对行政组织的意义就像市场、价格信息对经济组织的意义一样，不可或缺。

6. 行政组织规模呈扩大趋势

任何组织职能的扩大通常都伴随着规模的扩大和人员绝对数目的相应增加。自凯恩斯从经济分析角度证明了市场失灵部分需要政府加以干预的必要性后，政府行政组织的职能大大增加，对社会生活干预的深度是100年前的人们所不可想象和难以接受的。行政行为涉及社会生活面之广泛，必然推动行政专业技能分化，机构增加，行政人员规模扩大也成为一种趋势。美国各级政府每年费用从1913年仅30亿美元，增加到20世纪80年代中期的14 000亿美元，目前已突破2万亿美元。行政组织在其职能扩张中也存在巨大的浪费。

二、行政组织的类型

根据管辖的地域范围，行政组织可以分为中央行政组织和地方行政组织。中央行政组织管辖全国。在我国指的是国务院及其各职能部门。在英国，则是指枢密院、内阁和政府各部。地方行政组织的管辖区域只涉及一定区域。

我国的地方行政组织是指地方各级人民政府（省、市、县、乡）及其职能部门。在英国，则是指郡、区、教区或社区。

按照权限的性质，行政组织可以分为一般权限机关和专门权限机关。前者是指管理全国或一定区域内的全面性、综合性行政事务，统一领导各行政部门工作的行政组织。各级人民政府即属此类型。专门权限机关指的是在全国或一定地方区域内管理某一项或某几项行政事务的行政组织。各级政府的职能部门就是典型的专门权限机关。

根据存在时间的长短，行政组织可以分为常设机关和临时机关。

根据功能和作用，可以把行政组织分为领导机关（或称为首脑机关）、职能机关（或部门机关）、辅助机关（或办公机关、办事机关和服务机关等）、咨询机关和派出机关等。

（1）领导机关。领导机关是行政组织的决策和指挥中心，决定所辖区域内行政管理的大政方针和发展目标，总揽全局，指挥所属工作部门工作，从宏观上保证本区域内行政目标的实现，对辖区内各项行政管理工作负政治和法律责任。在我国，行政组织的领导机关是指中央和地方各级人民政府的行政首脑机关。例如，各级政府行政首长及其合议制决策机构。

（2）职能机关。职能机关是指各级政府中负责实施领导机关所制定的某一方面行政计划或对某一专门行政事务进行管理的机构。例如，中央政府各部委、省级政府的各厅局等。此外，还包括权限与部门机关大致相当，但规模小于部门机关的直接直属机关和间接直属机关。与部门机关相比，直属机关和领导机关的关系略有不同，而且专业性较强。在行政管理实践中，职能机关发挥着承上启下的作用，对上服从和接受上级领导机关的指挥和领导，对下进行工作指导和业务监督。

（3）辅助机关。辅助机关是指中央和地方各级政府内部为领导机关或职能机关实现行政目标，完成行政管理任务，在行政组织系统内部承担辅助性工作任务的机关。例如，各级政府内设的调研机构、机关事务管理机构、人事机构和办公办事机构等。辅助机关的主要功能是保证行政组织系统灵活高效地运作。辅助机关对各职能机关和各项社会公共事务的管理，没有直接的指挥和监督权力，只承担协调和服务等辅助性管理工作。辅助机关一般可分为政务性、事务性、综合性和专业性四类。政务性辅助机关主要是协助行政领导机关或行政首长对某一项行政事务进行调查研究和管理的机关,例如,我国各级人民政府所设的政策研究室等。事务性辅助机关主要是对行政组织内各项勤杂和生活事务进行管理的机关,例如,我国各级人民政府所设的行政机关事务管理处或行政科等。综合性辅助机关主要是参与政务、掌管事务、提供服务,协助行政领导机关或行政首长指挥决策,协调各方面关系,管理机关日常事务和为机关工作与行政人员提供服务的综合办事机关,例如,我国各级人民政府及其工作部门所设的办公厅(室)等。专业性辅助机关是对行政组织内部某项专门事务进行管理的机关。例如,我国各级行政组织内所设的财务、人事等机关。

(4) 咨询机关。咨询机关是指为政府出谋划策,提供政策方案、政策规划的机构,是一种特殊的辅助机关。咨询机关一般有两种形式:一是行政组织内部常设的政策规划组织,例如咨询委员会、研究中心、发展中心等;二是与政府组织保持密切联系的社会智囊机构。咨询机关的主要功能是专门协助领导机关进行系统的科学研究,以保证行政决策的科学性、可行性和有效性。在现代行政管理中,由于行政事务的复杂化,咨询机关的作用越来越大,犹如政府的"内脑"和"外脑",是政府决策科学化的前提和保证。咨询机关的工作具有独立性,不应受政府政策和行政首长意志的干扰。

(5) 派出机关。派出机关是各级行政组织根据行政管理的需要,在其管辖区域内授权委派的代表机关。设置派出机关的目的是强化一级政府的直接领导,以维持该辖区的正常秩序,促进该地区经济与社会的发展;派出机关没有独立的法律地位,不是一级国家行政机关,只是代表所委派的行政组织对某一行政区域内的有关事务进行协调和管理的工作机构。对于行政管理事务庞杂、区域分散、交通通讯不便、不利于行政领导机关统一指挥的地区,一般由派出机关在其授权范围内独立开展行政管理工作。在我国,国家行政机关的派出机关主要有两大类:一类是省级、市辖区级人民政府的派出机关,包括省、自治区人民政府的派出机关——地区行政公署和市辖区的区人民政府的派出机关——街道办事处。为便于统一领导,按区域设置若干地区行署,代表政府对所属各县行使职权。另一类专指县级人民政府某一职能机关的派出机关,如工商行政管理所、税务所和公安派出所等。由于派出机关的设立实际上增加了一个行政层次,延长了决策流程,甚至有可能助长官僚主义。所以,对派出机关的设置要慎之又慎,要始终贯彻精干高效的原则。当然,这要视不同层级政府组织的实际情况而定。

三、行政组织构建的基本原则

(一) 服务于职能目标

行政组织是实现行政职能的载体,其结构则是保证组织职能目标实现的方法和手段,因此,无论是组织机构设置和改革,还是组织结构设计和调整,都必须根据职能履行的需要来进行。行政组织是以公共利益为价值取向的组织,一切活动的出发点都是为社会公众提供更好的服务,所以,在进行组织设计时,必须先考虑这一组织的宗旨,才能方便服务对象,方便社会公众,有利于社会经济的发展。

(二) 遵循法制原则

现代社会是法治社会,行政组织的职能、机构、人员更要依法配置,其活动也要受到法律、法规的严格约束。法制原则主要体现在四个方面:一是必须根据宪法、政府组织法及有关的编制立法进行机构设置、撤销、合并或其他调整;二是必须有相关的法律具体规定各机构的职能许可权;三是必须按照法定程序进行,要严格执行行政审批手续;四是必须依法审定编制,并配合财政预算等手段,保证行政编制的严肃性,避免机构重叠、部门林立、机构臃肿。

(三) 完整统一

行政组织是一个分工合作的体系,其职能目标的达成要通过分工合作的结构来实现。完整统一的原则包括以下几项具体要求:一是机构的设置要完整统一,也就是说,在组织体系内设置机构要上下衔接、左右配套,不短缺、不重复,以使整个组织体系成为一个有机的、完整的、统一的体系。二是组织目标要统一,也就是必须将同类组织目标的活动归于同一组织机构管理,机构也要按照目标归类的方法来设置,一个机构能办的事不要交付给几个机构去办。三是指挥要统一,亦即要明确上、下级的隶属关系,确定命令与服从的指挥链,保证只接受一个直接上级的指挥,层级节制,不"政出多门"

和"多头指挥"。四是权责要统一，即在机构设置时，要求明确规定各个机构和职务的职责范围和职权，划清责任归属和边界，解决权责不清、权责冲突、争功诿过、相互倾轧等无序现象；工作人员的职权和责任要统一、相称，有多大的职责就赋予多大的职权，既不能有责无权或责大权小，也不能有权无责或权大责小。五是要严格监督考核和奖惩，奖功罚过，优升劣降，厉行赏罚，落实权责。

（四）精简高效

这一原则实际上包含相互关联的两个方面：精简和高效。精简要求公共组织在组织成员、管理层级、管理程序等方面都要力求简约，严格控制编制规模，使机构和人员都保持在最小的限度。组织精简可以节省财政开支、保证机构运转灵活，同时有利于克服官僚主义的办事作风。高效是指完成工作数量多、质量高、速度快、效果好。一般来说，机构设置与职能相符、职责划分明确、功能齐备，加上指挥统一、结构合理、正确划分管理层级和管理幅度，就会提高行政效能，因此，在行政组织的设置和管理过程中，必须始终坚持精简与高效相统一的原则。

（五）适于激励

行政管理的核心和动力是人和人的积极性与创造性，以人为本是高效率地实现管理职能和任务的根本途径。因此，行政组织的设计必须尊重人的价值与尊严，满足人的基本需求，调动与发挥人的积极性与创造性，发掘人的潜能。具体来看：一是工作分配要符合员工的需求、能力和兴趣；二是要注意照顾员工的自尊，否则易使员工对前途失去信心；三是要为员工的晋升提供机会并创造条件；四是以意见沟通代替指挥监督，因为指挥监督会引起员工地位不平等的心理感受，员工比较愿意接受意见沟通这种地位平等的方式。

（六）适应环境

每个行政组织都处在一定的环境之中，而环境是不断的发展变化的，所以行政组织应根据其内、外部环境的变化，不断地做出调整，以适应环境的需要。为适应环境变化的要求，在行政组织设计时应注意使组织内的单位区分和人员编组保持一定的弹性。当然，适应环境的要求与组织的法制原则和稳定要求之间可能会在特定情况下发生冲突，为此，在组织设计时应以适时适度为原则。

第二节　行政领导者

行政领导者是具有一定行政权力、行使领导职能的个人或群体。本节首先论述行政领导的含义及其基本职能，并在此基础上阐述了行政领导者的个人素质以及行政领导的群体结构问题。

一、行政领导概述

（一）行政领导的含义

领导，顾名思义，就是率领和引导。《说文解字》说："领者，项也；导者，引也。"在不同语境中，人们对"领导"一词有各种各样的不同理解，有时指领导的角色，有时指领导的职位，有时指领导的行为等。行政领导就是指各级国家行政组织中的领导者，在特定的行政环境下依法率领和引导国家公务员实现行政目标的活动。行政领导贯穿于公共行政管理活动的全过程，其活动成果是行政领导者、被领导者、行政目标和行政环境等诸要素相互作用和相互结合的产物。

理解行政领导的含义，应把握以下四个方面的规定性：

（1）行政领导者是行政领导的决定性因素。行政领导者是整个行政组织运作的发动者，是行政决策和发展战略的制定者，他们的品德、学识、能力、魄力、方法等，在很大程度上决定着决策和战略质量的高低，决定着行政领导活动的成败。因此，行政领导者不仅要树立正确的领导理念和良好的思想品德，而且要有运筹帷幄、多谋善断的学识和能力，还要有发动和鼓励广大国家公务员的方法和技巧。

（2）被领导者，即国家公务员是行政领导的制约性因素。国家公务员尽管处于执行计划和决策的从属地位，但是他们执行的自愿程度和积极程度在某种程度上制约着行政领导效能的高低，影响着行政目标的实现——他们既可以赞同和接受行政领导者的决策和设想，并为之努力奋斗；也可以抵制行政领导者的指令和设想，并破坏其意图的实现。因此，行政领导者必须把被领导者当作一种能够不断挖掘和扩大的资源，积极加强与国家公务员之间的相互沟通，切实建立起一种同心同德、和衷共济的良好关系，以提高领导效能，实现行政目标。

（3）行政目标是行政领导的灵魂性因素。行政领导活动的终极目的是实现行政目标。在实现行政目标的过程中，绝不是行政领导者自身的单一化受益，而是使行政组织价值、国家公务员个体价值和行政领导者自身价值三个方面都获得社会的肯定。因此，行政领导者必须善于引导被领导者走上一条能够使群体成员和行政组织双方都满意和受益的道路，为实现科学合理、切实可行的行政目标而努力。

（4）行政环境是行政领导的保障性因素。任何行政领导活动都必然处在一定的行政环境之中，行政领导活动的开展，只有在主动适应或有效改造外在环境的前提下，才能获得成功。因此，行政领导者要善于根据行政组织内、外部环境的变化及时调整领导战略和领导手段，不断提高行政组织抵御和抗击各种风险的能力。

（二）行政领导者的职能

行政领导者的职能是指行政领导者所应履行的职责和发挥的功能，它是行政领导的具体表现。尽管行政领导层次不同，服务领域各异，工作内容有别，但他们的行为过程和活动方式具有一些共同的基本职能，这些职能具体表现为：

（1）制定规划。制定发展规划，确立行政目标，是行政领导工作的基础。任何行政领导者都必须根据自己的职责范围，在深入调查研究的基础上，按照国家的法律、法规和政府的方针、政策以及上级领导机关的统一部署，主持制定本地区、本部门的发展规划和奋斗目标，只有有了切实可行的发展规划和明确清楚的行政目标，才能做到心中有数，实施正确有效的领导。

（2）科学决策。这是行政领导者最主要的职能，即在调查研究的基础上，对本地区、本部门的发展进行科学预测，选择方向，明确目标，拟定实现目标的基本途径、方法和程序，对工作中的重大问题确定对策的活动。任何行政活动，都以行政决策为先导，决策出了大差错，就会把本地区、本部门引入歧途，造成严重损失。行政领导者的层级越高，行政决策的影响就越大，责任就越重大。决策是行政领导工作的中心内容，也是别人无法代替的重要职责。行政领导者科学决策必须做到：①有明确的指导思想，主要应依靠群众，为民造福；实事求是，积极进取，面向未来。②要遵循科学的决策程序，对上级的指示、决议以及国家的法令、任务，要在领会其基本精神的基础上，结合本地区、本部门实际，制定贯彻执行的方法和措施。③对于决策执行中的新情况，除及时上报外，必须想办法创造性地及时处理，注意原则性与灵活性的结合。

（3）正确用人。这是实现行政目标、提高行政效率的人力支持和智力保障，就是根据需要通过科学的观察识别、培养选拔和使用干部和用激励手段调动工作人员积极性，协力实现决策目标的活动。人是行政管理工作中最能动、最活跃的因素，行政管理工作的成败关键在于行政领导能否正确用人。古人云："为政之要，惟在得人。""为政之本在于选贤。"毛泽东同志说过，政治路线决定之后，干部就是决定因素。选用良才可以迅速开拓工作局面；合理使用人才可以事半功倍；不断培养人才能促进智力资源生长，保证领导活动的有效延续。因此，一个成功的行政领导者，最重要的就是能够善于运用人才。用人既是领导者的主要职责，更是行政领导一项重要的艺术。

（4）建立规范。行政管理活动同其他实践活动一样，必须受一定的行为规范的约束。建立各种行为规范，特别是带有全局性的法律、法规和规章、制度，是保证行政目标和决策方案实施的重要措施。各级行政领导者要根据客观形势的变化和职责任务的要求，遵循法定程序，不断完善法律法规，充实管理制度，修订办事规程，使整个行政管理活动有法可依，有章可循，有矩可蹈。

（5）组织指挥。这是行政决策得以落实的关键，主要包括组织的设计与配备、指挥系统的建立与畅通、规章制度的制定与执行以及员工激励。行政领导不仅要制定好规划，并且要保证实现决策目标，执行规划，这就需要良好的组织工作。这里所说的"组织"是一个动词，是指把人群合理有效地组织起来，对人进行激励，去实现一定的任务和目标的管理性活动。

（6）监督协调，这是纠正行政偏差、整合行政系统的职能。行政领导者通过强有力的行政监督与行政协调，达到行政体系结构与功能相对应，权力与责任相统一，从而实现行政领导整体效能的优化。所谓监督，即在公共政策出台和行政决策指令下达后，行政领导必须及时对下级组织和人员的贯彻实施情况进行检查监督,纠正偏差,严明奖惩,保证各项任务的顺利完成。所谓协调,就是从实现公共政策目标和决策方案的整体需要出发,进行资源协调、任务协调、信息协调和人际关系协调,科学合理地组织安排好人力、物力和财力,及时妥善地协调好各部门、各地区、各单位以及行政工作人员之间的关系和利益,成功有效地解决管理过程中出现的新情况和新问题,排除各种矛盾和障碍,使整个行政管理系统密切配合,协调运转,高效工作。

二、行政领导者的构成要素

所谓行政领导者,是指在各级国家行政机关及其各部门中依法担任一定领导职务,行使法定领导权力并负有相应领导责任的个人和集体。行政领导者一般有两层含义:一是指群体,即领导集团、领导班子;二是指个体,即行政部门负责人。行政领导者作为公共行政权力的主体,大致可以分为四类情况:

(1)政府首脑。政府首脑根据宪法和有关法律的规定,经过普选或间接选举直接获得权力,他们掌握最高一级政府最高的公共行政权力,并对法律和选民负责。在法律规定的范围内,经过他们签署,可以发布一系列的行政命令,如宣布处于紧急状态、宣布大赦等。

(2)政府首脑以下的高级政务类行政首长。他们也根据宪法和有关法律的规定获得权力,但他们的权力受制于政府首脑的权力,尤其在权力的实际运行方面,必须以政府首脑的权力为转移。得到授权,他们才可以代表政府。

(3)政务首长以下的各级常务首长。他们主要负责有效地推动和执行各种既定的政府决策,行使政府内部按照逐级授权原则下授的一部分有限的权力。一旦得到授权,他们也可以代表政府。由于他们最熟悉相关的法律规范、惯例、程序,比较多地了解行政管理的历史和行为技巧,所以他们对政府决策具有实际的影响力,在某些情况下可能直接参与行政决策,比如制定决策方案等,因此被某些西方学者称为"第四权力"。对他们的研究是现代行政研究的一个重要方面。

(4)由宪法和有关法律所特别授权的一部分官员,主要是指主持人事行政事务的少数首长。他们对政府保持相对独立,拥有准立法权,并在经济上和身份保障上受法律的特殊保护(具体情形在不同的国家有不同的做法)。

行政领导职务、行政领导职权、行政领导责任构成了行政领导者的三要素，三者互为条件、相辅相成，有职要有权，有权要尽责，尽责要尽心、尽力。任何行政领导者要有效地发挥作用，其前提和基础必须具有相应的职位、职权和职责，并实现三者的有机统一。

其一，职务。行政领导职务亦称"行政领导职位"，是指行政领导者在国家行政机关中所担任的行政职务和所具有的法定地位。职务是行政领导者实施领导行为的基础。首先，职务是个人在行政组织中正式权力的象征，正如古人所说，"不在其位，不谋其政"。其次，职务是职权和职责的载体，没有行政职务，就不能行使行政职权，也不负行政责任。最后，职务是个人在行政组织中法定地位的标志，一般来说，处于较高职务的人比职位低的人地位高。

其二，职权。职权是指来自行政领导职务并用于履行行政职责的权力。职权是由行政职务所赋予的，具有法律效力。一般来讲，行政领导者所拥有的职权包括三个方面："人权"，即选人用人权；"事权"，即行政决策权、组织协调权、监督控制权；"财权"，即财产支配权等。

职权是行政领导者实施领导行为的条件。为了使行政领导者能够履行其职责，完成其任务，必须赋予他们相应的支配权，否则，领导便无从谈起。值得注意的是，行政领导者拥有职权的大小要受到所处管理层次、职位高低和所担负责任轻重的制约。离开上述条件，无限制扩大使用职权，必然造成权力的滥用。相反，离开上述条件，任意缩小职权，又会造成失职现象。

其三，职责。职责是指行政领导者在担任某种职位，履行其职权过程中应承担的责任和义务。职责是行政领导者实施行政行为的依据。首先，职责意味着承诺。行政领导者只要担任了某一职位，行使了某一职权，便意味着必须负起相应的责任，包括政治责任、法律责任、行政工作责任和道德责任。其次，职责意味着责任。行政领导者必须对职权范围内的事情负责，必须在职责的约束下谨慎处事。最后，职责意味着评价尺度。职责为评价行政领导者的活动效益和政绩树立了客观的标尺。

三、行政领导者的素质要求

"素质"一词原为生理学上的概念，本意是指人的感觉器官、运动器官和神经系统方面的特质。随着社会的发展，"素质"一词已超出生理学范畴，被广泛应用于社会科学领域，以说明人或各种组织的现时状态。行政领导者的素质是指构成行政领导者在先天禀赋的基础上通过后天的学习、实践所获得的智能、品德等的总和，是行政领导者承担一定行政领导职务所必须具备的基本条件。它是行政领导者发挥领导功能的基础，是行政领导者实施领导行为的资格，是行政领导者取得领导绩效的决定性因素。

行政领导者肩负着各级政府、各个部门领导管理工作的重任，这些工作事关国家、民族的兴衰成败和公民的安居乐业，因此必须具有良好的素质修养。根据目前行政管理工作的特点，我们认为，各级行政领导者应具有以下基本素质。

（一）政治素质

政治素质决定着行政领导行为的方向。从古到今，各个社会、各个阶级都十分重视官员的政治素质。国家性质不同，对官员政治素质的要求和标准也不同。作为社会主义国家的各级行政领导者，其政治素质应包括以下几个方面：

（1）正确的政治观点。其核心是掌握马克思主义的基本原理，具有科学的世界观、人生观和价值观；具有较高的政治理论水平和政策水平，在大是大非面前能够准确识别方向，分清是非，不迷失政治方向，不丧失政治立场，不违反政治纪律。

（2）高尚的道德品德。具体包括以坚持全心全意为人民服务宗旨为核心而形成的廉洁奉公的高尚情操、实事求是的党性原则、秉公办事的处事态度、刚直不阿的性格气质、联系群众的民主作风、谦让容人的宽宏度量、艰苦奋斗的创业精神等。

（3）顽强的进取精神。进取精神是行政领导者基于崇高的工作抱负和对本职工作意义的认识而产生的行为表现，是行政领导者世界观和人生观的具体反映。作为社会主义的行政领导者，时刻都要有强烈的事业心和紧迫的责任感，矢志不移，奋发进取，敢于打破陈规旧习，不断探索改革，开拓新局面，做出新成就。

（二）知识素质

知识是行政领导者素质的重要内容。一个没有知识的行政领导者必然会导致领导失效。这就要求一个行政领导者不仅要具备一定的专业知识,还要不断地学习新知识,特别是在知识更新迅捷的今天,更应如此。具体而言,知识素质包括以下内容:

(1) 通晓马克思主义的理论。马克思主义是科学的世界观和方法论,是指导我们思想和工作的理论基础。只有夯实理论功底,提高分析与解决复杂问题、驾驭复杂局面的能力,才能从迷离纷纭的信息中理出头绪,才能在错综复杂的局面中掌握工作的主动性。

(2) 博览社会科学、人文科学和自然科学知识。行政领导者往往在一个地方、一个部门、一个单位处于中枢或重要地位,需要处理和认识的问题包罗万象,涉及各个领域,工作任务的综合性和多样性要求知识的广泛化和博通化。为此,行政领导者应广泛涉猎政治学、经济学、法学、社会学、历史学以及系统学、信息学、生态学、电子计算机应用等多方面的应用知识和技术知识,并能灵活地运用这些知识开阔视野,启迪思维,大胆创新,开拓局面。

(3) 掌握管理科学知识。行政领导者的主要职责是管理,因而必须成为管理人才,要努力学习和掌握管理科学知识,包括现代管理学、组织行为学、领导学、决策学、管理心理学等。不仅要掌握这些管理学科的基本理论,而且要学会娴熟地运用这些学科所提供的各种方法、技术和技巧,解决实际工作问题,做好领导工作。

(4) 精通专门业务知识。行政领导者应对自己负责的业务范围内的有关专业知识和理论有深入的钻研和掌握,精通业务活动的主要内容、前沿水平和发展趋势,尽可能成为内行。只有内行,才能够做到准确鉴别、正确评判、科学决断,高效工作。

(5) 懂得社会生活知识。行政领导活动涉及社会生活的各个层面,必须遵循社会生活的一般规则和普遍规律。因此,行政领导者必须深入了解周围事物的历史和现状,熟悉各种各样的社会生活实际,知晓自己管辖范围内的风俗、民情、习惯、文化传统及社会心理,否则便无法适应社会环境,进行有效管理。

以上五个方面是对现代行政领导者基本知识的要求。当然,我们不能要求所有领导者对这些方面都达到十分精通,绝对完善,实际上也是不可能的。

我们认为，作为行政领导者个体，只要在某一方面比较突出，其他方面相对均衡，即形成"一点突出，一线雄厚"的综合性知识结构，就符合知识素质的基本要求。

（三）能力素质

知识和能力是紧密相关的。知识是能力的基础，能力是知识的运用。但知识丰富并不等于能力必然高强。行政领导者的能力素质包括基本能力和领导能力两个方面。

基本能力是指行政领导者应具有的观察能力、记忆能力、思维能力和想象能力。这些基本能力是发挥领导能力的基础，是创造力的构成要素。

（1）观察能力，是指通过观察、感觉和知觉，把自己同外部世界联系起来，从而达到认识客观世界的能力。行政领导者要善于觉察那些稍纵即逝的事物和信息，并对其进行精细的观察，发现问题，洞悉本质。

（2）记忆能力，是指以往知识、信息和经验在大脑中储存的能力。记忆能力是创造力必不可少的构成要件。任何一种创造性活动，都必须先把以往储存的信息和材料调取出来，加以整理和联结，并在此基础上，产生新的联想、新的创造。

（3）思维能力，是指将现有知识，经过分析和综合、判断和推理等逻辑思维活动做出新结论的能力。创造性活动依赖于缜密的思维能力，正像有人所比喻的那样："观察所采来的花粉，要抽象思维才能将花粉酿成蜜汁。"

（4）想象能力，是指对客观事物和信息所进行的联想和再创造的能力。想象能力在创造性活动中具有"加速器"的作用。爱因斯坦曾经指出："想象力比知识更重要，因为知识是有限的，而想象力概括着世界的一切。"

（四）身心素质

身体素质与心理素质是行政领导者素质的两个重要的方面。身体素质决定行政工作人员所能从事的工作长度和工作强度，决定他们对不同的工作环境、工作条件的适应性。不同性质、不同类型、不同条件的行政工作对生理素质有不同的要求，行政领导者的身体素质是其他素质得以发挥的物质基础。繁重的行政领导工作要求行政领导者具有健康的体魄和旺盛的精力。行政领导者体魄健壮、精力充沛，也会给人一种朝气蓬勃、奋发向上的感召力。如果一个领导者体弱多病、精神萎靡，不仅难以胜任其职责，而且也会使人感到暮气沉沉。

人的各种实践活动都是在心理因素的支配和调节下实现的,不同心理素质的人,其实践活动的效率也不同。对行政领导来说,良好的心理素质是不可缺少的一项基本素养。心理素质表现为行政领导者的性格、气质和个性等。心理素质影响到行政领导者思想的丰富性、情绪的稳定性、兴趣的多样性;影响到他们的需要、动机和行为方式;影响到他们的交往范围、同事关系、工作态度和精神状态。

科学研究表明,以性格、气质为特征的心理素质对人的事业有着极为重要的影响。行政领导者①应具备积极主动的性格,以利于带动整个组织积极努力工作;②应具有较强的自信心,决策中避免优柔寡断,增强部属对上级的信赖感;③具备较强的自制力,遇事不乱,临危不惊;④具有坚韧不拔的意志力,为追求行政目标的实现百折不挠,勇往直前,胜不骄,败不馁。

四、行政领导者的群体结构

行政领导者的群体结构是指在行政领导的群体结构中,各种不同素质、经验、年龄和各种不同专业、知识的人才按比例的有机结合。行政领导集团的素质与其组成成员的个体素质直接相关,但集团内每个成员的个体素质很高,也可能使领导集团经常发生摩擦,内耗不断。合理的素质结构可减少领导集团的内部摩擦,提高效率。另外,合理的班子结构可产生新的领导效能。按照系统观的观点,任何事物或系统内部结构都对其整体功能具有决定性作用。组成因素相同,结构不同,就会形成不同的功能。结构合理,可以使各因素相互配合,产生大于个体之和的"合力",产生 1+1>2 的正系统效应,从而出现新的领导效能;反之,如果组合不合理,缺乏凝聚力,整体功能就会适得其反,甚至个体所具有的特长也会在内部"摩擦"中消耗殆尽。因此必须从行政领导活动的实际出发,充分考虑到完成行政目标的需要,对行政领导的群体结构进行组合。

一个合理的行政领导者群体应体现个体素质的余缺互补,合理搭配,整体优化。具体应考虑以下几个方面。

(一) 政治结构要优良

政治结构是指行政领导者政治面貌和政治素质的组合。一般来说,各级行政领导群体成员都应具有较高的政治觉悟、较强的理论水平和政策水平、丰富的政治经验和严格的政治纪律观念。另外，在领导群体中，应有来自各方面的代表。如现在各级政府领导班子中既要有共产党员，又有民主党派人士，还要有非党社会知名人士；既要有汉族干部，又要有少数民族干部，还要有妇女干部，以能够真正代表社会各阶层的利益，有利于调动各方面的积极性。

（二）年龄结构要合理

年龄结构是指行政领导者群体各个成员的年龄构成。年龄结构是否合理，对行政领导者群体的整体素质有很大的影响。明朝开国皇帝朱元璋在谈到新老人才交替和参用的问题时，他说："郡县官年五十以上者，虽练达政事，而精力既衰。官令有司选民向俊秀年二十五以上，资性明敏，有学识才干者，避赴中书，与年老者参用之，待老者休致而少者已熟于事，如此，则人才不乏而官使得人。"朱元璋关于新老"参用"的思想和规定值得现代行政领导者借鉴和学习。

在实践中应注意：①任何一个行政领导群体结构的年龄结构都应该是梯形的，而不是平面的。一个好的领导群体一般应由老、中、青三个年龄层次的人形成梯形结构。处于不同年龄段的行政领导者，在知识、经验、性格、作风、精力等方面都各有自己的特点。年长的行政领导者经验丰富，善于处理复杂的问题，但精力有限；青年行政领导者朝气蓬勃，思想活跃，精力充沛，善于开拓和创新，但经验不足；中年行政领导者年富力强，兼有老干部和青年干部的长处，善于承前启后。不同年龄段的人各有长短，把各个年龄段的行政领导者有机地结合起来，有利于发挥各个年龄段行政领导者的优势，有利于整体功能的发挥。在老、中、青三者比例搭配中，一般应使年富力强的中年同志占多数，发挥中坚骨干作用。年龄如果过分老化，容易形成反应迟钝；年龄如果过分年轻，又会造形成经验不足、摇摆不定的局面。②不同层次、不同类别的行政领导群体结构应该有不同的年龄格局。不是机械地、简单地让老、中、青干部各占1/3，不同层次的行政领导集团、不同工作性质的行政领导集团在具体的年龄结构组合上也会有差别。如越是高层，年龄构成应相对高一些，层次低的应相对年轻一些。比如，乡镇一级的行政领导集团的年龄结构应以中青年为主体，这是由其工作的事务性、执行性、具体性所决定的，而咨询性的领导集团则需要在知识、经验上有更高的要求，可以中老年为主。③保持正常的更新，实现行政领导群体结构的动态平衡。

（三）知识结构要互补

知识结构是指行政领导者群体内的知识构成。一个合理的行政领导集团，不仅每个个体都应具有较高的文化和专业知识水平，而且应是多学科、多层次的合理组合，以实现互相补充的知识结构，做到既有文化知识又有专业知识，既配备有领导科学和各种与职位相关学科知识的人才，又要有精通或熟悉所管理的各种业务知识的人才，组成一个专业齐全的领导集体，形成综合的知识结构，在行政领导集体决策、指挥时，就能全面把握情况，全方位思考问题，进行有效管理。由于人的精力有限，单个行政领导干部不可能达到这一要求，领导成员知识互补，形成合理的知识结构，则可以实现这一要求。另外，不同级别和类别的行政领导群体结构，在知识水平和专业水平上要求不同，一般说来，层次越高的机关，其领导成员的平均知识水平应该越高，科技专业程度越高的机关，其领导成员的专业知识水平应该越高。每个行政领导集团在构建知识结构时，还应注意与本单位的事业性质、发展方向相适应，从而确定与本单位相关的专业知识人才应占较大比例。

（四）能力结构要多元

行政领导群体结构的能力结构是指不同类型智能的领导成员之间的协调组合。人们运用各种知识分析问题和解决问题的能力不仅在水平上有高低之分，而且在类型上也有区别，人的能力形态千姿百态，有的在这方面能力比较突出，有的在那方面能力比较突出，这样就呈现出各种不同的能力类型。如有的人精于观察、善于思索、富于想象，能够不断构思出新思想、新理论、新主意、新方法，创造能力比较强；有的人长于指挥、巧于组织、善于应变，组织才能比较出众；有的人擅长书面表达，有的人善于口头表达，说理深入浅出，富有感染力等，有的善于决策，有的善于协调人际关系。因此，在构建行政领导群体的能力结构时，既要考虑到领导成员之间能力水平的合理配置，更要注重领导成员之间能力类型的合理配置；应把具有不同能力类型的人吸收进来，形成能力结构合理、功能齐全的领导集团，形成一个既多谋又善断，既严谨又活泼，多功能、高效能的立体结构。一般来说，在行政领导群体结构中，既有思维敏捷、足智多谋、善于决策的人，也有动作迅速、勇于负责,善于指挥、组织的人;既有德高望重、执法如山的人,也有办事稳妥、善于排解难题的人。

(五)气质结构要兼容

气质是指由于先天遗传和后天实践的影响而形成的人的相对稳定的个性心理特征。人的气质从心理学角度看有稳重、急躁、活泼等不同类型,即人们有情绪体验的快慢、强弱,动作的灵敏或迟钝等差异。人群中,有的性格外向,有的性格内向,有的沉着寡言,有的热情奔放,有的谨慎细腻。不同气质的人对问题的判断和处理是不相同的。一个理想的行政领导集团,性格气质上也要贯彻互补原则。如果行政领导群体都由一种性格的人组成,即使其思想品质和工作态度无可挑剔,在整体上也难以形成既生动活泼又扎实紧凑的工作作风,也可能因为性格不合,矛盾丛生、关系紧张、内耗严重。因此,行政领导群体要注意各种不同气质类型的人的合理搭配,既有深谋远虑、沉着冷静的人,也有办事果断、雷厉风行的人;既有疾恶如仇、一丝不苟的人,也有善于妥协、勤于协调的人;既有性格内向型的人,也有性格外向型的人。只有把不同气质的人组合起来,才能形成一个刚柔并济、动静共存、高效能的领导群体,避免陷入关系紧张、矛盾重重的局面。

第三节 人事行政

人事行政是行政主体内部管理的重要组成部分,是建立行政组织并保证其正常运行的基础工作。

一、人事行政概述

(一)人事行政的含义

"人事"一词自古有之,但是在不同的语境下有着不同的含义。有时,人事是指托人说情或送礼,如《后汉书》所说的"时权富子弟,多以人事得举"。但是,从广义上说,人事就是指人类社会生活中与人有关的一切事情,如人情事理、人为之事、交往应酬之事,是发生在人与人、人与事、人与组织之间的相互关系的总称。从狭义上说,"人事"主要研究机关团体、企事业单位内部工作人员的编制、录用、调配、培养、考核、任免、晋升、奖惩、工资、福利、离休、退休、退职、辞退、辞职等方面的内容。其核心是用人以治事，做到人与事的协调，从而达到人尽其才、才尽其用、事得其人、各建其功的目的。

作为行政管理活动的重要内容之一，人事行政是伴随着国家的产生而形成的。在原始社会，没有国家，没有政府，自然不可能产生人事行政。国家产生以后，高居于民众之上的统治阶级开始承担起社会管理的责任，同时也需要对统治阶级自身进行管理。于是，在掌管政府的官吏中间逐渐形成了一些具体的管理制度和方法，例如，确立官职的品位和俸禄等，人事行政活动由此产生。

人事行政（Personnel Administration）有广义和狭义之分。广义的人事行政是指国家人事行政主管部门依法对国家机关、事业单位和社会组织的人事工作所进行的宏观的、综合性的管理活动，包括对各类公务人员、专业技术人员以及机构编制工作的管理。狭义的人事行政则是指国家行政机关运用科学的管理手段，凭借一系列法规、制度、措施，对国家行政活动中形成的行政事务与行政人员之间的关系以及行政工作人员之间的关系进行的组织、协调、控制、监督等管理活动。具体来讲，"人事行政"这一概念包含以下几个方面的含义：

第一，人事行政特指政府对其工作人员的管理活动，范围仅限于政府系统内部。在西方，为与其他领域的人事管理活动区分开，人事行政又叫作"公共人事行政"（Public Personnel Administration），而"人事管理"（Personnel Management）一词一般是指除政府系统以外的其他领域，主要是指工商企业界的人事管理活动。

第二，人事行政的内容主要体现为政府的人事管理机构通过相应的人事行政制度，对政府人事问题所做的规划、决策、组织、指挥、协调、控制等管理活动，它包括"进、管、出"三个环节。所谓"进"，就是补充工作人员，包括选任、委任、聘任、考任各级各类公职人员；所谓"管"，就是对工作人员进行管理，包括流动、培训、考核、晋升、奖惩、工资、福利；所谓"出"，就是工作人员退出现职工作岗位，包括离休、退休、退职等。各级人事部门的主要职能是：根据一个国家的政治、经济政策，制定人事工作的各项方针，并且研究具体的实施条例和方法；健全人事立法，明确管理的职责范围，建立合理的人事管理体制，使人事工作政令统一、计划统一、步调统一，从而保证国家各级行政机构人员的质量，保证国家的有效统治，保证社会生产的顺利进行。

第三，人事行政的根本目的是力求政府中人与事的协调统一，是为了使政府中的人力资源得到充分利用，实现人尽其才，才尽其用，并在适才适用的基础上实现事竟其功。

第四，人事行政的核心是行政人才问题，具体表现为：①取才。人事行政要争取最优秀的人才来为政府服务。②用才。政府在求得人才以后，应当加以有效地运用，使人人发挥其所长，个个得到重用。③育才。政府不仅用才，更重要的是育才，人才只有靠培育才能产生，只用人不育人，则断绝人才之源。④留才。人才的求取、培养、运用很不容易，政府要尽可能地使人才留在政府中，为国家服务。要做到上述四点，人事行政就必须建立有效的管理机制、更新机制、保障机制、监控机制和激励机制等，最终形成具有取才、用才、育才、留才功能的科学的人事行政制度和有利于人才成长、施展才华的良好环境。

党的十九大报告指出，人才是实现民族振兴、赢得国际竞争主动的战略资源。要坚持党管人才原则，聚天下英才而用之，加快建设人才强国；实行更加积极、更加开放、更加有效的人才政策，以识才的慧眼、爱才的诚意、用才的胆识、容才的雅量、聚才的良方，把党内和党外、国内和国外各方面优秀人才集聚到党和人民的伟大奋斗中来；鼓励引导人才向边远贫困地区、边疆民族地区、革命老区和基层一线流动，努力形成人人渴望成才、人人努力成才、人人皆可成才、人人尽展其才的良好局面，让各类人才的创造活力竞相迸发，聪明才智充分涌流。

（二）人事行政的地位和作用

人事行政处于十分重要的地位，发挥着不可替代的作用。

第一，人事行政是实现政治稳定、巩固国家政权的重要保证。综观人类历史，任何一个民族，任何一个阶级，要想得天下、保天下、兴天下，一靠人力，二靠财力，两相权衡，更重要的在于人力资源的综合利用。正所谓"财用不足，非国贫；人才不竟，谓之贫"，人们从长期的行政管理实践中总结出"为政之要，唯在得人""得人者兴，失人者崩""致安之本，惟在得人""人存政举、人亡政息"的经验。古人说:"能安天下者,惟在用得贤才。"毛泽东也说过,"政治路线确定之后,干部就是决定的因素",都充分说明了这个道理。

第二,人事行政不仅是政府行政工作的重要组成部分,也是其他一切行政活动得以有效进行的基础,是有效地管理公共事务的重要前提,是造就一支高素质的、专业化的国家公务员队伍,提高行政管理质量和效率的关键因素。在政府系统中,人是最主要的因素,一切行政工作,包括行政决策、行政执行、行政沟通、行政协调、行政监督,都要通过人的活动来实现。当今世界,随着科学技术的迅猛发展,政府管理的范围越来越大,职能越来越多,分工越来越细,职能日趋复杂,能否科学地选人、用人显得愈加重要。能否将德才兼备的合格人才选入行政管理领域并加以科学的使用,行政工作人员是否具备对国家、社会、人民负责的职业道德和完成行政事务的素质、能力,直接关系到法令、政令的执行结果,关系到对社会有效控制和管理的程度,进而影响到国家行政管理的成败。

我国政府肩负着社会和经济宏观管理的重任,为了有效地完成这一职能,需要大批具备现代科技知识、具有革新创造精神、德才兼备的优秀人才来管理经济和社会。有了先进、科学的人事行政,就能够合理地调配使用各种人才,充分挖掘人才的内在潜力,调动其工作积极性和主动性,并通过科学的组织形式使各种人才协调配合,促成有效的分工与合作,顺利地履行行政职能。

事实上,做好人事行政工作,通过对国家公务员的录用、考核、任用等制度的具体实施,可以确保优秀人才不断地进入国家公务员队伍,不断优化国家公务员队伍结构,提高政府行政机关的行政效率;通过对国家公务员职务的升降、任免以及交流制度的实施,不断地调整政府机构中人与事的关系,使大多数人能够人适其位,才尽其用,充分激发和利用国家公务员的内在潜能;通过对国家公务员制度化的不断培训,有计划、有步骤地实行对国家公务员知识结构的更新和完善,逐步实现国家公务员队伍的专业化。

第三,人事行政是开发人才资源,促进经济发展、文化繁荣的重要保证。众所周知,生产力是推动社会发展的根本动力,而人是生产力中最基本、最活跃、最关键的因素。人事行政通过国家宏观调控的方式,按照公平、平等、竞争、择优的原则，对人力资源进行充分开发和利用，实现社会人力资源的优化配置，充分调动人的积极性和创造性，就会创造出先进的科学技术，大幅度提高劳动生产率，推进经济的发展和文化的繁荣。反之，落后的人事行政制度压抑国家行政工作人员的工作能力，束缚人的创造力，阻碍社会生产力的发展。目前，我国正进行社会主义现代化建设，要在一定时期把中国建设成为富强、民主、文明、和谐、美丽的现代化国家，就必须发挥人事行政的功能、作用，创造出科学、高效、富有生机的管理机制，最大限度地开发人员的潜能，为发展经济、繁荣文化提供重要的组织保证。

第四，人事行政是加强政治文明建设、推进政治民主化进程的有效途径。随着人事行政科学化和法制化的不断推进，公民可以通过法定程序，经过公开、平等、竞争、择优的录用考试进入国家公务员队伍，参与政府管理和国家政治生活；公民有权对政府机关及其国家公务员的工作提出批评和建议，并对他们的违法失职行为进行申诉、控告、检举和揭发；公民有权对人事行政所实施的录用、考核、奖惩、职务升降和任免、交流、回避等制度进行监督。所有这一切，无疑都会大大促进政治文明建设的前进步伐。

第五，人事行政是增强综合国力、参与国际竞争的需要。

当今世界，国际竞争日趋激烈。各国之间的竞争实际上是综合国力之间的竞争，归根到底是人力资源的竞争。人才资源的开发、培养和使用在其他各种竞争中起着决定性的作用，因此，多出人才、早出人才、出好人才对于国家富强、民族振兴具有至关重要的意义。我国是人口大国，却不是人力资源强国。我国人力资源十分丰富，但开发利用的程度还很不理想。为了在现在和将来的国际竞争中立于不败之地，必须改革和完善我国原有的人事行政制度，为大批优秀人才脱颖而出提供良好的环境和条件，以充分发挥人事行政的特殊功能。

（三）人事行政的基本原则

1. 任人唯贤原则

选拔贤才，任用能人，是人事行政必须坚持的首要原则。任人唯贤就是要善于把那些政治合格、道德高尚、才能突出、知识丰富的优秀人才选拔到行政岗位上来，所有被任用的人员必须符合任职条件和工作标准，不符合任职条件和标准的人不能任用。

要做到任人唯贤,就必须反对任人唯亲。任人唯亲就是在用人问题上不是出以公心、唯才是举,而是从个人恩怨、好恶出发,以亲疏作为取舍标准。从本质上讲,任人唯亲是封建社会的产物,是危害事业、败坏领导者威信的祸根。

"任人唯贤""任人唯亲"两种用人路线的对立和斗争贯穿了整个人类文明发展史。大量事实证明:凡是推行"任人唯贤"路线的,国家和民族就会兴旺发达;而推行"任人唯亲"路线的,会败坏用人风气,造成恶劣影响,正如唐太宗李世民所指出的那样:"用得正人,为善者皆劝;误用恶人,不善者竞进。"[①] "任人唯亲"不仅会贻误行政管理事业,还会导致国家和民族的衰弱危亡。

2. 适才适用原则

常言道,"没有无用的人才,只有无能的管理"。意思是说,管理者必须善于任用各种各样的人才,尽可能把他们安置到合适的工作岗位上。"金无足赤,人无完人",完美无缺的人是不存在的,每个人都有他独到的优点,也有其不可回避的缺点。实际上,人的长处和短处、优点与缺点不仅是共生的,而且在某些情况下就是同一个问题的两方面。例如:具有办事果断、泼辣优点的人,同时也具有武断的缺点;具有虚心、谨慎优点的人,往往也具有优柔寡断的缺点;具有事业心强、好胜心强优点的人,也具有好出风头的缺点。可见,人无绝对的优点和缺点,关键是领导如何用其所长。我国古代有一则"西邻五子"的寓言,说的是西邻有五个儿子,五子中除一个朴实、一个聪明之外,其余一个是瞎子、一个是跛子、一个是驼子。西邻注意发挥每个人的长处,叫朴实的种田,聪明的经商,盲人算卦,跛足搓麻,驼背纺线,由于能用人所长,避人所短,结果使五人均无衣食之忧。人事行政工作者在使用人才时,要用其所长,避其所短,使其知识、能力、专长等方面的条件与其所从事的工作相称,使事各得其所,使人各遂其愿。

要做到适才适用,就要求领导者一要有爱才之心,识才之智;二要有求才之渴,用才之艺;三要有容才之量,护才之魄。以正确的方法,动之以情,晓之以理,导之以行,以求克服其短。

---

① 《贞观政要·择官》。

要做到适才适用,首先应当"知事",准确掌握每个行政工作岗位的不同工作任务、具体规范及其所需资格、条件要求;其次应当"识人",系统了解和评价每个工作人员的品德、才能、专长、特点、志向和性格;最后应当"善任",对人和事进行合理搭配和有机组合,做到职与能相称,人与事相适,达到人尽其才,事竟其功的效果。

3. 德才兼备原则

"德"是指行政人员的政治素质和职业道德;"能"是指行政人员的业务能力。我国古代的有识之士很早就把德才兼备作为选人用人的标准。贞观二年,唐太宗对侍臣说:"今所任用,必须以德行、学识为本。"贞观六年,唐太宗对魏征说:"为官择人不可造次。用一君子,则君子皆至;用一小人,则小人兢进矣。"魏征回答说:"然。天下未定,则专取其才,不考其行;丧乱既平,则非才行兼备不可用也。"司马光说:"夫聪察强毅之谓才,正直中和之谓德。才者,德之资也。德者才之帅也。"意思是,聪明能干、明察事理、富有魄力的人方为才,公正坦率、合乎中庸之道的才是德。才和德互相依存,不可偏废。

4. 晋升唯功原则

晋升唯功是指国家行政人员的录用、提升、奖励等均以他们的实际能力和在工作中的实际成绩作为基本标准。职务晋升是人事行政管理的主要环节,能否体现唯功晋升,直接决定着行政管理工作的好坏。一般来说,工作实绩往往是一个人的业务水平、工作能力和工作态度的综合反映。人事行政工作只有把行政人员的工作实绩作为评价、奖励、晋级、晋职的主要标准,做到有功者上,无功者下,才能提供公平的竞争机会,培养和促进行政人员的工作热情和工作责任感,增强人事行政的生机和活力。

5. 互补配套原则

发挥人才群团效能是现代管理的一大特点。而要发挥好群团效能,必须合理搭配各种工作人员,组成一种比较优良的组织结构,使各种人员在知识、智力、能力、技术、性格、年龄、气质等方面互相补充、互相配合、取长补短、团结协作,发挥集体力量,共同完成总体目标。人事行政要根据各种组织的工作需要和职务的要求,对具有不同的年龄、性格、能力、品德、知识、专业、爱好的人员进行科学搭配,形成一个智能互补、结构合理的群体。

6. 合理流动原则

流水不腐，户枢不蠹。行政管理人员如果没有合理的流动，就不能适应行政管理的动态需要，行政组织也会僵化。通过合理的流动，既可以消除用非所学、用非所长的不合理安排，更好地发挥行政人员的才能和特长，又可以使行政人员开阔视野，增长见识，提高才干，经受锻炼。为保证行政组织适应行政管理的需要，保持行政人员队伍富有生机和活力，行政人员队伍要进行不断的新老交替工作。

7. 依法管理原则

依法管理是指人事行政要通过制定一系列健全的法律、法规，对国家行政工作人员进行管理，使其纳入规范化、法制化的运作轨道。依法管理是人事行政实现法制化、走向科学化的重要标志。

依法管理原则具体体现在以下五个方面：一是要把人事行政的目的、要求、内容、步骤和方法等通过立法形式规范起来，用法律手段确保人事行政管理的有效实施；二是对国家公务员的管理，从公务员的录用、考核、晋升、培训、工资、福利直到辞退、退休等，必须有法律依据，要有明确的法律规定；三是公务员行使权力、履行职责，必须依照法律规定，做到依法行政；四是公务员的行政行为如果超出了法律的范围，或违反了法律的规定，都构成违法渎职行为，必须受到相应的制裁；五是每个公务员都有一定的法律地位，享受一定的权利和待遇，并受到法律的保护。

二、我国的公务员制度

(一) 我国公务员制度的建立

公务员也称文官，单称 Civil Servant，群体总称 Civil Service。在美国被称为"政府雇员"（Government Employee）。在西方，公务员一般是指通过非选举程序、经过公开考试被政府择优录用而被任命长期固定地担任文职工作并具有一定等级，在中央及地方行政机构中担任政府工作的国家工作人员。

由于各国在文化背景、历史传统、社会制度等方面存在较大差别，所以，各国对公务员范围的划分不尽相同，大致有三种类型。

一是以法国、日本为代表，在这些国家中，中央到地方的政府工作人员，立法、司法、检察机关、军职人员和在公共企事业单位供职的人员，全部称为公务员。除法国和日本外，一些国家如摩洛哥、突尼斯、尼日利亚等也采用这种划分，这种划分范围最广。

二是以美国、德国为代表，这些国家把中央政府机关中的所有公职人员，包括政务官与事务官都称为公务员，包括内阁总理、部长等政治任命的官员和其他法律任命的官员。但适用于国家公务员法规的只是事务官。菲律宾、泰国、韩国、加拿大等国公务员的范围与美国类似。

三是以英国为代表。英国的公务员仅指政府中常务次官以下的所有工作人员，将选举产生和政治任命的官员排除在外。由于英国是最早建立公务员制度的国家，所以受英国影响的国家相当多，如印度、巴基斯坦、马来西亚、澳大利亚、新西兰、肯尼亚、南非、加纳等。这些国家公务员的范围基本上与英国类似。这种划分范围最小。

中国是四大文明古国之一，中华民族创造了光辉灿烂的文化，也为西方文官制度的形成做出了巨大的贡献。现代西方文官制度的建立和发展受到中国科举制直接而深刻的影响。美国卡特政府文官委员会主任艾伦·坎贝尔就曾说过："中国是世界文官制度的发祥地，在西方所有的政治学教科书中，当谈到文官制度的时候，都把文官制度的创始者归于中国。"

我国的国家公务员制度是社会主义政府机关干部人事制度，它继承和发扬了党和国家干部人事工作的优良传统，总结吸收了十几年来干部人事制度改革的经验，同时也借鉴了外国公务员制度中一些有益的科学管理办法。我国公务员制度的建立经过了一段长期而曲折的历程。

新民主主义革命时期，我党高度重视干部工作，强调并坚持"德才兼备"的政治路线和"任人唯贤"的组织路线；在干部的思想路线上，要求把马列主义的普遍真理同中国革命的具体实践相结合，坚持实事求是和群众路线，制定了一整套严密的干部队伍纪律，明确了党管干部的原则；对干部的培训培养，主要采用"从战争中学习战争"的办法，等等。这一时期我党的干部人事工作主要根据党中央的有关政策和各级党委的有关规定进行。

中华人民共和国正式成立后，我国在革命战争时期干部制度的基础上建立了从中央到地方的一整套人事管理机构，统一负责人事行政管理工作，逐步建立了包括录用、调配、培训、任免、奖惩、考核、工资福利、退休退职等一系列规章制度，逐步形成了高度集中的人事管理体制。尽管各方面制度还不够健全和完善，但初步适应了实际需要，取得了很大成绩。为巩固人民政权、恢复国民经济、建设社会主义起到了重要的保证作用。

从1966年5月至1976年10月间，各级人事机构相继被撤销，人事干部被遣散，有效的管理制度被否定，人事工作遭到了严重的破坏。

"文化大革命"后，党中央、国务院采取了一系列拨乱反正的重要措施，果断地恢复了人事管理机构和一些行之有效的规章制度，并且随着经济体制改革的全面展开和政治体制改革的不断发展，逐步走上了建立国家公务员制度的道路。

我国公务员制度的建立大致可分为以下几个阶段：

1. 第一阶段，准备阶段（1984—1986年）

这一阶段主要是开展调查研究和起草条例。对原有干部人事制度进行深刻反思和系统总结，使人们充分认识到干部人事制度的改革已刻不容缓。同时，对在我国建立国家公务员制度进行了较为全面的理论探讨，为国家公务员制度的建立奠定了良好的思想理论基础。党的十一届三中全会以来，随着经济、科技、教育、文化和卫生体制的改革以及各项事业的发展，我国的情况发生了很大的变化，干部队伍本身也发生了很大变化，干部人事管理的弊端明显地暴露出来，改革干部人事制度势在必行。1980年，邓小平提出：坚决解放思想，克服重重困难，打破老框框，勇于改革不合时宜的组织制度和人事制度。在邓小平关于改革干部人事制度系列思想指导下，我国对干部人事制度进行了大量的改革探索，取得了很大的成绩。第一，确立了干部人事工作新的指导思想和干部"四化"的方针；第二，建立了老干部离退休制度，基本上实现了新老干部交替正常化；第三，改革了干部人事管理体制，确立了干部分类管理的思想，下放了干部管理权限；第四，进行了各项管理制度改革的大量尝试，打破了干部任用上的单一委托制模式，实行委任、选任、考任、聘任等多种形式；第五，公开、平等、竞争等干部人事管理新观念逐步深入人心，人事管理的封闭状态有了很大改变，开始向法制化、科学化方向发展。

1984年，为了总结机构改革经验，对干部人事制度进行系统的配套改革，中央组织部和原劳动人事部组织起草了《国家工作人员法》。后因国家机关工作人员范围太广，又于1985年改为《国家行政机关工作人员条例》，1986年改名为《国家公务员暂行条例》。这个条例系在广泛征求意见的基础上反复修改数易其稿而成，借鉴了国外公务员制度的某些经验，成为后来《国家公务员暂行条例》的前身。

2. 第二阶段，决策阶段（1987年10月—1993年9月）

这一阶段的主要特点是在进行进一步理论探讨的同时，试点工作也开始在较大的范围内进行，党和国家最高权力机构决定推行公务员制度。

1987年10月，中国共产党第十三次代表大会明确宣布，在我国建立和推行国家公务员制度是"当前干部人事制度改革的重点"，并明确规定："凡进入业务类公务员队伍，应当通过法定考试，公开竞争。"1988年3月召开的全国七届人大一次会议要求："抓紧建立和逐步实施公务员制度"，要"尽快制定国家公务员条例，研究制定公务员法"，会议还决定组建人事部，承担公务员制度的推行和《暂行条例》的修改任务。1988年4月通过的《政府工作报告》对建立并推行国家公务员制度做了进一步的规定，明确指出："今后各级政府录用公务员，要按国家公务员条例的规定，通过考试，择优选拔。"国家人事部和有关理论研究部门根据党和政府的决策，不断深化对建设有中国特色公务员制度的认识，并对公务员条例进行了数次修改，使其内容更加充实，中国特色更加鲜明。

国务院决定从1989年开始，首先在国务院直属的审计署、海关总署、统计局、环保局、建材局、税务局等六个部门进行公务员试点工作。除工资制度以及人员分级等未进行外，职位分类、人员录用、考核、职务晋升、回避、培训等多项制度都进行了试验并转入了正常运转。1990年后，试点从中央扩大到地方，哈尔滨和深圳两市相继进行了推行公务员制度的试点工作。后来，全国又有20多个省市进行了试点。

1989年初，国家人事部和中央组织部联合下发了《关于国家行政机关补充工作人员实行考试办法的通知》，决定从1989年起，国家行政机关补充工作人员，要贯彻公开、平等、竞争、择优的原则，通过考试考核，择优录用。自通知颁布至1992年底，国家行政机关采用考试办法补充工作人员，遍及全国29个省、市、自治区，国务院的63个部门也不同程度地采用了这种方法。

人事部和试点单位及时总结经验教训，在此基础上补充和完善《国家公务员暂行条例》的内容。1989年5月，经国务院批准，以人事部的名义将

《国家公务员暂行条例》草案下发国务院各部门，各省、自治区、直辖市及计划单列市人民政府征求意见。

3. 第三阶段，全面实施阶段（1993年10月—2005年12月）

这个阶段的主要特点是公务员制度实施工作在全国范围内逐步展开，而我国公务员管理则步入了规范化、法制化的轨道。

1993年8月14日，国务院发布《国家公务员暂行条例》，该条例自1993年10月1日起施行。《国家公务员暂行条例》的颁布和实施标志着国家公务员制度在我国诞生了。

《国家公务员暂行条例》颁布后，各级行政机关采取整体推进、突出重点、分步到位的方法，有计划、有步骤地推进公务员制度建设，根据难易程度不同和基础条件，逐项建立实施公务员管理的各个单项制度。就在党政机关建立推行公务员制度的同时，党政领导干部选拔任用等重要制度的改革也蓬勃发展。1995年，中央颁布了《党政领导干部选拔任用工作暂行条例》。各地围绕着"扩大民主，完善考核，推进交流，加强监督"，积极探索，勇于创新，创造了许多新鲜的经验。为了使这些经验法制化，2000年，中央颁布的《深化干部人事制度改革纲要》明确提出要抓紧研究制定《公务员法》。党的十六大报告也强调改革和完善干部人事制度，健全公务员制度。

2001年1月开始，中共中央组织部和人事部牵头成立了国家公务员法起草领导小组，2004年12月25日正式进入立法程序，草案提交十届全国人大常委会第十三次会议进行初次审议。2005年4月27日，十届全国人大常委会第十五次会议通过《中华人民共和国公务员法》（以下简称《公务员法》），国家主席胡锦涛签署主席令予以公布。这部法律自2006年1月1日起施行。《公务员法》的颁布和实施使我国公务员制度在法制化建设的道路上又前进了一步。

4. 第四阶段，改革完善阶段（2006年1月至今）

自2006年1月1日施行以来，《公务员法》在建设高素质专业化公务员队伍中发挥了重要作用，取得了明显成效：一是公务员管理基本实现了有法可依、有章可循。以公务员法为主体，先后制定了涵盖公务员录用、考核、职务任免与升降、奖励、惩戒、回避、培训、调任、辞职、辞退、申诉、聘任等的30多个配套政策法规，逐步形成了较为完整的公务员管理制度体系，公务员的进入退出机制、教育培训机制、考核评价机制、激励约束机制都不断完善。二是极大地促进了公务员队伍结构优化。公务员坚持"凡进必考",从源头上确保了公务员队伍的高素质,公务员队伍的来源、经历、专业、学历结构得到极大优化。三是极大地促进了公务员素质能力提升。

随着中国特色社会主义进入新时代,党和国家事业取得了历史性成就,发生了历史性变革,对公务员队伍建设和公务员工作提出了许多新要求,公务员法的一些规定也出现了不适应、不符合新形势新要求的地方,需要与时俱进地加以修订完善。因此,2017年3月我国启动《公务员法》修订工作,到2018年12月正式颁布。新修订的《公务员法》自2019年6月1日起正式实施。新修订的《公务员法》由原来的18章107条调整为18章113条,增加6条,实质性修改49条,个别文字修改16条,条文顺序调整2条,调整完善公务员职务、职级等有关规定。一是突出了政治要求;二是调整完善公务员职务、职级等有关规定;三是调整充实从严管理干部有关规定;四是贯彻落实党中央关于加强正向激励的要求,健全完善公务员激励保障机制,加强了对公务员合法权益的保护;五是根据公务员管理的实践需要,对分类考录、分类考核、分类培训等进一步提出明确要求,对公务员考核方式、宪法宣誓、公开遴选等方面做了修改。

(二) 我国公务员的界定和范围

1. 公务员的定义

各国根据本国的政治制度、文化传统以及人事管理的实际情况来确定公务员的范围。各国对公务员范围的确定通常有三条共同标准:一是职能标准,公务员是从事国家公务活动的人员;二是编制标准,公务员严格执行国家编制限额;三是经费标准,公务员的工资、福利、保险都必须由国家财政支付。

在我国,公务员就是依法履行公职、纳入国家行政编制、由国家财政负担工资福利的工作人员。界定是否属于公务员,必须同时具备以下三个条件:一是依法履行公职,即从事公务活动的人员,他们不是为自己工作,也不是为某个私人的企业或者组织工作或者服务。二是纳入国家行政编制。仅以履行公职为标准,还不能做出明确的界定。如有一些国家的事业单位里的工作人员,他们从事的也是公务活动,但并未纳入国家的行政编制序列,因而不能认定为公务员。公务员必须是纳入国家行政编制序列的履行公职的人员。

三是由国家财政负担工资福利，也就是由国家为他们提供工资、退休和福利等保障。公务员属于国家财政供养的人员，但并不是财政供养的人员都是公务员。财政供养人如公立学校的老师、科研院所的科研人员等，虽然也由国家负担其工资福利，但不属于公务员，因为其不具备前述的另外两个条件。

2. 我国公务员的范围

在我国，以下八大机关中，除工勤人员以外的工作人员均列入公务员范围：

第一，中国共产党各级机关的工作人员。包括中央和地方各级党委、纪委的专职领导成员；中央和地方各级党委工作部门和纪检机关的工作人员；街道、乡、镇党委机关的工作人员。

第二，各级人民代表大会及其常务委员会机关的工作人员。包括全国人大常委会委员长、专职副委员长、秘书长、专职常委，地方各级人大常委会主任、专职副主任、秘书长，乡镇人大主席、副主席；各级人大常委会工作人员；各级人大专门委员会办事机构工作人员。

第三，各级行政机关的工作人员。包括中央和地方各级人民政府的组成人员，各级人民政府工作部门及派出机构的工作人员。

第四，中国人民政治协商会议各级委员会机关的工作人员。包括政协各级委员会主席、专职副主席、秘书长；政协各级委员会工作机构的工作人员；政协专门委员会办事机构的工作人员。

第五，各级监察机关的工作人员。国家和地方各级监察委员会的领导人员；国家和地方各级监察委员会机关及其向党和国家机关等派驻或者派出机构的工作人员。

第六，各级审判机关的工作人员。包括最高人民法院、地方各级人民法院的法官、审判辅助人员和行政管理人员。

第七，各级检察机关的工作人员。包括最高人民检察院、地方各级人民检察院的检察官、检察辅助人员和行政管理人员。

第八，各民主党派和工商联的各级机关的工作人员。包括八个民主党派和地方各级委员会主席（主委）、专职（驻会）副主席（副主委）、秘书长；中央和地方各级委员会职能部门和办事机构的工作人员。全国工商联和地方各级工商联机关的工作人员。

(三) 我国公务员制度的基本内容和特点

1. 我国公务员制度的基本内容

我国公务员制度内容丰富，主要涉及以下方面：

（1）公务员制度应贯彻的基本原则和公务员的范围；

（2）公务员的条件、权利与义务；

（3）公务员分类分级制度；

（4）公务员考试、录用、考核、奖惩、职务职级升降、职务任免、培训、交流、回避、工资保险福利、辞职辞退、退休退职、申诉控告等具体管理制度；

（5）公务员的管理机构；

（6）国家行政机关违反公务员法规的法律责任，以及有关公务员一整套法规运行的政策措施等。

2. 我国公务员制度的特点

国家公务员制度是对国家公务员进行管理所依据的法律、法规和规章的总称，它对公务员的义务、权利和管理等方面做出了明确的规定，是一种科学、系统、规范的人事管理制度。我国的公务员制度是具有中国特色社会主义的公务员制度，其核心内容是《中华人民共和国公务员法》（修订）。

《中华人民共和国公务员法》（修订）共18章，113条，包括公务员的条件、义务和权利；职务职级与级别；录用；考核；职务、职级的任免、升降；奖励；监督与惩戒，培训，交流与回避，工资福利保险，辞职辞退，退休，申诉控告，职位聘任，法律责任等内容，对我国公务员制度的基本内容做了原则性的规定。

我国公务员制度坚持以马克思主义中国化理论为指导，坚持党在社会主义初级阶段的基本路线，继承和发扬了党和国家干部人事管理的优良传统，总结和吸收了党的十一届三中全会以来干部人事制度改革的成功经验，从我国国情出发，学习和借鉴国外人事管理方面的有益经验和做法，努力建设信念坚定、为民服务、勤政务实、敢于担当、清正廉洁的高素质专业化公务员队伍。

我国公务员制度与西方公务员制度相比有着本质的不同，具有鲜明的中国特色。

（1）坚持党的基本路线。这是我国公务员制度与西方公务员制度的本质区别，也是我国公务员制度坚定的政治基础。西方国家的文官制度强调业务类公务员实行所谓的"政治中立"，要求这些文官不得参加政党的竞选活动，在公务活动中不得带有所谓的"政治倾向性"，对各党派保持"中立"。但是在我国，公务员必须坚持党的以经济建设为中心、坚持四项基本原则、坚持改革开放的基本路线，这是建立有中国特色公务员制度的根本指导原则。在公务员的各项具体管理制度中都坚持和贯彻了这一原则；在考核公务员德的表现及执行纪律中，要求公务员在公务活动中必须认真贯彻执行党的路线、方针、政策。公务员不仅可以参加政党和政党活动，而且应该积极参与国家的政治生活。公务员中的共产党员要按照党章规定，严格要求自己，积极参加一切活动。

（2）坚持党管干部的原则。党管干部原则是党和国家干部管理制度的根本原则，是巩固党的执政地位的重要保证，也是坚持党的领导在干部工作中的具体体现，是实现党的政治领导和思想领导的组织保证。党管干部的实质就是要保证党对干部人事工作的领导权和对重要干部的管理权，包括制定干部人事工作的方针，管理和推荐重要干部，做好对干部人事工作的宏观管理和监督等。

党管干部原则在公务员制度中的体现主要是：公务员制度是在党的改革方针的指导下建立的。党制定公务员工作的方针、政策，指导政府人事制度改革，公务员制度中各项具体管理规定是根据党的有关现行政策制定的，继承和发扬了党的干部人事工作的优良传统；公务员队伍中的各级政府组成人员和其他重要公务员，都是由各级党委组织部门考察，党委集体讨论决定，依法由各级国家权力机关选举或通过决定任命的；公务员中的共产党员必须参加党的活动，遵守党的章程；担任某些重要职务的公务员，党委可以根据需要进行直接管理。

而在西方国家的公务员制度中，各政党不参与对文官的管理，特别是常任公务员的任免和管理更是不受政党干预的。

（3）坚持全心全意为人民服务的宗旨。我国的公务员既是国家的主人，又是人民的公仆，他们代表人民群众执行国家公务，是人民利益的忠实代表。因此，《公务员法》规定，公务员必须全心全意为人民服务，廉洁奉公，不谋私利,不搞特权,并接受群众监督。而西方国家的文官相对于老百姓来说是政府官员,相对于政府来说则是雇员,政府与文官的关系是雇主与雇员的关系。文官享有某些特权。因此,西方国家的文官已形成了一个相对独立的利益集团。

(4)坚持德才兼备的用人标准。德与才孰先孰后是长期以来人们争论不休的话题。事实上,这两者均很重要,不可偏废。有德无才,难当大任;有才无德,贻害事业。"德才兼备"是我们党在长期的斗争中形成的行之有效的选拔和任用干部的原则。"德才兼备"原则就是在选拔和任用公务员时,要用"德"和"才"两把尺子去衡量,要求二者同时具备,并把坚定的政治立场和正确的政治方向放在首位。它体现在我国公务员制度的各项具体的管理制度之中,我国的公务员从录用进入公务员队伍,到退休或以其他方式离开公务员队伍的各个管理环节,都贯穿和体现了德才兼备的用人标准,重点体现在录用、考核、职务升降、职务任免、交流、培训等具体管理环节当中。比如,公务员的录用和晋升既注重政治思想表现,也注重工作能力和工作实绩。公务员培训应坚持政治教育与业务培训相结合。

我国公务员制度与原有干部人事制度相比,有以下几个显著特点:

第一,体现了分类管理原则。分类制度是人事行政的基础,是对公务员进行科学管理的前提。没有分类,就无法区别对待,更谈不上科学的管理。我国公务员实行分类制度,除政府的某些特殊岗位外,把政府的各种工作职位按工作性质、任务的难易、责任的大小、所需工作人员的资格和专业要求分成综合管理类、专业技术类和行政执法类等类别,制定出职级规定,作为公务员任用、考核、晋升、工资待遇等一系列人事管理工作的科学依据和标准。这就改变了过去那种不论机关、企业和事业单位,也不论什么干部,一律按一个模式管理的方式,建立起符合政府机关特点的分类管理制度。这样有利于政府机关调整干部结构,加强政治与业务素质,强化政府指挥系统,克服官僚主义,提高机关的行政工作效率,以适应我国改革开放与社会主义市场经济体制发展的需要。因此,公务员制度的建立标志着我国人事分类管理制度逐步确立。

第二,具有科学的激励竞争机制。我国公务员制度从"进口"到"出口"的各个管理环节都体现了科学的激励与平等的竞争,以促使公务员奋发进取，力争上游。对担任主任科员以下非领导职务的公务员的录用，采用公开考试、平等竞争、严格考核、择优录用方式；对所有公务员进行严格考核，注重实绩，并以考核结果作为依据，按照规定程序对公务员进行奖惩、培训、职务升降、晋级、增资以及职位调整。因此，有利于调动广大公务员的积极性和创造性，保证政府机关按照德才兼备的标准选拔优秀人才。同时对不称职人员区别情况，按有关规定予以降职或辞退，以做到优胜劣汰，能上能下，保证公务员队伍的素质，从而克服以往那种"干好干坏一个样"的现象。

第三，具有正常的新陈代谢机制。国家公务员制度一方面在人员录用上严格把关，坚持按公开、平等、竞争的原则选拔优秀人才，充实公务员队伍，以保证公务员队伍的良好素质；另一方面，在建立正常退休制度的同时，还规定必须进行人员交流，部分职务实行聘任制，规定不同职务的最高任职年龄的梯度结构，以及采取辞退、辞职等办法，使公务员做到能进能出，吐故纳新，合理流动，以增强机关的生机与活力。

第四，具有勤政廉政保障机制。勤政廉政作为对公务员的一项基本要求，贯穿于公务员义务与权利、纪律、录用、晋升、考核、奖惩等各项制度和管理环节中。如通过公开考试择优录用，实行严格考核，推行正规的培训，促使公务员勤奋工作，这对提高公务员队伍素质具有保障作用。同时，我国还实行回避制度、交流制度，从制度上促进公务员廉洁奉公。通过法制化管理，避免了用人上的不正之风。以上各项制度保障了各级政府及公务员队伍形成既有一心为公的高效率的工作作风，又有为政清廉、为民谋福利的良好形象，从而使以往那种"出勤不出力"的陋习得以纠正与克服，为政不廉的腐败现象得以防止和消除。

第五，具有健全的法规体系。我国除有公务员制度总法规外，还陆续出台了各个单项法规及其实施细则，形成了一套比较健全的法规体系，使我国公务员管理做到有法可依、依法行政，逐步走上法制化管理轨道，从而克服以往那种干部人事管理中存在的人治现象与缺法少规甚至有法不依等种种弊端。

思考题

1. 行政组织有何重要地位和作用？

2. 简述人事行政工作的主要内容与应遵循的原则。
3. 现代行政领导者应具备哪些素质?
4. 我国国家公务员制度有何特点?

案例 1

"1 正 20 副"的警示:机构改革应避免两个极端

7月11日,有网友发帖称,深圳市某部门除了"一把手",还有11个副主任、6个副巡视员、1名机关党委书记、2名党组成员。网友感叹,机构改革了,但是却又陷入了另一种"臃肿"。(7月13日新民网)

为进一步精简机构、提高效率、精兵简政、消肿清瘀,我国从国家部委开始,逐步推行大部制改革。应该说,推行大部门制度,可以解决政出多门、机构臃肿、人浮于事的弊端,但若仅仅为了改革而改革,不积极主动去化解因改革而衍生出的问题,那么这种改革注定是不成功的,至少是不彻底的。深圳是继中央部委推行大部制改革后率先实行大部制的地方。深圳在推行改革的勇气、决心和力度方面,值得其他地方学习借鉴。但任何改革都要充分准备、精心谋划,切不可贸然而进,否则,像"1正20副"这种"按下葫芦又起瓢"的沉痛教训还会出现。

据了解,目前全国各省、市、县正在全力推进和实施以"大部制"为核心的机构改革,而影响大部制推进的最大阻力是如何消化部门管理重组合并后的领导干部问题。为"安排"这些"多余"的领导干部,各地怪招频出,总结起来无外乎两条"经验":

一是安为副职,括号保留职级待遇。由于我国在干部职级方面没有实行岗位职级制,干部能上不能下的问题特别突出。在部门撤销、重组和合并后,要安抚好从这些部门"节约"出来的领导干部,使他们"不哭不闹""懂事听话",是很考手艺的。不少地方与深圳一样,把这些"富裕"出的领导干部纷纷任命为新部门的"副职",并且在任职文件中用"括号"特别注明"保留原职级,享受原待遇",对是否超编制、超职数配套不管不顾。这种"权宜之计"在改革中确有效果,可让"多余"出的领导干部减少工作量,又可"享受"领导职位的待遇,何乐而不为。

二是政策分流,利诱干部退出舞台。还有一些地方为消化机构改革"节约"出来的领导干部,使出了另一"妙招"。他们在机构改革推行前,经过"充分调研"和"精心准备",出台了一些被自诩为"地方特色"的鼓励领导干部提前退休的"土政策",先将领导干部分流消化,再推行机构改革。所谓"土政策",就是以领导干部的任职年限、工作年限和个人年龄为基础,凡达到一定条件且主动申请提前退休的,就可以提高职级、提高工资,许多地方还保留了年终一次性奖金、目标奖、住房公积金等福利待遇,用优厚的待遇"鼓励"领导干部退位,以缓解机构改革安置"富裕"领导干部的压力。这种打政策"擦边球"、不计行政成本的办法必将埋下许多"祸端"。

上述两条被一些地方喻为"妙招"的机构改革措施实为没有深刻领会中央机构改革要义的蠢招,没有走出"为改革而改革"的误区,是机构改革必须规避的极端。若要深入推进大部制改革,还得从突破干部"能上不能下"的"潜规则"上入手,引入现代企业管理中的"岗位职级制",全面推行竞争上岗、竞争选拔,让不在领导岗位的领导干部不享受原职级待遇,使在竞争中被淘汰的领导干部回归"平凡",不能一味地迁就、照顾。

(资料来源:中国共产党新闻网,2010 年 07 月 16 日。)

问题:行政组织构建应遵循哪些原则?如何实现行政组织改革的科学合理、平稳有序?

案例 2

为官要义

当官方知己太小,掌权方知权有限。越是升官越是感到自己的官小。

琢磨自己官小并不是急于"做大",而是明白自己谦虚谨慎的必要,请示的必要,遵守规则纪律的必要,知道自己许多事做不成、不能做的必要。

注意自己应该做成什么,更注意自己做不成什么,尤其是不可能改变什么。

上任的时候不要鼓掌,下台的时候你们再判断值不值得鼓掌。

靠听汇报来定印象分,不应该作为人事任免的依据。

政治家慎于参与文人的争议,而文人也不要使出浑身解数从上头找靠山。

能上能下才厉害。千万不要弄几个人搜集谁谁说了你什么,尤其不要自己在会上为自己辩白,不要自己出马批判对你的风言风语。如果你这样做了,就等于自己传播流言,等于把大家的注意力吸引到自己头上,等于自我出丑。

不要动不动骂前任。骂前任你就给自己出了个难题,你必须处处反前任之道而行之,而且要干得比他好得多。

能上能下,才见人品官品,下的时候切莫出洋相。任职期间也不要把业务全丢了,免得最后弄个一无所长、一无所成,武大郎盘杠子,上下够不着。

(资料来源:王蒙:"为官要义",《领导科学》,2011年11月下。)

问题:结合本材料说明应如何成为一名优秀的行政领导者。

第五章 行政决策

行政决策是决策的一种，它是行政机关为履行行政职能所做的行为设计和抉择过程。行政组织针对社会生活中存在的或正在发生的问题做出决策，并通过调动各种组织机构，调配各种社会资源，运用各种功能手段，达到问题解决、政治稳定和经济发展的目标。

第一节 行政决策概述

一、行政决策概要

（一）行政决策的含义与特征

1. 行政决策的含义

早在两千多年前，《韩非子·孤愤》中就有"智者决策于愚人"的说法。中国四大名著之一的《三国演义》中也有"运筹如虎踞，决策如鹰扬"，"定三分隆中决策，战长江孙氏报仇"的记载。在现代管理学中，决策是指人们为了实现一定的目标而选择行动方案、做出决定的过程。决策活动广泛存在于人们的社会实践活动之中，上至国家的重大问题，下至个人生活中所面临的如就业、婚姻等种种问题，都需要做出抉择或决定。因此，决策贯穿于人类生活的各个领域。

行政决策是管理决策的一种，是指国家行政机关为履行行政职能，依法处理国家事务和社会事务而进行的出主意、做决定的活动。具体说来，行政决策包括中央政府以及地方政府制订国家或地方经济发展计划、审批工程方案、对有关重大问题发布行政决议或行政指示、签署行政请示报告等。

2. 行政决策的特征

一般决策的特征主要有：一是预见性。任何决策都是在行动之前所做出的决定，因此，决策必定是着眼于未来。决策包含着对未来的预测，根据科学的决策来决定未来的行动。预测是决策的基础，离开了科学的预测，就不可能有科学的决策。二是目的性。任何决策都是为了解决一定的问题而进行的抉择，因此，这个所要解决的问题就构成了决策的目的或目标。三是选择性。由于达到目的的方案是多种多样的，因此，决策的任务就在于根据已掌握的信息资料，对各种方案进行分析、比较，从中选择出满意的方案。四是实践性。任何决策都是为了达到一定的目的，而目的的实现就在于把决策付诸实践，不付诸实践的决策是毫无意义的。同时，决策科学与否也必须经过实践的检验。

行政决策除了具有一般决策的特征之外，还具有自身的特征，主要表现在以下几个方面：

（1）行政决策主体的确定性。只有具备管理公共事务的行政权的组织和个人，才能成为行政决策的主体。我国宪法和有关法律对中央和地方各级国家行政机关的行政权都有明确的规定，各级国家行政机关只能在各自的职权范围内进行决策。在国家行政机关之外，某些国家机关和社会组织依照宪法、法律规定或授权，也拥有一定的行政权，也可以成为行政决策的主体。

（2）行政决策的广泛性。国家行政管理范围和内容的广泛性决定了行政决策与其他决策相比，其决策所涉及的内容更加广泛。行政决策的内容包括国家的政治、经济、科学、文化、军事、外交以及社会的各个方面。如制定经济发展规划、调控市场物价、高考改革、环境保护、为失业人员提供最低生活保障等。因此，行政决策的牵涉面之广，涉及的机构之多，动用的人力、物力、财力数量之大，是其他社会组织所无法比拟的。

（3）行政决策依据的法律性。行政机关是国家立法机关的执行机关，这就决定了行政决策的实质是国家立法机关意志的执行，行政决策必须代表和反映统治阶级的利益与意志，而法律正是统治阶级意志的集中体现。因此，行政机关在进行决策时必须以国家的法律法规为依据，行政决策主体的决策活动只有严格依法办事，才能体现国家意志，代表国家利益，决策才具有普遍的约束力。

（4）行政决策实施的强制性。国家行政机关是统治阶级管理国家的机构，它的一切活动都是代表国家，以国家的名义开展的，它以国家权力为后盾。行政决策一经做出，就具有权威性和强制性，凡在行政管辖范围内的一切机关、团体、企事业单位、个人，包括行政机关内部人员，都必须无条件地执行。

（5）行政决策目标的非营利性。行政决策同其他决策，特别是同经济决策、企业决策相比，其突出的特点之一就在于行政决策在任何时候都不是以营利为主要目的。这是因为国家行政机关的任何决策都必须以国家和社会公共事务为决策对象，其目的是贯彻执行统治阶级的法律、法规和政策，实现对国家和社会的有效管理。因此，任何国家行政机关，除了国家的利益和人民的根本利益之外，不允许有自己的特殊利益，更不允许为满足本机关、本行政部门的小团体利益而做出以营利性为主要目的的行政决策。尽管行政机关在制定决策时有时也会涉及经济的增值或减少问题，但行政机关并不以此为主要目的。

（二）行政决策在行政管理中的作用

美国管理学家赫伯特·西蒙认为，决策是管理的中心，贯穿于管理的全过程。行政管理的实践证明，行政决策是行政管理活动的先导，从一定意义上说，一切行政行为都是围绕着行政决策进行的。

1. 行政决策是行政管理活动的基础

从行政管理的进程来看，行政管理包括计划、组织、指挥、控制等基本活动，而行政决策则贯穿于这些活动的始终。这是因为行政管理活动事实上就是行政决策的制定和实施的行为，行政管理的过程就是决策——执行——再决策——再执行的循环往复过程。正是从这个意义上说，没有行政决策，一切行政管理活动都无法进行。

2. 科学的行政决策是行政管理科学化的前提

没有科学的行政决策，就不可能有科学的行政管理。科学的行政决策是提高行政效率和效能的前提。在既定的条件下，行政决策的水平不同，行政管理的效果也就不同。在现实生活中常常会出现这样的现象：有利的客观条件可能因决策的失误而丧失殆尽，不利的客观条件可能因成功的决策而改变。因此，只有制定出符合客观规律的行政决策，才能避免和减少行政管理活动中的主观性与盲目性，保证行政管理科学化的实现。

3. 行政决策正确与否直接关系到国家的兴衰和民族的存亡

马克思主义认为，一定条件下上层建筑对社会经济基础具有决定性的作用。行政决策作为国家行政机关为履行行政职能、依法处理国家事务和社会事务而进行的出主意、做决定的活动，属于上层建筑的一部分，其正确与否对于政权的巩固和经济的发展起着直接的促进或延缓甚至破坏的作用。同时，由于行政决策与其他管理决策相比具有决策规模大、动用人力多、消耗物资与资金巨大等特点。这就决定了其稍有不慎，就可能给国家和人民带来不可挽回的损失和不堪设想的后果。反之，正确、科学的行政决策则会带来国家的繁荣、经济的腾飞、民族的振兴。因此，党的十七大强调必须推进决策的科学化、民主化，完善决策信息和智力支持系统，增强决策透明度和公众参与度，制定与群众利益密切相关的法律法规，公共政策原则上要公开听取意见，以保证决策的正确性。

(三) 行政决策的种类

行政对象的复杂性、行政现象的多变性决定了行政决策种类的多样性。行政决策从不同的角度可分为不同的种类。

1. 按照行政决策的地位作用来划分，可分为战略性决策、策略性决策和战术性决策

战略性决策也称宏观决策，是指关系全局和具有长远意义的决策。如国务院制定的"十一五"规划等。

策略性决策也称中观决策，是指为解决局部问题所做出的决策。例如，为了保证战略决策的实现，国务院各部门或地方各级人民政府所做出的具体决策，以及为实现战略决策而制定的一些补充性的规定等。

战术性决策也称微观决策，是指为执行战略性决策和策略性决策，针对一些需要解决的枝节性和技术性问题所进行的决策，是战略性决策和策略性决策的配套措施。

2. 按照决策主体在公共权力部门中的地位来划分，可分为高层决策、中层决策和基层决策

这类决策可分为两个序列，一是从宏观角度来看，分为中央政策、地方政策和基层政策。中央政策是国务院及其各部委依据法定权限，针对全国范

围内的具有战略意义的或其他只适宜中央统一处理的问题而进行的决策；地方决策是省级和县市级政府依法定权限就本行政区内的行政事务进行的决策；基层决策是乡镇政府为管理本行政区内的行政工作做出的决策。二是从微观角度来看，可以将某一行政机关内部的决策分为领导层决策、管理层决策和技术层决策。领导层决策所要解决的是全局性和与外界环境有密切关系的重大问题；管理层决策是管理机构针对任务安排、工作协调、监督控制等问题做出的决策；技术层决策是为了解决具体工作问题进行的决策。

3. 按照行政决策所涉及的问题是否重复出现来划分，可分为程序化决策和非程序化决策

程序化决策又称常规决策、例行决策或重复性决策，是指在行政管理中定型的、重复出现的决策，因而是有法可依、有经可取、有章可循的决策。这种决策较为容易，多属于日常工作范围。非程序化决策又称非常规决策、非例行决策或一次性决策，指的是针对偶发事件或首次出现的问题而进行的决策。处理这些事件和解决这些问题不能沿袭旧法、照章办事，因而难度较大，它要求决策者具备高超的判断力、创造力、积极地进取精神以及丰富的知识和经验。一般来说，基层领导者的决策大都是程序化决策，上层领导者所做的决策大都为非程序化决策，中层领导者对这两种决策兼而有之。

4. 按照决策者的思维模式来划分，可分为理性决策和非理性决策

理性决策是指在做出决策之前，根据所拟定的决策目标，充分收集信息，分析各种可能的选择，拟定多个决策方案，经过数量化论证，然后予以抉择的过程。理性决策所运用的分析方法主要是成本—收益分析方法。非理性决策则是指在遇到疑难的决策问题，如决策信息不完备，定量化数据难以确定，无法比较决策方案之间的优势差异，从而难以做出决定时，决策者就可能依据自己的经验、思维习惯和本能反应等非理性因素去抉择。在传统行政决策中，非理性决策是主要的决策方式；然而，在现代社会条件下，行政决策应当以理性决策为主要的决策方式。

5. 按照行政决策所具备的条件和可靠程度来划分，可分为确定型决策、风险型决策和不确定型决策

确定型决策是指信息完备，而且只存在一个确定的目标、面对一种环境和条件，对各种不同行动方案的结果均可确定，根据目标要求从中选出满意

方案，便可获得准确无误的决策结果。这种决策只要将各种方案的损益值加以比较，就可以做出选择。风险型决策又称为统计型或随机型决策，是指决策者掌握各种自然状态的概率，但不知道未来究竟将出现哪种自然状态，因而要冒一定风险来选择方案的决策。进行风险型决策时，可以遵循以下准则：一是最大可能准则，即选择一种概率值最大的自然状态进行决策；二是期望值准则，即权衡每一方案的得失及其概率之后进行决策；三是局部实验准则，在决策方案广泛实施之前进行试点，以检验决策方案的有效性；四是随机应变准则，即准备好必要地替代方案，以便在不测事变发生时能够应付自如。非确定型决策是决策面临的自然状态和决策的结果都不能确定，从而没有把握选择方案的决策。非确定型决策由于决策涉及的变量复杂多变，并且呈现连续性和离散性，因此是不能确切地予以定量描述，建立数学模型的决策。非确定型决策所遵循的决策准则是"满意准则"而非"最优准则"。非确定型决策所采用的方法主要有最小后悔值决策法、悲观决策法、乐观决策法、乐观系数决策法、最大可能决策法等。

6. 按照决策主体的人数和决策权力分配的情况来划分，可分为群体决策、集体决策和个人决策

群体决策是指一定组织全体成员共同分享决策权力，对决策问题根据一致意见、少数服从多数的原则，投票或举手表决以做出决定。例如，古希腊的直接民主制，现代民主制度下的公民投票，直接选举政府首脑、议员和人民代表等。集体决策是指享有决策权力的一组行政官员，以会议和集体表决的方式通过决策方案，它包括资本主义国家的议会决策方式和社会主义国家的集体领导等。个人决策是指某个行政机关的首脑单独掌握决策权力，决策方案的选择以首脑的拍板定案为终结，其他行政官员有建议、批评、议论决策方案的权力，但没有抉择的权力。

二、行政决策系统与行政决策模式

（一）行政决策系统

从系统的观点来看，行政决策的主体是一个完整的组织系统，它主要由中枢系统、咨询系统及信息系统三部分组成。

1. 行政决策中枢系统

行政决策中枢系统是现代行政决策体制的核心部分,一般由拥有决策权的领导机构和领导人员构成。其主要职能是统筹考虑决策目标、抉择决策方案、组织领导等整个决策工作。个人决策即由行政首长个人负责决策,其优点是速度快,能适应现代行政现象快速变化的要求;集体决策即由委员会集体来负责的决策,其优点是集思广益,可弥补个人知识经验之不足,减少失误。我国政府实行行政首长负责制,在决策方式上集中了这两类决策方式的优点,既能集思广益,又快速高效。行政决策中枢系统具有以下三个主要特点。

第一,具有最高权威性。它是该行政机关或行政部门最有权威的领导核心,居于最高领导、指挥的地位。这种地位不是自封的,而是由法定的权力和个人优良素质及能力决定的。一个行政领导部门只能有一个行政决策中枢系统,即一个领导核心,人员不宜过多,否则容易出现多头领导、政出多门的弊病。

第二,实行民主集中制。方案的抉择要征求各方面的意见,进行充分的讨论和酝酿,最后由决策中枢集体研究决定。重大决策实行少数服从多数的表决制度,一般决策经集体研究后,由行政首长拍板定案。

第三,应承担全部责任。信息系统所提供的全部信息资料、咨询参谋系统所拟定的决策方案及其所做的评估是供决策者参考或选择的,行政决策者如何进行分析、判断、拍板定案,完全是行政领导者的职权,当然要对决策负完全的责任。行政决策中枢系统所做出的行政决策的质量与行政首长的个人素质密切相关。为此,要求决策中枢系统的领导者应具有丰富的经验和较高的科学文化知识水平,有面向未来的领导观念,敏锐的预测能力和判断能力,作风民主又富有创新精神,善于调节自己的感情,保持清醒的头脑,对不同类型的决策能以不同的思考方法来审查专家的意见。

2. 行政决策咨询系统

行政决策咨询系统是决策核心的外脑,它由多学科的专家集体担任,对行政组织系统具有相对的独立性和自主性,其任务是以建议、答疑、提供备选方案等形式发挥参谋辅助作用。在传统决策过程中,决策者凭借其经验、知识和才智,一般可做出有效的决策。但随着现代科学技术和经济的迅速发展，决策过程中的随机因素不断增多，对一些复杂的政治、经济、军事、科技、社会等问题进行决策的难度愈益增大，尤其是对重大问题做出正确决策，所需要掌握的知识、信息量以及必要的先进手段都是过去无法比拟的。

现代决策者所要解决的决策问题、所承担职责与他们的知识和能力之间的差距越来越大。要弥补这个差距，就必须开发社会科学家、自然科学家等各领域专家的智慧，把他们的智慧有效地纳入决策过程之中，使他们的智慧同决策者的智慧和权力结合起来，充分发挥他们在行政决策过程中的作用。

3. 行政决策信息系统

信息系统是现代行政决策体系的神经系统，主要由信息的搜集、处理、存储、传递等机构和人员组成，是为中枢系统和咨询系统提供信息服务的体系。决策中枢系统、咨询系统的工作者要以信息为基础。

行政信息系统的职能主要包括确定信息需要，搜集和加工信息，传递信息，存储信息及信息系统的管理工作等方面。

（二）行政决策的模式

行政决策的模式是对实际决策制定活动的基本形式、特点的理论概括，是指决策者在分析问题、拟订对策、抉择方案过程中的基本思路和分析框架。由于行政决策对象及所处环境具有广泛性、复杂性、多变性，决策者的素质各异，思维方式不同，会形成多种行政决策的模式。学术界通常把众多的决策模式划分为三大类：第一类是理性决策模式，包括完全理性决策模式、有限理性决策模式等；第二类是非理性决策模式，如渐进决策模式、团体决策模式、组织决策模式、系统决策模式、精英决策模式等；第三类可称为综合决策模式，这类决策模式综合了理性决策和非理性决策的部分特点，并侧重于决策的技术方法。了解行政决策的多种模式，有助于对决策制定活动认识的深化，决策者根据所要解决的问题、决策的环境和条件，采取适当的思路和分析框架，有利于正确地做出决策。

（三）理性决策模式

理性决策模式包括完全理性决策模式和有限理性决策模式。完全理性决策模式也称客观理性决策模式，其代表人物有美国管理大师泰罗和英国经济学家边沁等。它源于传统的经济学理论，认为人是"经济人"，具有最大限度的理性并寻求最大利益。这样，理性人在拟定和选择决策方案时，能够客观地分析成本和收益，会寻求以最小的投入得到最大的产出。这就需要决策者能够确定决策目标、获得决策的全部信息、制定出多种决策方案，预测各种方案产生的后果，最后比较各种方案，从中选出最佳方案。完全理性模式是一种理想化的模式，但这些假设条件在对现实问题做出决策时是很难具备的。

有限理性决策模式是由诺贝尔经济学奖获得者、美国管理学家赫伯特·A. 西蒙提出的。他认为："人脑不可能考虑一项决策的价值、知识以及有关行为的所有方面……"此外，行政决策还要受到心理环境和周围环境的限制。一个人的精力是有限的，决策者在特定的环境中做出决策，他对要决策问题的知识是有限的，他能够收集的信息是有限的，可供他选择的方案也是有限的，他预测方案实施结果的准确性也是有限的。因此，决策是在有限理性条件下制定的。该理论假设决策者是"社会人"，他们的行为会受到自身主观因素的影响，决策时追求满意而不是最优的结果。只要决策方案能达到他们心目中的最低目标，就可以接受这个方案。

（四）渐进决策模式

渐进决策模式是美国政治经济学家 C. E. 林德布洛姆针对理性决策模式的缺陷，并根据实际决策制定过程的特点提出的解决方法。渐进决策模式也称探试模式，是以现有的决策为基本方案，经过较长时间的修改、补充和调整后形成新的方案的决策过程。决策者并不调查和评估全面的政策方案，而只注重那些与现存的政策有渐进差异的方案，只考虑有限的几个方案，并且不会将所有可能的方案都考虑在内。评估方案时也只是评估那些产生概率最大、后果重要的方案。

渐进决策模式注意到事物的运动是一个前后衔接的不间断过程，新的决策是在承继过去的条件下进行的，也注意到了事物变化量的积累，量变与质变的关系，还注意到了不同的社会团体有着不同的利益和政策要求，政府为获取各方支持是不愿大规模改变政策的。当人们适应和习惯了一种模式时，通常都不希望有较大的改动；当一项影响很大的新政策实施时，采取渐进决策模式可减少决策上大起大落引起的社会动荡，化解各方冲突，维持社会稳定，犹如和风细雨，润物细无声。

（五）团体决策模式

团体决策模式是美国政治学家 D. B. 杜鲁门提出的。他认为政治决策过程实际上是不同的利益团体相互竞争着影响政策的过程，而政策就是各利益团体竞争后达成的一种均衡。所谓利益团体，就是具有共同态度、价值观和目标的个人组成的团体。为建立、维护自身的利益和行为，向社会中其他团体提出主张。当他们向政府提出他们的需求和主张时，就成了政治性团体。

团体影响取决于诸多因素，如团体规模、成员数量、社会地位、财富的多少、领导者的能力、组织对社会的贡献程度、组织内部凝聚力及该团体与决策者的关系等。

(六) 混合扫描决策模式

混合扫描决策模式又称综视决策模式，是由社会学家阿米泰·埃奇奥尼提出的。该模式将理性综合决策模式和渐进决策模式结合起来，确定一个较大的决策范围，但只对范围内重要的决定进行考察，注意那些有可能的选择。

混合扫描决策模式改进了渐进决策的局限性，不关注同类问题以往的解决方法，可创造性地选择决策方案，同时改善了理性综合决策的局限性，节省了政策分析的成本和时间。该模式吸收了前两者的优点，具有较大的灵活性和创新性，但不能否定其他模式的优点。不同模式有其适用的范围和条件，都为我们理解行政决策过程提供了有效的手段。

三、行政决策的一般过程

行政决策过程是指行政决策的先后步骤，它表明了决策者的逻辑思维过程。赫伯特·西蒙在《管理决策新科学》一书中将决策过程分为四个阶段，分别为"情报活动""设计活动""抉择活动""审查活动"。[①] 此后，行政学者们开始重视对行政决策过程的研究，形成了各种分析框架。下面，我们仍然以西蒙的决策四阶段论为基本线索，阐述行政决策过程。

(一) 情报活动阶段

赫伯特·西蒙认为，决策制定过程的第一阶段是探查环境，寻求要求决策的条件。事实上，西蒙并没有明确提及情报活动的目的是发现现实中存在的问题，而是提及决策要如何适应环境变化的要求。在现代行政中，行政决策主要由公共问题引起（当然也包括行政过程中所遇到的行政问题）。可以

---

① 赫伯特·西蒙. 管理决策新科学 [M]. 北京：中国社会科学出版社，1982：34.

说，行政决策主要是以公共问题为出发点，寻求解决公共问题的一系列过程。

1. 决策问题的确定

确定决策问题是行政决策的起点。美国学者 J. S. 利文斯顿认为："问题的挖掘和确认比问题的解决更为重要，对一个决策者来说，用一个完整而优雅的方案去解决一个错误的问题对某机构产生的不良影响比用较不完整的方案去解决一个正确的问题大得多。"① 从这段话可以看出决策问题的确认在行政决策中的重要性。那么，什么是决策问题？决策问题的特征是什么？用什么方法确认决策问题？

问题泛指实际状态与社会期望之间的差距。② 问题分为私人问题和社会问题，私人问题仅仅影响少部分人，而社会问题影响社会全体成员或部分成员，引起人们的普遍关注。如果人们认为社会问题到了非采取手段解决不可的地步，并且向政府部门提出解决问题的诉求，那么社会问题就上升为公共问题。如果政府部门将公共问题提上议事日程，那么公共问题就上升为决策问题。

概括说来，决策问题有如下特征：

（1）客观性。决策问题是在社会、经济发展中客观存在的，决策问题的出现不以人的意志为转移。决策问题的出现既有历史的原因，也有现实的原因。

（2）主观性。决策问题客观存在，但必须通过人们的体验，通过人们的确认、分类、解释等思维活动才能完整地表述出来。不同的人因为个人的利益、价值观念的差异而导致对同一客观问题有不同的认识。

（3）动态性。由于社会经济环境、政治环境、生态环境处于不断地变动过程中，决策问题也处于动态变化之中。例如，网络问题在 20 世纪 80 年代以前还未曾出现；而现在，网络安全、网络管理等公共问题也成为行政决策所关注的热点问题。

（4）进入政府议事日程。公共问题进入政府议事日程，表明政府意识到问题存在的严重性，并开始采取行动。如果公共问题没有进入政府议事日程，则说明政府部门没有意识到问题的存在或者认为问题并非到了非解决不可的

---

① J. S. 利文斯顿. 受良好教训管理者的神话 [J]//哈佛商业纵览，1971（1）.
② 张金马. 政府科学导论 [M]. 北京：中国人民大学出版社，1992：133.

地步。为了使公共问题进入政府议事日程，从而得到解决，公众应该通过合法的方式向政府部门施加压力，促使公共问题为政府部门所重视。

公共问题进入政府议事日程成为决策问题后，政府部门要做的事情是在搜集问题信息的基础上确定问题的性质。确定问题的性质，即是确定问题的机构性质，这是制定决策目标的基础。决策问题的性质分为以下三类：

第一，确定型决策问题。这类问题又称为结构优良的决策问题。确定型决策问题的情境是比较确定的，问题所涉及的人数相对较少；用来解决问题的备选方案数目有限，而且每一种方案都有确定的结果。这类政策问题较容易解决，但要求充分掌握问题信息，这一点比较难做到。因此，对这类问题不可掉以轻心。

第二，风险型决策问题。这类问题又称为机构适度的决策问题。风险型决策问题的情境部分可以确定，问题所涉及的人数不多，用于解决问题的备选方案数目有限，但是每一种方案结果并不确定，而是以概率的形式出现。

第三，非确定型决策问题。这类问题又称为结构不良的决策问题。非确定决策问题的情境难以确定，问题所涉及的人数众多，用于解决问题的备选方案数目较多，而且每种方案结果的概率都难以确定。

2. 决策目标的确定

在确定决策问题后，紧接着就是确定决策目标。所谓决策目标，就是决策者进行决策活动所追求的目的。如果说问题是决策的起点，那么目标则是决策的前提。确定目标以问题确认为基础，但确定目标比确认问题更为复杂。

决策目标的确定应该遵循以下原则：

（1）目标的规范性。所谓目标的规范性，是指目标的表述必须意思单一，选词造句得当，尽量避免多义，能用数字表达的应尽量用数字表达。

（2）目标的层次性。目标的层次性是指决策目标分为总目标、中目标、小目标三个层次。下一层目标通常是上一层目标的手段。通过对决策目标的分层，可以找到上一级大目标和下一级小目标，这有助于分析问题和有效决策。

（3）目标的针对性。目标的针对性是指决策目标的确定必须以解决决策问题为中心，而与决策问题无关的事情一概不予考虑。这样才能有的放矢，切中要害，选准解决问题的突破口。

(4) 目标的可行性。目标的可行性是指目标实现的可能性。决策目标必须建立在正确的预测基础上，也就是说，决策者拥有实现该目标的人力、物力、财力和时间以及全部手段。

(5) 目标的时效性。目标的时效性是指实现决策目标的期限。所谓实现目标的期限，是指实现决策具体目标的时间界限。如果一切决策目标不预先规定完成期限，那么在社会、经济、政策环境急剧变化的条件下，决策目标很可能就失去了意义。因此，决策目标必须具有时效性。

（二）设计活动阶段

确定决策目标之后，就要设计具体的决策方案来实现这些目标。决策方案既是解决问题的具体方法和措施，也是实现决策目标的根本保证。因此，在整个决策过程中，能否设计出各种有效的方案，对整个决策工作来说十分重要。这是决策过程的第二个阶段，其特点一是预测，二是创新，三是对比。其中，创新是核心。

这一阶段包含三项基本的任务：第一，列出全部备选方案；第二，确定每一方案的后果；第三，对全部备选方案可能的后果进行对比性评价。

备选方案往往经过粗放设计阶段和精致设计阶段。备选方案的设计标准是一种对现实环境做出准确反应的创新性思维规范。除了综合、整体、效用、动态等方面外，还有量化、技术监督等标准，需要在拟定备选方案时高度注意。另外，在拟订方案过程中有两项必要的工作不可忽视：第一，对方案结果的准确估计；第二，对实施细则的明确规定。此外，拟定决策方案必须遵循两个原则：第一，方案应当详尽完备；第二，方案应当互相排斥。这样才便于选择。

（三）抉择活动阶段

决策方案设计出来之后，接下来就是抉择活动。抉择活动是指从备选方案中选定一种方案的行为。抉择活动是决策过程的关键环节，决策水平如何很大程度上取决于决策者的选择。

一个方案的价值标准包括这一方案实施后的作用、效果、利益等。抉择价值标准的核心问题具有相对性、综合性和灵活性。相对性是指选定行动方案的折中性质；综合性是指抉择标准的全面性质；灵活性是指抉择标准的动态性质。满足决策方案最优标准的条件有五点：①决策目标有数量指标；

②穷尽所有的可能性方案；③每个方案的执行结果必须明了；④择优标准绝对明确；⑤决策不受时间条件限制。在实际行政决策中，任何决策方案至多只能达到可以得到满意的有限目标，因而在择取方案时，依据一个满意原则即可。这个原则又被称为"有限合理性"原则，或"甚优""够好"原则。

此外，在进行行政决策时，还要注意"留有余地"或"准备几套方案"，以便随时随地根据情况变化应变实施。

在抉择活动中，决策者是抉择活动的主体，对选择哪一个方案有决定权。决策活动是对决策者意志的考验，因为决策者往往面临许多不确定因素，需要冒很大的风险。这就要求决策者在充分掌握信息的前提下有坚忍的意志、战略家的眼光和果敢的胆魄。

除了决策者主观因素对决策活动产生影响之外，决策体制也会对决策活动产生重要影响。科学、合理的决策体制应该包括以下几个方面：第一，决策人员结构合理，即决策人员的知识结构、智能结构、年龄结构要合理；第二，决策权力统一完整，决策者有权决定选择哪一个方案，有能力调动人力、物力、财力为决策服务；第三，权责统一，法定的决策者拥有相应的决策权，同时承担相应的决策责任。

（四）审查活动阶段

审查活动是对过去的抉择进行评价的行为。决策者的拍板定案标志着行政决策的形成，但是并不意味着整个决策过程的结束。为了证明人们的主观设想是否符合客观实际，就必须对决策者择定的决策方案进行评价和验证。这种检验往往是通过局部实验来进行的。局部实验是决策与执行的中间环节，它既是决策过程的延续，也是执行过程的先导。在局部试验中，决策者应跟踪监测实验过程，随时收集反馈信息。如果信息多属正反馈信息，则证明决策正确，接下来就可以进入普遍实施阶段；如果决策者收到的多为负反馈信息，就必须对原有方案进行调整，但是在调整之前，有必要根据反馈信息对原有方案进行可靠性分析。因为，根据决策在执行过程中的失效规律，决策执行初期往往存在较高的失效率，其原因或是来自传统习惯的阻力，人们对决策未充分理解，或是决策本身不完善或错误。如果是前者，就不应该轻易变更决策，而应该致力于排除传统的阻力，同时加强宣传，使人们理解并拥护决策，从而推动决策的顺利执行；如果是后者，就应该修正原有决策，使之逐渐完善，或是对原有决策进行根本性的修正，即进行追踪决策。追踪决策既意味着原有的决策和执行循环的结束，又意味着新的决策与执行循环的开始。

行政决策活动的整个过程以行政决策问题为起点，经由情报活动、设计活动、抉择活动、审查活动四个阶段，这就是行政决策过程模型。一般情况下，行政决策活动依据这个模型进行，然而在实际的决策过程中，决策活动可能与这个模型有很大的出入。例如，在某些情况下，设计活动、抉择活动因为信息不完备而要返回情报活动阶段以重新搜集信息资料，因此，在实际决策过程中，要灵活运用这个模型。

改革开放以来，我国经济社会发展取得了举世瞩目的成就，这与我国政府整体的决策水平和决策能力的提升密不可分在长期的行政决策实践过程中已经形成了适合中国国情的行政决策程序。为了健全科学民主依法决策机制，规范重大行政决策行为，提高决策质量，保证决策效率，国务院制定并公布了《重大行政决策程序暂行条例》（简称《条例》），该《条例》于2019年9月1日起实行。《条例》逐一明确、细化了重大行政决策做出的公众参与、专家论证、风险评估、合法性审查、集体讨论决定五大法定程序的具体要求；规范了重大行政决策的调整程序，在建立健全决策执行中的问题反馈机制和决策后评估制度基础上，规定依法做出的重大行政决策，未经法定程序不得随意变更或者停止执行，需要做出重大调整的，应当履行相关法定程序；完善了重大行政决策责任追究制度，要求决策机关应当建立重大行政决策过程记录和材料归档制度，对决策机关违反规定造成决策严重失误，或者依法应当及时做出决策而久拖不决，造成重大损失、恶劣影响的，倒查责任并实行终身责任追究。

第二节　行政执行

一、行政执行概述

（一）行政执行的含义与特点

1. 行政执行的含义

在每一项系统的行政管理工作中，当行政决策完成以后，并不意味着这项行政管理工作已经完成。相反，有关这项行政管理工作仅仅是确定了一个拟实现的目标以及如何实现这一目标的方案。真正实现这一目标有待于对这一方案的进一步实施。所谓行政执行，就是指行政管理机构在其权力和职责范围内依法实施行政决策方案以实现行政决策目标的行为。

2. 行政执行的特点

（1）目的性。行政执行的目的在于实施决策，因此，整个执行过程中的一切行政措施和行为都是为了按期或提前实现决策目标，除此之外，没有自己的特殊目的。

（2）综合性。行政执行涉及面广，牵涉的人力、物力、财力的因素较多，这就决定了在行政执行过程中必须要有各机关、各部门的紧密配合，以形成一个综合性的合力来保证行政执行活动的顺利进行。同时，行政执行是一项十分复杂的管理活动，必须综合使用包括行政手段、法律手段、经济手段等在内的各种手段，才能有效地完成行政执行的任务。

（3）经常性。行政管理的过程事实上就是一个制定决策和执行决策的过程，其中，行政执行是一项经常性、例行性的活动，国家行政机关及其行政人员的大部分工作时间和精力都主要放在行政执行方面。

（4）时限性。行政执行是一项具有明确时限要求的活动，它要求行政执行机关及其人员必须做到迅速、果断，在规定的时间内完成规定的动作与任务，确保决策目标的实现。

（5）灵活性。行政执行必须根据当地实际情况，因时、因地制宜地进行。在不同的主客观条件下，行政执行的方式、途径、方法、手段也有所不同，不可能有固定的模式或公式，这就决定了行政执行的过程是一个灵活多变的过程。

（6）强制性。行政决策一经制定，就具有法律效力，具有一定的权威性和强制性。行政执行强制性的特点，表现在当上级决策下达之后，下级必须认真地贯彻执行。强制性与灵活性是相辅相成的。灵活性是在确认决策的强制性和权威性的基础上进行的，而强制性主要体现在决策方向、目标和原则上，并不意味着在执行决策的具体措施上强制采取统一的做法和手段。

（二）行政执行的地位和作用

行政管理的目标和任务归根到底是通过行政执行活动来完成的，行政执行效果的好坏直接影响着行政管理活动的质量与效率。行政执行的地位和作用主要表现在以下几个方面。

1. 行政执行是实现行政决策的唯一途径

行政决策是行政执行的依据,行政执行是行政决策的具体落实。离开了行政执行,再好、再完善的行政决策也只是一纸空文。要把决策目标和方案变成现实,除了行政执行之外,别无选择。因此,行政执行是实现行政决策的唯一途径。

2. 行政执行是检验行政决策是否科学的唯一标准

马克思主义认为,时间是检验真理的唯一标准。行政决策作为人们主观认识客观的过程,其能否准确地、科学地反映客观实际,能否代表和体现国家的意志,最终只能通过而且必须通过实践来检验,而行政执行正是行政管理的实践活动。只有通过行政执行及其结果,我们才能及时地验证和修正决策。

3. 行政执行是衡量行政组织和公务员工作优劣的最好尺度

一个行政组织及其公务员能否胜任本职工作,能否圆满地完成工作任务,主要是看其行政执行的效果。行政组织机构设置是否合理,行政工作人员的素质是否优良,各项工作制度是否健全,运用的技术方法是否得当,行政监督系统是否有力,都可以从行政执行的实际效果中反映出来。行政组织机构设置合理、行政工作人员素质优良、各项工作制度健全、运用的技术方法得当、行政监督系统有力的行政机关和个人,才能准确地把握决策的内容和实质所在,迅速地动员和组织人力、物力、财力去实施决策,并善于根据本地区、本部门的情况,及时调整实施决策的措施,以保证决策目标能按时、按质、按量地完成。因此,行政执行的实际效果是衡量行政组织和公务员工作优劣的最好尺度。

二、行政执行的主要环节

行政执行是一个动态的过程,它包括决策阐释、计划制订、组织落实、协调、控制、总结等一系列环节。行政决策的实际效果最终取决于这些功能的发挥和实现。

(一) 行政决策方案的阐释

行政决策制定之后不可能自动地执行,也不能自发地被接受。为此,行政决策的执行者要进行决策方案阐释，将决策内容、精神转化为人们能够理解的指令和信息，并通过大众传播媒介将决策的相关内容传播到各个方面，从而使作为决策的执行者和决策对象的广大公众充分理解和支持决策的内容，充分认识到决策和他们自身利益之间的关系，认同决策的内容，支持行政决策的执行。

（二）行政执行计划的制订

行政决策的执行必须有科学、具体、详细的执行计划做保证。执行计划是对行政决策方案的进一步展开和落实，是行政决策的具体化，是对行政决策过程中的人、财、物等资源的调配安排，也是对决策执行在时间上和空间上的统筹规划；即执行计划预先选定做什么、如何做、谁去做、什么时候做、在什么地方做。它要解决的是如何在目前所处的状况和所要达到的决策目标、标准之间架起桥梁，使我们明确行动的路线，估计可能出现的问题，并拿出解决问题的办法。制订具体行政执行计划时要注意：第一，计划要积极可靠，又要留有余地；第二，计划既要系统全面，又要照顾重点；第三，计划要有弹性，一方面要求在人力、物力、财力的安排上不能满打满算，要留有余地；另一方面，根据预测可制订几套计划方案，一旦某一环节出现问题，也可从容应对。

（三）行政执行的组织落实

行政执行计划的落实都是通过组织进行的，没有组织的参与，执行计划根本无法贯彻执行。在组织落实的过程中，应注意以下问题：第一，必须根据决策目标和管理实际的需要，明确指定或建立专门的组织部门负责决策的执行；第二，必须将决策目标和决策方案规定的任务层层落实和分解；第三，必须制定和健全各种规章制度，形成完整的组织控制机制；第四，必须处理好组织内的基本关系和矛盾。

（四）行政执行的协调

行政执行的协调是指运用各种手段、方法，使行政执行中的各种要素协调一致，相互配合，建立和谐有序的协作关系，解决行政机关之间、行政人员之间所出现的矛盾和冲突，以便达到配合共事，从而高效率地实现决策。通过协调，消除分歧，解决矛盾和冲突，促使行政执行工作步调一致，共同实现决策目标。协调时应注意统一目标和统一认识，发挥计划的有效作用，并进行适当的信息交流，树立整体观念。

（五）行政执行的控制

行政执行的控制是指行政领导者按照计划标准衡量下级行政机关和行政人员完成计划的情况，及时发现和纠正执行中的偏差，以确保计划执行和决策目标的实现。控制的形式是多种多样的。根据控制性质的不同，有集中控制、分散控制和层级控制；根据控制的时间顺序，有预先控制、现时控制、事后控制之分。实际操作时，应根据具体情况而定。

（六）行政执行的总结

行政执行的总结实际上是一种反馈过程，它是第二次行政执行过程的开始，也是第一次行政执行的终结。把执行总结列入执行的最后一个环节，有助于把握行政执行的整体效果，认识执行的完整性。通过总结，能使行政人员对工作的认识由感性上升到理性，了解行政管理的一些基本规律。总结时，应注意以下几个方面：第一，要充分发扬民主，认真听取各方面的意见；第二，行政领导要亲自参加总结，以便进一步提高领导水平；第三，要将自下而上的总结与自上而下的总结结合起来，以弥补单一总结存在的片面性和局限性，从而达到总结的目的。

三、行政执行的基本原则和手段

（一）行政执行的基本原则

行政执行是一项十分复杂的活动，牵涉到许多动态因素，为保证行政执行顺利有效，必须遵循一些基本原则。

1. 主体原则

行政机关承担的行政管理活动实际上是由行政人员具体执行的，行政人员在行政执行中居于主体地位。为此，行政领导者应发挥行政人员在行政执行中的主体地位，行政人员也应自觉地发挥这种主体作用，在行政执行中以主人翁的姿态来承担实施决策的任务，并充分发挥积极性和创造性，从而保证决策目标的顺利实现。为形成良好的组织氛围，要求国家行政人员努力增强主体意识，消除雇佣思想。同时，各级行政领导者必须尊重行政人员的主体地位，创造条件，充分发挥其主动性、积极性和创造性。

2. 准确原则

行政执行是贯彻国家法令和法律、上级指示和决定，行政领导者和行政工作人员必须吃透决策精神，了解和分析决策及具体工作任务，准确地把握工作要求，按组织系统保质保量、不折不扣地贯彻实施。如果对决策一知半解、敷衍了事地实施，必然会偏离决策，这样的执行不但落实不了决策，还可能劳民伤财，造成巨大的浪费。

3. 果断原则

行政决策目标一经确立，就要求抓住时机，及时果断地付诸实施，以免错过机遇。特别是在现代科技条件下，竞争日益加剧，更需要行政执行雷厉风行。其基本要求有：一是行政执行要按行政决策要求的时间和节奏进行，行政决策一经做出，行政执行应立即启动；二是行政领导者和行政人员必须果断及时处理各种事务，坚决克服不负责任的官僚主义、自由主义倾向，强化全体执行人员的管理效率意识；三是以执行的及时、准确、高效为前提的果敢不等于操之过急、简单图快、草率从事，否则会影响行政决策目标实现的准确、圆满程度。

4. 创新原则

行政执行既要求准确、忠实于决策，使贯彻实施不走样，又要求从实际出发，创造性地贯彻实施。创新就是要依据当时、当地的实际情况，创造出最为有效的执行方式与方法，取得最好的效果。优秀的行政执行者应正确理会决策者的意图，明确决策所要达到的目标，将上级的决策、指示与自己所处的客观实际情况结合起来，创造出灵活有效的实施方式和方法，只有这样，才能保证行政执行卓有成效和决策目标的圆满实现。

5. 意志坚定原则

行政执行（特别是重大的行政决策的执行）是一个比较长的活动过程，会遇到各种阻力与干扰，因此，需要有坚强的毅力、持之以恒的精神，只有这样，才能将决策贯彻到底。如果遇到困难就动摇，半途而废，决策就无法得到贯彻，预定目标永远无法达到。这样的执行不但使原有问题得不到解决，还会增添新的矛盾。

6. 计划原则

行政执行是一个系统工程，涉及很多因素，这就要求行政执行人员在执行活动中统筹兼顾、合理安排，要求行政人员善于抓住主要矛盾，分清轻重缓急，一切围绕执行工作去做。要善于把各项工作密切结合，环环相扣，分工合作，齐心协力，克服困难，完成任务。否则就会陷入忙忙碌碌的事务中，使行政执行工作变得杂乱无章。

7. 监督原则

为了防止和纠正行政执行过程中的偏差失误，就要坚持跟踪检查、民主监督。督查行政执行过程中有没有偏离原决策，行政机关和行政人员是否都依法办事，是否遵循工作程序，有无官僚主义现象。执行中要随时随地检查、监督、考核，实施完毕还要全面跟踪检查。除了按行政组织系统进行跟踪检查外，还有人民群众对行政机关和行政人员的广泛监督检查。

(二) 行政执行的手段

行政执行的手段是指行政执行机关及其工作人员为完成行政任务，达到行政决策目标而采取的各种措施和方法。行政执行的每一个环节都离不开一定的行政手段，行政手段运用得正确与否，直接影响着行政效果的好坏。行政执行活动的多样性决定了行政手段的多样性。同时，各类行政手段在运用过程中又分别以不同的形式表现出来。

1. 行政手段

行政手段又称为行政指令性手段，是指依靠行政组织的权威，凭借行政权力，按照从上而下的行政隶属关系，向下级层层发指令，以控制和左右被管理者，影响管理对象的措施和方法。行政手段具有控制、制约、调整、协调社会各地区、各部门行政管理方向，保证行政执行集中统一地实现管理目标的功能。

行政手段的方式是多种多样的，具体表现为：在经济管理方面，对企业的直接管理形式；在国际市场发生变动时，对汇率和外汇额度的强力控制形式；在国内出现通货膨胀时，对物价、利率和工资的冻结形式；在天灾人祸降临时，所采取的炸坝、泄洪等形式；在国家面临战争或骚乱时，实行的颁布戒严令等形式。

行政手段是行政执行中的重要手段之一，它的运用能够使国家的政策法律和上级的意图迅速地向下贯彻，有利于行政管理活动的集中统一。另外，行政手段的运用还能使上级对下级的工作情况，及时、灵活地发出各种指令，从而使行政管理中出现的新情况、新问题得到及时处理，尤其是对一些突发事件的处理，更能显示出行政手段快捷、强制的优点。

但是，行政手段是有其局限性的。行政手段的局限性主要在于缺乏平等、协商的民主精神，它以强制性的指令命令下级的结果必定使下级处于被动的状态，使下级的积极性和主动性受到压抑，对上级产生过分的依赖。同时，行政手段也容易导致个人专断、家长制、一言堂等不良作风的蔓延。由于行政手段是以垂直方向传达的，在指示、命令的下行传达过程中容易忽略横向的协调，形成条块之间的矛盾，造成条块分割，反过来制约系统的高度统一。

2. 经济手段

经济手段是指行政机关根据客观经济规律和物质利益原则，运用经济杠杆来调节政策执行过程中的各种不同经济利益之间的关系，以促进行政执行顺利实施的方法。经济杠杆通常以价格、利润、税收、信贷、工资、奖金等经济范畴为支点，把某个单位或个人的物质利益与其劳动成果联系起来而形成的调节工具，运用这一工具可以挖掘人的潜能，激发人们的积极性和主动性。

经济手段主要表现为制订经济计划、财政政策、货币政策、产业政策、区域政策、收入分配政策等。由于经济手段是以经济杠杆为工具，以物质利益为核心的管理，行政机关向被管理者定期或不定期地发出的经济信息，使被管理者接受并据此调整自己的行为，决定了经济手段具有收获快，充分发挥被管理者的自主性，使其产生内在推动力等优点。但是，经济手段作用的范围仅集中在经济行政管理方面或与经济有连带关系的方面，对于行政管理其他方面的作用有限。同时，经济手段强调以物质利益为核心，如果掌握运用不当，容易对意识形态和政治领域产生副作用。例如，容易诱发"一切向钱看"的思想倾向，使一些人置工作于不顾而为蝇头小利向集体和国家讨价还价，甚至为了个人或小团体利益而牺牲国家利益等；严重的还有可能导致经济生活的混乱，助长非法经济活动的蔓延，给犯罪分子以可乘之机。

3. 法律手段

法律手段是指国家行政机关依照法定职权和程序，把国家的各种法律、法令和法规贯彻到行政管理活动中的方法。法律手段的实质是通过法律法规的执行和实施，把统治阶级的意志化为社会公众的普遍行动，用法律法规去调整各种社会关系，调整人们的社会行为，使各种社会关系朝着有利于国家社会经济进步、有利于行政目标实现的方向发展，使社会公众的行为对社会进步与稳定起积极的作用。

法律手段的主要方式有行政决定、行政检查、行政强制执行和行政处置等。法律手段在行政管理中发挥着越来越重要的作用。一方面，法律手段能够为行政管理活动提供规范和程序，使行政管理各环节、各部门都明确各自的职责、行动规范和工作程序，从而保证了行政管理的集中统一，保持了行政管理的连续性和稳定性，提高了行政效率。另一方面，法律手段的运用不仅能增强行政主体和行政相对人守法和用法的法律意识，还能加强对行政管理对象的制约和控制，使行政管理对象按法律法规采取行动或不采取行动，自我抑制不合法的社会行为，保证社会生活的有序性和条理性，促进社会和谐发展。

然而，法律手段也有局限性，如对某些行政管理问题的处理缺乏弹性，对一些带有特殊性的具体问题难以做出灵活的处理决定。法律手段往往只规范人们可以做什么，不能做什么，而无法提供充分的为什么可以做或不可以做的理由与根据，它所强调的是必须遵守的强制性、权威性，而不重视为什么要遵守的主动性和自觉性。

4. 思想教育手段

思想教育手段是指通过开展思想教育工作来引导被管理者按其预定目标努力完成行政任务的方法。上述列举的行政手段、经济手段和法律手段在行政管理过程中发挥着各自的重要作用，但对于解决人们的思想问题却表现出明显的局限性。思想教育手段的正确运用正好弥补了上述行政执行手段的缺陷，并与行政手段、经济手段和法律手段相互配合、相互促进，共同推动行政执行工作的顺利开展。

思想教育手段常见的方式主要有制造舆论、说服教育、协商对话、奖功罚过等。思想教育手段通过循循诱导的方式，促使人们正确地进行行政执行行为，不仅可以节省大量的人力、物力，而且更重要的是，这种行为是出自心悦诚服的自觉自愿，所以能够持久而牢固。目前，各国行政执行的发展趋势是越来越重视运用思想教育手段，尽量减少强制命令。但是，思想教育手段也不是万能的，它对行政管理的作用是间接的、缓慢的，它仅限于解决人们的观念和认识问题，属于软管理范畴。同时，思想教育对于那些拒不接受教育或素质低下、自觉性不强、自控能力差的少数人，所收到的效果微乎其微。因此，必须要有严格的纪律和规章制度与其相配合。

思考题

1. 行政决策有哪些类型？
2. 简要阐述行政决策的分析模型。
3. 简述行政决策的程序。
4. 如何理解行政执行的地位与作用？
5. 简述行政执行的主要环节。
6. 行政执行的基本原则和手段有哪些？

案例

郑州市区城市集中供水价格改革：听证会等同于"涨价会"？

2015年7月8日郑州市物价局官网发布《郑州市市区城市集中供水价格改革听证会公告（一）》。该公告显示：①参与人员名额分配情况：本次听证会参加人19人。其中包括消费者8人，市人大代表1人，市政协委员1人，专家学者2人，经营者1人，其他利益相关方1人，政府有关部门4人，社会组织1人，另设听证会听证人5人和听证会旁听人员5人，还包括新闻媒体10家，每家媒体限定2人。②参加人员的产生方式：消费者按照《河南省政府制定价格听证办法实施细则》的相关规定产生。经营者、其他利益相关方委托郑州市城市管理局推荐产生；市人大代表和市政协委员请市人大和市政协推荐产生；专家、学者由市物价局聘请；其他听证会参加人分别由所在单位推荐产生；旁听人员和新闻媒体按照报名顺序选取。

2015年7月23日，郑州市物价局官网发出了"关于郑州市区城市集中供水价格改革"听证会的第二个公告，公告了这次听证会的召开时间、会议地点、听证会参加人选名单以及两套听证会方案。这两套听证会的方案内容如下。

方案一：第一阶梯年用水量在144立方米以内并且包含144立方米，到户价格每立方米3.90元（其中基本水价3.1元、污水处理费0.65元、水资源费 0.15 元）；第二阶梯年用水量 144~240 立方米，到户价格每立方米 5.45 元；第三阶梯用水量 240 立方米以上，到户价格每立方米 10.10 元。

方案二：第一阶梯年用水量 180 立方米以内并且包含 180 立方米，到户价格每立方米 4.0 元（其中基本水价 3.20 元、污水处理费 0.65 元、水资源费 0.15 元）；第二阶梯年用水量 180~300 立方米，到户价格每立方米 5.60 元；第三阶梯年用水量 300 立方米以上，到户价格每立方米 10.40 元。[①]

2015 年 8 月 7 日上午 9 点，"郑州市区城市集中供水价格改革"听证会在郑州市生茂饭店如期举行。本次听证会包括消费者 8 名，人大代表 1 人、政协委员 1 人，专家学者 2 人，经营者 1 人，利益相关方 1 人，政府相关部门 4 人，社会组织 1 人，共 19 名听证会代表参加会议。在听证会上，郑州自来水投资控股有限公司总经理张可欣首先介绍了此次调价的背景，郑州市物价局则宣读了郑州市成本价格监测所公布的郑州自来水投资控股有限公司供水定价成本监审报告，并为参加的代表人员介绍了两套水价改革方案，听证会参加人员依次发表了自己的意见与建议，有 3 名代表支持方案一，有 10 名代表只支持方案二，4 名代表期望对水价的调整方案进行进一步优化调整，有两名代表持不同意见，但是 19 名参会代表都同意实行阶梯水价，也都同意目前水价适度上涨。郑州物价局相关负责人表示，此次听证会的建议将为政府定价提供重要参考。

据了解，在此次水价改革听证会议结束前，有很多名记者被拦阻在会场外，会场门口有多名保安把守，甚至还出动了特警，很多记者未能进入会场，有幸进入会场的媒体记者也与听证代表隔离，再三交涉后才获得录音许可。很多记者在网上公布了会场门口戒备森严的照片，引起了大量网友的不满。记者采访门口物价局的工作人员，他们给出的解释是：这样做不是针对媒体记者，而是为了预防性地维持秩序，而且在 7 月的时候就发布了让媒体提前报名参加听证会。但是据调查，现场很多媒体并不知道报名消息。虽然在听证会结束后郑州市政府针对每一个听证会上出现的问题都做了有针对性的解答，想及时消除人民的疑惑与不满，但是这次解答也看起来像政府一方的

---

① 郑州水价下月召开听证会 每方涨 1.5 元？ 涨 1.6 元？ [EB/OL]. http：//news.163.com/15/0724/07/AV994GVC00014Q4P.html.

"独角戏",并没有改变公众对这次听证会的失望。

2015年11月20日,郑州市物价局发布了《郑州市物价局关于调整我市市区城市集中供水价格的通知》。最终水价如下:第一阶梯年用水量180立方米以内部分,综合水价为3.90元/立方米。第二阶梯年用水量181~300立方米部分,综合水价为5.45元/立方米。第三阶梯年用水量301立方米以上部分,综合水价为10.10元/立方米。

问题:
1. 上述案例中郑州市区城市集中供水价格改革听证会的主要缺陷是什么?
2. 该案例说明目前中国政策制定中公众参与方面的什么问题?

第六章 机关管理

机关管理普遍存在于各个行政部门的运转过程中，主要是指政府组织对其内部事务的管理，即政府的自我管理，主要包括会议管理、文书管理、档案管理和后勤管理等几个方面。机关管理是确保整个政府组织正常运作，高效地实现政府职能的基础。

第一节 机关管理概述

一、机关管理的含义和特点

（一）机关管理的含义

"机关"一词的本意是指器械结构中关键的部分，控制着整个器械的运转功能。将这个词引申到人类的政治生活中，指的是承担社会治理功能的组织机构，包括国家、政党和其他社会团体。本书所论述的机关主要是指行政机关，即国家为行使政权而设立的各级政府机构及其职能部门，既包括综合办事机构，也包括各专业部门、直属单位和派出机构。机关管理主要是对这些组织自身的活动以及日常事务进行计划、组织、指挥、协调和控制，以保证其正常运行，发挥其应有的职能。在我国承担机关管理的组织机构是国务院和地方各级政府所设立的办公厅（室）以及机关事务管理机构，即各部门、各单位内部综合性办公机构。因此，机关管理可以定义为：行政组织为了实现其职能，通过专门的机构对组织内部的办公、后勤等日常事务进行的计划、组织、指挥、协调和控制的活动，主要包括会议管理、文书管理、档案管理以及后勤管理等。这一概念意味着①：

（1）机关管理的主体是办公厅（室）。行政机关都设有办公厅（室），办公厅（室）承担着繁重的管理任务，是协助领导者指挥、协调、控制各职能机构工作的中心部门。行政机关的办公厅（室）是行政首长的参谋和助手，发挥特殊的枢纽作用，是重要的综合办事机构。

（2）机关管理的客体是机关日常事务工作。这些工作主要包括文书工作、档案工作、信访信息和保密工作、会议管理、后勤管理、环境管理、工作制度管理等。需要指出的是，机关事务性工作种类繁多，并非所有的事务性工作都属于机关管理的内容，有些事务性工作如机构编制、人员管理等已属于专门的行政管理研究对象。

（3）机关管理是机关的事务活动，而非其职能活动。行政机关的职能是法定的，机关必须依照法律的规定履行其职能，否则将受到法律的惩处。机关内部同时存在着一系列日常事务，搞好这些事务性工作是机关正常履行职能的前提。因此，机关事务管理活动是为其职能活动提供服务的，是职能活动正常进行的基础。

（二）机关管理的特点

作为行政管理的一部分，机关管理具有行政管理的一般属性，也有其特殊性。机关管理在不同时期所呈现出来的内容会有所不同，总的来说有以下特点：

第一，内部性。机关管理主要是对其内部事务的管理，是为了保障机关正常履行职能而开展的工作，不是直接服务于社会事务的管理工作。机关管理主要研究其内部工作自身的规律，在对内部事务工作进行精细划分和安排等优化工作的基础上进行例行的、程序性的处理，为机关实现其职能活动奠定基础，提供服务。这意味着，在机关管理实践中，要重视对机关内部事务活动的研究，并根据行政环境的实际情况和行政发展的需要，实现机关管理的制度化和程序化。

第二，综合性。机关管理是一个系统工程，管理的过程既是对各种资源的开发、利用和整合的过程，也是与上下左右建立共生关系、交换关系的过

---

① 段甲强，李积万．公共部门机关管理［M］．北京：中国国际广播出版社，2002：5．

程。一方面，机关管理工作的内容十分丰富，包括所有为保障国家机关职能活动正常运转所进行的物质技术保障和服务事项，涉及面广，情况复杂多变；另一方面，由于机关自身的中枢地位，需要处理上下级之间以及内外部之间的多种关系，综合解决多种问题。机关管理的综合性意味着在机关管理活动中必须从整体角度来考虑和处置各种问题，运用多学科、多门类管理方法和技术，提出有效的管理方案。

第三，技术性。机关管理是一种微观的管理，需要有精细、具体且操作性强的管理技术方法体系作为支持。工作简化、质量控制、标准化、程序分析与设计、管理图表绘制等实际上都是特定的管理技术，它们在机关管理中有着很高的利用价值。[①] 因此，机关管理具有较强的技术性，要遵循一定的技术规律，从事机关管理的工作人员要钻研并熟练掌握有关的事务处理技术、管理技术。在信息社会，科技的进步在促进社会发展的同时，也带来了管理技术的进步，信息多元化、电子政务、办公自动化等这些都对从事机关管理的人员提出了更高的知识和能力要求。

第四，效率性。机关管理是政府实现其社会管理职能的基础，具有保障政务工作正常运转的功能，必须讲究效率。一方面，机关管理的过程是一种资源的消耗、消费活动过程，如何科学合理、有效地使用这些资源，是机关事务管理工作的核心；另一方面，对于机关的会议管理、工作制度管理、考勤管理等，必须严格遵循一定的时间要求，稍有延误就会影响大局，准确及时是机关正常有序运行的必要前提。因此，在机关管理过程中，应主动探索降低机构运行成本的方式，并以提高行政效率为目标。

二、机关管理的原则和作用

（一）机关管理的原则

根据机关管理的内容和特征，应从科学管理的角度出发，遵循机关管理自身的规律和原则，以保证机关管理活动方向的正确性以及有效性。具体来说，机关管理应体现以下几个方面的原则：

---

① 赵国俊，陈幽泓. 机关管理的原理与方法 [M]. 北京：中国人民大学出版社，1999：8.

1. 服务化原则

服务化原则是由机关行政管理工作的目的和主要特点决定的。机关管理的根本目的在于为其他行政职能机构有效地工作提供各种必要的工作、学习和生活条件。机关管理应为机关职能活动的开展创造尽可能方便的条件、管理方法和措施保障，以热忱的态度，主动、积极、负责的精神，科学有效的方法，为服务、管理对象提供及时、周到、便利的服务。

坚持服务化原则，意味着在机关管理过程中，既要从行政领导的工作需要和机关的正常运作出发，提供各种信息服务、生活条件服务、办公条件服务以及安全保障服务等；也要为下级和基层提供各种政策咨询、信息引导、业务指导、技术服务等。由于我国机关管理机构还承担着接待群众来电、来信、来访的工作，因此还要为人民群众、为社会服务，如做好信访工作、简化办事程序、想群众所想，帮助群众解决困难。

2. 规范化原则

机关管理工作依赖于统一的规范。行政机关事务繁杂，工作人员在日常管理活动中要草拟政策、拟订方案、处理事务、协调内外部关系等，为使这些工作能顺畅有序地进行，必须健全完善各项规章制度，如岗位责任制、公文处理办法、会议制度、接待制度、保密制度、物品领用及保管制度等，使机关管理工作有章可循。

坚持规范化原则，要求促进机关管理的制度化、程序化、标准化。首先，要树立规范意识，机关工作人员要把贯彻制度上升为内在的自觉行动，严格按照制度办事。其次，要完善规章制度体系，严格依法依制办事，对机关管理中的资源分配进行制约；最后，根据事务活动的性质和需要，对日常工作进行认真规划，建立并充分实施各种工作程序，通过统一化、简洁化、组合化、通用化等形式，制定和实施各级各类标准，并严格执行。

3. 系统化原则

随着社会分工的细化，机关管理工作也朝着专业化方向发展。由于管理工作头绪多、情况复杂，管理对象又具有一定的独立性，机关事务管理主体的工作存在不同程度的分工。不同的部门应将机关的全部事务活动视为一个整体，用系统的方法来认识和解决问题，以避免相互推诿、各行其是的局部狭隘行为。

坚持系统原则，意味着在机关管理工作中，首先要从整体需要出发认识管理工作，采取有效措施，实现各个部门之间的密切配合；其次，注意各项工作及其各组成部分之间的影响，相互提供便利条件，借鉴工作经验，利用工作成果，实现资源共享；再次，掌握机关事务活动自身的特点、约束条件及其发展规律，建立适应其自身变化的机制，并制定预案，有效应对例外情况；最后，用系统理论的原理与方法分析、研究、设计和改进整个行政事务管理体系。

4. 高效化原则

高效率是行政管理工作的根本目标，也是衡量管理工作质量高低的一个重要标准。随着社会发展节奏的加快，行政机关管理对象的变化也越来越快，如何确保在时间上以及经济上高效地完成事务处理和管理活动，成为机关管理迫切需要解决的现实问题。

坚持高效化原则意味着在机关管理中，在提高办事效率的同时，努力降低管理成本。一方面，应树立正确的时间观念，科学安排时间，合理配置时间，在保证管理质量的前提下提高事务处理的速度，及时、适时处理事务管理活动，使机关管理在特定时间内发挥效用；另一方面，应树立正确的成本观念，厉行节约，减少浪费，坚持勤俭办事，加强财务管理，通过合理使用经费，把握好领拨、使用、管理、监督等环节，反对并坚决惩处各种铺张浪费、化公为私的行为。

5. 智能化原则

随着新时代的进步和科技的发展，计算机与互联网技术的应用已覆盖全社会、全领域，智能化管理已经是解决行政机关自我管理的必要方式。为了全面推进智能化管理的实际效果，在行政机关的管理工作过程中，应设立特有的智能化管理部门，确保有高效专业的工作人员和单位进行管理。同时，应充分考虑智能化管理系统需求，把各项工作的路径进行完美升级优化，逐步实现以智能化管理为中心的管理流程，最终通过智能化管理新系统给行政机关管理工作及职能部门提供必要的技术支持。

机关管理是一个复杂且多变的多因素有机结合体。在机关管理工作中，应协调好各因素之间的关系，使各方面有机地、合理地结合起来，只有全面地、综合地贯彻上述各项原则，才能实现机关管理工作的科学化。

(二) 机关管理的作用

机关管理工作并不直接体现公共权力的运行，但它却是整个行政组织实现决策、执行、监督等职能的根本。机关管理工作的作用是多方面的，主要体现在以下三个方面：

第一，机关管理工作是机关进行职能活动的重要保证。机关管理为行政机关职能部门以及工作人员提供必要的吃、住、行、用等的合理安排和保证。行政机关要进行正确的决策和有效的组织、指挥、检查、监督，顺利开展工作，需要机关综合办事机构提供信息的收集、加工、整理以及传递。行政机关职能活动的顺利开展，与办公厅（室）的工作程序、文书档案、信息管理、会议管理、财务管理、后勤管理等工作的充分准备紧密相连。

第二，机关管理工作发挥着内外部联系的枢纽功能。从行政系统来看，办公厅（室）是承上启下的信息传递中心，各种行政命令和指示通过它向下传达，各种情况、汇报和请示通过它向上传送。搞好机关管理，使机关工作规范化，有利于实现上下级之间快速地信息传递和沟通。从社会系统来看，搞好机关管理，认真处理人民群众的投诉、举报和建议等工作，解决群众的问题和困难，有利于增强政府与广大人民群众之间的互动，增强社会对政府的认同，成为密切联系政府和公民的桥梁。

第三，机关管理工作是树立良好政府形象的主要途径。机关管理效能的高低，工作人员服务态度的好坏，不仅是加强政府与公民的联系，实现行政职能活动的基础，也是树立机关良好形象的根本途径。办公厅（室）接触的部门、人员比较多，其工作人员的一言一行，一举一动，都直接影响着组织的声誉，真正做到态度热情、业务熟练和快捷高效，在给其他组织和群众提供便利的同时，也有利于形成正面且积极的机关工作作风，成为政府精神文明建设的窗口。

三、机关管理现代化

随着科技的发展，特别是计算机和网络技术的进步，一方面奠定了机关管理实现现代化的时代背景和技术条件；另一方面又对机关管理提出了必须不断推进现代化的内在要求。机关管理现代化是指运用先进的管理理论和方法，采用现代的管理工具、设施和手段，对行政机关进行科学而有效的管理，从而最大限度地提高行政效率。机关管理现代化主要包括管理机制现代化和办公系统现代化两个方面。①

(一) 管理机制现代化

机关作为综合管理部门，具有一定目标和任务，机关管理要实现现代化，首先应实现管理机制的现代化，包括管理机构的合理化、管理观念的科学化、管理程序的系统化和管理制度的完善化。

第一，从管理机构来看，机关管理现代化就是要使机构设置合理，建立组织精干、职责明确、分工科学、效率较高的机构，以密切联系群众为组织目标，这是机关管理现代化的重要内容。要实现管理机构合理化，应该在坚持转变政府职能和合理分工这两项基本原则的基础上进行机构调整和精简，形成一个结构合理、协调高效的组织体系。

第二，从管理观念来看，机关管理现代化的基础是管理观念的现代化。机关管理工作关系到每一个部门及其工作人员，关系到整个政府组织全局的管理。社会越发展，科技越进步，对机关管理的要求越高，要求机关管理的观念与现代化建设的发展步伐相适应，要能体现并充分反映与时代相一致的管理理念，用现代管理理论指导工作。

第三，从管理程序来看，机关管理现代化应实现事务管理步骤和方法的科学化。运用科学的方法来完成常规工作，以实现行政管理工作的和谐、稳定。管理程序系统化主要包括计划程序、组织程序、决策程序、执行程序、控制程序、公文程序、会议程序、反馈程序等方面的系统化。

第四，从管理制度来看，机关管理现代化需要管理制度完善化。管理制度是机关管理工作开展的依据，规章制度体系是否合理，内容是否健全，是机关管理是否能够顺利现代化的制度保障。要建立一套与现代化建设需要相适应的会议制度、公文处理制度、接待制度、岗位责任制度以及日常工作制度等，使工作人员能做到有章可循，照章办事，以提高工作效率和服务质量。

(二) 办公系统自动化

自动化的办公自系统的主要由以下几个方面构成：由大型电子计算机和

---

① 张泰峰. 公共部门机关管理 [M]. 郑州：郑州大学出版社，2003：292-294.

光缆组成的局部信息网、综合办公系统、办公室服务站、文字处理中心；大中小型电视会议系统、图像传真会议室、电传系统、内线电话号码检索系统、电子归档与检查系统；数字及数据交换机、终端机、个人电脑、文件处理机、传真机、缩微照相，以及大楼管理系统等。办公系统自动化意味着行政办公方式的如下变化：

第一，办公手段自动化。它是指运用科技进步带来的先进技术手段来处理机关办公事务。据有关材料介绍，实现办公手段的现代化，与传统办公手段相比，准备一份文件可节省37%的费用，秘书工作可节省80%时间，领导者工作效率可提高20%左右，一般工作人员工作效率可提高30%左右。随着科学技术的发展，我国的办公技术手段也由落后逐步走向先进，从传统的以手工处理为主的方式向办公自动化转变。一些先进的现代化办公设备的普遍运用为机关管理工作创造了良好的条件。

第二，信息传输网络化。把各办公室终端设备与主机联网，再通过主机与其他主机联网，实现地区、全国以及世界范围内的计算机网络化。机关工作的根本就是信息的收集、整理、分析和传递，加强信息资源的利用、开发和管理已成为机关管理现代化的重要组成部分。要在办公室和职能部门设置终端，组成庞大的信息网络，增强信息管理功能，适应现代社会对高效率信息传播的需要。

第三，人员素质优良化。办公自动化的核心是人机关系，若仅是在设备或硬件上更新、改进，而忽视人员素质的提高、改造，根本不可能实现办公自动化。因此，在看到先进设备对人的解放的同时，也要认识到先进设备对人的各方面的要求。机关管理人员不仅要有开拓精神、公仆意识、广博的知识，还要有熟练的工作技能、熟练掌握现代化办公手段的运用，运用现代信息技术，推进电子政务和网络办公的发展。

第二节　会议管理

会议是人们有组织地发扬民主、进行决策的重要活动方式，社会的组织化程度越高，会议的作用也就表现得越充分。作为组织结构严密的行政系统，会议是行政机关开展组织领导、推动工作的重要手段，是交流信息、高效行政的重要渠道，是依法行政、保障行政程序法制化的重要内容。会议管理是机关管理的一部分。有效的会议能提高行政管理的服务质量，降低公共政策出台的盲目性，推动行政管理的科学发展。

一、会议概述

自从有了人类组织，就产生了会议。经过氏族、部落、部落联盟以及国家的漫长发展过程，会议已成为现代社会开展各种活动的重要方式之一。会议有各种各样的类型，行政机关会议也是其中的一种。要对行政机关的会议进行管理，首先要认识行政机关会议的概念、类型和阶段。

（一）会议的概念

孙中山在《民权初步》中指出："凡研究事理而为之解决，一人谓之独思，二人谓之对话，三人以上而循有一定规则者，则谓之会议。"当代西方学者也认为会议（meeting）是两个或两个以上的人被邀聚会，听取报告，做出决定，或者采取某些管理行动。这意味着会议是人类群体的活动，一个人、两个人不能形成会议的；它有一定程序，以聚合的方式有目的地解决问题。行政机关会议是指行政机关有组织地遵循一定程序，对行政工作和行政事务进行多向沟通和协商的行为过程。

会议由几个基本要素构成：一是形式，如会议名称、会议时间、会议地点、会议主持者、与会人员、会议组织、会议规则、会议方式等；二是内容，如会议指导思想、会议主题、会议目的、会议任务、会议结果等；三是程序，如会议的准备工作、进行工作、结束工作、贯彻落实工作等；四是人员，如出席人员、主持人员、秘书人员、服务人员等。

（二）会议的分类

会议的种类、形式很多，根据不同的标准，可以将会议划分为不同的类型：

按会议规模的不同，可分为特大型会议（万人以上）、大型会议（数千人）、中型会议（数百人上下）、小型会议（数十人或数人）；

按会议目的的不同，可分为规定性会议（依法召开的、具有法律效力的会议）、决策性会议、动员性会议、经验性会议、外事性会议、执行性（分配工作、布置任务、执行政策）会议、告知性会议（发布会、说明会等）；

按会议内容的不同,可分为综合性会议(讨论和研究多方面的问题)、专业性会议(专门研究某个部门工作的会议)、专题性会议(就某一个议题进行专门讨论)、咨询性会议、纪念性会议、表彰会等;

按出席对象的不同,可分为联席会议(由若干单位共同召集并参加)、内部会议、代表会议、干部会议、群众会议等;

按会议公开程度的不同,可分为绝密会议、机密会议、公开会议等;

按会议采用方式的不同,可分为常规会议、广播会议、电话会议、电视会议、网络会议等;

按会议时间特征的不同,可分为定期性会议(也叫例行性会议或例会,如无特殊情况到时非开不可)、不定期会议(根据现实需要而召开的会议)。

(三) 会议的阶段

一般内容重要、规模较大、时间较长的会议都可以分三个阶段进行组织和安排,各阶段的要求如下:[①]

1. 会前的准备阶段

为使会议达到理想的效果,会前要做好充分的准备,仓促开会必然会影响会议的效果。会前的准备工作包括:①确定会议主题,明确这次会议究竟要解决什么问题;②制定会议预案,主要内容有会名、会期、会场、出席范围、会议票证、会场布置、会议议程等,特别是议程安排,一定要紧凑有序,这是保证会议有条不紊进行的前提;③起草文件材料,组织发言文稿,会上将要分发讨论的材料要准备好人手一册,并在会前印好送到与会人员手中;④准备好会议通知,印上会名、会期、开会时间和地点、出席对象、入场凭证、筹办单位等内容,并及时发送至与会者手中,使其早做准备;⑤做好会议的服务工作,除布置好会场外,还要安排好与会人员的接待工作,包括交通、食宿、医疗和参观访问等,这是保证会议顺利进行的物质条件。

2. 会议进行阶段

主要工作包括:①会议开始后,首先要检查、核对与会人员,特别是立法性质的会议,还要进行代表资格审查,发现问题要采取措施,妥善处理;②汇总情况,编写简报,即把分组讨论情况和整理好的提案及时送交大会主

[①] 崔守航,翟明清. 行政管理学 [M]. 郑州:黄河水利出版社,2005:269-270.

席团成员或者提案审查委员会，编写会议简报要简洁，供领导者掌握会议的进程和存在的问题，以便及时部署工作，使会议顺利进行；③做好会议记录，包括大会报告和小组发言等。

3. 会议结束阶段

会议结束阶段的主要工作有：①回收有关文件；②整理会议记录，或根据会议需要形成大会决议或会议纪要；③立卷归档，即把会议过程中的一整套材料进行分类立卷，最后归档；④安排与会者做好离会返回的工作。

二、会议管理的内容

会议管理是指为端正行政机关的会风，提高会议效率和会议质量而采取的一系列组织、控制措施。会议管理的目标是确保会议的质量，提高会议的效率。会议管理目标既是一切会议管理活动的出发点，也是一切会议管理活动所指向的终点和要求达到的结果。具体来说，会议管理的具体内容包括以下几个方面。

（一）加强对会议规律的探索

机关会议工作涉及方方面面，每个方面的工作都由一定数量的人员承担。要保证会议的顺利进行，每一个环节都要组织得十分严密，每一项组织程序都要紧密相接，整个机关要密切配合，加强协调，防止工作脱节。机关会议工作的一般程序包括会议的准备工作、会议期间的服务工作和会后工作。从业务特性上看，工作差异较大，但是共同规律仍然是客观存在的，至少从纵向上看，不同的工作都要经过相同的环节与过程。深入探寻机关会议管理中的规律不仅是当前机关管理工作实践的要求，也是机关管理科学今后长期发展并确立其在行政管理科学中独立分支地位的要求。

（二）加强对会议过程的管理

机关会议管理是对机关会议中具体事务的管理，会议管理职能是通过大量的事务性工作实现的。一个会议，从开始筹事务到善后处理，每个阶段、每个环节都有繁杂、琐碎的事务性工作要做。如一些大型会议的会场布置，诸如桌椅摆设，传声录音设备安放，会标、会徽、旗帜、标语口号、灯光照明和电视荧屏显示等。机关会议是一项系统工程，承办机关会议的工作人员既是这个系统的设计者和筹建者，又是管理者和服务者，同时还担负着一定的领导职能。

(三) 加强对会议绩效的考核

对机关工作进行量化考核一直是机关会议管理中的难点。在以往的实践中，许多机关管理工作者在不同的课题下对解决这一难题做过各种尝试和探索，但仍存在许多的不足。随着现代技术的进步以及经济政治体制改革、制度建设的完善，为更好地解决会议工作考核问题提供了可能性，进一步提高了行政机关会议工作效率，并为完善机关会议管理人员竞争、激励机制的提供了必要条件，而机关会议管理机制的完善也是提高会议管理工作科学化水平的必由之路。

三、会议管理的方法

会议管理方法是为了使会议管理对象的功效不断提高而在一系列会议管理活动中所采取的手段、措施和途径等。对会议管理方法、特点、内容、分类和运用的研究，深远地影响着会议管理工作的有效程度。为了确保会议的质量，提高会议的效率，可以采取以下管理方法。①

(一) 经济方法

会议活动必须以最少的人力、物力和时间投入换取尽可能大的收益。经济方法的实质是以物质利益为作用机制，运用一系列与价值相关的经济手段来管理会议活动。由于经济方法以物质利益为基本作用机制，运用各种经济手段影响组织，可以促使组织为了自身物质利益，不断探索会议形式，精心组织会议，降低会议投入，实现会议效益的提高。

由于经济方法的特征是利益诱导，与行政方法相比，运用经济方法管理行政会议只能是一种间接管理。经济方法具有较强的适用性、灵活性，可以根据不同的情况、不同的时期加以选择，对各种组织的会议活动都具有一定的效力，便于发挥管理的作用。

经济方法的形式有：经济处罚和经济工具。经济处罚是会议管理主体视管理对象的会议效益情况而直接给予物质利益奖罚的行为，便于操作，容易被管理对象所接受。经济工具是经济方法的基本作用形式，管理主体可以以物质利益为支点，通过某一价值形态的经济范畴作用于管理对象，并引起预

---

① 符丽莉. 行政机关会议管理研究 [D]. 长沙：湖南大学，2006：13-14.

期的反应,从而起到对会议活动的影响和调节作用。经济工具主要有：财政、税收、信贷等工具。每个机关应该根据具体情况,提出合乎实际的会议成本计算公式,比如,国外的一种计算方式为：会议成本 = $2A \times B \times T$。其中,A 为与会者的平均工资（以小时计）的 3 倍;B 为与会人数;T 为会议时间（以小时计）。A 为与会者平均工资的 3 倍是由于劳动产值远比工资高;乘以 2 是由于开会要使经常性的工作中断,造成损失。[①] 还有一种计算方式是：会议成本 = 隐性成本 + 显性成本。隐性成本 = $2A \times B \times C$,其中 2 是常数,是指管理人员为开会而中断日常工作所造成的损失;A 是指该单位每小时全部平均工资的 3 倍;B 是指与会者的人数;C 是指会议时间（小时）。显性成本 = 会议设施租用费 + 会议场地租用费 + 旅费 + 食宿费 + 文件资料准备费等。[②] 在送审会议计划时,将这一成本同时上报,全部款额作为会议的经费预算,上级在审批预算时也将这一款额中有形成本与无形成本一并计算、分别"拨付"。超支时一律由这些单位从其他正常开支总额中扣除,或者直接向上级机关缴纳会议超支的费用,以此来强化人们的会议成本观念和效率观念,能够减少会议的有形和无形支出,提高会议的效率。

（二）行政方法

行政方法是依靠行政权力,运用各种行政手段,按照行政方式管理会议活动的方法。其实质是以行政权力作用机制直接指挥管理对象,以实现对会议活动的管理。其中行政手段包括命令、指示、政策规定等。行政方式是指按照行政系统、行政区划和行政层次实行自上而下逐级领导。行政方法的实施以管理对象的服从、执行为条件,表现为被管理者从思想行动和法律上服从于统一意志和统一指挥,以权力划分为基础,以下级服从上级为原则,不允许根据自身利益进行自主选择。依靠行政权力和行政手段直接影响被管理者的意志和行动,而无须借助其他媒介间接地发生作用,因而比经济方法更直接。

行政方法的形式有：颁布会议政策、建立必要的会议制度、制订会议计划。会议政策是会议活动的指导原则和界限规定。国家通过颁布各项政策,

---

① 滕宝红. 高效会议手册 [M]. 香港：香港西迪商务出版公司,2001：39.
② 王首程. 会议管理 [M]. 北京：高等教育出版社,2003：32.

要求社会组织在政策规定范围内进行各种会议活动，如有违反，则予以各种行政惩处。会议政策一般包括会议内容、会议人员及会议经费等方面。建立必要的会议制度是通过行政管理努力使会议活动规范化，形成比较完善的会议制度。其中包括大型会议的申报制度，会议效益的评价、总结制度，会议总结和反馈制度等。制订会议计划是管理主体依靠行政权威在一定区域内制定大型或中型会议计划，以利于对会议进行跟踪分析和会议间的协调。

(三) 法律方法

法律方法是依照国家统一制定的法律规范，运用法律手段管理会议活动的方法，其实质是以法律的权威性为作用机制，在一定范围内规范人们的会议活动。法律作为统治阶级的意志，经过国家权力机关的认定上升为国家意志，具有极大的权威性，任何社会成员都必须服从于法律规范，且所有成员在法律面前一律平等，在法律规定的范围内开展会议活动。经过法律形式的权利和义务具有肯定形式，法律一经确立就应具有稳定性，不能朝令夕改。法律的稳定性使得在运用法律方法时有比较固定的依据和准则，有助于促进会议管理的规范化。法律方法有：会议立法，包括法律文件的起草、审议、颁布和修改工作；会议司法，即司法机关运用会议法律审理违法的会议活动。

会议管理的这三种基本方法各有特点和片面性，孤立地使用某一方法会给行政会议活动带来负效应。因此，在实际的会议管理工作中，应根据会议工作、管理对象的不同特点，灵活地把三种方法结合起来使用，让它们互相补充，互相促进。需要注意的是，会议的管理方法离不开会议管理的手段，不断提高会议管理手段的科学化、现代化，运用现代科学技术进行会议管理，是改进和提高会议管理方法的重要保证。

第三节 文书档案管理

一、机关文书管理

我国行政机关的公文根据 2001 年 1 月 1 日国务院办公厅发布的《国家行政机关公文处理办法》的规定，共有 13 种，即：命令（令）；决定；公告；通告；通知；通报；议案；报告；请示；批复；意见；函；会议纪要。这是目前我国行政机关通用的公文种类，行政机关制发公文应根据不同的情况做出选择。机关文书作为行政管理工作的依据，具有规范、指导、协调、教育等多重作用。机关文书文管理必须严格遵守精简实效的原则、及时准确的原则和安全保密的原则，实行科学的管理。

（一）文书的含义及特点

文书包括公务文书和私人文书。国家机关的文书是公务文书，又称公文，它是指一定的行政机关在行政活动中，按照特定的格式，经过一定的程序制成的尚未归档的书面材料。公文是机关开展工作的依据，必须加强管理。文书管理是指行政机关按照国家有关规定，运用科学方法，对公文从形成、传递到立卷、归档的全过程的管理活动，以控制公文数量，提高公文质量，提高机关工作效能。

文书作为行政管理活动的依据，它不同于图书、报刊等其他书面文字材料，具有显著的特点：第一，文书的制定与发布实施是由法定的组织或个人完成的；公文的制定必须是机关或组织领导人依照法定程序在其职权范围内进行。第二，文书具有稳定的规范性。任何行政机关在一定的时期内，其文书的种类是稳定不变的，其行文规则、文书的格式以及公文的办理程序都是确定的。第三，文书具有权威性。文书一经公布就成为行政工作的基本依据，必须依法执行，不得更改。第四，文书都是有形的。即使是在最完善的办公自动化系统中，文书也必须以书面形式出现，即表现在一定的纸质上，因为现代文书功能已不仅限于内部信息传递的范围，实际上它已成为越来越受人重视的服务项目。在国外，文书管理职位已成为一项竞争激烈的管理职位。

（二）机关文书的处理

机关文书的处理是指公文的办理、管理、整理（立卷）、归档等一系列相互关联、衔接有序的工作。行政机关的公文应按照2001年国务院办公厅发布的《国家行政机关公文处理办法》执行。

1. 发文处理

发文处理是指办公厅（室）为了某一事项和目的，根据领导授权或权限，按发文程序制发公文的活动。发文管理一般包括草拟、审核、签发、复核、缮印、用印、登记、分发等程序。

（1）草拟。草拟是指公文的起草工作。草拟是发文处理的第一道程序，直接关系到公文质量。起草公文要做到：一是符合党和国家法律、法规、方针、政策及有关规定；二是情况属实，观点明确，条理清楚，文字精练，书写整齐工整，标点准确；三是文中人名、地名、数字、引文要准确，用词用字、计量单位、公文文种、结构层次序数等的使用要准确、规范。四是遵守行文规则、符合公文格式。

（2）审核。文稿由办公厅（室）领导或文秘部门负责人审查核对，称为审核。审核是把好公文出口关和质量关的重要程序。审核的重点是：①是否需要行文；②是否符合党和国家的法律和法规、方针、政策及有关规定；③是否与有关部门、地区协商、会签；④文字表达是否恰当、准确，文件使用、公文格式、行文规则是否符合有关规定；⑤与本级过去所发的公文有无重复或冲突。

（3）签发。签发是指经审核后的文稿送领导人审定并签署同意发文的意见。按规定，以哪一级名义制发的文件，就由哪一级的行政领导签发。重要的公文应由正职领导签发。有的政府文件，经授权也可以由秘书长签发，几个部门联合发文，由联合发文单位的领导人共同签发，经领导人签发后，文稿就正式定稿。

（4）复核。公文正式印制前，文秘部门应当进行复核，重点是：审批、签发手续是否完备，附件材料是否齐全，格式是否统一、规范等。经复核需要对文稿进行实质性修改的，应按程序复审。

（5）缮印。将经领导人签发的正式定稿制作成书面文件称为缮印。缮印习惯上称打印，其基本要求是：一要准确。要忠于原稿，发现问题应告诉拟稿人或审核人，切忌擅自处理。二要清晰。字迹要清晰，行距字距要规范。三要编排美观，符合规定。四是文中标点符号位置准确。五是装订要整齐划一。

（6）用印。用印是在印制好的文件上加盖机关公章。用印之后文件即产生效力。其基本要求是：联合上报非法规性文件，由主办机关加盖公章；联发的文件，联合发文的单位都应加盖印章；章要盖在发文机关与成文日期中间，盖印要端正、清晰；用印后要登记，密件要按原稿定的份数盖印。

（7）登记。文件封发前要进行发文登记。登记的项目有：文件名称、拟稿单位、审稿人、签发人、发文字号、成文时间、印刷数、发送范围对象、发送方式、密级、缓急程度等。

（8）分发。分发是将文件装封发出。装封分发工作的要求有：一是受文单位要准确，不能错发漏发；二是密件要件要编号，急件、密件要在信封上分别加盖急件章和密级章，密件一般由机要通讯员或专人送达；三是信封书写字迹要清晰，地址及收文单位书写要规范、准确无误。

2. 收文的处理

机关接收外机关发送给本机关的公文并按照程序给予及时办理称为收文处理。一般包括：签收、登记、审核、拟办、批办、承办、催办等程序。

（1）签收。收文机关在收到外机关送达的公文后，收文者在送文者的发文簿上签字便是签收。签收前要对所收公文进行清点核对，防止错漏。签收时要写上签收者的姓名日期，特急件还需写上时间。

（2）登记。机要部门或专职文秘人员对拆封后的公文分门类按项目逐一记录在来文登记本内便是登记。登记要及时、准确，密件与非密件应分开。

（3）审核。收到下级机关上报的需要办理的公文，文秘部门应当进行审核。审核的重点是：是否应由本机关办理；是否符合行文规则；内容是否符合国家法律、法规及其他有关规定；涉及其他部门或地区职权的事项是否已协商、会签；文种使用、公文格式是否规范。对符合规定的公文，应当明确办理部门与时限；对不符合规定的公文，经办公厅（室）负责人批准后，退回呈报单位并说明理由。

（4）拟办。拟办是办公厅（室）领导或文秘部门负责人对需要进行行政领导批示的公文，简要地提出初步处理意见或建议供领导在批办时参考。拟办意见的内容一般有：一是明确由哪位领导阅批。二是提出办理意见，是转发还是交有关部门办理，是会议传达还是送有关领导阅读。三是写明承办单位或承办人和承办要求。需要联合办理的，要明确主办、协办单位。四是写明文件的阅读范围。

（5）批办。批办是领导或负责人对公文如何处理所做的批示意见。批办要求有：一是谁承办、怎样办理、办理要求等要具体明确，意图清楚。有两个以上拟办意见应表明同意哪一个意见。二是急件或时限性强的公文，要批明办理的时限要求。三是对传阅件、传达件、转发件要批明对象范围和方法等。

（6）承办。承办是受文机关或人员根据领导批示意见、交办要求和文件要求进行具体的办理。承办是收文办理诸程序中最重要的环节，直接关系到公文所要求事项的落实。

（7）催办、查办。催办是交办机关根据交办要求和时限要求，对承办单位进行催促办理；查办是上级机关对受文单位检查对文件的贯彻执行情况，督促其落实。两者的共同特点是：都是为了督促检查文件的运作情况，为了加速文件的办理，使文件办理事项得到落实。区别在于：一是催办的事项重在办"催"，催促文件交办事项的办理；查办重在"查"，检查文件所指事项的办理和落实情况。二是时限要求不同。催办的事项，交办机关对承办机关一般都有明确的时限要求，而查办的事项，时限要求不那么明显。三是催办的事项，要求承办单位必须报告办理结果，查办的文件不一定要求报告处理结果。催办、查办的主要方式有：电话、传真、信函、派人上门等，对紧急公文、重要公文、一般公文，分别用跟踪、重点和定期催办、查办等方法。催办、查办都要做好登记。

3. 机关文书的归档

公文立卷、归档、销毁是公文处理的最后三道程序，是对办理完毕之后的公文安排归宿。

（1）立卷。将已经办理完毕具有保存价值的文书材料编排建立卷宗叫做立卷。立卷是文书向档案过渡的重要工作。立卷的基本要求是：①必须是办理完毕并且具有保存价值的文书材料，具有保存价值的文书怎样界定，可参照国家档案局颁发的《机关文书材料归档不归档的范围》并结合本单位的实际情况决定。总之，对日后具有查阅、利用价值的文书材料都应立卷。②编立案卷，文件、材料要齐全、完整，能正确反映本机关主要工作和主要活动情况。③编排合理、组卷科学。根据公文的相互联系、特征和保存价值、保存年限等进行分类整理组卷。

（2）归档。将编立成卷的文书材料归入档案室或档案馆作为档案保管叫归档。归档后，文书就成了档案。档案的查阅应经有关领导同意方可进行，未经同意，任何人无权查阅档案。

（3）销毁。将没有存查价值不列入立卷范围的文书材料毁掉叫销毁。销毁文书一般要经领导批准。销毁密件必须经办公厅（室）主管领导审批，并要做好登记,两人监销。销毁的方法主要有:一是集中送造纸厂化成纸浆。文件材料量大的单位通常用这一办法。二是用碎纸机将文件粉碎。密件、密电、内部材料应采用这种办法。三是焚烧。将文件材料放入专设的焚烧炉内燃烧。焚烧文件要彻底、烧干净。绝不能将待销毁文件材料做废纸出售给收购站,以免造成文件失控、失密。

机关文书作为行政管理工作的依据,具有规范、指导、协调、教育等多重作用。机关文书文管理必须严格遵守精简实效的原则、及时准确的原则和安全保密的原则,实行科学的管理,即规范公文类别;统一公文体式;规范行文规则;规范地执行公文处理程序;严格控制公文的数量,提高公文管理的质量。

二、机关档案管理

机关档案是机关在社会活动中形成并作为历史记录保存下来,以备查考的各种文书和资料,是按照一定规律保存起来的文书记录和资料。机关档案管理工作是文书工作的继续,文书立卷之后,按一定的归档制度向档案室转交,以备查用。应根据机关档案自身的特点和功能,按照一定的原则来管理。①

(一)档案的含义、特点及功能

立卷的文书移交到档案部门就成为档案。所谓档案,是指过去和现在的国家机构、社会组织以及个人从事政治、军事、经济、科学、技术、文化、宗教等活动直接形成的对国家和社会有保存价值的各种文字、图像等不同形式的历史记录。显然,尽管文书与档案有非常密切的联系,但不能将两者简单地等同起来。其一,文书和档案存在逻辑顺序的差异。文书是档案的前提,档案是文书的归宿,两者在时间顺序上有先后相继性;同时,文书成为档案又具有一定的条件,即只有具有一定的利用价值、处理完毕的文书材料,经过一定程序才能成为档案,两者具有内在的逻辑性。其二,文书和档案的范围不同,并非所有的文书都能转变为档案;同样,档案也并非都是文书材料,它还包括图表、用纸、声像等其他形式的材料。

---

① 曲昭伸.行政管理教程[M].北京:经济科学出版社,2002:282-284.

机关档案是机关历史客观真实的记载。档案管理是机关管理工作的重要内容。做好档案管理工作，对提高机关管理水平，提高整个行政系统的工作效率，都具有十分重要的意义：其一，做好档案工作，可以促进行政管理机关迅速有效地解决实际问题，提高行政效率。机关档案是行政管理活动历史的真实记载，是可靠的原始记录。档案既可以提供解决问题，特别是解决历史问题的凭据，又可以为现实的管理活动提供有价值的经验和教训，使行政管理活动减少曲折，避免失误，提高效率。其二，档案是科学研究的珍贵资料。通过机关档案的研究，可以总结出行政管理活动的基本规律和科学方法，最终运用于行政管理活动，保证行政管理活动在正确的轨道上运行。总之，做好档案的管理上作，对于提高行政效率，促进行政管理的科学化，具有十分重要的意义。

(二) 档案管理的原则

要使档案发挥其应有的作用，必须坚持以下原则：

第一，管理形式要集中统一，注意保密。在我国，国家全部档案由档案机构分别集中，由党、政档案部门统一管理。各机关内各种不同档案，如党、政、工、团等要由机关档案工作系统集中管理，不得分散保存，同时又要做到档案不泄密。国家档案机关有必要指导检查所属系统机关的档案工作，机关档案部门有必要指导监督本机关文书材料的归档工作。

第二，管理要做到完整安全。维护档案完整性并确保其安全是档案管理提出的最基本要求。完整性就是数量上使档案齐全，不得有所缺漏，质量上要保持档案的完好无损，不失历史真实；安全，就是要精心负责档案，不得损坏，不得丢失，延长档案的使用寿命。对机要性档案必须做到不失密，不泄密。

第三，档案要方便利用。档案要便于国家各项工作的利用，这是档案工作的出发点和归宿，也是衡量档案工作质量好坏的重要标准。各级档案机关在相应的范围之内，应为机关领导、基层单位、教学或科研等做好服务；要做到检索迅速，调阅方便，这也是档案管理的根本目的所在。

(三) 档案管理的内容

机关档案管理主要包括档案收集与整理、鉴定与编目、保管与清理、运用现代化技术进行管理这几个方面。

1. 收集与整理

档案收集就是按照有关规定，把分散在各承办单位的档案材料集中到机关档案室，以便实行集中统一管理，收集的范围包括机关的收发文电、内部文书、会议记录、电话记录、技术文件、照片、影片、录音等。整理，就是对接收的繁多、复杂且零乱的材料，按照一定的原则分门别类固定下来，使之系统化，从而方便保存和使用。

2. 鉴定与编目

鉴定是指按一定的原则、标准和方法，甄别和判定档案的价值，剔除其中已失去保存价值的档案，并经过一定的手续予以销毁，以容纳更多新的有价值的档案。甄别中如发现损坏或遗失，应及时报告机关主要负责人，并设法追查补救，销毁后要保存好注明已销毁的清册。根据其不同价值确定不同的保管年限，并对不需要保存和保管期满的档案进行处理。编目是为方便查找利用，对档案进行编类排序，形成目录，包括全宗、分类、案卷的编立和排列、编制案卷目录等。对于档案的收进移出、保管利用等有清楚记载。

3. 分类与装订

分类就是将一种档案归到与其内容性质或其他特征相同的一组档案中，以便保管和利用。装订是按公文顺序装订成卷，卷与卷的厚度适宜，每卷的书上应编号，必须醒目，使查阅方便。

4. 保管与清理

保管也称典藏，是档案管理中最基本、最经常的任务之一。由于自然的和社会的原因，档案管理总是处于不断被破坏与希望长久保持完好的矛盾过程中，保管就要运用各种科学技术和手段，采取防护措施，延长档案的使用寿命。清理是根据国家档案管理的有关规定，定期对过期档案、废弃档案进行清除。机关档案每隔年要全面清理一次，清理也包含着将机关档案经整理后移交给国家图书馆或当地档案馆。无论怎样，保管和清理都不得使档案丢失、污损和泄密。

5. 建立有效的网站，对档案采取信息化的管理

档案管理的信息化网站就是将事业单位的档案管理部门通过网页形式展现在公众面前，提供可靠的档案信息，方便相关人员进行资源的使用和共享，实现透明化的档案管理工作。档案管理工作信息化的关键形式就是网页模式，

它能够快速的传递信息，已经逐渐成为档案管理信息化的主流模式。在档案管理工作中要加强信息技术的利用，不断提高档案管理工作的效率。

第四节　后勤管理

后勤事务管理是行政管理的重要一环，是为机关各部门以及领导者与公务人员提供工作、生活条件，并保障各项行政活动正常进行的物质基础。随着改革开放的发展和行政机构改革的深入，后勤管理改革是提高机关行政效率和服务质量，推进机关行政改革、发展的重要一环。

一、后勤管理的内容

机关后勤管理是指机关内部为保证工作顺利进行，对包括物资、财务、环境、生活以及各种服务项目在内的事务工作的管理。由于不同机关的规模、层级不一样，以及不同机关的分工不同，各行政机关单位后勤工作的范围和任务都有所区别。一般来说，较大机关单位的后勤工作主要有物资设备管理、生活后勤管理、服务医疗管理、接待工作管理和财务管理五大类。

（一）物资设备管理

物资设备是机关正常开展工作的物质保证。物资设备种类很多，为便于管理，通常分为固定资产、材料和低值易耗品三大类。固定资产是指价值较大，使用时间较长，能反复使用并能保持其原有实物形态的物品，如房舍、交通运输工具、电信设备、仪器、仪表、家具、厨具等。材料是指在一次使用后被消耗掉且不能复原的物质材料，如各种原材料、燃料、各种零配件、元件、药品、试剂等。低值物资是指固定资产和材料以外的、价钱较低、经使用后容易消耗的物品，如办公文具、一般器皿和用具，维修设备用的工具，低值仪器、仪表和低值劳保用品等。物资设备管理主要包括上述物质的日常管理、使用与维护保养、检查与检修、改造与更新等。加强机关物资设备的管理要坚持服务的原则，主动及时满足有关业务部门对物资设备的需要。同时要贯彻节约的原则，充分发挥物资设备的效益。要在机关物资设备的管理中建立采购、验收、保管、供应等一整套管理制度。明确责任制，保证财产安全，建立设备技术档案，做好对物资设备的选择、使用和维护工作，积极配合行政制度改革，实行和推广政府采购制度，降低费用，节省开支。

（二）生活后勤管理

在机关总务工作中，有相当一部分单位和设施，如食堂、幼儿园、房舍等，是直接为机关职工的生活服务的，对于它们的管理就是机关的生活管理。机关生活后勤管理主要有房产管理、饭堂管理和环境管理。

1. 房产管理

由于房屋价值在固定资产中居于首位，而且房产管理与群众生活、住房制度改革和廉政建设紧密相关，房产管理是后勤管理中的一个重要方面。房产管理包括各类用房的建造、分配、使用与维修，在国家实施住房制度改革后，还包括住房的租赁、买卖等市场性内容。

2. 食堂管理

食堂是政府机关、企业或事业单位及团体所设膳食机构及其场所。食堂管理包括计划管理（如制订销售计划、采购计划等）、食堂财务与价格管理、食品质量与卫生管理、食堂技术与人员管理、就餐场所与就餐方式管理等项内容。

3. 环境管理

就机关后勤角度所言，环境管理亦称机关庭院管理，为机关后勤的一项日常性工作，管理范围包括机关办公与生活场所内的各种场地、道路、建筑设施、水电、公共卫生设施、环境绿化和各类标识。其目的在于为机关行政与生活创造一个有序、整洁和优美的环境。

（三）服务医疗管理

机关服务医疗管理包括主要指车辆、水电管理服务以及医疗卫生管理。

1. 车辆管理

机关车辆包括机关单位用于工作或生活服务的非私人所有的机动车辆，机关车辆管理的内容可分为业务管理与用车制度管理。各机关单位在进行业务管理、制定用车制度时，既要从本单位实际情况出发，又要坚决执行党中央、国务院有关公车使用的规定。

2. 水电管理

水电是机关活动的基本资源，尤其是办公用电，随各类电子设备的增置，以及办公条件电器化程度的提高，其重要性也日益增加。机关水电管理主要是使用制度的管理，以及供应与维修工作的管理，以保证机关用水用电的充分、合理与安全。

3. 医疗卫生管理

机关医疗卫生管理包括医疗保健、卫生防疫和公共卫生三个方面的内容。机关医疗卫生管理应贯彻"预防为主，防治结合"的方针，以减少疾病，提高健康水平与工作效率为目标。要有计划、有步骤地进行医疗体制改革工作，推行个人医疗资金账户制度，参加社会医疗保障体系，做到既提供完善的医疗服务，又节约医疗费用。

（四）接待工作管理

机关接待工作管理是指对机关召开的会议和来机关联系工作的人员在接待服务方面的管理，包括对内、外宾的接待服务，机关招待所的接待服务和会议接待服务等内容。机关接待工作虽然在内容上以生活服务为主，但由于接待的主客双方所从事活动的性质，以及机关本身的制度要求，使其具有较强的政治性和政策性。因此，接待工作管理必须认真贯彻执行党和国家有关接待工作的政策、制度、规定和纪律要求；坚持内外有别，保守机密、保证安全的原则。另外，由于接待工作与机关工作作风、机关廉政建设等直接相关，在接待管理上，要克服待人冷淡、盛气凌人的官僚作风，杜绝挥霍浪费、奢侈铺张的不良风气，要简化礼仪，减少不必要的迎来送往。因此，机关接待工作管理的基本要求是：主动热情，文明礼貌，准确迅速，耐心周到，方便安全，食宿行俱全。

（五）财务管理

财务管理就是对行政事业经费进行领拨、使用、管理和监督的一系列活动。财务管理的目的在于合理分配和使用资金。行政机关、事业单位的财务管理包括财务计划、会计核算、财务管理、财务监督和审计等方面的内容。有关财务管理的问题，本书有专门章节论述，此处从略。

二、后勤管理的改革

原有的后勤管理体制是伴随着新中国政治、经济体制的建立而形成，在新中国成立之后的几十年时间里，这种体制适应了当时行政和经济体制的需要，保障了各项行政活动的正常进行，较好地满足了机关工作人员在生活消费品较为匮乏情况下的生活需要。但是随着改革开放和行政改革的开展，原有的后勤管理体制的缺陷亦表现出来，建立能适应社会主义市场经济发展的后勤管理体制已成为后勤管理的重要内容。后勤管理改革应朝着以下几个方向发展。①

（一）职能转变

行政管理职能的转变形象地反映在"小政府、大服务"的原则上，就是政府机关本身不搞"大而全"，将可由社会承担的或应由企业负责的职能从行政职能中划分出来，并提高行政机关的社会服务的能力和质量。这为机关后勤改革、转变机关后勤服务职能指出了发展方向。

实施行政管理职能与服务职能相分离，是我国后勤管理体制改革的必然要求，其内容是：为适应改革开放需要，将后勤服务部门所承担的社会服务职能，逐步分离出去，形成社会服务体系，实现后勤服务社会化。实行管理职能与服务职能相分离，可较大幅度地精简机构和人员，为行政机构改革创造条件。这种职能分离使对后勤服务单位实行市场化管理和行业性规范管理成为可能，有利于后勤服务单位增强活力，提高经济效益和服务质量。

（二）机构精简

机构改革是我国行政体制改革的重要成果，也是对机关后勤管理实现职能转变后的必然要求。改革之前，后勤部门的人员不断膨胀，在 20 世纪 80 年代，就国务院各部门的情况来看，机关后勤人员占机关总编制的 1/3 左右。在这些人员中，大多数所从事的工作完全局限于社会服务性质，其职能可由社会服务行业承担。随着行政职能的转变，这些人员有不少实际上已成冗余人员。因此，从管理体制上解决后勤人员分流、安置问题，实际上是国家行政机构精简在后勤管理体制上的直接体现，是行政体制改革在后勤领域的延伸。

（三）高效行政

高效行政是行政体制改革的重要目标，减少行政成本是高效行政的基本要求。机构臃肿、人员超编是造成行政成本过高的一般因素，而机关后勤部门与社会服务行业二者间服务职能的重叠则是造成行政高成本低效率的重要

---

① 夏书章. 行政管理学 [M]. 广州：中山大学出版社，2003：336-340.

因素。在不少地方，社会服务行业已发展成体系，具有较强的服务能力，但有些行政机关出于惯性和惰性，仍然依赖于后勤部门的工作和服务，并为之所累。这样一方面使得社会服务组织失去了部分服务对象，其服务能力得不到充分体现；另一方面机关后勤部门自身由于服务范围的自我封闭，其服务能力亦得不到充分体现；这样既造成了社会服务的浪费，又增加了行政活动的成本。因此，高行政效率既是后勤管理体制社会化改革的方向，也是后勤管理改革的目标。

（四）管理科学化

后勤管理科学化的实质就是现代科学技术转化为后勤生产力和管理效率。目前仍有一些后勤服务部门的管理停留在经验型阶段，管理观念、管理方式落后于时代发展，难以满足后勤发展的需要，因此，实现后勤管理科学化是现阶段后勤体制改革的主要方向。随着现代科学技术和经济的发展，后勤管理的设备、设施日益趋于现代化，管理活动也日益复杂，这些都对后勤工作提出了更高更新的要求。后勤事业的发展能否跟上管理和服务对象的变化，归根结底还得看后勤管理能否以自身的科学化适应服务对象的现代化需要。

在我国，后勤管理体制改革正处于重点突破、全面推进的新阶段，实现后勤工作社会化是当前后勤工作改革的方向。以实现后勤工作社会化为目标，以提高管理水平、服务质量和经济效益为宗旨进行后勤管理体制改革，通过采用经济和立法等手段和途径，围绕后勤总务工作如何关心干部群众的生活来提高机关工作效率等问题，理顺各种关系，使后勤管理与其他机关管理工作同步前进，这符合社会发展的需要。上述这些尝试与改革不仅对改进与提高后勤工作管理水平，而且对提高机关的整个管理水平，都有着重大的现实意义。

思考题

1. 简述机关管理的概念及其特征。
2. 机关管理应遵循哪些原则？
3. 较重要的会议应分哪三个阶段进行组织和安排？每个阶段应做哪些工作？
4. 会议管理的方法有哪些？

5. 简述机关文书的含义及特点。
6. 机关档案管理包括哪几方面的内容？
7. 结合实际谈谈我国机关行政后勤管理改革的方向。

案例

档案管理，何以重要？

2018年3月23日，浙江省龙泉市档案局在其官方网站上公布了几起档案行政执法案例，其中包括以下四个典型案例。

一、乐清市部分市直部门档案管理未依法履职案

2017年5月23日至5月27日，乐清市档案局组织开展民生领域档案工作执法检查期间，发现少数部门的民生档案未进行整理，档案保管条件较差，档案安全保管存在隐患等。其中民政部门的主要问题是退伍军人介绍信和革命伤残军人档案没有整理；卫计部门主要问题是全部医师执业、再生育审批档案和2011年以前医疗机构注册档案没有整理；人社部门的主要问题是部分2005年以前工资转移和人员调动介绍信没有规范整理且保护措施缺乏。检查组对上述问题要求限期整改，2017年11月，乐清市档案局到相关单位对整改内容进行复查，问题已得到解决。

二、平阳县林某违规处置档案案

原平阳县某医院办公室主任林某自2011年9月转任人事政工科科长后，未及时将其任办公室主任期间所记录的院长办公会议记录等重要档案材料进行交接，并且将其中大部分档案材料擅自当作废品进行处理，导致由金凤公司代建的医院住院部主要经费支出情况会议记录、金凤公司代医院收取捐资款会议记录等重要记录丢失，给赵某及原院长温某违纪案件查办造成严重不良影响。中共平阳县纪委、平阳县卫生和计划生育局2017年6月、8月依据《中国共产党纪律处分条例》《中华人民共和国档案法》《事业单位工作人员处分暂行规定》，商同档案局后，对其违规处置档案材料，工作失职、渎职造成的严重不良后果分别给予党内严重警告处分及降低岗位等级的党纪政纪处分。

三、岱山县某机关单位档案未按期归档案

2017年，岱山县档案局在鉴定某机关单位进馆档案时，发现一部分档案

未收集齐全，比如，人事年度考核、会议记录、用人合同、各类年报表等文件材料未收集在每年度的文书档案内。根据该现象，县档案局对该局进行了重点专门督查，发现该单位因数年前新大楼搬迁，工作人员疏忽导致旧文件材料仍搁置在储藏室的纸箱内，没有及时进行收集归档，检查还同时发现该局存在各门类档案没有实行集中统一管理的问题，部分门类档案散落在各职能科室，极易造成档案的遗失。针对发现的问题，岱山县档案局立即采取措施，发放档案执法监督通知书，要求限期整改到位。该局领导高度重视，及时召开局务会议，强化档案管理工作。在岱山县档案局的指导下，该局成立档案领导小组，建立档案管理网络，对散存的档案进行了规范整理，同时该局重新落实档案库房，购买密集架、温湿度控制设备、温湿度记录仪等设备，强化了档案室安全管理。

四、玉环市楚门镇党政办张某损毁档案被追责案

张某系楚门镇党政办副主任在玉环撤县设市过程中负责镇所属公章刻制工作，在新公章刻制过程中，未按市两办《关于在撤县设市过程中加强档案管理工作的通知》要求，将镇所属公章实物档案汇缴至市档案馆，而是默许公章制作人戴某刻划已废止的镇所属公章，造成96件实物档案损毁。玉环市档案局接到报案后，组织执法人员赴现场取证，封存被损毁档案，制作询问笔录和现场检查笔录。2017年7月，玉环市档案局根据《国务院关于国家行政机关和企事业单位社会团体印章管理的规定》、公安部《印章管理办法》、《档案法》第二十四条第一款第一项及《档案管理违法违纪行为处分规定》第七条之规定，将案件移交玉环市纪委监察委，建议追究张某党纪政纪责任。另外，对公章制作人戴某未按规定，擅自刻划损毁公章行为，建议公安机关对其本人和楚州印章社追究相应责任。玉环市监察委核实情况后，已依法依纪对张某予以了惩戒。

（资料来源：浙江省龙泉市官方网站，http：//www.longquan.gov.cn/xxgk/bm/472401005/02/jhzj/201804/t20180410_ 3081002.html）

问题：

请结合本章机关管理的有关内容，分析档案管理为何重要？如何避免类似的情况再次发生？

第七章 财务行政

财政为庶政之母。任何公共管理活动都离不开财政的支持。为了使国家的财政资金更好地发挥作用，必须对国家的财务行政实施有效的管理。这种管理主要是通过预算、会计、决算和审计来发挥作用的。通过财务行政管理，可以强化国家预算财政收支的计划性，预防和杜绝各种违反财经法纪的行为，提高资金的使用效益，以保证政府的各项事业顺利、高效地完成。

第一节 财务行政概述

一、财务行政的概念

财务行政的研究最早起源于17、18世纪德国的官房学或度支学。该理论为了达到富国裕民之目的，注意国家财产的收入及管理方法的探讨。19世纪德国学者史坦因在其所著的《行政学》一书中，开始注意从行政及法律的角度论述政府财政收支及其管理方法。20世纪初，美国学者怀特在创建行政学理论的过程中，将财政行政纳入行政学体系。另一名美国学者魏罗毕在《公共行政原理》一书中对财政、预算和物资管理等财务问题进行了重点论述。此后，财务行政逐渐成为行政学研究的重要内容之一。

早在奴隶社会和封建社会，我国就出现了"国用""计政""邦记""理财""度支"等相当于"财务行政"的术语，或掌管全国财务行政的官吏。据《宋书·百官》记载：北魏时有吏部、左民、客曹、五兵、度支五尚书，由度支尚书管理全国财务行政。

在现代社会，不论是马克思的价值规律还是亚当·斯密的市场经济理论，都证明了市场本身是一个极具效率的经济运行体系,它通过自身的规律自发调节着商品的生产和流通,满足着人们的各种需求。但现实生活中,市场并不是满足人们需求的唯一系统,例如,具有非排他性和非竞争性的公共产品就只能通过政府来实现。政府只有通过国家预算,以有别于市场的方式来提供这类公共产品,满足公共需要。作为公共经济部门,政府介入经济运行可采用计划、法律、货币金融政策等多种方式。但财务行政仅指政府经济行为中与国家预算有关的那一部分。

行政组织机构、规模、人员数量、职数、工资等受一定财政经费的制约。行政组织要履行其职能和开展一切活动,都必须在财政收支的基础上进行。因此,财务行政直接关系到行政组织的存在、建设和发展,是公共行政研究中至关重要的领域。财务行政有广义和狭义之分。广义的财务行政是政府对国家财政收支分配活动的组织、实施和监督管理活动的总称,它包括与财政活动有关的管理体制、管理制度、程序和方法等。狭义的财务行政是国家机关行使其职能,对国有资金和财产的管理。它主要包括预算管理、国有资产管理、国有银行管理、审计管理和会计管理等方面。本章主要探讨狭义的财务管理。

二、财务行政的特征

(一) 公益性

财务行政的公益性是指社会效益优先,在此基础上,努力提高经济效益。公益性是行政管理与企业管理的本质区别。企业管理及企业财务往往以经济效益优先,兼顾社会效益。企业管理及企业财务在处理经济效益与社会效益的关系时,其核心是实现企业价值最大化、利益最大化。行政管理及其财务行政在处理社会效益与经济效益的关系时,其核心是以社会各方面的平衡发展为目标,不以盈利为目标,在两者可以兼顾时兼顾两者,在两者不能兼顾时,以社会目标为首要目标。

(二) 多源性

财务行政的多源性是指它的资金来源具有多样性。狭义的财务行政的资金来源主要是税收,此外还有国有资产的资本金、利润和租金,发行公债等。广义的财务行政的资金来源还包括国家财政拨款,国家机构提供服务时适当的收费，政党组织的党费，社会团体的会费，国有企业、事业单位的经营性收入等。这种资金来源的多样性也使财务行政比企业的财务管理更为复杂。不同性质的资金来源需要有不同性质的财务制度加以管理。

（三）保障性

财务行政的保障性是指从财力上支持符合规章制度的管理活动开支，是财务行政责无旁贷的义务。行政管理机构的资金来源主要是国家财政拨款，从财力上支持符合规章制度的管理活动开支，是财务行政义不容辞的职责，这主要是由行政管理的特殊目的所决定的。实现行政管理目标的各种功能和活动都需要财力的支持，如果没有或缺乏必要的资金保障，行政管理工作难以开展，目标就无法实现。

（四）纪律性

财务行政的纪律性是指行政组织成员特别是财务行政部门的工作人员必须自觉遵守有关财务行政活动的法律、法规和规章。如果说企业的财务活动必须遵守财经规章制度，是出于追求经济效益、防止徇私舞弊的需要，那么，财务行政资金来源的主体部分是国家的资金和财产，各种财经规章制度的制定和执行是为了保证国家的资金和财产用于实现公众的整体利益和长远利益，防止用于谋取个人或小团体利益。

三、财务行政的作用

财务是国家政务的基础，是行政管理活动的前提。财务行政作为政府施政的工具和国民经济管理的重要物质手段，对于一个国家的经济发展和社会稳定发挥着不容忽视的重要作用。

（一）促进市场经济健康发展

市场经济条件下，社会资源的配置和国民经济各部门的比例关系都通过市场机制来调节的，但市场机制的调节是自发的，往往难以顾及生产力布局的合理和供求的平衡，最终会导致社会资源与财富的巨大浪费。财务行政首先运用财政计划和财政政策，引导社会总量资源的合理流向，弥补市场对资源配置的不足，使社会资源配置更加优化。其次，通过国家的财政支出形成特别的购买力，调整和改造社会购买力的结构，使供求关系趋于合理。再次，国家通过建设资金投放和利率杠杆调整生产力布局和产业结构，使社会再生产得以持续进行。最后，国家通过财政补贴和财政转移支付等手段调节各种比例关系，缩小不同产业之间的发展差距和不同地区之间的贫富差距，促进国民经济的持续发展和全国各地的均衡发展。总之，财务行政以政府宏观调控这只"看得见的手"配合市场这只"看不见的手"，克服市场的缺陷，促进市场经济的健康发展。

（二）为构建社会主义和谐社会提供物质保障

任何社会关系归根到底都是利益关系，构建社会主义和谐社会就是要调整各种利益关系，实现各利益群体的和谐相处。调节利益关系、解决利益矛盾最直接、最有效的手段就是物质经济手段，而财务行政能够直接提供这样的手段。首先，公共服务均等化是调节利益关系的必要手段，是社会主义和谐社会的必然要求，只有通过财务行政敛财、聚财，形成雄厚的财力，才能为社会公众提供更多的公共产品和均等、优质的公共服务，满足和谐社会的这一要求。其次，社会公平是社会利益关系和谐的基础，只有通过财务行政实现收支平衡，运用再分配手段调节地区之间和公民个人之间的贫富差距，形成合理的利益分配格局，才能协调和缓解社会不同利益群体之间的矛盾，促进社会公平，实现社会的稳定和国家的长治久安。最后，人民群众有序的政治参与是调节利益矛盾的根本措施，只有通过财务行政合理地调动和安排必要的财力物力支持社会主义政治建设，才能提高人民群众的政治素质和民主意识，也才能吸收更多的公众参政议政。

（三）有利于国家机关精兵简政、廉洁高效

以最小的投入获得最大的产出，用更少的钱办更多的事，这是求生存、谋发展的原则。一个人、一个家庭、一个单位，乃至一个国家，无一不遵循这个原则。我国正处于社会主义初级阶段，生产力水平还不是很高，经济还不发达，更需要遵循这个原则。一切国家机关都应该按照精简、统一、优化、效能的要求设置机构和确定员额编制，严格控制并合理使用行政业务经费，尽量降低运作成本。尤其是政府行政机关，其工作涉及面广，管理业务繁杂，更需要精兵简政，建立高效廉洁的政府。财务行政可以帮助我们实现这一目标。通过财务行政合理安排和控制行政经费，能够促使各个国家机关和行政事业单位按照"因事设职，以职定员"的原则定机构、定编制、定工资、定经费，克服机构臃肿、人浮于事的消极现象，真正实现机构精简、人员精干；

通过财务行政对各个国家机关和行政事业单位的财务核算，收支账目和经费使用情况及时审查，促使国家机关、事业单位及其工作人员严格遵守国家财经纪律，执行财政政策法规，提高资金使用效率，勤俭节约，廉洁奉公，防止并杜绝铺张浪费和贪污腐化现象，实现国家管理的低成本、高效率。

第二节 预决算管理

一、预算管理概述

（一）预算管理的含义

预算有广义和狭义之分。广义的预算是指按一定法定程序批准的国家机关、社会团体和企事业单位在未来一定时期内的资金收入和支出计划；狭义的预算是指政府机关在未来一定时期内的资金收入和支出计划。本书所使用的是狭义的预算概念。政府预算起源于英国，英文为"budget"，原意是指当时英国财政大臣到议会提请审批财政法案时携带的一个装有财政收支账目的大皮包，后来东方国家便将这一词汇意译为"预算"。英国于17世纪编制了第一个现代政府预算，随后其他西方国家也陆续采取了这一做法。到了20世纪，绝大部分国家都建立了政府预算制度，政府预算成为财政体系中不可缺少的组成部分，并成为财政学的范畴。预算管理是指政府及其财政部门对财政收支计划的编制、审查、执行和结算等行使职能的过程。

我国政府预算管理的主要依据是《中华人民共和国预算法》（简称《预算法》）。为了规范政府收支行为，强化预算约束，加强对预算的管理和监督，建立健全全面规范、公开透明的预算制度，保障经济社会的健康发展，根据宪法制定的《中华人民共和国预算法》于1994年3月22日第八届全国人民代表大会第二次会议通过，并于1995年1月1日起施行。此后，历经四次审议，第十二届全国人民代表大会常务委员会第十次会议在2014年8月31日表决通过了《全国人大常委会关于修改〈预算法〉的决定》，并决议于2015年1月1日起施行。至此，《预算法》在出台20年后，终于完成了首次修改。2018年12月29日第十三届全国人民代表大会常务委员会第七次会议通过第十三届全国人民代表大会常务委员会第七次会议决定：对《中华人民共和国预算法》做出修改。

(二) 预算的主要特点

1. 公开性

由于预算反映了政府的财政收支活动，与全体公民的切身利益息息相关。预算及其实施情况必须通过一定的形式公之于众，让纳税人了解政府的财政收支状况，并受纳税人的监督。

2. 统一性

对各级预算要求设立统一的预算科目，每个科目都要严格按统一的口径、程序进行计算。

3. 年度性

政府应按照法定预算年度编制国家预算，这一预算要反映全年的财政收支活动，同时不允许将不属于本年度财政收支的内容列入本年度的国家预算之中。

4. 法定性

预算一经立法机关审批承认，就有了法律效力，政府机关负有遵照实施的责任。预算中应上缴国家的款项，必须足额上缴，任何单位和个人不得任意截留。

(三) 预算的分类

根据不同的标准，可以对预算做不同的分类。

1. 从形式方面看，预算可分为单式预算和复式预算

单式预算是指政府的财政收支计划通过统一的表格来反映。复式预算是指政府的财政收支计划通过两个以上的计划表格来反映，一般分为经费预算（在我国又称为经常性预算）和资本预算（在我国又称为建设性预算）两个独立的预算，并分别编为两个表格。经费预算主要以税收为收入来源，以行政、事业项目为支出对象；资本预算主要以国债为收入来源，用于营利性的经济建设。

2. 从内容方面看，预算可分为增量预算和零基预算

增量预算是指新的财政年度的财政收支计划指标，是在旧的年度财政年度实际收支数额的基础上，综合新的财政年度的经济发展状况和收支供求的变化，加以调整后确定的。零基预算是指新的财政年度收支计划指标的确定，

只是以新的财政年度经济发展的状况为依据,而不考虑旧的财政年度收支的数额。我国和世界各国一般以增量预算为主,零基预算通常只用于具体的收支项目上。

3. 从主体方面看,预算分为总预算、地方政府预算、部门预算和单位预算

总预算是指地方政府自身的预算和所管辖的下一级所有地方政府预算的总和。部门预算是指政府的一个部门所辖的各单位预算的总和。单位预算是指实行预算管理的国家机构、社会团体、全民所有制事业单位的经费预算和全民所有制企业的财务收支计划中与预算有关的部分。

4. 从时间方面看,预算分为经常预算、临时预算、追加预算和非常预算

经常预算是指财政年度的预算。临时预算是指正式预算形成以前暂时实行的预算。追加预算是指预算支出总额以外增加的支出计划。非常预算是指应付意外的重大事变所制定的特别预算。

5. 从程序方面看,预算分为概算、预算草案、法定预算和分配预算

概算是指各级政府、政府各部门草拟的财政收支计划纲要。预算草案是指政府提交代议机构审议的财政收支计划。法定预算是指代议机构通过的正式的年度财政收支计划。分配预算是指政府的财政部门根据法定预算,分配给政府各部门实施的财政收支计划,又称为行政预算。

(四) 预算管理的作用

预算管理在政府行政管理中具有非常重要的作用,它是中央政府调节国家宏观经济周期的基本工具之一,当经济处于扩张期时,政府通过采取紧缩性的预算管理政策,防止经济过热;当经济处于衰退期时,政府通过采取扩张性的预算管理政策,推动经济的繁荣;它通过财政收支调节社会积累与消费的比例,扩大社会的积累;它是调节和平衡不同的社会群体、行业和地区之间收入差别的重要手段;它通过财政支出支持和监督国家机构的管理活动;它通过财政支出保障和促进教育、科技、文化、卫生和体育事业;它通过财政支出,成为社会保障主要的经济基础,在保护效率的前提下兼顾公平,扶助弱者;它通过财政支出,支持军队建设,巩固国防等。

(五) 预算管理的体制和机构

我国预算管理体制实行"统一领导、分级管理、权责结合"的原则。国

家设立中央，省（自治区、直辖市），设区的市（自治州），县（自治县、不设区的市、市辖县、旗）和乡（民族乡、镇）五级预算。国家预算由中央预算和地方预算组成。中央预算由中央各部门的预算组成。地方预算由各省、自治区、直辖市的总预算组成。

我国的各级政府是预算管理的国家行政机关。它们的预算管理职权是：编制本级总预算草案、决算草案；组织本级总预算的执行；审查和批准本级政府预备费的动用；编制本级预算调整方案；监督本级各部门和下一级政府的预算执行；改变或者撤销本级各部门和下一级政府的有关预算方面不适当的决定；向本级人代会或本级人大常委会报告预算执行情况等。

各级政府的财政部门是预算管理的职能部门。它们的相关职权是：具体编制本级总预算草案、决算草案；具体组织和监督本级总预算的执行；编报本级政府预算费动用方案；具体编制本级预算调整方案；定期向本级政府和上一级财政部门报告预算执行情况等。

各级政府的税务部门是征管作为预算收入主体的税收的职能部门；国有资产管理部门是管理作为预算收入重要组成部分的国有企业上缴利润的职能部门；审计部门是监督执行预算收支计划的职能部门。

国家金库负责办理国家预算资金的收入和支出。中国人民银行具体经理国库。原则上一级财政设立一级国库。中央设立总库；省、自治区、直辖市设立分库；省辖市、自治州设立中心支库；县和相当于县的市、区设立支库。各级国库的主任由各该级人民银行行长兼任。各级国库库款的支配权属于同级财政机关。国库业务工作实行垂直领导。各省、自治区、直辖市分库及其所属各级支库，既是中央国库的分支机构，也是地方国库。

政府各部门、实行预算管理的各单位有职责执行预算收支计划。

二、政府预算的编制

国家预算的编制是关系国计民生的大事，需要严肃认真地对待。为此，必须遵循一定的原则，按照一定的程序进行。

我国政府编制预算的原则主要有：依法编制的原则；量入为出的原则；确保重点、统筹兼顾的原则；留有后备的原则；积极可靠、稳定增长的原则；综合平衡的原则；正确处理积累与消费关系的原则。

我国各级政府预算按照复式预算编制，分为经常性预算和建设性预算两部分。经常性预算不列赤字。中央建设性预算的部分资金可以通过举借国内和国外债务的方式筹措，地方建设性预算按照收支平衡的原则编制。经过改革，我国的复式预算分为政府公共预算（大体相当于现在的经常性预算）、国有资产经营预算（含现在的建设性预算）、社会保障预算和其他预算。

编制预算的程序是：

第一阶段：做好编制预算的准备工作。

在政策性的准备工作方面，要以党和国家的路线、方针和政策为指针；以有关计划为依据，确定适度的财政收支增长率；按照财政体制的要求，划分中央和地方的财政收入和支出范围。

在技术性准备方面，一是做好本年度预算执行的预计和分析。我国预算收支指标的测算方法多年来主要采用"基数法"加"因素法"，即预算收支主要是以本年度预算数字为基础，并依照下一年经济和社会发展计划草案有关指标和财政经济政策等因素进行测算。二是拟订下年度预算收支控制指标。三是修订国家预算科目和制定总预算表格。四是具体组织部署。

第二阶段：编制预算草案。

国务院每年11月10日前下达编制下一年度预算草案的指示。中央各部门根据国务院指示和财政部的部署，具体布置所属各单位编制预算草案，并负责汇总编制本部门的预算草案，于每年12月10日前报财政部审核。财政部审核汇总中央各部门的预算草案，编制中央预算草案。

地方各级财政部门根据本级政府的指示和上级财政部门的部署，具体布置本级各部门和下级财政部门编制预算草案，并负责汇总编制本级总预算草案，并由本级政府审定后，提请本级人代会审查和批准。省、自治区、直辖市政府财政部门汇总的本级总预算草案，应当于下一年1月10日前报财政部。

财政部将中央预算草案和地方预算草案汇编成国家预算草案，由国务院审定后，提请全国人民代表大会审查和批准。财政部在汇编国家预算草案之前，要进行自上而下的一系列审查、核实工作，称为预算审核。

第三阶段：人大审议、通过预算。

在全国人民代表大会审查国家预算之前，地方各级人民代表大会必须审查、批准由本级政府提交的预算。

当年 3 月份左右，全国人民代表大会审查、批准由国务院提交的国家预算。

第四阶段：财政部门批复预算。

财政部自全国人大批准中央预算之日起 30 日内，批复中央各部门预算。中央各部门自财政部批复本部门预算之日起 15 日内，批复所属各单位预算。

县级以上地方各级政府财政部门自本级人代会批准本级政府预算之日起 30 日内，批复本级各部门预算。地方各部门自本级财政部门批复本部门预算之日起 15 日内，批复所属各单位预算。

三、政府预算的执行

（一）预算执行的部门

政府预算经各级人民代表大会审批后，就进入了组织实施即预算的执行阶段。我国政府预算的执行机关是国务院和地方各级人民政府。国务院发挥领导作用，全面负责政府预算的组织执行，地方各级人民政府负责本地区总预算的组织执行。

政府预算的具体执行部门是各级财政部门。财政部对国务院负责，在国务院的领导下一方面执行中央预算，另一方面指导地方各级人民政府预算的执行工作。地方各级财政部门对地方各级政府负责，在地方各级政府的领导下具体组织管理本级预算的执行。

（二）政府预算执行的任务

在政府预算的执行过程中，一切收入都要集中缴入国库，一切支出都要由国库集中拨付。政府预算的执行原则是统一领导、分级管理、明确分工、密切合作。政府预算执行的任务主要有以下四个方面。

1. 组织预算收入的执行

组织预算收入是实现财政收入的重要步骤，是合理调整社会分配关系的前提条件，这是预算执行的首要任务。预算收入的执行主要由财政部门负责组织、征收部门具体负责执行。财政部门在执行中要根据有关法律、法规和国家的有关方针政策，制定组织收入的各种制度和办法，督促征收机关及时、足额地完成预算收入任务，还要经常检查和分析预算收入的执行情况，适时地发现和解决预算执行中的各种问题，保证预算收入任务的顺利完成；各征收部门在预算执行中要按照法律和行政法规的规定及时了解企业的生产经营状况和财务计划的执行情况，将应收缴的预算收入及时、足额地征收入库，不得违反有关法律、法规的规定擅自减征免征或缓征应征的预算收入，不得截留、占用、挪用预算收入。

2. 组织预算支出的执行

预算支出执行是财政支出的重要内容，是财政部门、上级主管部门、银行和国家金库通过国家规定的办法向用款单位进行预算资金分配的活动。它要求按照政府预算项目和金额，考虑支出用途及业务工作计划，遵循各项拨款原则，即合理地拨付资金，并随时检查和分析支出的执行情况。预算支出执行由各级财政部门负责组织，各支出拨付部门、支出预算部门和预算单位负责支出的具体执行工作。从职责分工上看，各级政府财政部门负责预算支出的分配，各支出拨付部门负责预算支出的拨付（如中国人民银行、国家开发银行、中国农业银行和中国农业开发银行等），各级预算部门和预算单位负责预算支出的具体使用。

3. 组织预算收支的平衡

在整个预算执行过程中，预算收支经常会出现不平衡的情况，需要财政部门及时进行适当的预算调整，重新组织预算以达到新的平衡。预算调整有全面性调整和局部性调整两种形式。全面性调整在性质上近似于重新编制一次政府预算，需要报中央政府和国家立法机构审批。局部性调整是预算调整的主要形式，常用的方法主要有预算支出科目之间的留用、动用预备费、预算的追加或追减、预算隶属关系的划转等。

4. 组织预算收支的监督检查

政府预算执行过程同时也是预算监督检查的过程。它要求：确定组织预算收支的各项规章制度，检查和监督各级执行机关和财政部门的贯彻执行情况；各单位必须建立健全内部经济责任制，按规定合理使用预算资金和上交预算收入；进行财政检查监督，对违纪违法、执行不力或滥用预算资金造成浪费损失的单位追究经济和法律责任；定期进行预算分析，了解和掌握预算收支完成程度、工作进度，查明可能出现的超收短收、超支节支等收支不平衡情况及其原因，并及时提出可行的预算调整措施。

四、政府决算

(一) 政府决算的概念

1. 政府决算的含义

政府决算是国家经济活动在财政上的集中反映,它反映了年度政府预算收支的最终结果,是政府预算执行的总结。政府决算包括中央级决算和地方总决算两部分,中央级决算由中央各主管部门的行政事业单位决算、企业财务决算、基本建设决算和金库年报、税收年报等汇总组成。地方总决算由乡(镇)级决算、县级决算、市(自治州)决算、省(自治区、直辖市)级决算组成,他们分别由同级汇总的行政事业单位决算、企业财务决算、基本建设财务决算等构成。

2. 政府决算与政府预算的关系

政府决算与政府预算既有区别,又有联系。其区别表现在:政府预算是对预算年度收支规模、结构和各种比例关系的总的估算,政府决算则是政府预算执行真实效果和真实规模的集中反映,且是重新制定国家财经政策和政府预算的重要依据;政府决算是政府预算执行的总结,它与政府预算处于执行过程的两端,一个反映了预算执行过程的起点和根据,一个反映了预算执行过程的终点和结果。

两者的联系总体上看,政府预算和政府决算的形式和内容基本上是相互对应、相互衔接的。主要表现在以下几个方面:

(1) 政府决算的原则与政府预算相一致。政府决算和政府预算都要求公开、可靠、统一、完整和年度性。决算数字不准确、不完整、报送不及时,不仅会混淆对预算执行年度财政收支情况真实性的了解,而且会影响财经计划、政策和新的政府预算的制定。

(2) 政府决算的组成与政府预算相一致。政府决算与政府预算都由中央级和地方级两个部分组成。有一级财政就要编制一级独立的预算,相应要编制一级独立的决算。与政府预算相同,各级决算按其隶属关系,下级决算必须包括在上级总决算中,地方总决算必须包括在政府决算中。

(3) 政府决算的结构与政府预算相一致。政府决算的目的是全面总结和检验政府预算的实际效果和执行结果。一方面它是在政府预算的基础上进行的,另一方面它要求便于检查和分析比较,因此决算所使用的科目必须和预算使用的科目协调一致。

(4)政府决算的审批程序与政府预算相一致。政府决算的审批和批准程序与计划年度政府预算的审批程序基本相同。先由财政部对中央各主管部门和省(自治区、直辖市)上报的决算进行政策性和技术性的审查。财政部经过逐级审核汇总编成的政府预算需报国务院审查。国务院对政府决算讨论通过后,再提请全国人民代表大会审查批准。

(二)政府决算的编制

凡是与国家有缴拨关系的单位和部门,都要参与决策的编制,即凡是参与编制预算的单位与部门都参与决算的编制。决算报告的编制一般分三级部门自下而上地依次进行,并依次构成决算报告编制的三个程序。

1. 单位决算的编制

各国家机关、企事业单位等基层预算单位都要在搞好年终清理的基础上,正确、完整、及时地编制本单位年度的收支决算,并经其负责人审阅签字,分别送呈审计机关和上级单位,上级单位对所属单位决算审查后,连同本单位决算汇总成单位决算报送主管部门和所在地的财政部门,从而完成第一级决算的编制。

2. 总决算的编制

中央各主管部门接到本部门在各地所属机关汇总的单位决算,地方财政部门接到本地区同级同类机关汇总的单位决算后分别审核和登记,并汇总本部门和本地区总会计账簿的有关数字,编成本部门和本地区的总决算,再分别经本地区和本部门负责人审查之后分别报送中央财政部门,从而完成第二级决算的编制。

3. 政府决算的编制

中央财政部根据中央各主管部门和各地方财政部门报来的总决算及本身掌握的收支决算数,汇编成中央级总决算,其中一部分是纵向反映各部门各层级的预算执行情况,另一部分是横向反映各地区不同性质机关的预算执行情况,这两部分共同构成了政府决算。

(三)政府决算的审批

《中华人民共和国预算法》在政府决算的审查批准方面规定如下:国务院

财政部门编制中央决算草案，经国务院审定后，由国务院提请全国人大常委会审查和批准。县级以上地方政府财政部门编制本级决算草案，经本级政府审定后，由本级政府提请本级人大常委会审查和批准。

各级政府决算经批准后，财政部门应当向本级各部门批复决算。地方各级政府应当将经批准的决算，报上一级政府备案。国务院和县级以上政府对下一级政府依照年度报送备案的决算，认为有同法律、法规相抵触或有其他不当之处，需要撤销批准该项决算的决议的，应当提请本级人大常委会审议决定。

第三节 预算会计

一、预算会计的概念

（一）预算会计的含义

会计按其核算、反映和监督的对象和适用范围，在我国一般分为两大类：一是企业会计，用来核算、反映和监督社会再生产过程中生产领域和交换（流通）领域企业经营资金的运动；二是预算会计，是以预算管理为中心，以经济和社会发展为目的，核算、反映和监督社会再生产过程中分配领域的预算资金运动。

预算会计是指对政府预算资金活动过程及其结果所实施的一种管理活动，是各级财政部门和行政事业单位用来核算、反映和监督政府预算情况的会计。它以货币为主要计量单位，对各级政府财政部门和行政事业单位的经济业务进行连续、系统、完整的反映和监督。

预算会计主要的核算对象是财政性资金活动的过程及其结果，具体包括财政总预算会计、事业单位会计和行政单位会计。由于政府财政部门和行政、事业单位执行预算的任务和业务活动的内容不尽相同，所以财政总预算会计和行政事业单位会计的核算对象也有区别。

（二）预算会计的特点

与企业会计相比，预算会计具有统一性和广泛性的特点。

1. 统一性

预算会计的统一性主要表现在统一的会计核算体系和统一的收支核算指

标两个方面。

（1）统一的会计核算体系。预算会计是为执行政府预算和预算管理服务的，是以政府预算执行为中心，形成全国集中统一的预算会计核算体系。凡是成立总预算和单位预算的地方、部门、单位都要设置预算会计，执行国家规定的预算会计制度，否则就无法定期反映整个政府预算的收支情况，无法报告年度政府决算和各级地方决算。

（2）统一的收支核算体系。预算会计为在全国范围内汇总反映所涉及的各方面的预算收支情况，从总预算会计到行政、事业单位会计在日常业务中所提供核算的预算收支的内容，必须与全国统一规定的《政府预算收支科目》指标内容相一致。也就是说，在预算会计核算中，预算收支的总账科目在设置明细科目时，应按照《政府预算收支科目》设置明细科目进行明细核算，否则就不可能真实、全面地反映整个政府预算的执行情况。

2. 广泛性

预算会计的广泛性是就总预算会计而言的。就一级政府总预算会计来看，它反应的是中央和地方各级政府预算收支活动及其结余情况，因而在执行预算过程中发生的各项资金运动中必然包括了全国或地方各级政府与其所属行政机关、事业单位资金的缴拨关系。它既反映和监督非物质生产领域的各项收支，也反映和监督物质生产领域和流通领域一切与预算有缴拨款关系的收支，既有宏观性又有微观性。从总体上讲，预算会计的核算内容和范围具有广泛性的特点。

（三）预算会计的作用

预算会计是政府财政管理工作的重要组成部分之一，其主要作用是：

第一，为预算编制提供依据，为预算执行提供保证。预算会计在日常会计核算中，对发生的有关经济业务活动，通过会计科目的设置、会计凭证的填制、会计账簿的登记和会计报表的编制等专门方法，对各项预算资金的收入和支出以及财产物资的结存和有关财务活动，进行分门别类的、全面的、系统的、连续的核算和反映，可以及时地、大量地掌握预算资金运动情况，为各级人民政府和各行政事业单位及有关部门领导提供可靠会计信息，以便进行有效的预算管理，保证政府预算的顺利执行和圆满实现。

第二，实行会计监督，协助政府提高预算管理水平。预算会计按照宏观经济规律的要求，依据党和国家的政策、财政法令和财务制度的规定，通过审查凭证账表、清查财产物资，对预算资金分配的正确性、筹集的合理性、使用的效益性等进行控制和监督，从而在保证资金有效使用，保证本单位资金和财产的安全，促进其在社会经济的正常运行中发挥应有的作用。

二、会计管理的内容

各级政府的财政部门对本级各类机构、所属各单位实行会计管理的基本内容如下：

第一，健全并监督实施会计管理的法律体系。我国政府的会计管理法律体系有三个层次：第一个层次是会计法及其会计管理的行政法规；第二个层次是会计准则，是会计法的具体化，并负责指导和规范各单位的会计核算工作；第三个层次是各单位的会计核算制度。根据会计法和会计准则，结合本单位的实际情况，可以制定适用于本单位的会计管理制度，它是会计准则在各单位的具体化。

第二，指导和监督各单位的会计机构和会计人员履行职责。按照会计法的规定进行会计核算与监督，拟订本单位办理会计事务的具体办法；参与拟订经济计划和业务计划，考核、分析预算、财务会计的实施情况等。

第三，指导和审核各单位的会计报表和财务报告。政府的财政部门在审核会计报表和财务报告后，如发现有违反法律或规章的行为，应予以制止，对遵守法律或者规章制度行为，应予以肯定或表彰，并可提出改进会计管理的建议。

第四，对各单位进行财务检查。财政部门有权依法对各单位的会计工作进行检查。各单位必须接受财政部门的监督，如实提供会计凭证、会计账簿、会计报表和其他会计资料，不得拒绝、隐匿、谎报。

第五，组织会计专业技术资格考试，指导会计师的职称评定工作。我国财政部、人事部从1992年起，每年组织会计专业技术资格考试。开展这项工作的目的是选拔会计人才，鼓励会计人员学习会计业务知识。各级政府的财政部门都成立了会计职称评定领导小组，制订会计师职称评定计划，掌握评定标准，部署评定工作，总结交流评定工作的经验，处理评定工作中的违纪行为等。

第六，领导在职会计人员的培训工作，参与会计干部的组织人事管理工作。对遵守法律规章的优秀会计机构和会计人员予以表彰，对违反法律规章的会计机构负责人和会计人员予以处罚。

第七，加强会计电算化的建设和管理，支持和监督会计师事务所的工作。实行会计电算化不仅有利于提高会计工作的效率，而且有利于单位领导更好地运用和监督会计信息，有利于会计人员更好地参与单位经营管理的决策。推行会计电算化，一是要在会计人员中大力普及电子计算机的知识和技能；二是要健全对会计核算软件的管理，会计软件是促使各单位认真执行新的会计准则的关键；三是要建设会计电算化管理的法规制度，要依法发挥注册会计师在社会主义市场经济活动中的监证和服务作用，要逐步拓展注册会计师的业务范围，健全和监督执行注册会计师管理的法律、法规，把注册会计师的活动纳入法制化的轨道。

第四节　政府审计

一、政府审计的概念和作用

（一）政府审计的含义

政府审计是指政府审计机关根据有关法律法规对国家机关、行政事业单位和国有企业执行政府预算收支的情况和会计资料实施检查、审核、监督的专门性活动。政府审计机关除专门的审计机关（如审计署）外，还包括财政、税务、海关、人民银行等专业审计机关。对政府行政机关而言，政府审计也是行政监督中专业监督的一种，是财务行政不可或缺的组成部分。

我国政府审计的主要依据是《中华人民共和国审计法》。为了加强国家的审计监督，维护国家财政经济秩序，提高财政资金使用效益，促进廉政建设，保障国民经济和社会健康发展，根据宪法制定的《中华人民共和国审计法》于1994年8月31日第八届全国人民代表大会常务委员会第九次会议通过，并于1995年1月1日起施行。2006年2月28日，第十届全国人民代表大会常务委员会第二十次会议做出了《关于修改〈中华人民共和国审计法〉的决定》。

(二) 政府审计的作用

政府审计在财务行政中举足轻重，它对保障国家财务行政活动的顺利进行，保障国家各项事业的发展，具有预防、保护和促进的作用。

第一，预防作用。通过对政府预算编制和执行的审查监督，可以及时发现存在问题，防止财政收支失衡引起的国民经济比例失调，防止资金运用失当造成的损失和浪费；通过对政府预算单位财务活动的审查和监督，可以及时发现和堵塞漏洞，防止大手大脚、铺张浪费现象的发生，以及贪污腐化行为的出现。

第二，保护作用。通过对国家机关和行政事业单位财经活动的审查监督，严肃财经法纪，及时揭露、制止和惩处各种弄虚作假、贪污盗窃、巧立名目侵吞国家资财等行为；通过对国有企业经营状况的审查监督，保护国有资产免遭流失。通过揭露违法违纪行为，教育广大干部和群众，使其警醒，避免犯同样的错误，这也是对干部群众的爱护。

第三，促进作用。通过对政府预算执行和资金运用的审计，可以保证国家财政收支有度，资金使用合理，提高资金使用效益；通过对财政政策法规、财务制度和财经纪律执行情况的审查监督，促进其政策法规、制度和纪律的健全和完善；通过对政府财政行政活动的审查监督，保证行政管理和财务行政活动的合理合法，提高政府行政效率。

二、政府审计的一般原则和内容

(一) 政府审计的一般原则

政府审计是一项非常严肃的工作，为保证其作用，必须遵循一定的原则。这些原则主要包括：

第一，合法性原则。政府审计是一种执法活动，必须按照法律规定的范围和程序进行，以事实为依据，以法律为准绳，摒弃主观随意性，依法审计。

第二，政策性原则。政府审计的政策性很强，一定要坚持政策指导，坚持审计的正确方向。各级各类审计部门的审计人员要努力学习和领会党的路线、方针、政策，不断提高自己的政策水平，不要为审计而审计，变单纯找错揭短的消极被动审计为帮助被审计单位改进工作、消除隐患的积极主动审计。

第三，客观性原则。审计必须实事求是，客观公正，对审计过程中发现的问题既不夸大，也不缩小，如实地反映存在的问题，注重证据，不徇私情，不掩盖事实真相。

第四，经常性原则。在坚持定期审计的基础上，建立经常审计的制度，把定期性与经常性结合起来，防止问题成堆、积重难返时才进行审计，力争把问题杜绝在发生之前，以尽量避免或减少国家和人民的损失。

第五，民主性原则。审计机关必须依靠人民群众，发动和吸收他们参加监督，尤其是发动他们对各级国家机关、国有企业和行政事业单位财经活动的日常监督，善于借助民间审计组织（如审计师事务所等）进行审计。对重大的审计案件要在新闻媒体上公开披露，审计结果也要公开，以扩大教育范围，吸引更多群众参与审计监督。

（二）政府审计的内容

1. 预算审计

预算审计包括对预算编制和预算执行的审计。对预算编制的审计主要是审查预算编制是否贯彻党的路线、方针和政策，是否与国家有关法律法规相抵触。对预算执行的审计除与上述预算编制相同的内容外，主要审查预算收支安排是否合理、是否平衡，资金的使用是否违规，预算会计账目是否清楚，对经济往来和资金运营业务的处理是否正确等。

2. 决算审计

决算审计包括财政总决算审计和单位决算审计。前者是对财政总预算编制情况和对财政总决算各项目进行审计；后者是对单位决算进行审计，主要审查其执行费用开支是否合理并符合国家标准，各项资金是否按计划和指定用途专款专用，经费开支是否超年度指标，财政收支的效益是否达到预算的要求等。

3. 税收审计

税收审计主要审计的内容包括：对预算收入中国有企业和事业单位应缴税款是否按时足额缴纳的强制性审查，一般由税务、海关等机构进行审计；对税收情况的审查，包括税务部门是否按照国家税法规定的范围和标准征税，有无擅自对一些单位或个人减免税款，所收税款是否账目清楚，是否及时解缴国库等，一般由审计和财政等机构进行审计。

4. 基本建设审计

基本建设审计主要是对国家基本建设项目投资预算、投资效果的审查监督。包括预算拨款是否及时到位，建设资金有无被挪用；项目的承建单位财务收支情况和财务处理是否恰当；项目完成是否超出预算，投资效果是否达到预期目标等。一般由审计、财政等机构进行审计。

5. 企业审计

企业审计主要对国有企业的经营业务、财务收支状况、财务账目及其对财政政策法规、财务制度和财经纪律执行情况实施审查。包括国有资产的管理是否完善，有无流失；是否确保国有资产保值和增值；是否按时足额缴纳各种税金；税后利润的分配和安排是否合理；各种非生产性开支是否正当等。一般由审计、财政和税务等机构进行审计。

6. 事业审计

事业审计主要是对行政事业单位的财务收支状况、财务账目及其对财务制度和财经纪律执行情况实施的审查和监督。包括国家拨款的使用是否符合有关政策、法规和制度；各项开支是否合理有度；预算外资金的收支是否得到严格控制，有无私设小金库；财务账目是否清楚，会计凭证是否齐全、完整等。一般由审计和财政等机构进行审计。

三、政府审计的权限和基本方法

(一) 政府审计的期限

《中华人民共和国审计法》规定，国家设立审计机关，实行审计监督制度。国务院设立审计署，在国务院总理领导下，组织领导全国的审计工作。县级以上地方各级政府设立审计机关，分别在同级政府行政首长和上一级审计机关的领导下，组织领导本地区的审计工作。审计机关实行双重领导体制，对本级政府和上一级审计机关负责并报告工作，审计业务以上级审计机关领导为主。审计机关负责人在任职期间不得随意被撤换；地方各级审计机关负责人（包括正职和副职）的任免，应当事先征求上一级审计机关的意见。

审计机关依法独立行使审计监督权，不受其他行政机关、社会团体和个人的干涉。审计工作人员依法行使职权，受法律保护，任何人不得打击报复。审计机关做出的审计结论和决定，被审计单位和有关人员必须执行；审计结论和决定涉及其他有关单位的,有关单位应当协助执行。

审计机关在履行职责时,拥有下列权限:①各级政府的财政部门、税收部门和其他部门应当向本级审计机关报送有关资料,包括本级政府各部门所属各单位的预算,预算收入征收部门的年度收入计划;本级预算收支执行、预算收入征收部门收入计划完成情况的月报、年报和决算,预算外资金收支决算,财政有偿使用资金的收支情况;本级各部门汇总编制的本部门决算草案等。②审计机关有权对会计资料采取取证措施;经审计机关负责人批准,有权暂时封存有关的会计资料。③审计机关有权要求政府的有关部门暂停拨付给被审计单位的有关款项;已经拨付的,暂停使用。④发现被审计单位转移违法取得的资产,审计机关可以依法申请法院采取财产保全措施。⑤审计机关持县级以上审计机关负责人签发的查询通知书,有权查询被审计单位在金融机构的各项存款,并取得证明材料;如果发现被审计单位非法使用贷款资金,可以建议国有金融机构采取保障贷款资金安全的措施。⑥对违反财经法规的被审计单位,审计机关有权责令纠正违反国家规定的收支;责令缴纳财政收入;责令退还或者没收非法所得;责令退还被侵占的国有资产,并处以罚款。⑦对被审计单位违反财经法规的直接责任人和单位负责人,审计机关认为应当给予行政处分的,移送监察或主管部门处理;构成犯罪的,提请司法机关依法追究刑事责任。

(二) 政府审计的基本方法

政府审计的方法很多,如全面审计法、抽样审计法、混合审计法、全部审计法、部分审计法、专题审计法和综合审计法等。不论哪种审计方法,都包含基本方法和技术方法两类。前者大多是定性方法,如发动群众的方法、调查研究的方法、系统分析的方法;后者是审计过程中采用的具体技术方法,包括审计检查法、审计分析法、审计调整法和审计报告法。在具体的审计实践中,应以技术方法为主。

1. 审计检查法

审计检查法是审计机关和审计人员对作为设计对象的单位审查其财务凭证、核对会计数据、审核会计账目的方法。包括按财经业务发生的顺序审查的顺查法;从最新发生的业务往前追溯审查的倒查法;随机审查若干笔业务的抽查法;对每一笔业务一一核查的详查法。

2. 审计分析法

审计分析法是审计机关和审计人员在实际检查的基础上，对审计对象的财务会计资料进行甄别、分析，通过分类、归纳、比较、推理来发现问题的方法。包括比较分析法、比率分析法、结构分析法、指数分析法、趋势分析法、平衡分析法和因素分析法等。

3. 审计调整法

审计调整法是审计机关和审计人员根据审计结果纠正错误的方法。其目的是通过调整，纠正错误，以正确反映被审计单位的财政状况。审计调整必须在审计结束时，根据审计结果进行。

4. 审计报告法

审计报告法是审计人员向审计部门或被审计单位及其主管领导部门，以书面形式报告审计结果，并提出意见和建议的方法。审计报告应注意其内容必须与审计目标一致，结论必须慎重，符合实际，内容必须完整。

思考题

1. 如何理解财务行政的作用？
2. 简述我国政府编制预算的原则与程序。
3. 如何理解政府决算与政府预算之间的关系？
4. 简述会计管理的基本内容。
5. 什么是政府审计？政府审计的主要作用有哪些？
6. 简述政府审计的权限和基本方法。

案例

如何解读审计报告

一份耗时数月甚至上年、凝聚审计人员心血的《审计报告》出来，究竟会有多少人关注呢？是不是也像诸多报纸一样，随手一扔，最多是档案管理人员归档尘封？而真正有内涵有价值的审计报告又该如何解读它所涵盖的对你有用的信息呢？

第七章 财务行政

下面从审计报告的类别、结构、内容和重点,以及审计报告的风格等层面,谈谈如何解读审计报告。

一、审计报告的主要类别

审计报告——以前叫《审计意见书》,后来称之为《审计报告》,主要对财政、财务收支的真实性、合法性和效益性发表审计意见。报告对象十分宽泛,有被审计单位,也有政府和上级审计机关,必要时还可以对社会公众。

审计结果报告——有特定的报告对象,一般不对外公开。适用于向本级政府做的本级预算执行情况的审计结果报告,向组织人事部门做的经济责任审计结果报告,以及向党政领导特别交代的事项所出具的审计结果报告。

审计工作报告——审计机关经政府授权向本级人大做的本级预算执行情况的报告。报告对象比审计结果报告要广泛,除向本级人大报告外,经过授权,可以形成审计公告,向社会公开。

审计调查报告——开展审计调查研究出具的调查报告,报告的目的与审计结果报告差不多,都是特定事项的报告,但报告对象比审计结果报告要广泛,有时可以向社会公开审计调查结果。

二、审计报告的结构

不管是何种类型的审计报告,其结构大致相同,只是侧重点不同而已。审计报告的结构可分五个部分:

第一部分:引言。信息主要来源于被审计单位的《承诺书》,任何一份审计报告均可复制该部分内容,只是改下单位名和地名而已。别看引言部分全是套话,却是明确被审计单位会计责任与审计机关审计责任的法定依据。如对此部分存在异议,被审计单位可以提出修改意见。

第二部分:基本情况。信息来源于《被审计单位的基本情况表》。主要包括:被审计单位的财政财务隶属关系,收入来源和支出方向,内设机构和人员情况,财务负责人等基本信息。该部分是对被审计单位的总体介绍。通常该部分内容被审计单位没什么异议。

第三部分:审计结果。主要包括审计确认的财政、财务收支结存情况,内部控制设立和运行情况,以及前次审计发现问题的整改落实情况,其他与审计范围有关的情况。被审计单位有可能对该部分的内容提出异议,但很容易与审计人员沟通达成一致意见,因为该部分以真实性为主。

第四部分：审计发现的主要问题，包括真实性、合法性和效益性等方面的审计确认。由于该部分内容是基于审计人员对于财务会计制度和相关法律法规的见解，带有一定的主观判断，因而很容易与被审计单位发生冲突，这是很正常的，在证据确凿的前提下，审计人员一般会坚持自己的意见，如实报告。

第五部分：审计建议或意见。包括审计分析与评价结果等方面的信息，审计人员根据审计结果和审计发现的主要问题，对被审计单位的决策与管理进行评价，对存在问题的真正原因进行分析，并在此基础上提出解决问题、完善制度的建议，它体现了审计服务与监督并重的宗旨，因而该部分才是审计和审计报告的真正目的。

三、审计报告的内容与重点

不同类别的审计报告有不同的内容和侧重点。

本级预算和部门预算执行情况的审计报告：主要内容为预算收支的执行结果和以往审计发现问题的整改情况，以及加强预算管理的审计建议，侧重于宏观层面的分析、研究、建议。

专项资金审计报告：主要内容为专项资金的筹集、分配、使用和管理方面的情况，侧重于专项资金的使用效益和专款专用。

经济责任审计结果报告：主要内容为责任人任职期间的经济责任履行情况，侧重于决策能力、管理能力和财经法纪的遵守情况，以及个人廉政问题的客观、公正评价。

财务收支审计报告：主要内容为财务收入、支出和结存情况，以及财务收支过程中法律法规的遵守情况，侧重点视审计目标而定。

审计调查报告：围绕特定对象和特定目的而出具的报告，内容主要为介绍经验、反映情况或揭示问题，侧重于分析研究，为领导者决策服务。

四、审计报告的风格

不同单位、不同的人对审计报告有不同的要求和偏好，由此决定了审计报告的风格定位。

被审计单位财务人员注重审计报告中所揭示的关于财务收支和管理方面存在的问题，因为这与他们的管理责任直接相关。财政、财务收支的审计结果他比审计人更清楚，所以一般不去理睬，除非有大的出入要求调整。

被审计单位法人也会关心审计报告所揭示的问题，主要是涉及对该单位的处理处罚问题，这将影响他的政绩和上级或外界对他的评价。但真正的单位负责人更关注审计报告中针对问题提出的审计建议或意见，这是因为加强管理才是负责人的管理目标，有质量的审计建议或意见通常有对问题产生的根本原因的分析，这也是单位负责人希望审计是服务而不仅仅是监督的真正原因。

组织人事部门关心的是被审计单位基本情况、财务收支的审计结果，以及存在的问题和原因分析，因为由此可以得出该单位管理层的团队协作能力、管理能力、决策能力等方面的信息，而对审计建议或意见通常懒得去看，看了也很少会去采纳。

社会公众对审计报告的偏好不一而足，有的是猎奇心理，希望了解被审计单位基本情况更多些。有的是仇视心态，希望看到更多的问题，为说三道四找到佐证。有的是想获取投资信息，更多关心经营成果，不希望看到存在的致命问题。

而作为审计机关，四个部分都重要，但更重要的是审计发现的问题和审计建议与意见部分，这是审计成果的所在，也是审计人得以炫耀的资本。从这一部分你可以获得大量的对你有用的信息，从这里你也可以解读到审计机关的态度。

比如：2003年6月，有关媒体在看到李金华审计长的《审计工作报告》后，快速反应，把审计报告解读为"审计风暴"，2004年6月，媒体再次将《审计工作报告》解读为"审计清单"（新华社北京6月23日电）。因为从报告的问题点名可以看到中国政府和政府审计惩治腐败的决心和信心。通常在看经济责任审计报告时，尽管报告评价的末尾会加上一句"未发现责任人个人廉政方面的问题"，表面看起来是肯定责任人的廉政，但如果第四部分说了一大堆审计发现的问题，这就提示报表阅读或使用人，被审计责任人存在问题，只是因为审计取证手段不够而显得证据不足，或出于某种压力无法真实表达审计评价意见而已。还有，在做效益审计评价时，如果只看到通篇的"如何管理有方，如何取得了效益"等套话、空话，却没有具体的数字说明效益，则表明被审计事项其实没有效益，或因审计人员能力有限，或因审计人员工作不负责、取证不充分等没有得到效益评价的话语权，或被审计事项根本就不具备效益审计评价的条件，也要强行去搞什么效益审计。

一份好的《审计报告》就像欣赏一篇精彩的纪实小说，有时会令你眉头紧锁陷入沉思，有时会让你笑逐颜开额手称庆，有时却会叫你拍案而起破口大骂。

今天，你学会看《审计报告》了吗？

问题：

1. 开展本级预算执行情况的审计时，审计人员需要了解财政部门的机构设置和各自职责等资料，如果你参与该项目的审计，请完成下表的工作（填空）

部　门	主要职责	内控关键点	审计重点
预算股			
综合股			
非税收入股			
基建股			
社保股			
政府采购			
……			

2. 不少审计业务人员反映，"同级审"年年都搞，问题也总是那么几样，这么审下去已经失去了审计的意义。你是如何看待这个问题的？你有创新"同级审"的审计思路吗？

3. "同级审"的审计结果报告有一个固定的结构，请你谈谈这一结构的主要内容，并站在政府领导的角度，说说如何解读"同级审"的《审计结果报告》。

4. 有人说所有的钱都是政府财政的，那么，政府改变上级拨入资金的预算用途，缩减投资计划套取资金用于其他项目的投资，或弥补政府经费不足等，政府算不算截留、挤占、挪用专项资金呢？

第八章 行政信息

行政信息是社会信息的重要组成部分，行政管理各环节及其相互联系离不开信息；此外信息管理还是实现行政管理现代化、科学化和法制化的重要保障。行政信息与咨询紧密相连，信息是咨询的基础，咨询是信息的应用。

第一节 行政信息概述

一、行政信息的含义

信息是指反映事物现状及其发展变化特征的各种消息、情报。信息在人类社会中普遍存在，人类自最开始就注意识别、收集和处理信息，并利用信息为自己服务。古人"结绳记事""烽火台报警""驿站传信"等记录就是充分利用信息的事例。在当代社会，信息、材料和能源被人们称为科技进步、经济繁荣和社会发展的三大支柱，信息化已成为当代社会发展的一大趋势。信息是人类社会进步的推动力，人类社会生活和工作的方方面面都离不开信息，行政管理工作亦是如此。

行政信息是反映行政管理活动及其对象状态发展与变化，以及对行政主体有影响意义的消息、情报、数据、语言、符号等信号序列的总称。行政信息是行政的基本要素，它既是行政管理活动的研究对象，也是行政管理活动结果的反映。行政信息的范围以行政机关管理国家事务、社会公共事务、机关内部事务的活动为界限。

二、行政信息的特征

（一）客观性

信息是客观存在的，是可靠的消息，是对客观世界一切事物存在状态及其发展变化特征的真实反映。信息的第一要求是必须真实，即具有真实性，否则就不成为信息。信息强调的是客观存在的一切事物通过物质载体发出的有关内容，对客观事物的歪曲反映是谣传。因此，任何行政信息都要求能如实反映客观的事实，凡不符合事实的东西，只能称为讹传，不具有任何使用价值。行政信息的真实性是其存在的基础。

（二）时效性

信息是对某个时段或时间节点事物特征的反映，不同时期反映同一事物特征的信息量会有所不同。在行政过程出现大的变化之前，也会呈现出各种先兆性的信息；行政信息发生后，经过的时间越短，其价值越大。因此，发现、收集和处理预示事物未来变化的各种先兆性信息，以便采取超前的应对措施，是行政管理中取得控制未来主动权的重要方法。

（三）价值性

信息强调的是各种事务通过物质载体发出的一切有价值的内容。因此，凡是为行政管理工作提供的情报和资料，总会或多或少地对完成某项行政任务有所帮助。当然，信息的价值度有高有低，凡具有较高价值的行政信息，往往是对大量原始信息进行加工处理后才取得的，那些未经过正确取舍与筛选的信息往往比较分散，其价值也要低很多。

（四）共享性

信息是人类社会的共同资源，信息资源与其他资源的不同之处在于任何人都可以挖掘、占有和使用信息，并且这种资源可以被不断地开发，多次重复使用而不会消失。当信息的拥有者把信息传递给他人时，他仍享有信息的使用权。信息传递的目的就是为人们所利用，除需要保密的信息外，其他一切信息都不具有独占性。行政信息的共享性一方面要求我们高度重视行政信息工作，充分利用各方面的信息；另一方面又要加强行政信息的管理，注意做好保密工作和知识产权保护工作。

（五）传递性

信息只有借助一定的物质载体和传递工具，才能在时间和空间上扩散，为人们所感受和接收。信息的生命在于传递，没有传递就没有信息，更谈不上信息的效用；而且信息在每次传递过程中，由于传递载体技术条件的制约或经过使用者的加工，其内容会有所变化或调整。行政信息除具有一般信息的传递性外，其传递方式和载体还具有高度的组织性和控制性。在自然信息及其他信息中，存在着相当程度和数量的个体性、分散性的传递方式与载体，而行政信息的传递方式和载体却具有高度的组织性和控制性，在传递行政信息过程中常采取非自然的、硬性的措施或手段，对传递方式和载体加以控制。这种有意识的控制不仅起到对信息的分界及限定作用，而且对信息传递方式、步骤及速度起着强制性的保障作用。

三、行政信息的作用

（一）行政信息是行政计划与行政决策的基础

计划与决策是行政管理的基本职能，行政管理过程制定计划和做出决策是以客观信息为基础的。只有完整准确地掌握行政信息，才能及时地分析判断，做出科学的决策，否则必然会导致决策不当或计划无法实施。决策的科学与否很大程度上取决于所掌握信息的数量与质量，准确充分的信息有利于做出科学的决策，虚假或残缺不全的信息必然导致错误的决策。此外，决策者为确保决策的稳妥性，还必须充分照顾社会各阶层的利益要求和愿望，预测他们对政策可能的反映，这自然也是以相应的信息为依据的。

（二）行政信息是行政沟通和协调的媒介

行政系统内部各因素和外部环境以及相互之间的沟通与协调，都是建立在信息流动基础之上的。行政活动中的信息沟通，无论是下情上达、下情上呈，还是平级间交换情报，都是信息传递的过程；行政沟通借助于信息这一媒介，才能使行政管理的各个层次、各个部门彼此沟通，协调一致地完成组织目标。没有信息的流动，行政系统这一庞大的"机体"将会失去生命活力。因此，要维持和保护行政系统的正常运转，就要建立健全行政信息网络。行政协调的目的，是为了共同实现行政组织目标，使各部门、各工作人员之间能分工协作、互相配合、同心同德。行政协调的中心工作就是打通各个层次和各个部门之间信息沟通的渠道，通过传递资料和信息、传阅通报等方式，促使各方面及全体行政人员了解问题的真相，以统一思想，实现团结与合作的目的，避免因部门、人员间缺少沟通与交流产生矛盾和冲突，影响行政目标的实现。

(三) 行政信息是行政执行与行政控制的依据

为保证行政管理活动有计划、有组织地进行，就要随时掌握行政执行效果与行政目标之间的差距。通过检查，及时反馈行政执行情况，找出成因，纠正偏差，消除行政执行过程中的矛盾和冲突，保证整个行政管理活动有序进行，而这一切都离不开对信息的需求。因此，行政控制是实现行政目标的重要保障，行政控制的过程就是行政信息发挥作用的过程，行政信息是行政控制的依据。

可见，行政信息与行政管理相互依赖，相互作用，共处于行政系统，属于"共生"关系。同时，行政信息对于行政管理的每个环节、每个领域都起着极为重要的作用，它是提高行政效率的决定性因素。此外，行政管理通过有效活动产生了大量行政信息，是行政信息的主要来源，而行政信息又反过来指导行政管理活动，决定着行政管理的存在和发生。

第二节　行政信息管理与行政信息公开

一、行政信息管理

行政信息管理是指在行政系统内，按一定的要求，通过对行政信息系统诸要素及其运作的组织，使之达到为行政工作服务的目的。行政信息首先要服务于行政管理，还要实现与外部信息的沟通。没有科学的管理，信息沟通则杂乱无章；行政信息只有在良好的管理中，才能达到规范化、科学化，为行政管理提供及时、全面、有效的服务。行政信息管理主要包括行政信息的收集、加工、传递和存储四个基本环节。

(一) 行政信息的收集

信息收集是信息管理的开端，是把大量散存、或真或假的行政信息以文字、图表、数据、图像、符号的形式记录下来。信息收集工作应先确定目的、制订计划、收集信息，最后汇集整理。信息的收集工作是根据实际需要有选择性地进行信息收集。目的的确定决定了信息收集的方向和范围。根据所需信息的内容、范围和时限的要求，对信息的来源、种类以及信息收集的时间、方式和人员等做出具体规定，组织人力通过一定的技术手段系统地收集信息；将所搜集的信息以文字形式初步整理出来，提供给信息加工者。常用的收集信息的方法主要有专业实践、有偿征集、定点收集、采访阅读、信息追踪、解剖分析、推理加工等。信息收集工作不仅是信息管理的开端，同时还贯穿于信息管理的全过程。

信息收集工作一定要注意广泛全面、真实可靠、系统连续，既要有所选择又要保持经常主动，要有计划、有目的地进行积累。

（二）行政信息的加工

信息加工是将收集来的信息按照一定的程序和方法进行分类、分析、编制，使之成为一份真实的、规范的信息资料，以利传递、存贮和使用。信息加工过程不仅是信息管理的重要环节，也是一种创造性思维活动过程。只有经过加工的信息才具有开发利用的价值。行政信息加工一般按照分类、比较、综合、研究、编制等程序进行。首先应对凌乱无序的信息，按照一定的标准（如时间、事件等）进行分类，保留有用的信息，剔除陈旧过时的部分，使之规范有序。对于同类或连续的信息，通过比较，把握信息和它所反映的事物之间的有机联系，从而将有用的数据资料加工成能综合反映事物总体特征的信息，为行政决策服务。

行政信息的加工一定要客观可用，不能主观臆断。经过加工后的信息应明确充分，具有直接可用性。

（三）行政信息的传递

行政信息的传递是指各种信息在行政部门之间流动的过程。行政信息传递的基本模型由信源、信道和信宿三部分组成。信源，是行政信息的来源，信源又分为原生源和再生源；前者生成的信息以原始信息形式直接进入传递，后者是收集加工后的信息以二次情报的形式进入传递。信道，即信息传递的通道，包括传递的媒介及媒介运行方式。在管理中要选择合适的信道，减少信道中的干扰因素，这是保证信息传递速度和可靠性、避免信息失真的关键。信宿，是接受并利用行政信息的主体（人员或机构），它是信息传递的终点。

行政信息传递的方式，按传递方式可分为单向传递和双向传递。单向传递包括上行传递和下行传递。上行传递是下级向上级反映情况的各种汇报、报告等。下行传递是上级机关发布的各种命令、指令，公布的各种决议、政策和法规等。双向传递是指信息传递的接受者同时扮演着两种角色，互相向对方发出信息，如行政职能部门的联席会议、经验交流会、上下级机关的请求与批复等。按照信息传递的手段，可分为书面传递、口头传递、电讯传递和激光传递等。

信息传递要信道畅通、如实传递、体制健全，信息传递的层次设置要合理，应除去不必要的传递环节，以保证信息传递效率的提高。

（四）行政信息的存贮

行政信息的存贮就是把已经收集、处理加工完毕的信息资料以文字、图像的形式，借助计算机手段和各种其他媒介记录贮存下来，以便随时利用。行政信息储存在现代行政信息系统中是十分重要和复杂的一环。行政信息资料具有"可再生性"，其价值实现过程并不是一次完成的。信息的存贮过程必须注意三个方面：首先，保存必须安全可靠，对由各种自然的、社会的、技术的因素可能造成的资料损毁或丢失，都必须有相应的防范和处理措施。其次，信息的储存应具有咨询、顾问和参谋的属性，能为行政管理提供服务。最后，应建立科学方便的检索系统，以方便信息的查找和调用。行政信息资料具有历史价值和作用，即具有档案的属性。

行政信息存贮的内容包括：登记、编码、存放和排列等。

（五）行政信息的输出

行政信息的输出即将处理并储存好的信息在需要时调用出来，按照要求编印成为各级行政领导及管理人员所需要的报表和文件，以便于他们及时获取所需要的信息和资料。

（六）行政信息的反馈

行政信息的反馈就是在信息输出以后，及时回收有关信息使用者的看法与反映，然后针对信息本身存在的不足进行及时的扩展和补充，以更好地满足行政决策者对行政信息的要求。取得信息反馈的途径主要有两条：

1. 正规途径

主要指下级部门通过总结汇报和统计报表等形式反映政策的执行情况；这是反馈的主要途径，要求有严密的监督机制及相应的惩罚制度与之相配套，否则会出现弄虚作假、报喜不报忧等弊病。

2. 非正规途径

即广大群众的意见和反映，它是非官方的自愿行动，是信息反馈的可靠来源。新闻机构担负着非正规途径反馈主体的使命，要通过媒体的宣传和呼吁，及时反映人民群众的要求和疾苦，把政策执行效果及时反映到政策制定者的手里。

二、行政信息公开

（一）行政信息公开的含义

行政信息公开是指政府根据公众的需求，公开除国防、外交、司法等领域的机密以外的、不危及社会安全和国家利益、个人隐私的所有信息，并方便公众获取的行政管理制度。

我国行政信息公开的主要依据是《中华人民共和国政府信息公开条例》。《中华人民共和国政府信息公开条例》为了保障公民、法人和其他组织依法获取政府信息，提高政府工作的透明度，建设法治政府，充分发挥政府信息对人民群众生产、生活和经济社会活动的服务作用而制定；于2007年1月17日国务院第165次常务会议通过，由中华人民共和国国务院2007年4月5日发布，自2008年5月1日起施行。2019年4月3日，《中华人民共和国政府信息公开条例》经中华人民共和国国务院令（第711号）修订，自2019年5月15日起施行。

（二）行政信息公开的必要性

政府建立信息公开制度，向社会提供信息服务，是为了让社会和公众最大限度地共享信息资源，发挥信息在国民经济建设和社会发展中的作用。正如1985年世界经济合作组织的《跨国数据流宣言》所说："计算机化的数据和信息流是技术进步的重要结果，在国民经济中正起着日益重要的作用。"因此，要"意识到由于获取各种信息源和高效益的有效信息服务带来的社会、经济利益"。具体地说，实施信息公开制度主要有以下几个方面的原因：

1. 满足公众的知情权和行使参政权、议政权、监督权的需求

当前我国正着力建设社会主义民主法制社会，公众有知情权、参政权、议政权和对政府官员的监督权。加之信息的传播和交流变得越来越平等，公众可以通过大众传媒直接观察国家行政管理者的活动，也可以发表自己对国

家管理的看法和褒贬政府官员的行为。政府管理公开化、民主化已是大势所趋、人心所向，要满足公众这些权力的实施，就必须向他们提供政府管理的信息和政府官员的信息。

2. 满足行政管理者科学决策的需求

政策科学中的集团理论认为，公共政策就是多种利益集团相互斗争、相互妥协的产物，政府充当了掌握政策手段的协调人。一旦公众充分了解政策的制定过程，就会顺从地接受并且自觉地执行政策，从而使政策取得理想的结果。这是以政府与公众之间充分的信息交流为前提的，政府必须充分公开其拥有的信息。在行政管理中，一项决策必然要建立在广泛吸收公众意见、符合公众利益的基础之上。科学决策的制定既需要政府自身的信息，又需要公众的需求信息。要获得公众的需求信息，首先必须向公众公开政府信息。

3. 政府责任义务的体现

政府是代表公众管理国家事务的，其在管理工作中产生和收集的信息是国家公有财产。公众作为纳税人，利用和拥有政府的信息是他们的权利，政府作为社会服务机构，有责任也有义务广泛公开其信息。

(三) 行政信息公开的方法

1. 信息发布会

信息发布会是指一种发布政府信息的专门会议，由需要发布信息的行政领导部门组织，参加会议的主要是新闻媒体的记者，故又称作新闻发布会或记者招待会。行政领导部门用此法向社会各界公开发布各种信息，或是某些部门和地区的行政单位用此法到中心城市发布本部门或本地区的有关信息，以期引起社会各界和相关人士的关注，或以此获得某些有效的支援与合作，或向所辖地区的公众告知相关事项。

信息发布会具有及时、公开和影响面广的优势，借助于大众媒体，可以获得很好的效果。尤其是在信息发布会现场，记者可以提出许多问题，行政部门可以具体解释、说明所公布信息的细节，这种与行政管理者对话的双向沟通的方法日益成为一种行之有效的行政信息公开的方法。

2. 政府出版物

政府出版物又称官方出版物，是指国际性政府组织和各国政府的出版机关出版的文件资料。一般可分为行政性文件和科技文献资料两大类。在行政信息管理中，通过政府出版物公布信息，包括公布各项政策、条例、命令、法令、规程、决议、决定、指示、公报、宣言、会议记录、听证会记录、外交文书和调查统计文书等。

一国政府或议会发表的重要文件或报告书即为政府出版物，根据其封面颜色的不同而取名，白色的叫白皮书，蓝色的叫蓝皮书，因而白皮书、蓝皮书等往往成为某些国家政府文书的代名词。一国使用的颜色并不限于一种。近年来，我国政府也先后发表过《关于人权状况的白皮书》和《关于我国科学技术发展的白皮书》等。

3. 政府网站

我国开展的政府上网工程效果显著。国务院信息化工作办公室委托赛迪顾问所做的调查显示，到2005年底，我国政府域名（GOV.CN）注册量达到23 752个，政府网站达到11 995个。政府门户网站体系初步形成。2005年10月1日，中央政府门户网站开始试运行。2006年1月1日，中央政府门户网站正式开通，当日点击量达到4 048万次，页面浏览量为519万次，访问次数34万次，访问人数26万。通过网站发布信息也是一种很好的方法。

4. 广播电视讲话

在重要节日，由国家领导人或当地政府的最高负责人，通过广播电台、电视台向公众发表节日讲话，是发布政府信息的重要方法之一。这种方式只用于"号召性"和"周知性"信息的发布。

5. 公告与通告

公告与通告是机关公文范畴里的两个公文文种。"公告"用于向国内外宣布重要事项或法定事项，用于公布遵照性信息；"通告"用于在国内一定范围内公布应当遵守或者周知的事项，具有约束力。这两种公文并不在机关之间流转，除了制发机关存档外，主要是通过宣传媒介或张贴的形式直接公诸社会。与这两类公文相似的还有"布告"，用于公布应当普遍遵守或周知的事项。

第三节 行政咨询

一、行政咨询概述

(一) 行政咨询的含义

行政咨询是指咨询机构用科学方法，通过对相关信息的研究，对行政过程所出现的问题做出解答，以此影响决策活动。

在行政组织中，领导者担负着重要的决策职能。由于领导者个人的能力、知识和经验是有限的，因此，为了保证决策正确，就有必要借助智囊团为之出谋划策，发挥他们在决策中的辅助作用。我国早在春秋战国时期就有"养士"制度，历代也都设有"谋士""军师"等，他们在当时的政治、军事斗争中起到了重要作用。在现代社会中，行政决策所面临的问题动态变化更大，不确定因素更多，不能像在小生产条件下那样仅依靠个人的智囊、妙计来决策，而是需要建立健全多种形式的咨询机构，只有这样，方能保证行政决策的顺利进行。

现代社会的咨询系统虽然脱胎于古代社会的智囊制度，但与之又有明显的不同。现代咨询系统是一个多学科专家的集合体，具有合理的智能结构，而且研究工作具有相对独立性，注重凭借先进的科学理论，运用科学的思维方法和电子计算机等先进技术手段进行科学设计、科学实验和科学论证，从而得出符合客观实际的结论。这些都是古代智囊人物所不可比拟的。随着社会民主化程度的提高，行政咨询进一步扩展了它的民主功能，逐渐成为许多国家政府发扬民主、征询民意的必经程序和公众参与公共行政的重要环节。

(二) 行政咨询的特征

1. 综合性

行政咨询是一项综合性工作，往往把情况研究与出谋划策相结合，它不仅要了解情况、分析形势、回顾过去、预测趋向，而且要针对所研究的问题提出可供选择的战略、政策、方案和措施。行政咨询是多学科的综合，需要具有不同的知识结构、从事不同课题研究的人员相互协作，共集所长。

2. 智能性

行政咨询向行政管理提供的是知识与智能服务，咨询机构被誉为"智囊团"或"外脑"。行政咨询的智能性特点要求我们必须尊重知识、尊重人才，要给专家以自由研究的环境和气氛，充分发挥专家个人的创造力和集体智能。

3. 民主性

在现代行政管理中，行政咨询不仅为政府的决策服务，且成为政府听取公众意见、接受公众监督、动员公众参政议政、为公众参与公共行政提供机会的途径，因此其也具有民主功能。

4. 相对独立性

咨询工作及其咨询对象和机构的相对独立性是保证咨询客观性的条件之一。对咨询对象来讲，要充分尊重他们的独立研究和独立见解，要为他们创造宽松的、畅所欲言的条件。对咨询机构来讲，不论是政府内部的还是政府外部的，也不论咨询机构是否直接隶属于行政部门，都应保持他们的相对独立性，咨询工作的研究项目、方法、手段，信息的选择及所做结论都应是独立自主的。

（三）行政咨询的作用

1. 行政咨询提供决策目标的背景分析

确定或修订决策目标，既离不开对目标环境、条件及其变化的科学分析，也离不开对目标价值、可能性及其相应关系的准确把握。这些都可以也应当通过咨询，及时掌握全面的、准确的背景材料，并在咨询机构对其做充分分析的协助下，确定准确、合乎要求的目标。

2. 行政咨询拟定并论证各种方案

围绕特定目标、研究制定若干可供决策者选择的方案是行政咨询工作的重要内容。提供咨询者从定性和定量两个方面为政府决策提供方案，并列出依据。决策之后，又协助决策者正确、适时地进行反馈，及时调整方案，提供应变措施。咨询机构在制定方案时，还可对所有方案进行可行性研究，为决策者提供论证。行政咨询通过方案论证，分析方案在社会各种关系发生变化的情况下可能出现的后果，再用科学方法求得可行的解决办法，同时运用优化方法寻求较佳方案。

3. 行政咨询预测行政活动的变化与发展

行政领导不仅要致力于解决当前的迫切问题，也必须对发展趋势加以考虑。行政咨询可通过多种交流获得发展变化的信息，并做出多侧面、多角度、多层次的预测，协助决策者掌握更多信息，使其在较短时期内了解全局、明确形势，做到心中有数，并注意长远的、本质性问题，充分发挥主动性。

4. 行政咨询扩大行政领导者的视野

现代行政管理对领导者的才能和知识有很高要求，由于主客观因素的限制，任何人都不可能完全了解各领域、各方面的问题，也不可能掌握各学科的全部知识。但行政活动又必定会涉及各领域与众多学科，这在实践中不可避免地出现领导才能的局限性与领导工作全面性的矛盾。行政咨询可以集思广益，充分发挥智囊团和各方面人士的才智，有效帮助领导者解答各种疑难，并不断扩充新知识，破除决策过程中的知识性障碍，使上述矛盾得以不断解决。

5. 行政咨询为公众参与公共行政提供了机会

政府在做出重大决策或颁布行政法规之前，通过召开听证会、规定咨询期、实行公示制等方式，可更充分地听取群众的意见，接受群众监督，及时发现问题和不足，使政府的决策和法规更趋完善，更具有广泛的群众基础，更加深入人心；与此同时，这也是广泛动员群众参政议政，为公众参与公共行政提供良好机会的实际行动，对于促进政治民主和行政民主具有重要的作用。

二、行政咨询机构

（一）国外的行政咨询机构

现代各国政治家为了提高行政效能，纷纷在政府系统内部建立了由各类专家组成的幕僚机构。美国在建国初期，为辅助总统处理公务，就有了以总统私人雇员身份出现的总统秘书和总统助手。到第二次世界大战前，为适应资本主义发展的需要，富兰克林·罗斯福总统迅速扩张总统的行政权力，以便有效地行使日益增强的干预经济的权力和其他各项权力。1939年4月，美国国会通过了《政治改组法》，授权总统任命6位总统行政助理，奠定了美国总统幕僚机构的法律基础。随后，经过杜鲁门总统和艾森豪威尔总统时期的发展，特别是在肯尼迪和尼克松担任总统期间，充实健全了总统幕僚机构，并且使其在行政决策过程中占有特殊重要的地位。目前，美国等一些国家在其政府的各个部门以及各级行政机关中也建立了参谋咨询机构，使政府组织形成了功能匹配的态势。

决策咨询机构的另外一种形式是处于行政决策系统之外的社会科学研究机构，尤其以第二次世界大战以后在发达资本主义国家兴起的智囊团、思想库、脑库等为典型形式。1948年建立的美国兰德公司是西方智囊团的先声。此外，现代世界上著名的智囊团还有美国的斯坦福国际咨询研究所、胡佛研究所，日本的野村综合研究所，德国的工业设备企业公司，英国的伦敦战略研究所等。这些智囊团是社会研究机构，但又与一般的研究机构有明显的区别，它们与政府、垄断企业、利益集团等各种政治权力有着千丝万缕的联系，对决策的背景、环境、决策战略、决策方案、改革效力等进行研究和分析，从而为政府决策提供知识咨询。这些研究机构最主要的特征就是研究现实、服务现实，而不做纯粹的学理研究。战后在资本主义国家兴起的这种新的研究机构从各个方面影响了这些国家的政策分析水平，有效地补充了政府决策的科学性，成为资本主义国家政府决策过程的一种独特因素。

（二）我国的行政咨询机构

我国直接为行政活动提供服务的咨询机构主要有政策研究机构、情报研究机构、学术研究机构、咨询服务机构和专家顾问委员会等组织形式。

1. 政策研究机构

中央各部、委和国家领导机构，以及各级政府的政策研究室与调查研究处等组织形式，是我国的主要政策研究机构。这类机构主要从事与国家行政直接相关的现行政策研究，分析政策实施过程中的问题，测定评估政策执行的效果，帮助决策者修改、完善已有政策，制定、评定有关措施，保障政策的有效执行。

2. 情报研究机构

行政活动与科学研究活动的关系越来越密切，科学研究、技术进步及其管理的情报对行政管理具有重要意义，情报研究机构所提供的咨询服务也日益受到重视。我国的情报研究机构遍布各学科、各专业和各层次，这些机构所掌握的产业、商业、文教、科技、人口和民族等方面的情报是行政管理者了解社会状况的主要信息资源。

3. 学术研究机构

这些机构包括按学科或研究问题组织的各种学会、研究会、协会和各科学技术普及团体，其成员一般来自高等院校、科研机构和专业性组织。学术研究机构的咨询工作涉及的学科、问题较广，并且有较大的研究优势。

4. 咨询服务机构

这类机构是我国实行改革开放政策后形成的，为有偿服务性质，一般不直接隶属于行政系统，但又不同于国外的咨询公司。我国的咨询服务机构一般是工会、共青团、妇联以及其他社会团体或科研组织的附属与派出机构。这类机构为政府或其他机构提供咨询服务，对社会、经济、科技、组织管理中的新问题进行专题研究，对政策的颁布和执行收集社会各界的反映，并提出相应的方案、措施和方法。

5. 专家顾问委员会

各级专家委员会、学术委员会和顾问委员会是对行政管理起咨询作用的重要组织形式。它不是专业咨询机构，而是通过委员会的形式，把各学科、各专业的专家和曾长期担任主要行政职务的领导组织起来，充分发挥他们的学识、专长、经验和才能，对重大决策起顾问、参谋和指导作用。

三、行政咨询与行政信息的关系

（一）行政信息是行政咨询的基础

1. 信息的内容决定咨询服务的范围

对咨询提供者来说，掌握信息才能进行服务，咨询范围或服务项目的选择很大程度上取决于选择者所拥有的信息内容。所以，不论提供何种咨询，都应从所拥有信息的内容这一实际出发。

2. 信息的完整性决定咨询服务的能力

信息的完整性既与信息量相关，又不等同于信息量，它指的是信息对某一或某些现象、事物或工作的反映具有全面、系统的性质。咨询服务提供者拥有的信息越多、越完整、越系统，其提供咨询服务的能力就越强。

3. 信息获取与加工的及时性决定了咨询服务的应变性与主动性

咨询任务的提出有时是突发的，往往有严格的时间限定。咨询服务的提供者能否完成任务，与其自身的应变性和主动性有关。应变性就是根据新的任务迅速调整信息的收集方向，并较快地按此方向展开信息处理工作；主动性就是平时对信息的变化发展很敏感，能及时地获取、加工这些信息，一旦面对突发性的咨询任务，能有所准备，甚至做到应对自如。可见，咨询服务不论是应变性还是主动性，都与信息的获取与加工的迅速、及时直接相关。信息获取、加工越迅速、及时，咨询服务的应变性、主动性就越强。

4. 信息加工的科学性决定了咨询服务的可靠性

咨询服务的可靠性主要是指咨询结果，即战略、策略、计划、方案、报告等能与实际相一致，或与事态的发展趋势相一致。咨询结果能否如此，不仅要求咨询服务提供者掌握充分的信息，而且要求它能对信息进行科学分析、综合、抽象、概括。信息加工的科学性决定着咨询结果的可靠性，因此科学的信息处理也是咨询服务的重要方面。

（二）行政咨询是行政信息的应用

1. 行政咨询使行政信息的获取更具有针对性

行政信息工作是为行政管理服务的，这种服务性质决定了信息工作必须符合行政管理的要求或需要。因此，行政信息工作应明了行政管理所需解决的问题或所需了解的信息。通过咨询，能使行政信息工作及时地掌握这两个"所需"，从而使信息的获取更具针对性。

2. 行政咨询为信息加工提供了依据

行政信息因其发生、形成或应用条件（时间、地点、应用者、相关信息等）不同，其价值的大小、内容的取舍、加工程度的深浅及加工速度的快慢等都会有所不同。这些都给信息工作者对加工标准的把握造成一定的困难，而行政咨询恰恰是解决这些困难的有效方式或途径。行政管理所咨询的问题本身往往是信息加工过程中判定信息价值、决定内容取舍和确定加工程度与速度的依据或标准。

3. 行政咨询为信息传递明确了要求

信息在行政管理体系中的传递能否更为合理，或信息的应用能否更为有效，很大程度上与信息传递的流向、范围、方式和速度等因素的确定与适时调整相关。而行政咨询的内容、性质和所涉及的范围、层次等，对信息的传递提出了具体要求，直接决定着信息传递诸因素的确定或调整。

4. 行政咨询促进了信息管理的完善

信息工作人员素质的提高、信息载体和技术的进步不仅与科学发展和经济进步直接相关，而且与行政管理的发展直接相关。咨询工作体现或提出了行政管理对信息工作的新要求和更高标准，这对行政信息管理具有促进作用。不仅如此，咨询过程实际上也可看作对信息管理效果的检验。为能及时提供可靠信息作为咨询服务的基础，就要求信息管理者在管理上下功夫，保障各要素的有机结合，充分发挥信息系统的作用与效能。

除上述四个方面外，行政咨询对信息的贮存、信息潜在价值的挖掘等也具有经济的意义。

第四节 电子政务

一、电子政务的兴起

行政管理创新是电子政务建设的内在动力。第二次世界大战结束后，各国为了促进经济发展，加强了政府的宏观干预，取得了一定的成效。但是到了20世纪80年代初期，各国普遍出现了通货膨胀加剧、失业率上升、国际收支恶化、财政赤字增加的情况，于是各国政府开始反思：政府的干预是否仍然有效？应该如何解决这些问题？20世纪80年代，各国开始推动政府改革，如英国开始推动电信的非国有化、放松管制的改革；美国则从里根政府时期就开始放松对金融、交通和电信的管制，鼓励竞争。20世纪90年代，美国克林顿政府上台以后，又推动了新一轮的政府改革，以提高政府的工作效率和服务水平，减少预算赤字，增加经济活力。英国启动"政府现代化"计划，目标是去除沉浮教条、改掉官僚作风，改进政府决策方式以及对企业和社会公众需求的响应方式，改善公共服务等。

借助先进的信息技术实施电子政务，一方面为政府内部业务带来了潜在利益，优化了决策过程，提高了行政效益；另一方面也可以克服政府在管理和提供服务方面存在的弊端，节约政府管理成本，使政府从传统的官僚主义体制中解脱出来。从某种程度上来看，电子政务已经成为评价政府管理现代化水平的重要标志之一。

二、电子政务概述

（一）电子政务的概念

所谓"电子政务"，是指各级政府组织利用现代信息技术和通信技术，将管理和服务通过网络技术进行集成，在互联网上实现政府组织结构和工作流程的优化重组，以打破时间、空间以及条块分割的制约，从而开展公共信息资源交流、办公决策、业务处理、公共服务等政务活动，提高工作效率、管理能力和服务水平的过程。其核心内容在于将政府的管理和服务借助信息手段集成，实现更高效、更廉洁、更务实的政府公共管理和服务。

一般来说，电子政务的定义包含三个方面的内容：一是电子政务必须借助现代信息技术、数字网络技术和办公自动化技术，同时也离不开信息基础设施、相关软件技术以及相应的各类人力资源的支撑。二是电子政务并不是将传统的政府管理和运作简单地搬到互联网上，而是要对现有的政府组织结构、运行方式、行政流程进行重组和再造，使政府所拥有的公共信息资源进一步透明和公开化，为广大公众提供优质的网络化公共服务。三是电子政务处理的是与政权有关的一些公共事务，除了包括政府机关的行政事务以外，还包括立法、司法部门以及其他一些公共组织的管理事务，如检察、审判、社区事务等。实际上，电子政务最重要的内涵是运用信息技术打破政府机关的组织界限，构建一个电子化的虚拟政府，使得人们可以从不同的渠道获取政府的公共信息资源及服务，而不是传统的层层设岗、书面审核的作业方式。同时，政府机关之间及政府与社会各界之间也是经由各种电子化渠道进行相互沟通，并依据人们的需求、可以使用的形式、要求的时间及地点，提供各种不同的服务选择。

（二）电子政务应用的几个阶段

根据联合国《2004年全球电子政务准备程度报告》，电子政务应用可以划分为五个阶段：

第一阶段是起步阶段。其主要特征是：开通网站并发布静态信息；建设内部局域网，实现文档电子化；实现政府内部办公自动化系统。

第二阶段是提高阶段。其主要特征是：增加政府网站数量，能够提供动态信息和专业信息；提供检索功能和电子邮件服务；建立系统专网和单一应用系统。

第三阶段是交互阶段。其主要特征是：信息定期更新，实现网上表格下载、咨询等简单交互功能；能够利用电子邮件进行交流；建设业务管理信息系统，提供业务信息检索。

第四阶段是事务处理阶段。其主要特征是：用户事务在线处理；数字身份认证广泛有效，信息安全得到保证；基础网络基本整合；后台实现公共信息共享。

第五阶段是网络化阶段，这是电子政务服务最复杂的阶段。其主要特征是：整合各种服务；政府鼓励企业和公众参与决策，开展双向对话，通过网络评论和在线意见征集和咨询机制，主动征求企业和公众对公共政策、法律和民主决策的意见。

(三) 电子政务的特点

1. 政务手段和技术先进实用

政府在管理中采用了传统政务中没有的先进信息技术，规范和程序化了政府的业务工作，整合了政府的管理工作，从而实现了增进政府效能、提高办公效率、降低决策风险、增加政府议事透明度等政府管理目标。

2. 政府信息的公开与共享

电子政务使政府信息的公开、公民信息知情权的实现有了可能，政府不能再独占所掌握的大量信息，而是有责任和义务将信息以便利的方式提供给公众，使公众能够比较容易地获得政府的信息，从而实现政府信息的更高附加值。

3. 政府与公众之间的互动协调

电子政务建立起了跨政府机关、企业与公众之间的互动机制，经此互动机制，企业和公众可以获得政府的信息与服务，而政府亦可了解企业和公众的合理要求，从而促使政府更具责任感。

4. 政府更高的办事效率

电子政务的交互式管理、一站式办公，改变了传统的政府组织模式，实现了政府各职能部门业务和具体办公流程的重组和优化，使行政程序简化、统一，使政府业务信息化、网络化，从而提高了政府的效率。

5. 开放式的管理

政府在统一的平台上直接面对社会公众，实现了开放式的政府网上办公，可以减少和避免传统政府中因"暗箱操作"而造成的腐败问题，促进政府廉政化建设。

三、电子政务的基本内容

（一）政府与公众

政府与公众的电子政务是指政府与公众的互动，主要是指政府通过电子网络系统为公民提供的各种服务，其可以涵盖一个人的一生，包括出生、儿童教育培训、生活、就业、兵役、纳税、婚姻、住房、医疗、保险、退休养老、死亡等多个方面。较为典型的主要应用有：

1. 教育培训服务

它包括：建立全国性的教育平台，并资助所有的学校和图书馆接入互联网和政府教育平台；政府出资购买教育资源然后提供给学校和学生；重点加强对信息技术能力的教育和培训，以适应信息时代的要求。

2. 就业服务

它是指通过电话、互联网或其他媒体向公民提供工作机会和就业培训，促进就业。例如：开设网上人才市场或劳动市场，提供与就业有关的工作职位缺口数据库和求职数据库信息；为求职者提供就业培训、就业形势分析、就业指导方向等服务。

3. 电子医疗服务

它是通过政府网站提供医疗保险政策信息、医药信息、执业医生信息，为公民提供全面的医疗服务。具体包括：公民可通过网络查询自己的医疗保险个人账户余额和当地医疗账户的情况；查询国家新审批药品的成分、功效、实验数据、使用方法及其他详细数据，提高自我保健的能力；查询当地医院的级别和执业医生的资格情况，选择合适的医生和医院等。

4. 社会保险网络服务

它是指通过电子网络建立涵盖地区甚至国家的社会保险网络，使公民通过网络及时全面地了解自己的养老、失业、工伤、医疗等社会保险账户的明细情况。它还包括通过网络公布最低收入家庭补助，增加透明度。另外，公民还可以通过网络直接办理相关的社会保险理赔手续。

5. 公民信息服务

它包括：使公民得以方便、容易、费用低廉地接入政府法律、法规、规章数据库；通过网络提供被选举人背景资料，促进公民对被选举人的了解；通过在线评论和意见反馈了解公民对政府工作的意见，改进政府工作等。

6. 电子证件服务

允许公众通过互联网办理结婚证、离婚证、出生证、死亡证明等相关证件。

7. 电子税务

政府在网络上或其他渠道上提供电子化表格，允许公众通过电子报税系统申报个人所得税、财产税等。

（二）政府与企业

政府对企业的电子政务是指政府通过电子网络系统进行电子采购与招标，精简管理业务流程，快捷迅速地为企业提供各种信息服务。政府应致力于为企业提供良好的外部环境，营造安全、有序、合理的电子商务环境，为企业提供各种政府服务，引导和促进当地企业的良好发展。具体而言，可以以企业从开始到停业注销所需服务为依据，提供完整的面向企业的服务内容。

1. 电子采购与招标

通过网络公布政府采购与招标信息，向企业提供有关政府采购政策和程序的信息，使政府采购更加透明，减少徇私舞弊和暗箱操作，降低企业的交易成本，节约政府采购支出。

2. 电子税务

使企业通过政府税务网络系统，在企业的办公室内就能完成税务登记、税务申报、税务划拨、税务查询、了解税务政策等业务，既方便了企业，也减少了政府的开支。

3. 电子证照办理

让企业通过互联网申请办理各种证件和执照，缩短办证周期，减轻企业负担，如企业营业执照的申请、受理、审核、发放、年检、登记项目变更、核销等工作都可以通过电子化的方式进行办理。

4. 电子外经贸

实施进出口配额许可证的网上发放、海关报关手续的网上办理以及网上结汇等业务。

5. 信息咨询服务

政府将拥有的各种数据库信息对企业开放，方便企业利用。

(三) 政府与政府

政府间的电子政务是指上下级政府、不同地方政府、不同政府部门之间的互动以及政府与公务员间的信息交流与服务，主要目的是提高政府部门的办公效率和对公务员的管理水平。较为典型的应用有：

1. 电子办公

它通过电子网络完成机关工作人员的许多事务性工作，节约时间和费用，提高工作效率。如工作人员通过网络申请出差、请假、文件复制、使用办公设施和设备、下载政府机关经常使用的各种表格、报销出差费用等。同时在保证信息安全的前提下，利用电子化的方式，在政府部门之间进行公文传送，以提高政府公文处理的速度。

2. 电子司法记录共享

在司法机关之间利用信息技术实现司法信息（如公安机关的刑事犯罪记录、审判机关的审判案例和检察机关的检察案例等）的共享，以提高司法工作的效率和司法人员的能力。

3. 电子财务管理

通过电子化方式，向各级国家权力机关、审计机关和相关机构提供分级、分部门的年度政府财政预算及其执行情况，便于有关领导和部门及时掌握和监控财政状况。

4. 公务员日常管理

利用电子化手段实现政府公务员的日常管理，如利用互联网进行日常考勤、出差审批、差旅费异地报销等工作，这样既可以为公务员带来很多便利，也可以节省领导的时间和精力，同时还可以有效地降低行政成本。

5. 电子化人事管理

政府公务员的人事管理是政府机构自身管理的重要内容。电子化人事管理包括电子化招聘、电子化培训、电子化学习、电子化考评等内容。电子化人事管理的发展将为传统的、以纸介质记录管理为主的人事管理方式带来一场新的革命，对提高政府人事管理水平和效率、降低管理成本起到极为重要的推动作用。

6. 电子培训

它对政府工作人员提供各种综合性和专业性的网络教育课程,特别是适应信息时代对政府的要求,加强对员工与信息技术有关的专业培训。员工可以通过网络随时随地注册参加培训、接受培训、参加考试等。

7. 电子法规政策查询

它对所有政府部门和工作人员提供相关的法律、法规、规章、行政命令和政策规范,使所有政府机关和工作人员真正做到有法可依、有法必依。

四、实施电子政务的意义

(一) 方便企业和公众获取政府服务

提供更好的公共服务是政府机构不懈的追求,实施电子政务可以提高政府运作效率,有效降低政府的整体管理成本。电子政务建设的落脚点就是提高政府为企业和公众提供服务的能力。国外很多国家电子政务建设的原则之一就是"以企业和公众为中心"。电子政务建设可以大大增加政府与企业、公众之间的沟通和互动,为政府提供一种全新的为企业和公众服务的方式。通过互联网进行内部政务活动和事务处理,真正实现了全天候的服务,有利于企业和公众方便地获取信息和服务,使得与企业和公众密切相关的服务都可以通过互联网进行,让企业和公众充分体验和享受电子政务带来的高效和便捷,从而提高企业和公众对政府的满意度。

(二) 推进政府管理体制变革

电子政务建设不是简单地将政府面向企业和公众的服务移到网上就可以实现,而是通过运用现代信息技术推进政务改革和政府管理体制变革的创新工程。实践证明,在信息时代,推行电子政务是转变政府职能和创新管理方式的重要手段,是改进政府工作的有效渠道。信息技术的应用会提出全面改革传统政府管理的需求,政府通过进行信息资源的整合,逐步实现政府信息资源的共享,逐步形成新型政府管理模式,降低行政成本,提高工作效率,增强服务功能,全面提升行政能力,以满足企业和公众的需要。

(三) 改善公众服务、提升政府形象

实施电子政务,可以使政府从被动服务转变为主动服务,企业、公民可以不受地点、时间的限制,掌握和了解政府的方针政策,接受政府的管理;同时,通过实施电子政务,可以加强政府和社会公众对各权力机构业务运行的监督,并可以实现政府相关信息和业务处理流程的公开化。实施电子政务后,政府的业务流程通过电子政务平台实现,其处理的过程、处理的时间、处理的结果、处理的依据对上级领导、相关公众、政府工作人员都是可知的,从而减少了传统政务过程中可能的暗箱操作,实现了政务的公开化、透明化,提高了为公众服务的水平,全面提升了政府形象。

(四) 带动国民经济发展和推动社会信息化

政府是最大的信息拥有者和信息技术的最大使用者,电子政务是实现国民经济和社会信息化的重要方面和推动力量。政府作为信息化的积极倡导者、推动者和实践者,其自身的信息化建设对于其他领域的信息化有重要的示范效应,政府首先实现信息化才会带动企业、社会公众的信息化应用步伐。

思考题

1. 如何理解行政信息的特征与作用?
2. 什么是信息公开?为什么要实施信息公开?
3. 简要阐述行政咨询的特征与作用。
4. 我国行政咨询机构的主要组织形式有哪些?
5. 如何理解行政咨询与行政信息之间的关系?
6. 简要阐述电子政务的特征与基本内容。

案例

非典事件与信息公开

2003年,我们有一场全民抗击"非典"的经历,这里面既有惨痛的教训,也有宝贵的经验。

非典——这种当时还不为人类了解的病毒——来势汹汹,一时间死亡率也比较高,而青年人、中年人病患死亡率更高。对此,人们一时难免感到恐慌。而当时疫情信息对社会的透明度并不够，也加剧了恐慌，导致了猜测和传言的流行。从某种意义上说，非典所造成的这种猜测、疑惧和恐慌，比病毒本身蔓延得更快。

2003年4月14日下午，中共中央总书记、国家主席胡锦涛在疫情严重的广州街头与群众握手；4月17日，中央政治局召开常委会，批准成立北京防治非典型肺炎联合工作小组，北京地区的医院统一归口管辖；4月18日，北京非典病例的数字第一次汇总出来。时任总理温家宝当天在视察时说："绝不允许缓报、漏报和瞒报，否则要严肃追究有关领导人的责任。"4月20日，在国务院新闻办举行的新闻发布会上，媒体记者们并没有看到此前一直作为疫情信息最权威出口的卫生部行政首长的影子；同一天，卫生部和北京市的行政首长双双去职。新任卫生部常务副部长在新闻发布会上宣布，北京市的非典病例为339例，几乎是5天前公布数字（37例）的10倍。

2003年发生的"非典"风波促使《政府信息公开条例》的立法脚步大大加快。

2003年2月上旬，广州市"非典"发病情况开始进入高峰，却未见任何来自官方的信息。2月10日，广州各媒体连续接到三个紧急通知，要求严格遵守新闻纪律，不得擅自对"非典型肺炎"进行报道。2月11日，在疫情出现近3个月后，广州市政府和广东省卫生厅才分别召开新闻发布会，称疫情已经得到控制。新闻发布会虽然开了，但有关疫情的相关资料，包括其传染性、临床特征、治疗手段等却并未广泛告知。正是在社会公众茫然不觉的情况下，疫情开始了从广东向全国的蔓延。但是，在2003年4月3日，时任卫生部部长张文康在新闻发布会上仍声称"中国是安全的"。

正是这场使我国成为21世纪第一次全球公共卫生危机的主角的"非典"风波，暴露出我国政府信息资源管理严重滞后的不足，也使公众对政务信息公开有了更加深刻的认识，从那以后，立法速度大大加快了。有关专家认为，《政府信息公开条例》的实施给政府机关带来的转变是"办事方法、治理理念的转变"。

问题：

1. 在非典事件中，我们得出的关于政府行政信息处理方面的经验和教训是什么？

2. 在《政府信息公开条例》中，你认为应该如何确定政府信息公开的范围，如何处理公开与保密的关系，如何做到最大限度地保障公众知情权的同时保证不泄密？

第九章
行政监督

行政监督是行政管理的重要环节，它是以制度的形式对行政权力实施制约。随着现代社会的发展和行政管理范围的不断拓展，政府行政权力也不断扩大。行政权力失去监督就容易产生腐败，正如孟德斯鸠所言："一切有权力的人都容易滥用权力，这是万古不易的一条经验。有权力的人们使用权力一直到遇到有界限的地方才休止"[①]。因此，健全和完善行政监督体系，加强对政府机关及其公务人员的行政行为和行政权力运行过程的监督，对保证行政管理的合法、公正、合理、高效具有十分重要的意义。

第一节 行政监督概述

一、行政监督的内涵和特点

（一）行政监督的内涵

要了解行政监督的含义，首先必须了解监督的含义。《辞海》对"监督"词条的解释有两方面：其一是监察督促，首见于《后汉书·荀彧传》："古之遣将，上设监督之重，下设副二之任。"这里的监督是指对派出去打仗的将军进行监察、督导而设的官吏。其二，专指旧时的官名，如清代设十三仓监督、崇文门左右翼监督，在清末新办的学堂里亦设监督[②]。在英文里，"监督"是"supervision"，而"super"本意为"在……上面"，"vi-

---

[①] 孟德斯鸠. 论法的精神 [M]. 张雁深，译. 北京：商务印书馆，1961：154.
[②] 编写组. 辞海·语词分册 [M]. 上海辞书出版社，2003：478.

sion"则为"看"的意思。所以"监督"字面上的本意就是上级对下级的督察、督导。

对于行政监督,目前学术界理解各异,总体上可做广义和狭义之分。广义上的行政监督是指行政机关、立法机关、司法机关、政党、社会团体、公民、社会舆论等众多的政治力量和社会力量,对国家行政机关及其公务人员所实施的监督。狭义的行政监督是指国家行政机关内部对自身及其公务人员的监督。不同的界定范围会给研究的进程和结果带来显著区别。在考虑我国的实际后,我们采纳行政监督的广义说。本书认为,行政监督就是指国家机关、政党、社会团体和公民依据有关法律法规,对国家行政机关及其公务人员的行政行为进行的监察、检查和督促活动。

(二) 行政监督的特点

行政监督作为国家监督的重要组成部分,由于它依附的政治体制各异,体现出不同的政治特征,在历史上所发挥的作用和起到的效果也有所不同。但是现代的、科学的、有效的行政监督一般具有如下特点。

1. 权威性

行政监督体现着权力的制约,它是以权力作为后盾的。在公共利益和私人利益存在差异的情况下,在权力所有者和权力的行使者相对分离的情况下,监督就意味着一种权力对另一种权力的监控和制约。如果没有权力,监督就只能是一句口号,就没有约束力和权威性。行政监督主体的权威性来自宪法和法律规定的监督权。没有这种监督权,或是这种监督权的空泛化,行政监督就会失去最重要的权威基础。

2. 外部性

行政监督的外部性是指行政监督的主体相对于客体而言是一种外在的力量。行政监督是一种外部力量的制约,是行政监督主体对行政机关及其公务人员的一种限制性活动。即使在行政机关内部,行政监督也是一种上级对下级或者是专门的监察机构的一种监督检查,其主体相对于客体来说也是一种外部性的力量。

3. 强制性

行政监督行为不同于一般的经济行为或社会交往行为,它不是建立在被监督者自愿的基础上的,它依据的是刚性的、非人格化的法律规章。因为行政监督权在本质上是一种法权,监督行为是对管理者的一种再管理;即使有的行政监督主体并无直接惩罚权,但它能够在社会上形成一种氛围,可以引起有相应处置权的主体的重视或关注,在客观上促进了问题的解决,这在一定意义上也可以说行政监督具有一定的强制性。

4. 独立性

民主和法治的本质要求行政监督的主体必须具有一定的独立性。行政监督主体只有向赋予它监督权的组织负责,且在不受任何机关、团体和个人干预的情况下,才能真正地体现本身所具有的权威性和约束力。

5. 多样性

现代民主社会里,社会监督、群众监督、个人监督和权力监督、司法监督等并列,形成了一个多样化和多层次的行政监督主体网络。另外,从客体来看,行政监督也几乎涵盖了所有的行政行为,从运行过程到行为方式,从实体到程序,从合法性到合理性,使得对行政领域的治理呈现多元化、网格化的特性。

6. 整体性

尽管各种不同的行政监督形式具有自己的独立性,但从其运作和功能来看,它们又彼此联系,相互衔接,形成了一个具有某些共性特征的完备的行政监督体系。这种行政监督的整体性形成的监督合力,是监督效果不断提高的重要前提。

二、行政监督的地位和作用

(一) 行政监督的地位

行政监督在行政管理活动中具有十分重要的地位。从行政监督的基本职能来看,行政监督是通过对国家行政机关及其公务人员的行政行为进行监察和督促,控制行政活动过程,确保行政管理的合法性与合理性,从而实现行政目标。它对行政权力的行使起到积极的制约作用;如果没有这种用权力制约权力的监督,难免会出现滥用权力和失职、渎职的行为,因此,行政监督对确保行政目标的实现起着决定性的作用。再从行政监督在整个行政管理体系中所处的位置来看,行政管理系统通常包括行政咨询、行政决策、行政执行、行政监督、行政信息反馈等本环节,其中,行政监督居于十分重要的地位。行政决策是否科学,行政执行是否正确有力,信息反馈是否及时真实,都有赖于行政监督的作用发挥。

(二) 行政监督的作用

行政监督作为行政管理的一种独特职能,是其他行政管理环节不能替代的,其根本的作用在于保证行政权运用的合理性与合法性,提高行政管理的功能和效益。具体地说,行政监督主要具有如下作用。

1. 预防作用

行政监督的预防作用主要是通过事前监督,提前发现行政系统中各种潜在的或显现的弊端,从而达到防患于未然的目的。通过各种行政监督制度的设立,增强行政行为的可预见性,使人们对某一行政行为的后果有比较明确和清醒的认识,使行政机关工作人员的行政权力运行在合法有效的范围之内。

2. 控制作用

行政监督的控制作用主要反映在事中监督之中。在行政管理过程中,通过行政监督,能促使行政机关及其公务人员按照法定的权限和程序实施管理,按照正确的规范和原则完成行政管理的任务,能随时矫正行政管理的航向,确保行政管理不偏离行政目标。同时,由于行政监督主体的广泛性,使行政监督随时都置于多角度、多层次的监控下,可以弥补依靠上级行政机关及其行政首长实施控制时可能出现的疏漏,保证行政管理朝着既定目标健康地向前发展。

3. 补救作用

行政监督的补救作用主要反映在事后监督之中。通过行政监督,对行政管理中出现的失误,对行政机关及其公务人员的不当行为做事后的补救和纠正,促使行政机关就行政监督发现的问题,制定出相应的整改措施,尽量挽回和弥补失误造成的损失。同时,通过对行政机关及其公务人员违法违纪及腐败行为的揭露、惩处,使这些不良现象得到有效遏制,避免今后再次发生而造成更大的损失。

4. 评价作用

行政监督的评价作用体现在监督的全过程之中。行政监督的过程同时也是对行政管理进行比较和测评的过程。通过行政监督,能够对行政机关及其公务人员的工作做出恰如其分的评价,并帮助他们不断总结经验,使他们不断发扬成绩，克服缺点，改进工作，纠正错误，不断提高行政管理水平，提高行政系统的整体效能。

三、行政监督的理论基础

行政监督作为一个正常的政治体系运转不可或缺的重要组成部分，它直接反映了一国的政治状况。行政监督要存在并且能真正发挥作用，必然离不开一定的理论作为支撑。通说认为，行政监督的理论基础主要表现在以下几个方面。

(一) 人民主权理论：以权利制约权力

人民主权理论是西方思想家基于社会契约论和主权论提出的民主理论，是近代西方政治发展史上一个重要的理论成果。该理论认为，人民拥有主权，国家的主权源于人民权利的让渡，因此，人民对国家有天然的监督权。人民主权论是人类在对政治发展历史经验的基础上获得并经检验为真理的认识，是对"家天下"和野蛮政治的否定，这种观念显然是对客观世界的正确反映，是较好的解释权力来源的观点。

英国思想家洛克在其政治学巨著《政府论》中竭力反对"君权神授"的谬论，提出"天赋人权"的口号。在他看来，当政府与人民发生争端时，人民应该是裁判者；政府若一意孤行，违背主权者的意志，人民就可收回自己的权力，甚至以强力对付强力。他还认为，国家的立法权和行政权必须分离，这是防止政府滥用权力的办法，是"在一切情况和条件下，对于滥用职权的强力"。这种强力就是法律，是人民对他们委托权的控制武器。

孟德斯鸠将主权在民学说及其监督理论推向高潮。他始终认为，国家的主权源于人民，国家的权力是人民自然权力契约的结果。人民必须"依靠良法"对政府的行政权力进行有效监督。

法国资产阶级启蒙思想家卢梭系统提出了人民主权理论，第一次以完整的形式和彻底的精神打开了西方近代政治的大门。他坚持人民主权的绝对性、神圣性和不可侵犯性，极大地鼓舞了大革命时代的政治先驱者。卢梭认为，以社会契约方式建立的国家完全是出于人类自身的理性要求，是"要寻找一种结合的形式，使它能以集体共同的力量来护卫和保障每个成员的人身和财富，并且由于这一结合而使每一个与集体相联系的个人只不过是在服从自己本人，并且仍然像以往一样地自由"①。这种结合的形式是通过每一个人把自己的一切权利全部转让给整个集体，集体掌握管理社会的治权。人们在签订契约时，无一例外将自己的一切权利交给了这个共同体。这样，其最高权力仍属于人民全体；人民行使国家主权称为人民主权。人民主权是"公意的运用"，"公意"保护的是全体人民的"公共福利"，是公正的和以公共利益为依归的。政府是在公民和主权者间建立的中间体，它使两者得以互相适应，它负责执行法律并维持社会和政治自由，因此，主权是第一位的，政府是第二位的。权力的表现和运用只能以符合人民意志的社会契约为基础，政府权力的行使必须是为了维护"公意"，不得违反主权意志，必须接受人民的监督和控制。

可见，人民主权是政府权力的逻辑基础，没有人民主权就不可能有政府权力。政府是人民缔结契约、转让权力的结果；一切权力属于人民；行政管理者只是人民权利的执行者，其权力是人民赋予的，他们必须承担维护人民权利的义务；为防止政府滥用职权和侵犯民权，人民可以通过各种形式来监督政府行为；在公共权力体系中，应当建立行之有效的监督机制监督政府的各种行为。

从实践来看，虽然当今世界存在社会主义政治意识形态和资本主义意识形态的分野，但自从资产阶级高举人民主权的旗帜号召人民起来推翻封建专制统治并取得历史性胜利后，资本主义宪政国家无不以人民主权为核心来强化以公民监督、社团监督为代表的社会监督。社会主义国家的人民主权论是马克思在批判资产阶级思想家理论的基础上提出来的，其核心是国家的一切权力属于人民。至于实现人民主权的形式，理论上最好的方式是人民直接行使权力，这也是体现民意的最好途径。但对于那些国土辽阔的国家，一切权力由人民直接行使在客观上存在诸多不易克服的困难，因此，社会主义国家宪法普遍确立了人民代表会议制度。

我们坚持马克思主义的人民主权论。自1954年《宪法》以来，我们一直努力通过法律的规定用心加以落实。我国现行《宪法》第2条就宣明："国家的一切权力属于人民。"在这一根本原则的基础上，一方面，宪法规定人民有

---

① 卢梭. 社会契约论——政治权利的原理 [M]. 何兆武, 译. 北京: 商务印书馆, 1994: 23.

权通过法定程序选举自己的代表组成国家权力机关——人民代表大会，各级人民政府都由同级人民代表大会选举产生，各级人民政府向同级人民代表大会负责，并向它报告工作，受它监督；另一方面，宪法规定公民对于任何国家机关和国家机关工作人员，有提出批评和建议的权利；对于任何国家机关和国家机关工作人员的违法失职行为，有向有关国家机关提出申诉、控告或者检举的权利等。这些宪法规定构成了我国行政监督制度的宪法性基础。

（二）社会契约论：以道德制约权力

在西方，契约一开始就被人们作为一个社会的最高制度伦理看待，它制约一切具体的行为规范。虽然这种社会契约论的政治形式常被人们指责为一种虚构，但由于这一理论较多地涉及人与人之间的关系，因此，人们普遍认为它为责任提供了一种即使不充分也是必要的条件。①

在西方思想史上，霍布斯、斯宾诺莎、洛克、卢梭、康德和罗尔斯等都从不同层面探讨了社会契约论。

霍布斯是17、18世纪流行的自然法和契约论的创始人之一。霍布斯认为，人的本性是趋利避害。在自然状态中，人的本性表现为求利、求安、求荣。在自然状态中，人与人间充满敌意和戒备，不存在是与非、公正与不公正等道德观念。但人类本身为自我生命的保护，又会超越自然状态，制定和平与正义的自然法，并通过契约形成公共权力。他认为，人类和平合作关系只能通过契约形成，这种契约在一定意义上是权利的相互转让。"权力的相互转让就是人们所谓的契约"②，契约产生国家；即：通过签订契约，把一切权利交给某个个人或会议，即主权者。主权者就是伟大的"利维坦"，是专横的、强权的象征。

与霍布斯不同，斯宾诺莎主张国家权力不是专横的，而是理性的，即国家的目的在于保护人们的福利和政治、思想自由。

洛克提出社会契约的理论立足点则在对个人权利的认定。他认为，契约一经订立，自然状态立即转化为公民社会，公民社会建立后，个人的自然权利，如自由、平等，特别是财产权利，都仍保留；个人的权利尤其其财产权

---

① 艾伦·格沃斯. 伦理学要义 [M]. 戴杨毅，译. 北京：中国社会科学出版社，1988：90.
② 霍布斯. 利维坦 [M]. 黎思复，黎廷弼，译. 北京：商务印书馆 1985：100.

是神圣不可侵犯的，对个人财产权加以界定和保护是政府的首要任务。政府实际上是社会权利和个人权利间的一种契约关系。公民放弃一部分权利给政府是为了达到更好地保护他们的生命、自由和财产的目的，政府权力决不容许扩张到超出公众福利的需要之外。他主张政治必须在保护个人权利上发挥作用，因此，政府必须对公民负责。

卢梭进一步指出，社会契约产生的是"道德和集体的共同体"，就是一个"公共的大我"。社会契约完全出于人类自身的理性要求，是"要寻找一种结合的形式，使它能以全部共同的力量来护卫和保障每个结合者的人身和财富，并且由于这一结合而使每一个与全体相联系的个人又只不过是在服从自己本人，并且仍然像以往一样地自由"①。这种结合的形式是通过每个人把自己的一切权利全部转让给整个集体，集体掌握管理社会的治权。因此，政府行使权力必须符合"公意"，要对公民负责，并负有保护公民的行政道德。

康德则认为，契约的公正和权威，人们对契约的虔诚，是由于契约内在的道德规定使然。最高意义上的契约是以自身作为约束根据的具有普遍必然性的道德自律，它能够有效地促使政府有效地履行行政责任。

罗尔斯则对契约理论进行了理性提升，致力于用契约理论来构造正义。贯穿于《正义论》全篇的中心思想就是他对契约的道德规定。坚持道德本体，是构成其契约理论的题中之意。

通过以上思想家们的不同认识，各种契约理论形式各有差异，但从契约价值上讲，他们至少包含两个共同点：

第一，契约签订的直接动力在于契约双方当事人间要达到某种目的，即都是为维护全体公民的公共利益，政府权力行为必须服从这个目的，为公民之公共利益负责。因此，维护社会公共利益是社会契约论对行政道德的内在规定。

第二，契约意味着双方当事人间权利义务的对称，政府掌握管理社会的公共权力，同时必须负起维护公共利益的义务和责任；公民有服从政府公共权力管理的义务，同时也有保护公共利益的权利，有监督和制约公共权力的权利。

---

① 卢梭. 社会契约论——政治权利的原理 [M]. 何兆武，译. 北京：商务印书馆，1994：23.

当然，由于权力主体的道德水平无法衡量，而且道德的约束是软约束，缺乏刚性，因此，道德对权力的监督虽然是必不可少的因素，但其监督能力并不十分理想。

（三）分权制衡理论：以权力制约权力

分权制衡理论也称为权力制约论，它是西方国家的立法、行政和司法三种权力各自独立又相互制约和均衡的理论。它强调：为防止政府权力的腐败或滥用，必须对它进行合理分割，并建立相互制约和监督的关系。分权制衡理论是被西方国家普遍运用在政治体系和其他国家管理活动中的重要法理。

分权制衡理论的萌芽可以追溯到古希腊思想家柏拉图和亚里士多德，但真正创立这一学说的是17、18世纪的资产阶级启蒙思想家及后来的政治家、理论家，其代表人物包括英国的洛克、法国的孟德斯鸠、美国的杰斐逊和汉密尔顿。

亚里士多德认为，一切政体都有三个要素——议事机构、行政机构和审判机构，"倘若三个要素（部分）都有良好的组织，整个政体也将是一个健全的机构"[1]。亚里士多德开创了分权理论的先河，其理论孕育了以分权进行监督、以监督达到制约的基本精神。

洛克在《政府论》中把国家权力分为立法权、行政权和外交权（也译"联盟权"）。他尤其强调立法权与行政权的分立，认为"如果同一批人同时拥有制定和执行法律的权力，这就会给人们的弱点以极大诱惑，使他们动辄要攫取权力，借以使他们自己免于服从他们所制定的法律，因而他们就会与社会其余成员有不相同的利益，违反了社会和政府的目的"[2]。

18世纪中叶，法国启蒙思想家孟德斯鸠成为近代权力制衡理论的完成者；在《论法的精神》中，他认为：国家权力不能集中掌握在一个人或一个机关的手中，否则就不能保障社会自由和公民自由；政治自由是通过三权的分野而得以保障的，当立法权和行政权集中在同一个人或一个机关之手，政治和社会的自由就不复存在。如司法权与立法权合二为一，将对公民的生命和自由实施专断，而如司法权与立法权合二为一，法官便将握有压迫者的力量，

---

[1] 亚里士多德. 政治学 [M]. 吴寿彭, 译. 北京：商务印书馆，1996：214-215.
[2] 洛克. 政府论 [M]. 下篇. 北京：商务印书馆，1982：89.

公民的自由将荡然无存。一句话，没有分权就没有政治自由。

孟德斯鸠的分权学说中最重要和最精彩的部分便是关于权力制衡的必要性及其设置。在对各种政制进行详细考察后，他提出了权力制衡理论，强调权力的相互约束，通过特定的力量平衡，达到以权力控制权力的目的。他的分权学说最终表现为一套权力结构的设计图景：①主张立法权应由人民选举的代表来行使；以出身、财富或荣誉著称的人应单独组成贵族院，由一般群众选举产生的代表则组成平民院，议会两院同时拥有立法权，相互牵制。②认为行政权力和军队应交由国王控制。行政权力处事需要当机立断，因而行政权力和军队由一人掌握比较合适。立法机关有权审查它所制定的法律的实施情况，以实现对行政权的监督。行政机关有权制止立法机关的越权行为，以"反对权"参与立法。③强调司法独立原则。司法权应当独立于立法和行政权力。由选自人民阶层的法官依法律的规定行使审批权，不受立法权和行政权的干涉。这一概念的提出是对洛克分权理论的一大突破，使分权学说成为真正意义上的"三权分立"。

美国《独立宣言》的主要起草者杰斐逊继承了洛克、孟德斯鸠的三权分立和权力监督制约理论，并根据其长期执政的经验在实践中对这一思想做了进一步完善，具体提出要加强对行政权、司法权和联邦权力进行有效监督制约的主张。他特别强调，行政权失控的现象极易发生，因此，对国家的行政权必须进行严格的监督控制。

美国建国初期的政治家、宪法学家汉密尔顿对孟德斯鸠及以往的分权学说做了系统的解释、发挥和补充，他的分权与制衡理论更加周密、精致、实用，且极富有实践性。他认为权力分立并不等于三者隔离，为达到权力的制约与平衡，恰恰需要权力的局部混合。权力间制约的核心是在法律上的互相监督；三权之间必须保持平衡，每一部门的权力对其他两权来说不具有压制性的优势。

分权制衡理论是近现代西方国家政治制度和监督制度的重要理论基础，它既为西方国家的权力架构提供了依据，又为各种监督方式的拓展奠定了基础，从而成为西方国家行政监督理论的基石，并受到后世诸多西方思想家的推崇、继承与发展；在实践中更成为西方国家普遍的政府组织原则，对近现代西方政治民主化进程产生了深远的历史影响。

第二节　行政监督体系

行政监督体系是指具有法定监督权的各类监督主体在对政府行政机关及其公务人员的行政权力运行进行监督时的任务和权限划分体系，它是完善行政监督的重要组织保障。根据不同标准，可以将行政监督体系做不同分类。本书根据行政监督主体与客体的关系，将行政监督体系分为内部和外部监督体系。

一、行政监督的内容

由于行政监督的对象涉及行政机关及其公务人员的行政权力运行活动，行政监督的内容主要包括以下几方面。

（一）监督行政决策是否科学、合法

在行政管理活动中，行政决策居于最重要的地位，行政权力的运行总是始于行政决策，因此，对决策的监督成了行政监督最重要的内容之一。

行政领导最重要的职责就是进行决策。决策科学合法，才能方向正、步子稳、方法妥，行政管理活动才能合法、高效；决策失误，必将导致事业失败或行政管理的低效。因此，必须将行政决策的目标、依据、方案、程序等环节均处于切实有效的监督之下。

当前，对行政决策的监督重点应放在防止主观盲目决策，尤其是防止一些领导为追求政绩而做出的急功近利的决策，坚决杜绝"形象过程"和"拍脑袋决策"的现象。为此，要合理界定政府部门的决策权限，进一步健全重大事项集体决策、专家咨询、社会公示与听证、决策评估等制度。

（二）监督行政管理行为是否合法、合理

行政管理行为一般可分为抽象行为和具体行为两种，都必须受到有效监督。

1. 抽象行为

抽象行为是指行政主体制定和发布行政法规、规章和其他具有普遍约束力的决定、命令和规范性文件的行为。当前，对抽象行为的监督要以防止国家政策部门化为重点——这主要是指个别行政部门利用法定职权和掌握的国家立法资源,在起草法律、行政法规时过于强调本部门权力而弱化相应的责任;制定规章、编制行业规划、实施宏观政策时,偏离整体的国家方针政策和公共利益,力图通过立法或制定其他规范性文件来扩大本部门的各种职权以及本部门、相关组织或个人的既得利益。

虽说在当下中国的立法和管理体制下,一些法律法规交由政府部门起草,所有的行政法规和规章以及宏观政策由有关行政机关自己制定并贯彻执行,有一定的合理性,但这种情形必然有着不可避免的弊病——容易产生国家政策部门化,即所谓的"权力三化"(行政权力部门化、部门权力个人化、个人权力商品化)现象。因此,必须对抽象行为进行全程行政监督,才有可能使其不当现象降至最低限度。

2. 具体行为

具体行为是指行政管理主体依职权做出的、对被管理对象的合法权益产生实际影响的管理行为,如行政处罚、行政许可、行政强制、行政征收、行政奖励、行政调解、行政复议等。为规范这些行为,国家制定了相应的法律法规,如《行政处罚法》《行政许可法》《行政复议法》等。

法律法规有明确规定的,行政管理行为不得逾矩违规,这是对具体行为合法性的监督;法律法规没有明确规定的,行政机关在做出具体行为时应以民为本,在不损害国家及公共利益的前提下,适当考虑照顾被管理者的利益,这是对具体行为合理性的监督。

(三) 监督行政机关及其公务人员是否廉洁勤政、不滥用权力

廉政和勤政历来是行政管理的基本要求,也是国家机关公务人员的基本行为准则。如果行政机关及其公务人员不廉不勤,便会丧失行使行政权力的资格。

腐败的本质就是公共权力的滥用。行政机关及其公务人员必须用人民赋予的权力全心全意为人民服务,不能以权谋私。目前,绝大多数行政机关和公务人员是好的,能做到忠于人民,勤政廉政,表现了较高的政治素养和执政能力。但不可否认的是,一些行政机关及其公务人员也存在以权谋私、贪污腐败等问题,存在着利用行政审批、政府采购、执法监督等方面的权力,搞权钱交易,大肆敛财,或干预企事业组织的经营活动谋取非法利益,甚至利用权力索贿受贿;一些不法商人盯住行政管理者手中的权力,使出各种招

数拉拢腐蚀，搞官商勾结，损害国家和人民的利益；有的公务人员在位时不求有功只求无过，工作热情不高，懒政惰政。

这些问题的发生，有个人思想品质的问题，但与制度不够完善和权力缺乏有效监督有着更直接的关系。只有加大行政监督力度，才能从根本上解决滥用权力的问题，从而实现廉洁行政，促使各级行政机关及其公务人员勤政为民，多做好事善事。

（四）监督行政自由裁量权是否被违规滥用

行政自由裁量权是指行政机关及其公务人员在法律、法规、规章规定的范围内依立法目的和公正合理原则自行判断行为的条件、自行选择行为方式和自由做出相应决定的权力。它是行政机关及其公务人员在法律明示授权或默许的范围内，基于行政管理目的自由裁量、自主选择而做出一定具体行为的权力。行政自由裁量权是经济社会发展的必然产物，并随着经济社会的发展不断扩大，以至于成为当下行政管理中不可或缺的一种权力。它可以弥补立法的不足，充分调动和发挥行政机关及公务人员的积极性和主动性，提高行政效率，更好地管理公共事务。

虽然行政自由裁量权的存在有其合理性和必然性，但是如果使用不当，常常会导致一系列负面影响，例如：使行政自由裁量行为反复无常、宽严不一，影响行政机关的威信力；助长官僚主义和特权思想；损害被管理者的合法权益；导致行政管理人员法律观念淡薄；形成不良的社会风气（如地方、部门保护主义，小团体主义等），滋生腐败。

必须指出的是，行政自由裁量权有可能成为行政管理者腐败的条件。研究发展中国家腐败问题的专家罗伯特·克里特加德（Robert Klitgaard）在其著名的"腐败条件"公式中指出："腐败条件＝垄断权＋自由裁量权－责任制"。此公式的意思是：当官员享有垄断权和自由裁量权而又无须对权力的行使承担必要的责任时，官员便具备了腐败的条件。大量的事实已经表明：滥用行政自由裁量权与行政机关及其公务人员的腐败现象存在必然的联系。

因此，我们必须加强研究，制定强有力的监督措施，全面控制行政自由裁量权的有效运用（特别是对行政执法部门及其工作人员在执法活动中行使自由裁量权的监督），坚决杜绝行政自由裁量权的滥用，保证行政机关及其公务人员公正合理使用手中的权力。

二、行政管理内部监督体系

(一) 行政管理内部监督的含义

行政管理内部监督是指上级行政机关对下级行政机关、专门行政监督机关对一般行政管理机关以及行政部门对其工作人员,根据国家的法律法规,对他们的行政行为进行全面的监察、检查、督促和指导,它是行政管理系统内部建立的自我约束、制衡等自体监督体系。

世界各国大都建立了形式各异的行政管理内部监督体系。在单一制国家,中央政府设有主管地方事务的机构,如日本的自治省,主要负责指导和监督地方政府实施法制,完成中央政府下达的任务,监督地方预算计划的制定并检查其完成情况。同时,由政府设立监察机构,主要负责全面推进政府管理工作;了解公民意见,解决问题;通过对话,解决不良行为造成的后果。

在联邦制国家(如美国),各州政府有很大的自治权,均依法建立一套地方监督体系。同时,政府各部门内设监察机关,其职责是监督本部门的审计和调查工作,指导、协调本部门工作,纠举违法行为,并提出改正措施。

另外,由于司法制度各异,各国内部监督体系的构成也呈不同特点。在大陆法系国家,一般在政府组织内部设行政法院,审查和裁定政府机关公务人员的违法案件。在英美法系国家,其行政管理中的违法案件,包括行政案件,则由独立于行政部门的司法机关裁决。

相对于行政管理外部监督体系而言,行政管理内部监督体系具有独特的优势和特点,具体表现在以下几个方面。

1. 监督的内容更具有全面性

依宪法和法律的规定,权力机关对行政管理的监督涉及多个方面,但是这种监督更多集中在宏观上把握政府施政的整体情况。司法机关对行政管理的监督主要集中在政府具体行政行为的合法性审查,几乎不涉及对政府抽象行政行为的监督问题。而行政管理系统的内部监督是建立在层级隶属的组织原则的基础上,上下级的"领导—服从"关系、上下级在管理目标上相当程度的一致性、行政管理机关层级控制的需要以及行政管理机关对自身或下级行政管理运作的熟悉,这些都使行政管理系统内部监督得以在更全面的范围内展开。因此,目前这种监督既包括对具体行政行为和抽象行政行为的监督,也包括对行政行为合法性和合理性的监督,还包括对政府公务员的监督。

2. 监督的方式更具多样性

相对于权力机关和司法机关的监督,行政管理系统内部的监督更具多样性,既可依职权采取积极主动方式,也可应相对人申请被动进行监督;既可用法定的正式监督方式,也可用非法定的监督方式;既可撤销违法或不当的决定,也可直接变更违法或不当的决定;既可通过法律手段来惩罚违法的行政机关或其公务人员,也可以内部纪律处分的形式来规范公务员的行为。

3. 监督的程序更具时效性

由于受监督程序和方式的约束,权力监督和司法监督通常无法及时发现和处理行政管理中出现的违法和不当行为。而由于上下级的行政隶属关系和监督方式的多样性,使得行政管理内部监督可以更为及时、高效地发现并处理行政管理中出现的新情况、新问题。

当然,由于行政管理系统内部监督毕竟是自我监督,是由行政机关自身发现并处理问题的过程,有违"任何人都不得成为自己案件法官"的公认原则,其公信力常常弱于权力机关、司法机关和其他主体所实施的外部监督。

(二) 行政管理内部监督的主要类型

依照我国行政管理内部监督的实践,它主要包括职能监督、专门监督、一般监督、行政复议等形式。

1. 职能监督

职能监督是指行政机关某些具有特殊职能的部门就其主管业务,在职权范围内对无隶属关系的行政部门进行的监督,包括对平行关系和上下级关系的政府职能部门的监督,如人事、财政、税收等部门对其他同级或下级部门的监督。不同的国家,职能监督的权限和范围因业务性质和法律传统而存在差异,一般集权型政治体制的职能监督较强,分权型政治体制的职能监督则较弱。

2. 专门监督(审计监督)

专门监督是由行政管理主体内部设立的专门机关,依法独立行使监督权,对国家所有行政部门的行政管理工作以及行政人员的行政行为所进行的专门性分工的监督。在我国,专门监督主要指审计监督。

审计监督是指国家审计机关依法对国务院各部门和地方各级政府的财政

收支，财政金融机构和企事业单位的财政收支和经济活动所进行的监督。其目的是督促和帮助财务行政部门的财经活动纳入国家法制轨道，维护经济秩序，严肃财经纪律，纠正错误，为打击经济违法犯罪活动提供事实依据。审计监督作为一种专业性和技术性很强的监督，其监督对象和范围较为广泛，既包括对政府机关财政收支和财务活动进行审查监督，也包括对企事业单位财政收支和经济活动进行审查监督。就国家行政机关内部的专门监督而言，审计监督的主要职责是：以国家有关法律和财政、经济法规为依据，审查行政机关的财政收支和财务活动的情况，监督国家预算的分配和使用的合法性、合理性和有效性，预防和纠正国家财政活动中的弊端和违法乱纪行为，保护国家财产的安全，提高社会经济效益。

目前，政府审计监督的类型主要有三种：

一是财务合规性审计。其主要任务是审计财务管理和会计账目，查明财务管理工作是否符合法律和规章制度。它对于揭露政府行政管理中的贪污和腐败问题，维护财经纪律，促进审计对象改善财务管理发挥着重要作用。

二是绩效审计。这主要是对政府管理活动的经济性、效率性和效果性进行的评价，其目标不仅限于财务管理的合法合规性，而且涵盖经济性、效率性和效果性。

三是党政机关领导干部经济责任审计。这是我国最近几年兴起的监督形式，主要是以领导干部所在单位的财政财务收支为基础，对领导干部任期经济责任的履行情况进行审查和评价，为组织人事部门选拔任用干部提供参考依据。这种审计既有合法合规性审查，又有经济性、效率性和效果性的评价。因此，它是财务合规性审计和绩效审计的混合，其特点是既对事也对人。实践证明，开展领导干部经济责任审计是从源头上预防和治理腐败，促进领导干部廉洁勤政的一项重要措施。

3. 一般监督

政府机关内部的一般监督，主要是指根据民主集中制原则组织起来的政府机关在行政隶属关系之间产生的相互监督，包括自上而下、自下而上和平行监督三种类型。一般监督是我国行政监督内部监督体系中不可缺少的一部分，也是最为广泛的一项监督。

（1）自上而下的监督，即上级行政机关对下级行政机关的监督。如国务院对其所属工作部门以及地方各级人民政府的监督;县级以上各级人民政府对所属工作部门以及对下级政府的监督;国务院各职能部门对地方相应工作部门的监督;县级以上地方人民政府的职能部门对下级政府相关部门的监督。

(2) 自下而上的监督,即下级行政机关及其工作人员对上级行政机关及上级领导者的监督。如下级政府部门对上级部门的工作提出批评、意见;下级工作人员对上级领导者实行民主评议、民主测评或者对上级领导的某些做法提出批评、意见等。这种监督是与我国行政管理民主化的要求相适应的。

(3) 平行监督,即政府职能部门就其所主管的工作,在自己职权范围内对其他同级部门实行的监督。如国家财政部门就其主管的国家财政收支,对各部委、各地区实施的监督。工商、税收、物价、卫生等政府职能部门就其管辖的行政事务或开展正常行政活动时所涉及的对其他同级部门的监督。

政府机关内部的一般监督有其优越性,主要表现在:行政机关是依照上下级行政隶属关系建立起来的,这种组织性质决定了上级机关及其领导者对下机关拥有领导指挥权力,并能运用直接的行政、经济、人事等手段来实现其领导和监督意图。因此,这种监督具有权威性和有效性。但内部的一般监督也有其较为致命的局限性,特别是自下而上的监督,由于被监督者是监督者的领导,长期以来受"官本位"和领导者权力观念的影响,对上级领导的监督往往会受到较大阻力和干扰,其实效性将大打折扣。

4. 行政复议

行政复议是行政机关系统内部自我监督的一种主要形式,也是行政相对人对其被侵犯权益的一种救济手段。行政复议是指公民、法人或者其他组织认为行政机关的行政行为侵犯其合法权益,依法向上级行政机关提出申请,由受理申请的行政机关对行政行为依法进行审查并做出处理决定的活动。

行政复议的特征主要表现为:

(1) 行政复议解决的是行政争议。行政争议是指行政主体在行政管理过程中行使行政权进行具体行政行为而与特定的行政相对人发生的争议。这种争议的核心是该具体行政行为是否合法、适当。这与法院的审理范围包括民事、行政、刑事争议的广泛性有很大不同。

(2) 行政复议以具体行政行为为审查对象,并附带审查部分抽象行政行为。

（3）行政复议以合法性和合理性（适当性）为审查标准。在行政复议中，行政复议机关不仅要审查具体行政行为的合法性，也要审查具体行政行为的适当性。这与行政诉讼只对具体行政行为的合法性进行审查是不同的。这种区别的主要原因在于这两种审查权的性质和来源不同。

（4）行政复议原则上采取书面审查方式，但当事人申请或复议机关认为必要时，复议机关可以决定调查取证、当面听取申请人、被申请人及第三人意见。这与法院审理案件必须开庭审理，原则上公开、不公开作例外的审判制度正好相反。行政复议采用书面审查方式的目的在于确保行政复议必要的行政效率，所以行政复议程序不能照搬诉讼程序。

（5）行政复议采取一级复议制，决定以书面形式做出。《行政复议法》第二章专门对行政复议的范围做出了具体规定。《行政复议法》第六条规定，下列行政行为公民、法人或者其他组织可以申请行政复议：

①对行政机关作出的行政处罚决定不服的。

②对行政机关作出的行政强制措施决定不服的。

③对行政机关作出的有关许可证、执照、资质证、资格证等证书变更、中止、撤销等决定不服的。

④对行政机关作出的关于确认不动产的所有权或者使用权的决定不服的。

⑤认为行政机关侵犯合法经营自主权的。例如，行政机关强制企业合并、转产、安排人员、转让知识产权等。

⑥认为行政机关变更或者废止农业承包合同，侵犯其合法权益的。

⑦认为行政机关违法要求履行义务的。例如，行政机关乱摊派、乱收费、违法集资、违法征收财物等都属于此类。

⑧认为符合法定条件而行政机关不依法办理行政许可等事项的。

⑨认为行政机关应履行保护人身权、财产权、受教育权等法定职责，而行政机关没有依法履行的。

⑩申请行政机关依法发放抚恤金、社会保险金或者最低生活保障费，行政机关没有依法发放的。

⑪认为行政机关其他具体行政行为侵犯其合法权益的。这是一条概括性的规定。凡不属于上述列举情形的具体行政行为，只要行政相对人认为行政机关侵犯了自己的合法权益的，都可以提起行政复议。

同时,《行政复议法》第七条规定,公民、法人或者其他组织认为行政机关的具体行政行为所依据的下列规定不合法,在对具体行政行为申请复议时,可以一并向行政复议机关提出对该规定的审查申请:

①国务院部门的规定。

②县级以上地方各级人民政府及其工作部门的规定。

③乡、镇人民政府的规定。

此外,《行政复议法》又规定对下列事项不能提起行政复议:

①行政法规和规章。

②内部行政行为。

③对民事纠纷的调解或其他处理。

三、行政管理外部监督体系

行政管理外部监督,是指行政管理组织以外的各种监督主体对行政机关及其公务人员的管理活动所进行的多渠道、多种形式的异体监督。这种外部监督体系主要包括权力机关监督、司法机关监督、监察机关监督、政党监督、社会监督等形式。

(一) 权力机关监督

权力机关监督是国家立法机关对行政管理机构及其活动实施的监督,是有法律效力的最高层次的异体监督。由于各国国体和政体不同,国家权力机关监督的内容和模式均存在较大差异。

西方实行"三权分立"的国家,权力机关监督主要通过议会实施,其监督方式主要有:通过行使立法权实现对政府内政、外交等方面重大政策的监督;通过行使财政监督权等对政府施政方针进行监督;通过行使质询权、调查权、不信任表决权、弹劾权、审批权等对政府的政策和政府成员的行为进行监督。

在我国,权力机关(人民代表大会及其常务委员会)监督的方式主要有:

第一,行使审议权。听取、审查和批准政府的工作报告,审查和批准政府编制的国民经济和社会发展计划以及执行计划情况的报告,审查和批准国家的预算和决算及其执行情况的报告。国家权力机关行使审议权,主要是对政府的决策和决策的实施结果进行全面的、客观的、高层次的监督,既带有事先监督的性质，又起着事后监督的作用。

第二，行使法规审查权。各级人民代表大会及其常务委员会有权审议和批准同级人民政府制定颁布的同时属于权力机关职权范围内的行政管理方面的行政法律规范性文件。由于我国各级政府是各级国家权力机关的执行机关，对国家权力机关负责，受国家权力机关监督，各级政府制定行政法律规范性文件的抽象行政行为，理所当然也要受到国家权力机关的监督。

第三，行使撤销权。全国人民代表大会及其常务委员会有权撤销国务院制定的同宪法、法律相抵触的行政法规、决定和命令，县级以上地方各级人民代表大会和常务委员会有权撤销本级人民政府的不适当的决定和命令。这就是说，在我国，各级国家权力机关可以采用撤销同级政府做出的不适当的（或者违法的具体行政行为和抽象行政行为）的方式来对政府及其公务员是否坚持依法行政进行监督。这种监督方式，从内容上看，主要是对行政机关的抽象行为的监督，这种监督方式更能体现国家权力机关的性质和职能。

第四，行使罢免权。全国人民代表大会及地方各级人民代表大会有权罢免本级人民政府的组成人员。国家权力机关行使罢免权，罢免违法渎职或不胜任的政府组成人员，可以督促国家行政工作人员尽心工作，认真执法。国家权力机关行使对国家行政工作人员的罢免权是最有力的监督方式之一，也是其他监督形式有效行使的保证。

第五，行使视察、检查权。人民代表视察、检查政府工作，收集人民群众对政府工作的反映和要求，了解政府的工作情况，从中发现问题，为审议政府工作报告、提出议案、质询等做好准备。人民代表行使视察、检查权，能够促使政府改进工作。

第六，行使调查权。全国人民代表大会及其常务委员会和县级以上地方各级人民代表大会及其常务委员会可以组织关于特定问题的调查委员会，对政府及其行政工作人员在实施行政管理活动过程中不坚持依法办事的某些问题进行调查。对特定问题的调查可以随时纠正行政管理中的违法和不当行为，是一种较为灵活的监督方式。

第七，行使质询和询问权。各级人民代表大会及其常务委员会在开会期间，有权依照法定程序提出对本级人民政府及其工作部门的质询案，由受质询的机关负责答复；各级人民代表大会及其常务委员会在审议议案的时候，人民代表可以向有关行政机关提出询问，由有关机关派人在会议上说明。质询和询问是国家权力机关通过人民代表在会议期间采取的对其他国家机关（包括行政机关）的一种监督方式。前者一般是在政府工作出现失误、国家行政工作人员实施了违法乱纪行为时采用的监督方式，后者主要是在对议案不清楚时采用的监督方式。通过行使质询和询问权，可以使人民代表了解和掌握情况，从而正确、有效地行使监督权。此外，国家权力机关还通过办理公民的来信来访和申诉、监督政府处理人民代表的提案和意见等方式实现监督。

（二）司法机关监督

司法机关监督是指国家司法机关通过司法手段和程序，对国家行政机关及其工作人员的行为进行的监督。目前，世界上许多国家都十分注重建立、健全司法监督制度，注意发挥司法监督的重要作用。各国司法机关监督主要包括两个方面的内容：一是由专门的宪法法院或普通法院系统对政府所颁布的行政法律制度和行政措施进行审查，以判断其是否违反宪法和其他法律；二是由司法机关对与政府行政管理有关的行政纠纷进行审理和裁判，以保护当事人的合法权限，即行政诉讼和行政裁判。

在我国，司法机关监督是指各级人民检察院和人民法院对国家行政机关及其工作人员的违法行为进行侦查、审判而实施的监督。

1. 检察机关的监督

根据《中华人民共和国宪法》和《中华人民共和国人民检察院组织法》，人民检察院是国家的法律监督机关，它在行政监督方面的主要任务是运用国家政权的强制力，查处各种违法案件，同破坏政策、法令、损害人民利益的违法乱纪行为作斗争，防止国家行政机关及其工作人员滥用职权、以权谋私、蜕化变质。检察机关的监督主要有两种方式：首先是检察机关对国家行政机关及其工作人员的直接监督，如根据法律规定，检察机关可以对国家行政机关及其工作人员所涉的职务犯罪、侵犯公民人身权利、民主权利等犯罪进行批捕、提起公诉等来实施监督。其次是通过对行政诉讼的监督，间接地规范行政权。《行政诉讼法》第十一条规定，"人民检察院有权对行政诉讼实行法律监督"。我国的行政诉讼是公民、法人或者其他组织认为行政机关的具体行政行为侵犯其合法权益而提起的诉讼。在行政法律关系中，行使行政权的行政机关始终是行政诉讼的被告。因此，检察机关对行政诉讼的监督能够间接地规范行政权。

检察机关作为国家的法律监督机关，其监督有以下三个特征：一是对国家行政机关及其工作人员实行法纪监督。对破坏国家法律、法令、政策的重大违法行为，对侵犯公民权利的违法行为依法起诉。二是监督结果主要通过追究违法犯罪行为的责任来体现。对于一般违法行为和违反纪律的行为不直接处理，通常将案件移送有关机关处理。三是检察机关的监督是一种强制性监督，这一强制性决定了其在监督效力上具有权威性的特征，这一权威来自国家意志，来自法律，这是其他一些监督主体所不具备的。

2. 审判机关的监督

人民法院作为国家审判机关，主要通过行使审判权，审理与国家行政机关及其工作人员有关的行政诉讼案件，处罚国家行政机关及其工作人员的违法犯罪行为，实现对国家行政管理活动的监督。其监督方式主要通过以下两个途径进行：一是通过审理各类行政诉讼案件，审查国家行政机关的具体行政行为是否合法，审查国家行政机关工作人员是否有违法、失职和侵犯公民权益的行为。1989年4月，我国《行政诉讼法》出台并于1990年10月1日起正式实施以后，为人民法院正确、及时审理行政案件，维护和监督行政机关依法行使行政职权，保护公民、法人和其他组织的合法权益提供了法律依据。二是通过审理刑事案件、民事案件，经济合同纠纷案件等，追究违法、失职的行政人员的责任，督促国家行政机关及其工作人员遵守国家法律、政策和纪律。

审判机关的监督虽然是一种事后监督，但由于它能从法治的角度及时、有效地纠正国家行政机关及其工作人员各种违法和不当的具体行政行为，能起到保证我国行政法规在政府各项工作中得以正确贯彻实施的作用。因此，审判机关监督也是我国行政监督体系中极为重要的监督主体。

（三）监察机关监督

2018年3月11日，第十三届全国人民代表大会第一次会议通过《中华人民共和国宪法修正案》，将《中华人民共和国宪法》第三条第三款"国家行政机关、审判机关、检察机关都由人民代表大会产生，对它负责，受它监督"，修改为"国家行政机关、监察机关、审判机关、检察机关都由人民代表大会产生，对它负责，受它监督。"将《中华人民共和国宪法》第三章"国家机构"中增加一节，作为第七节"监察委员会"；增加五条，分别为第一百二十三条至第一百二十七条。中华人民共和国监察委员会正式成立,不再保留监察部,并入国家监察委员会。国家监察委员会是实现党和国家自我监督的政治机关,不是行政机关、司法机关,监察监督由原来从属于行政机关内部监督体系的监督方式转变成为独立的行政机关外部监督体系的构成之一。

2018年3月20日,第十三届全国人民代表大会第一次会议通过的《中华人民共和国监察法》,明确了监察机关对包括各级人民政府公务员、法律法规授权或者受国家机关依法委托管理公共事务的组织中从事公务的人员等在内的公职人员和有关人员进行监察。该法第十一条规定,监察委员会依法履行三项职责:①履行监督职责:对公职人员开展廉政教育,对其依法履职、秉公用权、廉洁从政从业以及道德操守情况进行监督检查;②调查职责:对涉嫌贪污贿赂、滥用职权、玩忽职守、权力寻租、利益输送、徇私舞弊以及浪费国家资财等职务违法和职务犯罪进行调查;③处置职责:对违法的公职人员依法作出政务处分决定;对履行职责不力、失职失责的领导人员进行问责;对涉嫌职务犯罪的,将调查结果移送人民检察院依法审查、提起公诉;向监察对象所在单位提出监察建议。

同时,《监察法》第四十五条明确了"监察机关根据监督、调查结果,依法作出如下处置:①对有职务违法行为但情节较轻的公职人员,按照管理权限,直接或者委托有关机关、人员,进行谈话提醒、批评教育、责令检查,或者予以诫勉;②对违法的公职人员依照法定程序作出警告、记过、记大过、降级、撤职、开除等政务处分决定;③对不履行或者不正确履行职责负有责任的领导人员,按照管理权限对其直接作出问责决定,或者向有权作出问责决定的机关提出问责建议;④对涉嫌职务犯罪的,监察机关经调查认为犯罪事实清楚,证据确实、充分的,制作起诉意见书,连同案卷材料、证据一并移送人民检察院依法审查、提起公诉;⑤对监察对象所在单位廉政建设和履行职责存在的问题等提出监察建议。"

(四)政党监督

政党是各国政治中最重要的组成部分,它在监督领域占有重要地位。在西方实行两党制和多党制的国家,政党对政府组织的监督主要通过两个方面来进行:制造社会舆论支持或反对政府的某些决策和行为;政党议员代表本党利益对政府工作进行监督。

我国实行的是中国共产党领导下多党合作的基本政治制度。党的监督应包括各个政党的监督，主要是指中国共产党的监督。在我国，行政机关必须接受中国共产党的领导和监督，这是宪法确定的基本原则。中国共产党的监督就是中国共产党的各级组织和在各级行政机关中工作的共产党员，对行政机关及其工作人员在进行行政管理活动中是否坚持依法行政和廉洁奉公实施自上而下和自下而上的监督。在我国，中国共产党的监督具有特别的地位和意义，它是我国行政监督系统中重要的一种行政监督形式。中国共产党作为执政党，主要对自身组织和广大党员、对国家行政机关及其工作人员实施政治监督。它主要是通过制定路线、方针、政策以及对担任国家行政职务的所有党员的行为实施监督和制约。其监督方式主要有以下两种：

第一，日常监督。党对行政机关及其工作人员日常工作的经常监督，主要是通过各级党委和党组织进行的。各级党委或党组织通过监督检查每个党员执行党的路线、方针和政策，遵纪守法，联系群众以及他们的思想作风等方面的情况，全面了解和研究党和国家行政机关中存在的缺点和问题，及时提出科学的建议和切实可行的措施，促进行政机关纠正偏差和失误，克服官僚主义，提高行政效能。

第二，专门监督。党的纪律检查委员会是党组织中对党组织及其党员行使党纪监督权的专门机构。党的纪律检查委员会通过对违反党的路线、方针、政策以及党纪国法的党组织及党员予以党纪处分，受理人民群众对在行政机关工作的党员的违法乱纪行为的控告申诉，对担任行政职务的国家行政工作人员的行为实施监督和制约，促进行政机关廉政建设和勤政建设。

当然，我国政党监督也包括各民主党派对政府及非政府组织行政管理活动的监督。各民主党派在中国共产党的领导下，对行政管理主体的活动进行监督，成为行政管理外部监督体系的重要组成部分。民主党派通过下面几种方式来监督行政管理活动：以人民政协的方式实行监督；通过其在人大中的代表来监督政府工作，对政府工作提出批评和建议；出席国务院和地方各级政府召开的重要会议，提出自己的意见和建议；向国家高层领导人直接提出意见和建议，民主党派的领导人定期与国家领导人进行会晤，就某些重要问题交换意见；民主党派党员作为国家公民，还可以通过其他途径实行监督。

（五）社会监督

社会监督是人民群众和各种社会团体、群众组织对行政机关及其工作人员在行政管理活动过程中是否坚持依法行政所进行的监督。社会监督把我国行政监督深深地扎根于人民群众之中,是我国行政监督体系中一种十分重要的监督形式。

社会监督同前几种监督不同。社会监督主体对行政机关及其工作人员的行政管理活动进行的监督,不直接产生相应的法律后果,不具有国家强制力。只有当人民群众的意见被有关国家机关采纳以后,并以行政机关的名义对行政机关及其工作人员实施监督时,才能产生相应的法律后果。但是,社会监督是人民当家作主管理国家的重要形式,是人民群众参与管理国家事务的重要途径。社会监督的任务就是监督行政机关及其工作人员依法行政,帮助他们纠正工作中的缺陷,从而达到维护公民自身的正当权益,保证行政机关及其工作人员全心全意为人民服务的目的。

在我国,社会监督是来自群众的监督,它的基本方式是对行政机关及其工作人员提出建议、批评、检举、申诉和控告。具体来说,它可以通过下列渠道进行。

1. 人民群众监督

人民群众监督是指广大人民群众通过批评、建议、申诉、控告、检举等各种形式对国家行政机关及其工作人员的监督。根据我国宪法和有关法律的规定,中华人民共和国公民对于任何国家机关和国家工作人员,有提出批评和建议的权利;对于任何国家机关和国家工作人员的违法失职行为,有向有关国家机关提出申诉、控告或者检举的权利。对于公民的申诉、控告或者检举,有关国家机关必须在自己职权范围内查清事实,负责处理。对于因国家机关和工作人员侵犯公民合法权益而遭受损失的当事人,有依照法律规定取得赔偿的权利。

人民群众的监督是一种全方位的监督,具有广泛性、全面性和多样性的特点,其监督的基本方式有以下几种:一是通过信访,向国家权力机关、党政机关信访部门写信或直接走访,是人民群众普遍采取的一种监督方式。通过信访,既可以向政府部门直接提出要求和建议,也可以向有关部门就政府工作人员的违法、违纪行为进行检举和控告。二是通过多种传播媒介。人民群众通过传播媒介既可以对政府工作情况有所了解和掌握,也可以通过报纸、电台、电视等新闻传播媒介表达自己的看法和意见,对政府机关及其工作人员实施广泛的社会监督。三是通过提起行政复议和行政诉讼。这是人民群众所采取的一种重要的监督方式，即公民有权就他认为不公正、不合法的行政行为，向做出该行政行为的政府机关的上级机关或司法机关提出申诉和控告，要求审查并重新做出处理和裁决。特别是《行政诉讼法》和《行政复议法》等法律颁布后，人民群众的监督逐步走上了制度化、法制化的道路，标志着我国的民主、法制建设和行政监督进入了新的历史阶段。

2. 社会团体监督

西方许多国家都建有以影响政治与政府活动为主要目的的集团组织，称之为"利益集团"或"压力集团"。利益集团与政党不同，它参与政治的主要目的并不是为了取得政权，而是为了实现特定的利益和主张，其监督政府的方式一般是通过院外活动或利用公众压力、新闻舆论压力来影响政府的政策，监督政府的行为。

在我国，这种监督是通过人民政协、工会、共青团、妇联、文联等人民团体，居民委员会、村民委员会、人民调解委员会、治安保卫委员会、公共卫生委员会等群众性自治组织，消费者权益保护协会、红十字会、慈善组织等公益性组织，对行政机关及其工作人员实施的监督。人民政治协商会议要对国家的大政方针和社会主义现代化建设以及群众生活等重要问题进行政治协商，并通过批评和建议发挥民主监督的作用。居民委员会和村民委员会等群众性自治组织和公益性组织有责任向人民政府反映群众的意见、要求和提出建议，从而对行政监督起到积极的作用。

社会团体有自愿性、非营利性、非政府性、自治性和开放性等特征。因此，社会团体监督是民主社会的产物，是基于宪法规定的各项公民权利和结社权以及普遍的人权来获得合法性支持，体现国家对公民主权的尊重。

社会团体实施监督的方式主要是通过召开会议、以口头或文字形式向有关机关及其工作人员提出要求、建议和批评，对行政机关的违法失职行为进行申诉、检举和控告。

3. 社会舆论监督

社会舆论监督是指社会公众通过各种大众传播媒体形成舆论来对行政管理机构及其活动实施监督的活动。这项监督是宪法赋予社会公众的公民权利，从根本上说是民主社会中新闻自由和公民享有的言论自由的必然延伸。公民可以利用新闻自由和言论自由，通过现代社会中覆盖面广的报纸、刊物、广播、电视、网络等大众传播媒体对行政管理主体及工作人员的管理行为发表评论，提出意见和建议，并对行政管理实行监督。

由于大众传播媒体通常有信息量大、传播速度快、反应迅速和覆盖面广等特点，因此，社会舆论监督也体现出社会影响力大、迅速及时、覆盖面广以及公开透明等监督特点，一旦与其他监督方式相结合，就会发挥更好的监督效果。人民群众通过舆论工具对行政机关及其工作人员的工作和作风提出批评和建议，不仅能够揭露行政机关工作中的缺点和错误，而且能够督促行政机关克服官僚主义，改进工作作风。

西方国家将社会舆论监督视为与立法、行政、司法三权并立的第四权力，甚至视为制约三权的权力，被誉为"无冕之王，布衣宰相"。各国通过立法保障公共舆论的自由，使新闻媒体成为特殊的监督主体。

随着我国改革开放的不断深化和新闻媒体业的兴起，新闻媒体对行政管理机构及其人员行为的监督正日益扩大。近年来，许多违法、违纪案件的调查和处理就是在新闻舆论的帮助和支持下进行的。新闻媒体通过公正、客观、负有责任心的舆论监督，对揭示行政管理工作的失误，纠举公务员的违法失职行为，评价公共决策，增强行政管理工作的透明度，消除官僚主义和腐败现象等，起到了无法替代的积极监督作用。

第三节　我国行政监督机制的完善

行政监督机制是指由行政监督的主体、对象、内容、程序、方式、手段等要素构成一体，以及各要素间相互依存、相互制约和相互作用的关系。完善我国行政监督机制，可协调各行政监督子系统功能和作用的发挥，减少和避免各监督主体间的摩擦与冲突，使各监督主体相互配合、相互制约，形成结构合理、功能互补、和谐统一的监督体系。

一、我国行政监督机制存在的问题

党中央经过多年的努力，腐败现象滋生蔓延的势头正在得到遏制，行政监督和反腐倡廉工作取得了明显成效。同时，我们也应清醒地看到，反腐倡廉任务仍然艰巨，一些领域的腐败现象仍然比较严重，大案要案时有发生，极少数领导干部特别是高中级领导干部违纪案件影响恶劣。有的领导干部形式主义、官僚主义严重，作风不实，弄虚作假。少数干部工作方法简单粗暴，办事不公，与民争利。有的地方和部门领导干部没有认真执行党风廉政建设责任制，一些反腐倡廉制度措施落实得不够好。一些领域的腐败现象之所以屡禁不止，官僚主义严重和行政效率低下等现象之所以存在，其中的原因是多方面的，但一个重要原因在于我们的监督体系、监督机制还不完善，存在一些薄弱环节。从当前我国行政监督现状来看，行政监督体系和机制不完善主要表现在以下几个方面。

(一) 行政监督体系整体功能不强，缺乏监督合力

从目前查处一般案件的实际情况来看，由于政府机关内外各种监督之间的关系还没有理顺，多元监督主体之间的权责关系并没有完全厘清，监督体系还存在明显的缺陷与不足，主要表现在以下两个方面：一是监督主体各自为政。监督主体多元化本来有利于对行政管理活动的全面监督，但是各种不同的行政监督主体缺乏统一的协调和相互配合，未能形成合力；在权责细分上缺乏明确的规定，或虽有明确规定，但在实践中无法整合，要么交叉重复，要么监督缺位，以至于越权行事、滥用权力、互相争管辖权或互相推诿的现象屡屡发生，这严重影响了我国行政监督应有的效率和功能的正常发挥。二是行政内部监督体系中，上行监督与下行监督之间、一般监督与专业监督之间还不协调，尤其是上行监督软弱，下级机关对上级机关的监督在许多地方呈萎缩状态。

(二) 行政监督主体地位不高，缺乏监督力度

从目前各行政监督主体的实际情况来看，大多数主体处于附属地位，缺乏必要的独立性，制约职权和手段不够强大，因此，监督缺乏应有的力度。比如，在行政机关外部监督体系中，人大监督是法律地位高而实际地位低，理论上应有的权力与现实中实有的权力有差距，监督工作依然是人大工作的薄弱环节，突出表现在监督制约的法规不完善，力度不够；机构不健全，强度不够；手段不配套，深度不够；尚未真正体现人大作为权力机构对行政机关应有的监督权。同时，我国司法机关都是按行政区划设置的，它们的财政经费、人员编制等一系列问题均受制于同级政府，在这种体制下，不利于司

法机关独立行使司法监督职能。在行政机关内部监督体系中也存在类似问题：专业监督机构缺乏独立性，监督力量薄弱。行使监督权的专门机构，如审计部门，实行双重领导体制，既受上级部门的领导，又受本级政府部门的领导，形成一种附属性的隶属关系，致使行政监督的主体有些时候受制于客体，难以对本级政府及其部门实施有效监督。特别是对同级党政机关领导班子及其"一把手"难以实行真正的监督。

（三）行政监督法规不完善，监督缺乏可操作性

改革开放以来，我国先后制定和颁布了一批有关行政监督和反腐倡廉方面的政策、法律和法规，如《中华人民共和国监督法》《行政诉讼法》《行政复议法》《建立健全教育、制度、监督并重的惩治和预防腐败体系实施纲要》等，对促进和保障政府机关及其工作人员廉洁奉公具有重要作用。但从总体上讲，行政监督立法还不完善，尤其是缺乏专门监督法规（如《惩治腐败法》《行政监督程序法》《公职人员财产申报法》等），没有明确的监督标准和具体的实施细则，难以准确判断和及时纠正监督对象的违法行为，使具体的行政监督无法可依、无章可循，缺乏可操作性。社会舆论监督也尚未法制化，以致出现了一些地方的党政部门、司法机构无视媒体在实施新闻舆论监督方面的职能和权利，对正常和正当的舆论监督任意进行干扰。为此，当前有必要尽快进一步健全行政监督法规，增强行政监督的可操作性，使监督真正落到实处。

（四）行政监督方式较单一，缺乏全过程监督

行政监督是一项经常性工作，应当贯穿于政府机关及其工作人员行政行为的全过程。从行政监督主体对监督对象行政行为进行监督的整个过程看，行政监督方式可分为事前监督、事中监督和事后监督，三种方式应有机结合，全方位进行，才能取得较好的监督效果。长期以来，我国行政监督方式较单一，监督主体一直将监督工作的重点放在"查错纠偏"上，偏重于追惩性的事后监督[①]，一旦问题发生，对社会已产生了危害或不良影响，给国家和人民利益已造成了损失，才进行查处和惩罚，而忽略了行政行为发生前的预防和行政行为过程中的控制。应该说，这是一种"马后炮"的监督方式，缺乏事

---

① 郎加. 监督制度创新 [M]. 北京：国家行政学院出版社，2005：51.

前预防和事中控制,容易造成行政偏差和腐败现象出现过多,行政监督机构经常忙于应付"查错纠偏",使监督工作陷入被动消极的不利局面。

(五)行政监督对象思想认识不到位,缺乏自觉接受监督的意识

行政监督对象主要是国家行政机关及其工作人员,重点是各级领导干部。接受监督是每一个领导干部必备的素质,是领导干部政治上成熟的主要标志之一。但有些领导干部对监督制约的重要性缺乏深刻的认识,自觉接受监督的意识淡薄。有的领导干部认为监督是对他人的,而将自己置身于监督对象之外,甚至对监督有反感和厌恶情绪,把来自各方面的正常监督看作是对自己的"束缚",认为是对自己"不信任""不尊重",是和自己"过不去",不愿接受监督;有的领导干部缺乏民主意识,权力高度集中于个人手中,重大事项暗箱操作,天马行空,独来独往,导致广大干部和群众不了解情况,虽想监督而不能为之;有的领导干部凌驾于组织和群众之上,听不进不同意见,闻过则怒,拒绝、压制和逃避监督,甚至对监督者抱偏见,施报复。实践证明,领导干部如果不主动增强接受监督的意识,自我放纵,拒绝监督,难免陷入迷途,甚至自毁前程,身败名裂。一些高中级领导干部的毁灭充分证明了这一点。

(六)行政监督人员素质不高,影响监督效能

行政监督人员是行政监督工作的具体承担者和实施者,提高行政监督效能,在很大程度上取决于监督人员的素质。目前行政监督人员的素质还存在一些值得关注的问题。一是有的执纪执法人员思想政治素质不高,不注意讲政治、讲正气,不注意坚持原则,在实际工作中,或因怕得罪人,不敢实施过硬的监督;或因领导、亲友的干预放弃监督。二是有些执纪执法人员执法水平不高,执法方式简单,不注意化解与案件相关的矛盾,不善于做群众工作,影响执法效果;或者执法不规范,不注意依法保障当事人的诉讼权利。三是有的执纪执法人员知识水平和业务能力不高,平时又不注意学习,更新知识结构,开展行政监督工作基础不扎实。四是有的执纪执法人员工作责任心不强,不注意了解改革开放新形势下行政监督工作的新情况、新问题,不注意研究社会主义市场经济条件下行政监督工作的特点和规律,工作缺乏预见性和针对性。此外,还有极少数执纪执法人员被不法分子拉下水,充当他们的保护伞,以至贪赃枉法堕落为犯罪分子,严重影响了执纪执法队伍的形

象和行政监督效能。

二、完善我国行政监督机制的措施

从对我国行政监督体系中存在主要问题的分析可以看出,要提高行政监督体系的整体效能,维护监督主体的独立性和权威性,亟须从以下几个方面采取改革与完善措施。

(一) 加强党对领导干部行为和权力运用的监督机制

腐败产生的一个重要原因,是缺乏对权力的有效监督。在全球现代化进程中,加强对权力运行的制约和监督,促进反腐倡廉,几乎是所有发达国家和发展中国家面临的一个重大问题。综观各种腐败现象,核心问题和集中体现是权力腐败。因此,作为执政党的中国共产党乃至党的各级组织,都应该把监督有实权的领导干部问题放到极其重要的位置。就当前我国行政监督工作现状而言,加强党对领导干部行为和权力运用的监督,其重点是监督领导干部是否牢固树立了正确政绩观,正确贯彻执行党的路线、方针、政策和决议;是否正确运用人民赋予的权力,廉洁从政;是否严格遵守民主集中制的各项规章制度。同时,要加强对党员领导干部的反腐倡廉教育,深入开展理想信念和从政道德教育、党的优良传统和作风教育、党纪条规和国家法律法规教育,促进领导干部廉洁从政。

各级党组织要认真贯彻《中国共产党党内监督条例》,各级纪委要认真履行党内监督条例赋予的职责,充分发扬民主,建立健全监督制约机制,严格执行监督制度,做到领导干部的权力行使到哪里,监督就延伸到哪里。广大党员要按照监督条例的规定,认真负起监督责任,行使好监督权利,揭露和纠正工作中的缺点和错误,检举党组织和党员违纪违法事实,坚决同消极腐败现象做斗争。同时,切实执行党内监督各项制度,完善监督机制,促使领导干部正确行使权力。加强对民主生活会、述职述廉、诫勉谈话和函询等制度执行情况的检查;严格执行党员领导干部报告个人有关事项的规定;认真落实地方党委委员、纪委委员开展党内询问和质询的制度。

各级党委应加强对干部选拔任用工作的监督。着重检查党政领导干部选拔任用工作条例的执行情况,切实加强推荐、提名、考察考核、讨论决定等各个环节的监督;加强对财政资金运行的监督,监督检查部门预算、国库集中收付、政府采购和收支两条线管理的落实情况；完善预算编制、执行的制衡机制；强化部门内部制约机制，加强财政资金管理，提高财政资金使用效益；加强对国有资产和金融的监管。健全国有资本投资决策和项目法人约束机制，实行重大投资项目论证制和重大投资决策失误追究制；进一步加强对领导干部的经济责任审计，要把经济责任审计作为对领导干部特别是"一把手"进行监督的手段，对领导干部行使事权、财权进行监督和审计，并且要把审计的关口前移，变离任审计为主为任期内审计为主，防止领导干部滥用职权。

(二) 强化监督机构的动力机制

1. 全面提高监督人员的素质

监督人员道德自律教育可以从以下几个方面入手：

一是进行理想、信念教育，进行马克思主义权力观教育，明确权力与责任之间的关系，引导广大监督人员树立正确的世界观、人生观、价值观、权力观，不断增强监督人员的党性锻炼和忠诚于党的事业的坚定性，讲政治、讲党性、讲大局，自觉维护党的形象；模范遵守宪法、法律和党章及其他党内法规；提高创造性开展行政监督工作的能力。同时，要进一步加强作风建设，教育广大监督人员始终保持共产党人的本色和革命正气，坚持原则，敢于碰硬，严格执行纪律特别是办案纪律和保密纪律，改进工作作风，树立监督队伍的良好形象。

二是大力弘扬先进，加强正面典型的示范导向作用。通过道德观念的教育，使监督人员在思想上树立爱岗敬业的奉献精神，形成道德内在约束机制，不断增强监督工作的自身动力资源，即使在制度力量薄弱的情况下，也能自觉自愿地积极开展监督工作。

2. 明确监督责任

这主要是建立和完善责任追究制度，包括责任确定机制和责任奖惩机制，并与晋升任用制度和物质利益分配政策紧密结合在一起。一方面，如监督主体不负责任，使公共利益受到损失，则监督主体的权力和利益就会被剥夺；另一方面，根据监督主体查办违法、违纪案件的业绩和监督对象能否高效、廉洁来开展行政管理活动，并决定对监督主体的奖惩。这些具体追究措施会给监督主体形成强大的压力和动力，驱使监督主体高效地实施监督。

（三）建立行政监督体系的协调机制

只有建立监督体系的协调机制，使隶属各系统的监督主体互相配合，协调一致，形成合力，才能充分发挥行政监督的整体功能，取得良好的监督效果。具体来说，应做好两方面工作：

首先，加强监督立法，从法律上具体规范和明确各监督主体的地位、职责、权限，以及监督活动的范围、方式和程序等，建立监督主体间以及监督主体与客体间的责任、利益、权利、义务相统一和相协调的关系，形成全方位、多层次、强力的行政监督体系网络；加强监督的总体规划和避免不同监督机制间的重叠和冲突，增强其整体合力，使不同主体的监督体系各司其职、各负其责，明确监督目标。

其次，建立综合协调机构。为更好地加强各监督主体的整合，应建立专司行政监督协调的权威机构，赋予其相对独立的地位和较大权威，统一协调各个监督主体对公共权力的监督问题。监督的独立性是保证监督公正性的前提，较大的权威则可打破行政管理运行监督机制长期失衡的状态，并能对各监督主体进行综合指导和协调，使它们在监督过程或在有些案件受理、调查、移送、处理方面能互通情况、互相配合，形成有机整体，发挥整体效能。

最后，建立统一的行政监督情报信息网。要形成有利于发挥行政监督体系整体功能的协调机制，必须在行政监督体系中建立一条信息高速公路，以强化统一和协调作用。具体包括如下几个方面：一是建立各自的违法犯罪记录的档案库，在保密条件下，允许互相调阅，以便发现连环案、交叉案、案中案；二是建立重大案件互相通报的制度，以进一步提供有益的线索，并协同配合；三是建立对打击腐败查处案件过程的信息交流制度，对各自掌握的违法犯罪案件的特点、手法、表现、动态互相通报，以便提高监督水平；四是建立疑难案件的通报制度，在行政监督实践中，监督部门如果碰到疑难案件，或者遇到了难以克服的障碍，无法取得突破性进展，则应当向其他监督机构通报，以便调动更广泛的力量来解决难题，提高行政监督效能。

（四）健全和完善行政监督法律机制

健全和完善行政监督法律机制，从总体上讲，要在行政监督立法、守法、执法三个环节齐抓共管。从我国目前行政监督法律法规不完善、监督缺乏可操作性的现状来看,健全法律体系,当务之急应从以下两个方面着手。

1. 加快行政监督立法进程

行政监督是一种法制监督,这不仅意味着行政监督是对行政机关依法行政情况的监督,也意味着行政监督应依法进行。近年来,在法规和制度建设上,形成了一批规范国家工作人员廉洁自律和惩治腐败的法律法规和党内制度,为行政监督工作提供了有力的法规制度支持。但根据行政监督发展的实际需要以及反腐败斗争的新格局和新形势,还应加快行政监督立法进程,制定一系列专门监督法律,例如《行政监督程序法》《反贪污贿赂法》《公职人员财产申报法》《公务员伦理法》《新闻法》《公民举报法》《政务公开法》等;同时,在颁布实施监督法基础上,还应单独制定罢免法、追究法等,以达到依法强化监督、细化监督、增强可操作性的目的。

2. 修订已有的行政监督法律、法规和制度

应根据社会主义市场经济条件下出现的新情况、新问题,对已经颁布的有关行政监督与廉政建设方面的法律、法规、制度进行修订和完善,使之更具有操作性、可行性和有效性。其中,对那些正确的、行之有效的监督法规和制度,要进一步坚持;对那些内容滞后、脱离实际、甚至相互矛盾的法规和制度,该删除的删除,该废止的废止,该补充的补充;对那些过于笼统、抽象、难于操作、漏洞较多的法规和制度,则要通过修改,使之更加严密、具体、准确,对那些比较成熟的廉政制度,要在调查研究的基础上,逐步上升为法律、法规。总之,只有完善监督法制,才能为健全行政监督法律法规体系、依法实行行政监督,提供基本的规范程序和保障。

(五)强化人大监督机制

人大及其常委会是代表人民行使国家权力的机关,行使对公共权力的监督职能,它是以人民做后盾,以国家强制力为保证的国家权力的监督。强化人大监督机制是制约公共权力的重要途径。具体说来有以下几个方面。

1. 支持和保证人大监督

切实发挥人大及其常委会的依法监督作用,认真听取和审议有关工作报告;加强对行政法规、部门规章、地方性法规和地方政府规章的备案审查,维护法制统一;严格审查财政预算和执行、国民经济和社会发展规划;加强对司法工作的监督,防止执法不公、贪赃枉法行为的发生;加强执法检查、

监督工作。在监督过程中，人大常委会要按照宪法和监督法的规定，做到既不失职，又不越权；既敢于监督，又善于监督；既监督，又支持。"一府两院"要按照监督法的规定，自觉接受监督，切实推进依法行政，公正司法①。

2. 加强人大的自身建设

目前亟待解决两个问题：首先是健全组织机构，如建立宪法监督委员会、人大监督专员署（或廉政监督委员会）、人事监督委员会等专门监督机构，以担负起日常监督工作，保证人大监督权的落实。其次是提高人大代表素质和监督能力，通过培训或举办法制讲座和专题讲座等方式，让人大代表和常委会成员熟悉有关监督的法律、法规，了解监督的形式、程序和方法；引入公开竞争机制，选举人大代表，弱化代表荣誉感，强化责任感和使命感。

3. 完善人大监督程序

用以规范人大及其常委会对监督对象的调查、处理的法定步骤、顺序、形式、方式和时限的人大监督程序立法相对缺乏。因此，应注重通过立法措施来完善各项人大监督制度的程序规范，监督程序立法要有预见性和超前性，要将监督过程中一切现实和可能的因素包容进去，使其有相当的容量。在监督程序之间要注重整体效应，不同监督形式之间的不同程序应当相互呼应，协调统一，达到互补、严密的目的，确保监督法律、制度的运作的规范化和高效率，增强监督工作的可操作性。

4. 改进人大监督方式

从目前人大监督实践看，改进监督方式应从以下几方面入手：一是人大监督工作要动真格，变被动监督为主动监督。二是人大监督工作要有策略，变一般监督为重点监督，紧紧围绕关系改革发展稳定大局和群众切身利益、社会普遍关注的问题，开展对"一府两院"专项工作评议。三是人大监督工作要讲实效，变抽象监督为具体监督。

（六）完善公民监督和新闻舆论制约机制

1. 充分发挥人民群众的监督作用

我国《宪法》规定："中华人民共和国的一切权力属于人民。"因此，人民群众监督是行政监督机制的基础力量源泉。具体说来：

---

① 许安标. 监督法的特点与创新 [J]. 国家行政学院学报，2007（1）.

（1）强化群众监督的法律保障。通过制定专门法律，确立群众监督的法律地位；明确群众监督的权限、形式、程序，以及监督的责任和奖惩；抓紧建立群众监督的法律保障机制，依法保护群众举报、申诉和控告等监督行为，使其尽快纳入法制化、制度化的轨道。

（2）继续加强信访举报工作。要从完善群众信访举报的体系和网络、健全保护和保密制度、健全举报奖励反馈机制等制度和机制上保证言路畅通，使举报有门，保护举报者的合法权限，使举报者免受打击报复，维护正义。

（3）进一步提高行政管理机构工作的公开性和透明度，建立更广泛的公开办事制度，使社会各界民众包括社会团体，切实参与监督活动，从多方位直接实施监督。

（4）推行群众评议、领导干部任前公示制等制度，扩大群众在干部选任上的知情权、参与权、选择权和监督权，加强群众对干部选拔任用工作的监督。

2. 充分发挥新闻舆论的监督作用

舆论监督是监督体系中的先锋和桥梁，它的优点是时效性强，辐射面广，透明度高，威慑力大，与其他监督主体相结合，会产生无法替代的巨大监督力量。为此，应加强新闻立法，以法律形式明确规定舆论的监督权、审稿权、批评权，以及采访、报道程序、方法，侵权责任等内容，从而为舆论监督提供法律保障，使舆论工作者能更好地依法履行监督职责。在此基础上，实现舆论监督与其他监督相结合。舆论监督是行政监督体系中的一种非权力型监督形式，要保证其有效性需要通过权力监督机制的制衡才能真正实现。因此，舆论监督一定要与人大监督、司法监督、纪检监察等部门的监督有机结合起来，建立有效的工作机制，互通情况，协调配合，形成监督合力。人大权力机关以及政府审计等专门监督机关在履行各自监督职责时既要充分重视舆论监督的作用，又要善于主动从舆论揭露出的问题中发现的重要案件线索进行有力的查处。这样，既有利于更好地发挥舆论监督的作用，又有利于加强和完善行政监督体系。

思考题

1. 行政监督的理论基础有哪些？

2. 行政监督的内容是什么？
3. 行政管理内部监督有哪些类型？
4. 行政管理外部监督体系主要包括哪些形式？
5. 完善我国行政监督机制的措施有哪些？

案例

国家药监局腐败窝案——拷问行政内部监督

这几年注定是中国食品药品监管史上不平凡的年代：2007年，原国家食品药品监督管理局（简称"国家药监局"）局长郑筱萸被北京市高级人民法院以受贿罪、玩忽职守罪判处死刑，剥夺政治权利终身；原该局医疗器械司司长郝和平被北京市高级人民法院以受贿罪和非法持有枪支罪判处15年有期徒刑；原该局药品注册司司长曹文庄被北京市高级人民法院以受贿罪和玩忽职守罪判处死缓；原该局药品注册司化学药品处处长卢爱英被北京市高级人民法院以受贿罪判处有期徒刑13年，以巨额财产来源不明罪判处有期徒刑1年零6个月，决定执行有期徒刑14年；原国家药典委员会常务副秘书长王国荣被北京市中级人民法院以受贿罪判处无期徒刑，剥夺政治权利终身；原国家药典委员会业务综合处副处长李智勇被北京市中级人民法院以受贿罪判处有期徒刑15年。2010年，因涉嫌受贿，国家药监局正处级调研员卫良被检察机关批准逮捕；该局药品认证管理中心孔繁忠、中国药品生物制品检定所病毒二室原副主任祁自柏、血液制品室原副主任白坚石等四人也先后被批准逮捕。国家食品药品监督管理局原副局长张敬礼案于2011年11月在北京市第二中级人民法院开庭审理。经依法审理，查明张敬礼涉嫌受贿罪、非法经营罪和诬告陷害罪。

"GMP认证"，"地标"升"国标"，这些本该利国利民的举措为什么最后全都背离了原来的初衷，成为郑筱萸等人腐败寻租的"有力"跳板？究其根本，权力集中且不受约束是郑筱萸等人走上违法犯罪道路的重要原因。对于那些缺乏信仰、不懂自律的官员而言，手中的权力反而成为其获得身败名裂下场的必要条件。本来，职能权力集中的目的在于提高行政效率，是为规避政出多门、多头执法不力局面采取的重要举措，但当国家药监局掌控全部原分属不同机构负责的权限后,相应的行政监督机制建设却未能跟上,对公共权力监管的法规制度不健全,缺少对药品食品审批等重要行政权力进行监督的制约办法,使得政府权力成为个人谋取非法利益的手段和条件。这一系列案件既令人愤慨,又发人深省。

思考：
我国行政管理内部监督的不足及其完善。

第十章
行政法治

近代以来，随着法治主义的兴起和行政权力的发展，行政管理与法律的关系日益紧密。如何通过法律使政府行政部门拥有的行政权力不被滥用，同时促进政府部门有效发挥作用，已成为现代行政管理的重要课题。在现代社会，行政管理与法律的结合是维护公民合法权利和实现公共利益的根本保障，是行政管理走向法治化管理的重要标志。

第一节 行政法治概述

一、行政法治的基本内涵

法治就是法律的统治。对于法治的含义，古希腊思想家亚里士多德有着精辟的论述，他说："法治应包括两重意义：已成立的法律获得普遍的服从，而大家所服从的法律又应该本身是制定得良好的法律。"① 随着时代的发展，人们不断丰富着法治的内涵。在现代，"法治"不仅是一个内涵丰富的概念，也是一种价值取向明显的意识形态。第一，"法治"是一个表征治国方略或社会调控方式的概念。在这种意义上，法治与人治相对；第二，"法治"是一个表征活动的概念。在此意义上，法治的核心是依法办事；第三，"法治"是一个表征状态的概念。无论是作为治国方略，还是作为依法办事的原则，法治最终要表现为一种法律秩序；第四，"法治"是一个表征价值的概念。法治是有特定价值基础和价值目标的法律秩序。法治不是单纯的法律秩序，不是任

---

① 亚里士多德. 政治学 [M]. 吴寿彭，译. 北京：商务印书馆，1997：199.

何一种法律秩序都称得上法治状态；第五，"法治"是一个融汇多重意义的综合观念，是民主、自由、平等、人权、理性、文明、秩序、效益与合法性的完美结合①。

行政法治（administrative rule by law）是指国家行政机关行政权的设立和行使必须以法律为依据，政府做出的任何行政行为均受到法律的约束，不得逾越法律授权的范围，否则即为违法，须承担法律责任。行政法治既是一个公共行政普遍原则，也是一种社会控制方式。行政法治是法治的主要组成部分，在法治中占有重要地位，二者关系极为密切。一方面，行政法治是法治的重点。作为一种世界性现象，行政权力的突出地位在相当长时期内还会持续下去，因此，行政法治在总体上决定了一个国家能否实现法治。另一方面，行政法治又是法治的难点。行政方式上的特殊性（行政首长负责制、较大的行政自由裁量权等）使行政机关及其工作人员习惯于按个人意见办事而忽视依法行使行政权力，这几乎使得行政法治的实现成了法治国家难以攻克的一座堡垒。由于行政法治是培育、发展市场经济的客观要求，是推进、深化行政改革的有效方法，是控制行政权力膨胀的必然选择，是民主政治实现的可靠保证，没有行政法治就没有法治国家。

西方行政法治建立在深厚的法治传统基础上，是近代资产阶级革命反对封建专制的产物，是法治主义在行政领域的体现。由于国情的差异和对法治理解的不同，行政法治的表述也因国而异。在具体称谓上，英国称为法治或依法行政，法国称为行政法治，日本称为法治行政；在具体内容上，英国主要反映为越权无效原则和自然公正原则，美国为正当法律程序原则，德国为法律优先原则和法律保留原则。各国尽管在依法行政的称谓和具体内容上理解不一，但是行政必须遵循法治、在法律之下行政是基本共识，只是在实现行政法治的途径和方式上，各国各有国情。例如，对行政行为的司法审查是公认的行政法治的基本要素之一，但英美法系国家对行政的司法审查交由普通法院进行，而法国等一些大陆法系国家则由独立的行政法院进行。分析各国学者关于行政法治的理论表述，可以认为行政法治至少应当包括以下内容：

第一，法律至上。这里的法律是狭义的，特指立法机关制定的成文法以

---

① 张文显. 二十世纪西方法哲学思潮研究 [M]. 北京：法律出版社，1996：629-632.

及法院的判例法。法律至上包括两方面内容。一是一切行政权力来源于宪法和法律。当代行政法治理论不承认行政具有独立于宪法和法律之外的固有权力，这就要求任何行政权力的行使都必须具有法律依据。当然，要求行政行为具有法律依据并不排除法律给行政主体留下一定的自由活动的空间，并不要求每一行政行为都必须找到明确的法律依据，行政行为也可依照法律授权制定的其他法律规则进行。但是，如果行政行为直接依据的不是法律，一般认为，这时须遵守两项原则：其一，任何直接影响公民权利、自由的权力性行政行为的行使最终可从法律那里找到明确的根据；其二，法律对于其他机关制定从属性法律规范不得进行"空头支票"式的授权，换言之，作为行政行为直接依据的立法规则不能没有法律依据，也不能根据法律的空白授权做出。二是任何行政行为均不得与法律相抵触，行政行为违法必须承担法律责任。按照国际上通行的观点，"违法"并不单纯指违反法律条文，还包括违反法律精神，即行为缺乏客观上的正当性。

第二，良法有效。作为行政行为依据的法律以及其他附属性立法规则必须尊重公民个人的权利和自由。法律至上要求法律在形式上具有最高权威，但如果法律本身是反民主、反人权的，那么，这种法律至上绝不是法治。法治原则不局限于合法性原则，还要求法律本身必须是科学的、符合人民利益的。因此，法治不仅有形式上的法律至上的要求，更要求法律以及依法律制定的其他附属性法律规范的内容必须体现尊重公民个人权利。当然，我们可以通过以下几个标准衡量一部行政性法律及其附属性立法是否具有尊重公民权利的精神：首先，是否侵犯公民依宪法享有的基本人权；其次，对行政机关的授权是否漫无边际，以致发生行政机关随意限制、剥夺公民的权利和自由的现象；再次，是否将行政行为排除在法治监督的范围之外，是否合理设置防范行政行为违法、不当约束的监督措施；最后，对行政行为的受害人是否规定了合理的救济渠道和救济手段。

第三，行政行为必须接受法院的司法审查。有无独立的司法机构对行政行为的合法性进行审查，是国际公认的行政法治的重要标志。当然，行政法治要求行政行为受到广泛而严密的外部监督，以使法律条文规定的行政法治转化为现实生活中的行政法治。法院的监督不过是外部监督的手段之一，除此之外，议会对行政行为的政治监督、社会舆论的监督以及公民参与等都是重要的监督形式。按照国际通行的观点,行政行为不受外部监督的国家无行政法治;行政行为受到外部监督,但若缺乏司法监督形式,同样不能承认其有行政法治的存在。

以上三点内容必须在民主政体和充分的新闻自由的社会环境下才能发挥作用,否则,即使法律在表面上对人民权利表示了应有的尊重,对行政机关给予了必要的约束,并且在形式上建立了一套司法审查制度,也不可能在现实生活中实现行政法治。

二、行政法治的构成要素

(一) 依"良法"行政是行政法治的前提

亚里士多德所说的"良法"应该是促成政府和人民都能晋身于正义的善德之法,是符合法律的基本原则、价值的法,是正义的法。法如果帮助政府与人民为恶,便不是良法。在行政管理领域,所言之法范围极广,包括法律、行政法规、地方性法规、行政规章、地方政府规章等,且法规、规章的数量众多,制定主体十分庞杂。有些地方和部门在制定地方性法规和规章时,因受狭隘的地方利益和部门利益驱动,通过立法争权(如争审批权、收费权、罚款权)、争利(即立法为恶),然后依恶法恣意侵害公民的合法权益,这已引起了人们的深深忧虑,担心法规、规章的泛滥最终会导致法治落空。因此,在行政领域,强调依"良法"行政有着重要的现实意义。有学者认为,"良法"既要求符合形式标准,即法是由国家机关制定出来的,法律符合宪法,法规符合法律,规章符合法规,整个法的规范构成统一、协调、有序的系统;同时也要符合实质标准,即法应反映人民的意志和利益,反映客观规律。法如果违反形式或实质标准,就不能认为是"法",如果在形式上属于法,则属于"恶法",政府不应依"恶法"行政,行政机关如果按"恶法"办事,公民应有抵抗之权。

(二) 政府守法是行政法治的关键

法治的本质是"民治"而不是"治民",法治的关键是"治权"与"治吏"。实行行政法治,关键是要政府率先守法,依法用权。如果政府只视法为治理公民的工具,将自己凌驾于法之上或置身于法之外,则不是行政法治,而是借"法治"之名行专制之实。政府守法要求:首先,政府应遵守职权法定的规则,不能越权行事。一切行政机关只能在其权限范围以内活动,这是公法的根本原则。其次,政府应符合法定目的公正合理行政,而不能滥用行政自由裁量权。最后,政府守法对政府的不同行为有着不同要求。现代行政可以分为两类:一类对相对方的权利义务产生直接影响,如行政检查、行政许可、行政处罚、行政强制等,被称为"消极行政";另一类对相对人的权利义务不产生直接影响,如行政指导、行政咨询、行政规划、行政建议、行政政策等,被称为"积极行政"。凡"消极行政"都应有行为法上的依据,没有行为法上的依据,不得使公民承担义务,不得限制与剥夺公民的权利;"积极行政"多数情况下是没有行为法上的依据的,但必须有组织法上的依据,要符合宪法、组织法所规定的权限范围,要遵循法律原则和精神,不得与宪法、法律相抵触。

(三)程序正当是行政法治的核心

程序,从法律学的角度来看,主要体现为按照一定的顺序、方式和步骤做出法律决定的过程。行政法治的一个核心问题是程序问题。行政程序是保证行政权正确、有效行使,抑制行政专横与恣意的极其重要的手段。如果没有行政程序,行政机关可以随意选择实施行政行为的时机、方式、方法和步骤,可以通过滥设程序壁垒的方法或采用拖延执法的方法取消或挤压法律赋予公民的权益,也可以通过选择缺乏科学性和正当性的执法方法加重公民的义务。在这种情况下,行政机关可以轻而易举地摆脱法律对它的控制和约束,从而使法律蜕变为单方面管制公民的专制工具。行政程序一方面可以限制行政官吏的恣意,减少行政权侵犯个体合法权益的危险性;另一方面又保留一定的选择自由,以保证行政权管理社会生活的活力。它是开放的结论和紧缩的过程的统一。因此,如果我们要实现有节制的自由、有组织的民主、有保障的人权、有制约的权威、有进取的稳定这样一种社会状态的话,程序可以作为其制度化的最重要的基石。

(四)责任行政是行政法治的内在要求

将行政活动置于责任行政的基础之上是行政法治的内在要求。按照近代以来的国家观念,民主政治是一种责任政治,民主行政也是一种责任行政,它需要对法律、对社会、对人民负责,行政权力的行使需要承担相应的责任并在一定的义务限制范围内行使权力。责任行政原则是全部行政法产生的基础,是贯穿所有行政法规范的核心和基本精神。行政机关及其工作人员行使行政职权时如果违反了法律规定,或者有失职、越权、滥用职权等行为时,均应承担相应的法律责任:该撤销的就应撤销;该变更的就应变更;不履行职责的就应责令其限期履行法定职责;违法行为给相对人的合法权益造成实际损害的,要承担赔偿责任,并要视主观过错程度追究实施违法行为的公务员的法律责任。没有法律责任就没有行政法治。

(五) 行政诉讼是行政法治的司法保障

行政诉讼是一种司法监督,也是一种司法救济。司法是正义的守护神,行政法治必须要有司法保障。行政相对人一旦不服行政行为,可提请人民法院进行司法审查,以追究违法行政主体的法律责任,这种途径比其他任何途径都能更有效地对行政行为实施法律监督。有学者认为,中国的行政行为司法审查制度是自行政诉讼的正式确立开始的。行政诉讼在一定程度上以法的形式确认了国家、社会与个人的界线与对峙,把司法权树立为行政权的一种对峙力量,从而使行政法治成为一种现实的原则。

三、行政法治的基本内容

(一) 行政职权法定化

行政职权法定化是指行政主体(国家行政机关及其法律法规授权组织)对某类行政事项的管辖权及管辖权限必须有法律法规的明确授予和明确界定。这就是说,行政职权法定化包括两方面的要求:一是行政职责法定,即行政机关对某类行政事务的管理权和法律法规的执行权必须由法律法规明确授予;二是行政权限法定,即行政机关对某类行政事务管理权限和法律法规执行权限的大小必须由法律法规明确界定。前者解决行政机关管什么的问题,后者则解决行政机关管到什么程度的问题[①]。对于行政主体而言,无论是超越职责还是超越权限,都构成越权违法。

现代法治国家中,法的本质精神和最主要功能好比"马笼头",用以约束和规范政府权力,防止政府权力的滥用或膨胀,唯此,政府权力才能被制定法律的人民予以有效控制和驾驭,才能确立和维持一个有限政府。在我国,

---

① 郎佩娟. 论行政法治 [J]. 新视野, 1999 (5).

行政机关在利益驱动下任意行事的情形是较普遍的,例如,政府过多干预企业经营自主权、乱摊派、乱收费、乱罚款等,这些不法行为不仅严重损害了政府形象,而且极易引发政治冲突。行政职权法定化对制约行政权力、改进行政执法状况具有重要作用。

行政职权主要由行政机关组织法规定。国务院组织法和地方组织法是我国现行有效的组织法,其中的重要内容即是对国务院和地方各级人民政府的职权做出规定。例如,《国务院组织法》第3条规定了国务院的职权,《地方组织法》第59条规定了县级以上地方各级人民政府的职权。从总体上看,我国行政机关组织法还不够健全、完善,一些重要的组织法缺位,已有组织法中的一些规定过于简单、粗疏。因此,我国离行政职权法定化还有很大距离,相当一部分政府机构的职权无法可依。解决这一问题的关键是制定系统的组织法,并完善已有的组织法。

(二) 行政机构法定化

行政机构法定化是指行政机关必须按照宪法和行政机关组织法的规定设立,未经宪法和行政机关组织法的规定而设立的行政机关不享有行政职权,也不是行政主体。

行政机构法定化有助于抑制"巨型政府"(政府的巨大规模和巨大作用),巩固机构改革的成果。巨型政府是世界许多国家政府的通病,它增加了管理成本,降低了管理效率,抑制了社会中介组织的成长与发展,是各种类型官僚主义的总病根。为了解决巨型政府问题,当代各国政府都在不断地进行机构改革。然而,一些国家机构改革的成果不能巩固,改革之后不久就出现了机构的再度膨胀。解决这一问题和巩固机构改革成果的有效方法就是实现行政机构法定化。

国家行政机构的性质、地位、组成、内部机构设置、职务设置、任职期限、隶属关系、设立和撤销等问题,都由行政机关组织法规定。为了实现行政机构法定化,我国应制定系统的行政机关组织法,具体包括国务院组织法、国务院组成部门组织法、国务院直属机关、办事机构组织法,国务院组成部门管理的国家行政机构及议事协调机构组织法和单行的地方组织法等,使我国行政机构能适应建立社会主义市场经济体制的要求,符合精简、统一、效能的标准。

(三) 行政程序法定化

行政程序是指行政主体行使行政职权时应当遵循的步骤、顺序、时间、方式和制度，又称为行政手续。行政程序法定化是指将那些符合公民利益的行政程序上升为法律，以法律的形式固定下来，避免行政权力的滥用和行政侵权行为的发生。行政程序法定化对国家行政机关及其工作人员行使行政权力、进行行政活动提出了很高要求。首先，行政机关行使行政权力必须按照法律规定的方式、步骤和过程进行，违反法定行政程序所实施的行政行为应属无效。例如，听证制度是当事人表达意见、行政机关集中公众智慧和接受公众监督的正规途径，法律规定应当举行听证而未举行听证的，行政行为无效。其次，行政人员进行行政活动，必须遵守法律规定的时限、步骤和方法，否则行政行为无效，严重者还将承担法律责任。

行政程序法定化的意义是多方面的。其一，有利于增进公民对政府的了解，实施行政参与。例如，规定听证或评议程序，使公民有机会表达意见，对政府公共政策的制定施加影响。其二，有利于保护公民、法人和其他社会组织的合法权益。因为，实体法规定的各种权利如果没有相应的操作程序，将很难得到实现。例如，行政复议权利如果没有受理机关、审理时限、举证原则等方面的规定，就将流于形式。其三，有利于提高行政效率。行政程序立法使行政程序简单化、统一化和标准化。其四，有利于监督、制约行政机关。行政程序法通过步骤、顺序、时间等制度规定，使行政机关不能拖延执法或故意刁难公民，为监督行政提供了有效手段。

（四）行政责任法定化

行政责任法定化是指在法律法规中对行政主体由于不履行法定职责和义务所应承担的法律责任做出明确、具体的规定，不允许行政主体只实施行政活动而不承担法律责任。行政责任法定化集中体现了行政法的责任行政原则。责任行政要求有明确的责任主体，以便准确判明责任者；要求将行政机关的各种活动与责任相连，不存在无责任的行政活动；要求有实现责任的必要的法律制度，例如，行政复议制度、诉讼制度、赔偿制度、处罚制度等。责任行政的最终目的是实现行政活动的有责任状态，凡行政违法的，应当承担该行为被撤销的责任；凡行政不当的，应当承担予以变更的责任；凡行政失职的，应当承担履行职责的责任；凡构成损害的，应当承担行政赔偿责任。

在社会生活中，行为主体承担责任是社会秩序和社会存在的基本条件。相对而言，国家行政活动更要建立在责任基础之上。因为，从性质上看，行政活动以整个社会为对象，如果行政活动可以随意实施而无须承担责任，社会就会进入无序状态；从特征上看，行政活动对公民、法人和其他社会组织的权益构成影响，如果这种影响可以随意施加而无须承担责任，行政相对人的权益就会受到极大威胁。我国现正处在社会主义市场体制建构时期，在规范市场的同时必须严格规范政府行为，这是改革的必然要求。社会主义国家政府的权力是人民通过人民代表机关赋予的，这种权力不仅是有限的，而且是必须承担责任的。我国以往立法中对行政主体承担责任的规定较少，这是我国立法中需要克服的薄弱环节。

四、实现行政法治，建设法治政府

2004年，国务院发布《全面推进依法行政实施纲要》，首次提出用十年左右的时间基本建成法治政府的目标。由政府提出并要求在10年内基本实现建设法治政府的目标，这在世界法治发展史上是绝无仅有的，具有划时代的意义。它标志着建设法治政府在我国正从理想转化为现实，从宣言转化为行动，从对政府提出的要求转化为政府的自觉自律。西方国家依法行政的经验和教训为中国依法行政的发展提供了有益借鉴，而中国依法治国、依法行政的理论和丰富实践更是迈向法治国家和法治政府生生不息的动力和源泉。十多年来，我国法治政府建设取得了显著成绩，积累了大量的实践成果和理论成果。特别是党的十八大以来，以习近平同志为核心的党中央站在全面推进依法治国、建设社会主义法治国家的战略高度，着眼于实现"两个一百年"奋斗目标、实现中华民族伟大复兴的中国梦，提出了为什么要建设法治政府、建设什么样的法治政府、怎样建设法治政府等一系列重大的理论、观点，形成了中国特色社会主义法治政府理论。

2012年，党的十八大明确提出到2020年基本建成法治政府，规划了法治政府建设的时间表和路线图。习近平总书记强调："各级国家行政机关、审判机关、检察机关要坚持依法行政、公正司法，加快推进法治政府建设，不断提高司法公信力。"① 2014年，党的十八届四中全会提出了法治政府的基本要求，即"加快建设职能科学、权责法定、执法严明、公开公正、廉洁高效、

---

① 习近平. 习近平谈治国理政 [M]. 北京：外文出版社，2014：140.

守法诚信的法治政府"[①]。2015年底,党中央国务院发布《法治政府建设实施纲要（2015—2020）》,明确了法治政府建设的各项新要求。党的十九大强调"建设法治政府,推进依法行政,严格规范公正文明执法"[②]。在不到20年的时间里,"法治政府"从一个学术概念发展成政策要求,进而成为法治实践的核心内容。这一过程充分说明,深入推进依法行政,加快建设法治政府,符合中国国情,顺应时代要求,是中国特色社会主义法治道路的必然选择。

(一) 法治政府建设的重大意义

2017年5月3日,习近平总书记在考察中国政法大学时指出,全面依法治国是坚持和发展中国特色社会主义的本质要求和重要保障,事关我们党执政兴国,事关人民幸福安康,事关党和国家事业发展。随着中国特色社会主义事业不断发展,法治建设将承载更多使命、发挥更为重要的作用[③]。党的十九大报告提出,中国特色社会主义已进入新时代,要深化依法治国实践,建设法治政府,推进依法行政,严格规范公正文明执法;深入推进依法行政,加快建设法治政府,对于扎实推进法治中国建设,协调推动"四个全面"战略布局,有效促进国家治理体系和治理能力现代化,坚持和发展中国特色社会主义,顺利实现中华民族伟大复兴的中国梦具有重要意义。

1. 建设法治政府是全面依法治国的关键环节,是实现国家治理体系和治理能力现代化的必然要求

依法治国是我们党领导人民治理国家的基本方式,是坚持和发展中国特色社会主义制度、推进国家治理体系和治理能力现代化的必然要求和根本保障。能否做到依法治国,关键在于各级党组织和党员领导干部能否做到依法执政,各级政府及其工作人员能否做到依法行政。党的十八届四中全会将法治政府建设作为全面落实依法治国基本方略的重要内容进行部署,提出加快建设职能科学、权责法定、执法严明、公开公正、廉洁高效、守法诚信的法治政府,强调各级行政机关必须依法履行职责,坚持法定职责必须为、法无

---

① 中共中央关于全面推进依法治国若干重大问题的决定 [R]. 北京:人民出版社,2014:15.
② 习近平. 决胜全面建成小康社会 夺取新时代中国特色社会主义伟大胜利——在中国共产党第十九次全国代表大会上的报告 [R]. 北京:人民出版社,2017:39.
③ 习近平在中国政法大学考察 [R/OL]. 新华网,2017-05-01 [2017-05-03]. http://www.xinhuanet.com/politics/2017-05/03/c_1120913310.htm

授权不可为，决不允许任何组织或者个人有超越法律的特权。这一定位凸显了法治政府建设的重要意义。

当前，我国各级行政机关的依法行政状况还不能完全适应依法治国的根本要求，距离法治政府建成目标还有一定距离。

法治政府是国家实力的象征，是现代国家政治文明的重要标志。国家实力不仅体现为物质实力和军事实力，还更多体现为制度文明与法治化水准。习近平总书记指出："法治和人治问题是人类政治文明史上的一个基本问题，也是各国在实现现代化过程中必须面对和解决的一个重大问题。综观世界近现代史，凡是顺利实现现代化的国家，没有一个不是较好解决了法治和人治问题的。相反，一些国家虽然也一度实现快速发展，但并没有顺利迈进现代化的门槛，而是陷入这样或那样的'陷阱'，出现经济社会发展停滞甚至倒退的局面。后一种情况很大程度上与法治不彰有关。"① 建设法治政府是全面依法治国的关键环节，没有法治政府，就无法落实依法治国各项要求，也不可能建成法治国家和法治社会，更谈不上国家治理体系和治理能力现代化。只有遏制人治，厉行法治，加快建成法治政府，才能实现国家治理体系和治理能力现代化，顺利进入现代化国家的行列，到21世纪中叶建成社会主义现代化强国。

2. 建设法治政府是规范和约束行政权力，尊重和保障人权，维护社会公平正义，实现国家长治久安的重要举措

权力必须接受约束和规范，缺少监督的权力不仅容易导致腐败，还会破坏社会公平正义。建设法治政府，就是要规范和约束行政权力，把权力关进制度的笼子里。唯有把权力关进制度的笼子里，用法律来制约和监督权力，通过权力授予、权力行使和权力监督等对权力进行有效的监督和制约，才能保证人民赋予的权力始终被用来为人民谋利益，才能实现干部清正、政府清廉、政治清明。把权力关进制度的笼子里，就是要依法设定权力、规范权力、制约权力、监督权力。十八届四中全会通过的《中共中央关于全面推进依法治国若干重大问题的决定》（以下简称《决定》）强调："必须以规范和约束

---

① 中共中央文献研究室编. 习近平关于全面依法治国论述摘编 [M]. 北京：中央文献出版社，2015：12.

公权力为重点，加大监督力度，做到有权必有责、用权受监督、违法必追究，坚决纠正有法不依、执法不严、违法不究行为。"① 建设法治政府有利于规范和约束公权力，尊重和保障人权，维护社会公平正义，实现国家长治久安。

3. 建设法治政府是弘扬社会主义法治精神，推进法治社会建设的本质要求

十八届四中全会《决定》提出："必须弘扬社会主义法治精神，建设社会主义法治文化，增强全社会厉行法治的积极性和主动性，形成守法光荣、违法可耻的社会氛围，使全体人民都成为社会主义法治的忠实崇尚者、自觉遵守者、坚定捍卫者。"② "法治国家、法治政府、法治社会三者各有侧重、相辅相成。全面推进依法治国需要全社会共同参与，需要全社会法治观念增强，必须在全社会弘扬社会主义法治精神，建设社会主义法治文化。要在全社会树立法律权威，使人民认识到法律既是保障自身权利的有力武器，也是必须遵守的行为规范，培育社会成员办事依法、遇事找法、解决问题靠法的良好环境，自觉抵制违法行为，自觉维护法治权威。"③ 法治文化是法治国家、法治政府和法治社会建设的文化根基，也是推动法律实施和法律监督的精神动力，一个成熟的法治国家必然需要深厚的法治文化做支撑。行政机关及其工作人员是法律的执行者，也是行政权力的行使者，理应成为全社会遵纪守法的榜样和标杆。政府及其领导干部带头守法是法治政府的应有之义和本质要求，也是弘扬社会主义法治精神的最有效措施之一。建设权责法定、执法严明、公开公正、廉洁高效、守法诚信的法治政府，必将引导人民成为社会主义法治的忠实崇尚者、自觉遵守者、坚定捍卫者，促进形成守法光荣、违法可耻的社会氛围，从而真正推进法治社会建设。

4. 建设法治政府对于全面深化改革具有重要的支撑、保障和促进作用

政府是改革的主体，改革能否在法治的轨道上推进，改革的成果能否及时上升为法律，关键在于法治政府建设。只有深入推进法治政府建设，才能引领改革方向，促进改革事业，确保改革的合法性。在"四个全面"战略布局中，全面依法治国与全面深化改革相辅相成、相互促进。全面深化改革就

---

① 中共中央关于全面推进依法治国若干重大问题的决定［R］. 北京：人民出版社，2014：7.
② 中共中央关于全面推进依法治国若干重大问题的决定［R］. 北京：人民出版社，2014：26.
③ 习近平. 加快建设社会主义法治国家［J］. 求是，2015（1）.

是要改变旧的秩序和制度，形成新的秩序和制度，这样做就需要突破法治的约束；同时，法治又强调制度的稳定性、长期性和可预见性，如果无视法治的约束，任由改革进行，必然会损害法治的权威与尊严。因此，处理好两者之间的关系至关重要。习近平总书记强调，"在法治下推进改革，在改革中完善法治，这就是我们说的改革和法治是两个轮子的含义。我们要坚持改革决策和立法决策相统一、相衔接，立法主动适应改革需要，积极发挥引导、推动、规范、保障改革的作用，做到重大改革于法有据，改革和法治同步推进，增强改革的穿透力。对实践证明已经比较成熟的改革经验和行之有效的改革举措，要尽快上升为法律。对部门间争议较大的重要立法事项，要加快推动和协调，不能久拖不决。对实践条件还不成熟、需要先行先试的，要按照法定程序作出授权，既不允许随意突破法律红线，也不允许简单以现行法律没有依据为由迟滞改革。对不适应改革要求的现行法律法规，要及时修改或废止，不能让一些过时的法律条款成为改革的'绊马索'"①。为此，必须坚持以下原则：第一，重大改革要于法有据，取得法律的授权。第二，改革的成果要及时上升为宪法、法律。第三，立法要主动适应改革和经济社会发展的需求。过时的法律法规要及时清理，做到立、改、废、释并举，该制定的要制定，该修改的要修改，该废止的要废止，该解释的要解释。

5. 建设法治政府是提升我国国家形象，切实维护国家利益的基本途径

十八届四中全会《决定》指出："适应对外开放不断深化，完善涉外法律法规体系，促进构建开放型经济新体制。积极参与国际规则制定，推动依法处理涉外经济、社会事务，增强我国在国际法律事务中的话语权和影响力，运用法律手段维护我国主权、安全、发展利益。"② 当前，世界多极化、经济全球化、文化多样化深入发展，国际形势更趋复杂，国际经济政治格局也在加速调整。改革开放四十年来，我国综合国力快速提升，经济、政治、文化、军事等方面的国际交往和合作日益频繁和密切。一方面，我国作为联合国安理会常任理事国和世界上最大的发展中国家，需要不断参与国际规则制定，面临着日益繁重的涉外事务；另一方面，随着我国的快速发展，我国与其他

---

① 中共中央文献研究室. 习近平关于全面依法治国论述摘编 [M]. 北京：中央文献出版社，2015：52-53.

② 中共中央关于全面推进依法治国若干重大问题的决定. [R]. 北京：人民出版社，2014：39.

一些国家在领土、经贸、军事等方面也存在越来越多的争议和摩擦。建设法治政府不仅是实现国家内部长治久安和政治稳定的基本路径，也是推进国际法治、提升国家形象的重要内容。建设法治政府，有利于提升我国的软实力和国际竞争力，推动依法处理涉外经济、政治、社会事务，也有利于树立良好的国家形象，更好地运用法律手段维护我国主权、安全、发展利益，并在整体上服务于我国"一带一路"建设以及"和平发展、互利共赢"开放战略。

(二) 法治政府建设的基本要求

全面依法治国是一项长期艰巨的历史任务，作为全面依法治国的关键环节，法治政府建设首先要解决标准和要求问题，即建设一个什么样的法治政府。党的十八届四中全会描述了法治政府的基本特征，即建设权责法定、执法严明、公开公正、廉洁高效、守法诚信的法治政府。从行政法学的基本理论来看，法治政府的标准由行政组织法、行政行为法、行政救济法三个部分组成。按照法治政府的特征和标准，可以将法治政府建设的要求概括为八个方面。其中，机构和职能法定、高效便民服务是行政组织法的内容；行政立法科学化、民主化、规范化，行政决策法治化，行政执法规范化，政府信息公开是行政行为法的内容；监督和问责的法治化，构建解决行政争议的法治体系是行政救济法的内容。这八个方面共同构成了法治政府建设的基本要求。

1. 机构和职能法定

机构和职能法定是法治政府的第一要求。行政机关的所有权力都来源于法律，必须由法律明确规定。法律没有赋予行政机关的权力，行政机关就不得行使，这是依法行政最基本的要求，也是法治政府的逻辑起点。政府的权力不是原生的，而是派生的，属于人民，来源于立法机关的授权。没有法律规定，这种权力就不存在，一旦行使就可能是违法无效的。十八届四中全会《决定》强调要"完善行政组织和行政程序法律制度，推进机构、职能、权限、程序、责任法定化"[①]，实际上就是要求政府的机构和职能要逐步实现法定化。权力是一把双刃剑，在法治轨道上行使可以造福人民，在法律之外行使则必然祸害国家和人民。把权力关进制度的笼子里，就是要依法设定权力、

---

① 中共中央关于全面推进依法治国若干重大问题的决定. [R]. 北京：人民出版社，2014：15.

规范权力、制约权力、监督权力。习近平总书记指出："要以建设法治政府为目标，建立行政机关内部重大决策合法性审查机制，积极推行政府法律顾问制度，推进机构、职能、权限、程序、责任法定化，推进各级政府事权规范化、法律化。"① 行政机关必须遵守职权法定，意味着所有的权力都必须找到相应的法律依据。尤其在行使影响行政相对人人身和财产利益的权力时，必须找到法律依据。职权法定对于行政机关是第一要务。国家要通过立法赋予行政机关相应的权力，保证行政机关行使的权力都有法律依据。党的十九大提出"完善国家机构组织法"②，十九届三中全会通过的《中共中央关于深化党和国家机构改革的决定》也明确提出："机构编制法定化是深化党和国家机构改革的重要保障。要依法管理各类组织机构，加快推进机构、职能、权限、程序、责任法定化。"③ 要通过立法的方式授予行政机关应有的权力，满足法治政府机构职能法定的要求，防止行政机关自我授权，杜绝法外行使权力。

2. 高效便民服务

法治政府不仅意味着行政机关应该依法行使权力，也强调行政机关要依法提供公共服务和社会服务，实现秩序行政与给付行政的统一、管制行政与服务行政的结合。服务是政府的本质要求，效率是行政权的生命。给付行政和服务行政都强调效能和便民。行政机关在从事行政活动时必须坚持高效便民，遵守法定时限，不断提高效率。如果一个政府不能有效地提供公共产品，不能高效便民地提供公共服务，就很难称之为现代意义上的法治政府。因此，服务型政府与法治政府建设既相辅相成，又相互促进。党的十九大报告提出："转变政府职能，深化简政放权，创新监管方式，增强政府公信力和执行力，建设人民满意的服务型政府。"④ "全心全意为人民服务"是各级党政机关及其工作人员的根本宗旨，也是各级政府权力运行的基本要求，因此，提供高效便民的服务是法治政府建设的基本要求。

---

① 习近平. 加快建设社会主义法治国家［J］. 求是，2015（11）.
② 习近平. 决胜全面建成小康社会 夺取新时代中国特色社会主义伟大胜利——在中国共产党第十九次全国代表大会上的报告［R］. 北京：人民出版社，2017：39.
③ 中共中央关于深化党和国家机构改革的决定［R］. 北京：人民出版社，2018：35.
④ 习近平. 决胜全面建成小康社会 夺取新时代中国特色社会主义伟大胜利——在中国共产党第十九次全国代表大会上的报告［R］. 北京：人民出版社 2017：39.

3. 行政立法科学化、民主化、规范化

行政立法是现代政府权力行使的重要方式，包括制定行政法规、行政规章和行政规范性文件。行政立法、行政决策、行政执法和行政司法构成了政府活动的基本内容，而行政立法无疑是政府活动的基础，其质量和水平直接关系到行政决策、行政执法和行政司法的结果。习近平总书记强调："要完善立法规划，突出立法重点，坚持立改废并举，提高立法科学化、民主化水平，提高法律的针对性、及时性、系统性。要完善立法工作机制和程序，扩大公众有序参与，充分听取各方面意见，使法律准确反映经济社会发展要求，更好协调利益关系，发挥立法的引领和推动作用。"① 这里所说的"立法"包括行政立法。要想实现行政立法的科学化、民主化和规范化，要求做到以下四点。一要坚持法律优先原则。在我国，除了宪法和全国人民代表大会及其常委会制定的法律之外，还有国务院制定的行政法规，地方人大及其常委会制定的地方性法规，国务院部委制定的部门规章，地方政府制定的地方政府规章等。制定行政法规和行政规章必须坚持上位法优先原则，不得与宪法和法律相抵触。二要坚持法律保留原则。有些对人民群众权益影响极大的事项，只能由法律规定，法律以外的任何规范性文件都无权规定。《立法法》规定了几种特殊的事项，比如，刑罚和犯罪只能由全国人大及其常委会立法规定，而且全国人大及其常委会不得授权国务院、地方人大制定这方面的法规。三要推进行政立法程序的法治化，加强行政立法公开和公众参与，有效约束行政立法过程中的部门利益，实现社会公共利益。四要加强对行政立法活动的监督和救济，维护法治统一和宪法法律权威。

4. 行政决策法治化

行政决策是各级行政机关的日常性行政活动，行政决策活动影响着个人权益、组织行为和社会秩序。《行政诉讼法》实施以来，我国先后颁布了《行政处罚法》《行政许可法》《行政强制法》等法律，基本实现了规范行政行为的目的，但总体上我国行政决策法治化水平还比较低，加之决策行为适用频繁，影响面广，一旦违法造成的损害也比较大。从我国现实出发，行政决策

---

① 中共中央文献研究室. 习近平关于全面依法治国论述摘编 [M]. 北京：中央文献出版社 2015：43-44.

法治化是法治政府建设的基本要求。党的十八大报告提出:"坚持科学决策、民主决策、依法决策,健全决策机制和程序,发挥思想库作用,建立健全决策问责和纠错制度。"① 实现行政决策法治化要满足三个要求。一要权限合法。重大行政决策必须获得法律授权,不得越权决策。二要实体合法。凡重大行政决策必须符合法律规定,不得违法决策。三要程序合法。凡重大行政决策必须严格遵守法定程序,不得违反程序决策。要确保权限合法、实体合法、程序合法,还必须建立和完善有效的科学民主决策机制,要把公众参与、专家论证、风险评估、合法性审查和集体决策,作为重大行政决策必经的法定程序,并保证其得到严格执行。

5. 行政执法规范化

习近平总书记强调,"依法治国是我国宪法确定的治理国家的基本方略,而能不能做到依法治国,关键在于党能不能坚持依法执政,各级政府能不能依法行政。""执法是行政机关履行政府职能、管理经济社会事务的主要方式,各级政府必须依法全面履行职能,坚持法定职责须为、法无授权不可为,健全依法决策机制,完善执法程序,严格执法责任,做到严格规范公正文明执法。"② 行政执法是行政机关实施的与社会民众联系最为密切、接触最为频繁的行政活动,行政执法规范化程度直接影响民众对于法治政府建设状况的评价。对于绝大多数普通民众而言,行政执法规范化是衡量法治政府的最重要标准之一。改革开放四十余年来,我国制定了大量的法律和法规,立法成果有目共睹,但行政执法、法律实施状况令人担忧。法律实施不良、行政执法不规范已成为当前我国法治政府建设的最大难题。"政府是执法主体,对执法领域存在的有法不依、执法不严、违法不究甚至以权压法、权钱交易、徇私枉法等突出问题,老百姓深恶痛绝,必须下大气力解决。全会决定提出,各级政府必须坚持在党的领导下、在法治轨道上开展工作,加快建设职能科学、权责法定、执法严明、公开公正、廉洁高效、守法诚信的法治政府。"③ 党的

---

① 胡锦涛. 坚定不移沿着中国特色社会主义道路前进 为全面建成小康社会而奋斗——在中国共产党第十八次全国代表大会上的报告 [R]. 北京:人民出版社,2012:29.

② 习近平. 加快建设社会主义法治国家 [J]. 求是,2015 (1).

③ 习近平. 关于〈中共中央关于全面推进依法治国若干重大问题的决定〉的说明 [R]. 中国共产党第十八届中央委员会第四次全体会议文件汇编 [M]. 北京:人民出版社 2014:86.

十八届四中全会《决定》提出:"坚持严格规范公正文明执法。依法惩处各类违法行为,加大关系群众切身利益的重点领域执法力度。完善执法程序,建立执法全过程记录制度。明确具体操作流程,重点规范行政许可、行政处罚、行政强制、行政征收、行政收费、行政检查等执法行为。严格执行重大执法决定法制审核制度。"① 为了推进行政执法的规范化,就要严格公正执法,建立一套比较完备的执法程序,约束和规范各类执法行为,确保法律得以严格实施;减少行政执法层级,加强基层执法力量,整合执法主体,推进综合执法,理顺城市管理执法体制,提高执法和服务水平,加强对行政执法的监督,明确执法责任,杜绝利益性执法。行政执法规范化还要求坚持比例原则。比例原则意味着行政机关所要实现的目的或任务应与行政机关所要采取的具体措施相适应,不能过分侵害相对人的合法权益。行政措施应有助于实现行政目的,应给相对人造成最小侵害,行政措施的采取和相对人权益的保护应当合乎比例。

6. 政府信息公开

"阳光是最好的防腐剂。权力只有公开运行,才能防止被滥用。"② 公开透明是有效监督的前提。只有将公权力活动的各领域、各阶段公之于众,随时接受各方面监督,才能避免暗箱操作,防止权力滥用,这是法治政府建设的根本要求。习近平总书记强调:"要强化公开,推行地方各级政府及其工作部门权力清单制度,依法公开权力运行流程,让权力在阳光下运行,让广大干部群众在公开中监督,保证权力正确行使。"③ 行政机关是国家权力机关的执行机关,应依照宪法、法律的规定行使行政权,公民有权知道政府的立法、决策和讨论情况,有权了解行政机关及其工作人员执行法律法规的情况。在网络化、信息化背景下,政府信息公开的范围与程度成为衡量法治政府建设的重要指标。除了法律规定不予公开的以外,政府信息应当一律公开。现代透明政府要求政府信息公开的便捷性、及时性和有效性,不得迟延公开信息,

---

① 中共中央关于全面推进依法治国若干重大问题的决定 [R]. 北京:人民出版社,2014:18.
② 中共中央宣传部编. 习近平总书记系列重要讲话读本 [M]. 北京:学习出版社,人民出版社,2014:86.
③ 中共中央文献研究室编. 习近平关于社会主义政治建设论述摘编 [M]. 北京:中央文献出版社,2017:115.

不得设置不合理的申请公开条件,不得以非法理由拒绝公开信息。相对人合法权益因政府信息公开行为受到损害的,可以依法获得公正的法律救济。

7. 监督和问责法治化

法律赋予行政机关的职权既是一种权力,更是一种责任。行政机关违法或不当行使权力的,必须依法承担法律责任。为此,要强化对行政权力的制约和监督,加强党内监督、人大监督、民主监督、行政监督、司法监督、审计监督、社会监督、舆论监督制度建设,努力形成科学有效的权力运行制约和监督体系,增强监督合力和实效。习近平总书记强调:"必须把权力关进制度的笼子里,坚持用制度管权管事管人。"[1] 为了有效推进法治政府建设,必须强化监督和问责。监督和问责法治化是法治政府建设的基本要求,也是权责一致的体现。缺少法治化的监督和问责,即使其他方面做得再好,只要存在违法不究、责任不落实的情形,仍然会损害法治政府的公信力。行政机关必须要对法律负责,承担因自身行政行为引起的各种法律责任。包括国家权力机关监督、行政系统内部监督、司法监督、舆论监督、人民监督在内的法治化监督体系则构成了问责制度法治化运行的内在动力。

8. 政府守法诚信

守法诚信是法治政府的基本特征。守法是政府履职的前提,如果连法律都不能遵从,政府就不可能是法治政府。守法意味着政府的行为必须获得法律的授权,政府必须在法定职权范围内行使权力,履行职责。任何缺乏足够证据、没有法律法规依据、超出法定权限、违反法定程序的行为都是违法行为,必须予以纠正。对违法行为造成的损失,政府要承担法律责任。政府要讲诚信,不能出尔反尔、反复无常,不能以政策调整、政府换届、领导变动为由,随意改变收回已经生效的行政行为,否则就会损害相对人的利益,引发纠纷和矛盾,最终损害政府公信力。政府要做到守法诚信,做出的政策、实施的行为要有可预见性、长期性和稳定性,对相对人所产生的利益予以合法保护。

(三)法治政府建设存在的问题与主要任务

党的十八大以来,法治政府建设取得积极进展,"放管服"改革深入推

---

[1] 中共中央宣传部编. 习近平总书记系列重要讲话读本 [M]. 北京:学习出版社,人民出版社,2014:85.

进,转变政府职能效果显现,权责法定、法无授权不可为、法定职责必须为的理念逐步树立;行政决策科学化民主化进程加快,规范性文件过多过滥的势头得以控制;执法体制改革迈出新的步伐,综合执法和联合执法不断推进,执法人员素质及能力得以提高,执法全过程记录、执法合法性审查及执法结果公开等"三项执法制度改革"逐步推开;政府法律顾问制度基本落实;政府工作人员特别是领导干部法治观念增强,法律意识提高,更加注重运用法治思维和法治方式行使权力履行职责。

看到成绩的同时,我们必须清醒地认识到,法治政府建设是全面推进依法治国的重要组成部分,是一项长期重大的历史任务,是国家治理的一场深刻革命。由于历史和现实多种原因,法治政府建设还存在不少薄弱环节,同时也面临新的挑战和任务。概括起来有以下几个方面:

一是依法行政的制度体系不健全,法律规范不完备。一方面,立法不足问题突出。行政法领域一些基础性、综合性和全局性的法律存在缺失,影响了行政法体系的完善。目前,我们尚无统一的《行政程序法》和《国家机构组织编制法》,也缺少针对行政违法不作为的《行政问责法》,尚无高位阶的《政务公开法》。《行政程序法》的缺失导致现有的《行政处罚法》《行政许可法》《行政强制法》在实践中往往被规避。另一方面,立法质量也需要进一步提高。有的法律法规全面反映客观规律和人民意愿不够,解决实际问题有效性不足,针对性、可操作性不强;立法效率需要进一步提高。此外,立法工作中部门化倾向、争权诿责现象也较为突出。有的立法实际上成了一种利益博弈,不是久拖不决,就是制定的法律法规不大管用;一些地方利用法规实行地方保护主义,成为全国形成统一开放、竞争有序的市场秩序的障碍,不利于国家法治统一。

二是执法不严,法律实施效果不良。法律的生命力在于实施,法律的权威也在于实施。明朝首辅张居正曾说:"天下之事,不难于立法,而难于法之必行。"如果有了法律而不实施、束之高阁,或者实施不力、做表面文章,那制定再多法律也无济于事。全面推进依法治国的重点应该是保证法律严格实施,做到"法立,有犯而必施;令出,唯行而不返"。目前,许多法律难以有效执行,在食品药品监管、建筑规划和城市管理等领域还存在有法不依、执法不严、选择性执法和执法腐败等问题。

三是社会矛盾和社会问题大量增加，使政府面临巨大压力。当前，我国改革开放事业进入攻坚期与深水区，公民权利意识和法治意识觉醒，利益博弈复杂，社会矛盾急剧增多，加之互联网技术日新月异，新型媒体和传播工具快速发展，容易放大社会矛盾。数字经济、平台经济、分享经济、人工智能等新兴业态对传统的法律制度和监管体系构成严峻的挑战。各类社会矛盾与新兴社会问题相互交织，原有的行政手段与创新的行政方式并存，传统行政法制度和法治政府建设面临新的挑战。

四是公务人员依法行政意识和能力不强。领导干部作为行政人员中的"关键少数"，有些还存在不屑学法、心中无法、以言代法、以权压法、执法不严、粗暴执法、干预司法、徇私枉法、贪赃枉法等问题，严重阻碍了中国的法治进程。很多出了问题的领导干部，法律是学过的，法律知识也是有的，但都不走心，不过脑子，在实际问题面前把法律忘得一干二净。这些人不仅害了自己，也损害了党和人民的事业。

党的十九大报告提出："中国特色社会主义进入新时代，我国社会主要矛盾已经转化为人民日益增长的美好生活需要和不平衡不充分的发展之间的矛盾。"[①] 人民美好生活的需要的要求变得日益广泛，不仅对物质文化生活提出了更高要求，而且在民主、法治、公平、正义、安全、环境等方面的要求也不断增长。这一科学论断对于我们认识当前法治政府建设领域的主要矛盾，思考新时代法治政府建设的着力点具有重要指导意义。当前，随着人民生活总体上达到小康水平这一目标的实现，人民的物质需要已经得到一定的满足，但是精神文化层面的需要愈显强烈，人民对于国家治理和社会管理的要求日益增强。可以说，法治政府是人民对美好生活最强烈的需要之一。因此，深化全面依法治国实践，建设法治政府，推进依法行政，严格规范公正文明执法显得尤为重要。同时还应该认识到，人民对于法治政府的需要与法治政府建设不充分、不平衡的发展之间的矛盾也十分突出。满足人民对美好生活的需要，既要深化法治政府实践，又要解决法治政府建设中的不充分、不平衡问题。深化法治政府建设实践，必须坚持问题导向，关注法治政府建设的薄

---

① 习近平. 决胜全面建成小康社会 夺取新时代中国特色社会主义伟大胜利——在中国共产党第十九次全国代表大会上的报告 [R]. 北京：人民出版社，2017：11.

弱环节，抓住法治政府建设领域的主要社会矛盾。当前，为回应法治政府建设的新挑战，重点应当推进以下任务。

1. 健全依法行政的制度体系，全面履行政府职能

健全依法行政的制度体系，当务之急是加快推进行政组织、程序、责任法定化，实现行政决策法定化，确保政府依法全面履行政府职能。

（1）推进行政组织法定化。目前，我国在国家层面只有1982年制定的《国务院组织法》和《国务院行政机构设置和编制管理条例》，地方层面也只有《地方各级人民代表大会和地方各级人民政府组织法》和《地方各级人民政府机构设置和编制管理条例》；整体而言，我国还缺少健全、完善的组织法和编制法体系，并且组织体制和职责权限也经常变动，缺乏稳定性。为了实现用制度管权、管事、管人，保证权力的正确运行，有必要用法律明确规定各个行政机关的组织权限，科学合理地设置政府机构，核定人员编制，实现政府职责、机构和编制的法定化。尤其要通过立法将党委和一把手的权力置于法律框架中，运用组织法防止权力滥用；要通过组织法和编制法约束行政权力，确保国家机关按照法定权限和程序行使权力，构建起全面依法行政的制度基础，早日实现建成法治政府的目标。"政府职能转变到哪一步，法治建设就要跟进到哪一步。要发挥法治对转变政府职能的引导和规范作用，既要重视通过制定新的法律法规来固定转变政府职能已经取得的成果，引导和推动转变政府职能的下一步工作，又要重视通过修改或废止不合适的现行法律法规为转变政府职能扫除障碍。只有让人民监督权力、让权力在阳光下运行，做到依法行政，才能更好把政府职能转变过来。要推进法治政府建设，坚持用制度管权管事管人，完善政务公开制度，做到有权必有责、用权受监督、违法要追究。"①

（2）推进行政程序的法定化。制定统一的行政程序法是我国民主法制建设的重要步骤，对于发展民主政治、保护公民权利、遏制腐败现象、克服官僚主义、提高行政效率、建立健全社会主义市场经济体制、建设社会主义法治国家都具有十分重要的意义。我国已颁布《行政处罚法》《行政许可法》

---

① 中共中央文献研究室. 习近平关于社会主义政治建设论述摘编 [M]. 北京：中央文献出版社，2017：113.

《行政强制法》等规范具体行政行为的法律，建立了行政处罚程序、行政许可程序、行政强制程序，但是这些单行法律仅仅涉及某一个具体领域、某一项行政行为，还无法将所有的行政执法活动都纳入法治的轨道。于是，许多现行法律没有规定的诸如行政收费、行政给付、行政奖励等行政行为就缺乏相应的程序规范，这些行政执法活动中的各种乱象也就无法避免。为了健全依法行政制度体系，应当尽快制定统一的《行政程序法》，建立各类行政活动的共通性程序制度，规范行政权力行使的程序，保证行政机关依照法定程序行使权力，政府职能得以依法履行。

（3）推进行政责任的法定化。法律的实施不能流于形式，针对我国法律实施效果不良、行政不作为或乱作为的情况比较普遍的问题，我们应确立以法治为重要指标的政绩考核评价体系，将法治落实到政府的考核和领导干部的具体考核之中。地方政府领导干得好不好，能不能得到重用提拔，除了看工作实绩之外，还要看该领导是不是具有法律意识，是不是善于运用法治思维和法治方式深化改革、推动发展、化解矛盾和维护稳定。一旦建立起以法治作为重要指标的政绩考核评价体系，法律刚性运行就有了制度保障和动力机制，法律规定的各项政府职能就能够得到全面履行，法治中国建设才会更加顺畅。

此外，我们还要建立确保法律得以有效实施、政府职能得以全面履行的责任机制，推进行政责任法定化。法律要获得有效实施，政府职能要得到全面履行，不仅需要动力，更需要压力，需要有法律责任机制的刚性保障。监督是重要的，但监督只有与责任追究结合起来，才能取得应有的实效。实行严格的法律监督并以问责制作为保障，是法治国家、法治政府建设的基本需要，是权责一致原则的具体要求，对于增强政府的公信力和保证法律制度的刚性运行具有极为重要的意义。问责制的核心就是要使权力与责任挂钩，真正做到有权必有责，防止无法律依据的权力行使，防止行政不作为和乱作为，从而推动法律的刚性运行和政府职能的全面履行。

（4）实现行政决策法治化。决策权是行政权力中最重要的权力，也是政府工作的中心环节。没有行政决策的法治化，就无法有效规范行政决策权力，无法将行政决策权力纳入法制轨道，也就无法建成法治国家和法治政府。建设法治政府，必须首先规范重大决策行为，实现行政决策法治化。为此，建议尽快立法，将重大决策纳入法制轨道，科学合理界定各级政府的行政决策权，健全、完善行政决策机制，推进行政决策的科学化、民主化、规范化，提高科学决策、民主决策、依法决策水平。

2. 深化行政执法体制改革，确保法律有效实施

行政执法体制就是行政执法机关各自的权限划分以及相互关系。目前，我国行政执法体制存在的比较突出的问题包括：分级执法、权责脱节、基层虚弱；各自为政、界限不清、权责交叉；利益驱动、监督不到位、责任缺失。近年来，各地在不断探索行政执法体制改革，也推出了一些改革措施，但是这些改革和探索的效果并不明显，主要原因就是很多问题属于行政体制的问题，难以在基层解决。所以，必须进行顶层设计，从修改法律制度、改革行政执法体制、完善运行机制的高度，重视行政执法问题，从根本上解决这一难题，走出当前的行政执法困境。

（1）减少行政执法层级，加强基层执法力量。我国的执法机关多数设在各级地方政府，作为地方政府的职能部门行使执法权。地方政府分为省、市、县（区）、乡镇四级，每一级政府均有相应的行政执法机关，分级行使行政执法权。但是，各级执法机关力量并不均匀，也很难与该级政府承担的管理职能相匹配。深化行政执法体制改革，首先就是要按照十八届四中全会《决定》的要求，在优化行政区划设置、探索推进省直接管理县（市）的同时，大幅压缩省市两级的执法力量，必要时甚至可以撤销省市一级的执法机构，将所有的执法力量下沉至基层，充实县区一级的执法力量；同时，考虑授予乡镇一级政府一定的行政执法权。当然，在减少行政执法层级、充实基层执法力量时，要注意保障行政执法机关的执法独立性，打造高效权威的行政执法机关，避免行政执法机关沦为地方政府维护地方利益、实施地方保护的工具。同时，必须加强重点领域执法，在食品药品、安全生产、环境保护、劳动保障、海域海岛等领域，充实执法力量，提高执法能力，配备必要的执法设备，提高技术检验检测能力和应急处置能力，增加执法经费，确保行政执法的及时、权威和公正。

（2）整合执法主体，推进综合执法。从我国目前行政执法情况来看，权责交叉、界限不清、多头执法是行政执法体制中存在的关键问题，其根源就是行政体制问题和立法问题。由于行政机关设置比较分散，部门权力和利益

又被法律所固化，在执法环节自然会导致权责交叉、界限不清和多头执法等问题。因此，改革行政执法体制，首先要改革行政体制，通过修改法律法规等根本性措施，重新调整和规范行政权责，整合执法主体，相对集中执法权，推进综合执法，着力解决权责交叉、多头执法问题，建立权责统一、权威高效的行政执法体制。在行政执法体制改革中，就是要按照大部制的要求，整合执法主体，相对集中行政执法权，推进综合执法。具体改革的方向为：一是建立行政执法权相对集中的统一执法体制。在地方政府属地管理情形下，本着高效权威的原则，在城市管理、文化市场管理、农业管理等领域推行相对集中执法的基础上，再扩大相对集中执法的范围，重点解决城乡规划建设、食品药品、安全生产、环境保护等领域执法机构分散、力量不足等问题，减少多头管理带来的低效和混乱。二是推行中央和省级政府垂直的行政执法体制。在原有的金融管理、土地督察、证券保险行业监管等领域实行垂直管理执法体制的基础上，探索扩大垂直管理领域，脱离地方行政区划设立直属于中央管理的行政执法体制，摆脱地方政府出于地方保护对行政执法的干预，解决执法不够独立公正的问题。

（3）理顺城市管理执法体制，提高执法和服务水平。近年来，随着经济社会的迅猛发展，城市建设速度不断加快，市容市貌日新月异，人们在享受城市发展带来的各种舒适和便利时，也为城市化带来的诸多问题所困扰。为了加强城市管理，解决城市化过程中出现的各种问题，城市管理综合执法应运而生。然而，现在的城管综合执法机构，其职能都继受于其他部门，且缺乏法律保障，因此显得支离破碎、残缺不全，影响了执法效果。解决此类问题必须理顺城管执法体制。如果原有执法机构的有些职能交由综合执法机构去行使更便利、成本更低、效率更高，就应该彻底移交给综合执法机构。职权转移的同时也应该考虑人员编制和经费的转移，否则就会在原有执法机构基础上再增加一个执法机构，不符合建立综合执法机构的初衷。同时，还应该重视执法部门之间的协调与衔接。理顺城管执法体制的目的是为了建立更加便民、高效、有权威的综合执法体制。为了实现全国城管体制的统一和高效，应当尽快制定国家层面的《城市管理法》，统一城管执法的名称，界定城管执法机构的职能，明确城管执法的主管部门，赋予城管执法机关明确的执法权限，规范执法程序，界定执法责任，从而在立法层面理顺城管执法体制。

（4）坚持严格规范，公正文明执法。行政执法是将法律规定付诸实施的行政活动，是与人民群众切身利益息息相关的行政行为。在绝大多数民众看来，行政执法的法治化是衡量法治政府建设最重要的指标。推进行政执法的法治化，坚持严格规范，公正文明执法，必须完善行政执法程序，规范执法自由裁量权；同时，加强对行政执法的监督，全面落实行政执法责任制。一方面，要完善行政执法程序，规范行政执法自由裁量权。"要最大限度减少政府对微观事务的管理。对保留的审批事项，要推行权力清单制度，公开审批流程，提高审批透明度，压缩自由裁量权。对审批权力集中的部门和岗位要分解权力、定期轮岗，强化内部流程控制，防止权力滥用。"[①] 我们既要适时总结各类行政执法活动的共性，建立统一的行政裁量权基准制度，也要根据不同领域行政执法活动的个性，建立健全不同领域的行政裁量权基准制度。通过这些根源于行政执法实践的行政裁量权基准制度，去细化、量化行政裁量的基准，规范行政裁量的范围、种类和幅度，并建立行政裁量基准的动态调整机制。此外，还要善于利用现代信息技术完善行政裁量权基准制度，利用大数据等信息技术建立不同领域的行政裁量基准，以有效规范行政自由裁量权的行使。

另一方面，必须加强对行政执法的监督，全面落实行政执法责任制。要保障行政执法经费，防范利益驱动型执法，着力解决执法不严、执法不公、执法不作为、失职渎职以及暴力执法等问题。要让每个执法人员都意识到，行使权力的同时也是在履行责任，如果不能很好地行使权力，就是失职渎职，就要承担相应的法律责任。当然，解决执法不规范问题还有赖于各方面监督，可以通过媒体、司法、人大和政协的监督，追究执法机关和执法者的责任。当出现不公正执法，越位、错位、缺位执法，侵害群众权益时，相对人可以通过行政复议、行政诉讼，依法纠正违法行为，督促执法机关严格规范、公正文明执法。

严格规范、公正文明执法是一个整体，必须全面贯彻。既要强调文明执法、公正执法，也要强调严格执法、规范执法，两者不可偏废。如果不严格

---

① 中共中央文献研究室编．习近平关于社会主义政治建设论述摘编［M］．北京：中央文献出版社，2017：117-118．

执法，执法司法公信力就难以建立。现实生活中出现的很多问题往往与执法失之于宽、失之于松有很大关系。因此，一方面要文明执法，推行人性化执法、柔性执法、阳光执法，严禁粗暴执法；另一方面，对违法行为一定要严格尺度、依法处理。"现在有一种现象，就是在环境保护、食品安全、劳动保障等领域，行政执法和刑事司法存在某些脱节，一些涉嫌犯罪的案件止步于行政执法环节，法律威慑力不够，健康的经济秩序难以真正建立起来。这里面反映的就是执法不严问题，需要通过加强执法监察、加强行政执法与刑事司法衔接来解决。"①

（5）建立科学合理的法治政府评估体系和政府绩效评价体系。"全面推进依法治国，必须坚持严格执法。法律的生命力在于实施。如果有了法律而不实施，或者实施不力，搞得有法不依、执法不严、违法不究，那制定再多法律也无济于事。"② 我国已制定了许多法律法规，基本上解决了有法可依的问题，但执法不严、违法不究问题相当突出。公务人员不是不愿意执行法律，而是执行法律缺少动力，错误地认为"认真执法未必一定是政绩"。在地方，搞GDP（国内生产总值，在这里泛指经济）都很有动力，因为GDP是衡量政绩的主要标准。在中国这样一个行政主导的国家推行法治，首先要注入动力。搞"经济GDP"有政绩，容易得到提拔；搞法治，很辛苦，却不容易出政绩，也就不容易得到提拔。有些地方甚至以牺牲法治的方式换取经济的发展，这种发展是短期的、贻害群众的。所以，我们要给法律的发展注入一种动力，要建立"法治GDP"。只有把"法治GDP"纳入新政绩观的指标体系之中，人们才会重视法治，法治才会成为推动中国发展的新动力。中央强调，要重视提拔使用依法行政意识强，善于运用法律手段解决问题、推动发展的干部；让这些人更好地落实法治、更好地实施法律，否则，制定再多再好的法律也没用，都不去执行，何谈推进法治进程。

3. 畅通解决行政争议的渠道

党的十八届四中全会提出："健全社会矛盾纠纷预防化解机制，完善调

---

① 习近平. 严格执法，公正司法. 十八大以来重要文献选编 [M]. 北京：中央文献出版社，2014：722-723.

② 中共中央文献研究室. 习近平关于全面依法治国论述摘编 [M]. 北京：中央文献出版社，2015：57.

解、仲裁、行政裁决、行政复议、诉讼等有机衔接、相互协调的多元化纠纷解决机制。"① 行政争议涉及行政主体之间、行政主体与相对人之间的权利义务关系,这些争议解决得公正与否直接关系到社会稳定。如果正规化的行政争议解决途径不畅通,就会将争议引到带有人治色彩的信访途径上来,从而消解法治的力量。从这个意义上讲,行政争议解决的法治化与否决定了法治政府建设的成败。构建解决行政争议的法治体系、实现行政争议解决的法治化包含两个方面的内容。一要推进行政裁决、行政调解、行政仲裁等行政系统内行政争议解决机制的法治化。行政复议、行政裁决、行政仲裁等制度具有一定的优势,行政机关解决纠纷具有力量完备、专业技术强、快捷、廉价等优点,因此,要充分发挥行政裁决、行政复议、行政调解的作用,引导人民群众通过法定途径反映诉求、解决纠纷、维护合法权益。特别是要发挥行政复议在解决行政争议中的主渠道作用,改革行政复议体制,完善行政复议程序,及时、有效地解决行政争议。二要保障行政诉讼制度的有效运行,贯彻司法最终原则。司法裁判是所有纠纷解决的最后关口,司法最终原则必须得到落实。行政诉讼是法院以诉讼方式解决行政争议的法律制度,能够通过司法程序理性解决官民争议,化解和疏导相对人对政府违法行使权力的情绪和不满,维护社会公平和正义。

4. 抓住法治教育的"关键少数",提高公务人员依法行政能力

全面依法治国必须抓住领导干部这个"关键少数"。领导干部要做遵法学法守法用法的模范。对领导干部的法治素养,从其踏入干部队伍的那一天起就要开始抓。一个干部能力有高低,但在遵纪守法上必须过硬,这个不能有差别。"一个人纵有天大的本事,如果没有很强的法治意识、不守规矩,也不能当领导干部,这个关首先要把住。决不能让那些法治意识不强、无法无天的人一步步升上来,这种人官当得越大,对党和国家危害也就越大。"② 领导干部要带头践行社会主义核心价值观,以实际行动带动全社会崇德向善、遵法守法,做到在法治之下、而不是法治之外、更不是法治之上想问题、作决策、办事情。领导干部要把对法治的尊崇、对法律的敬畏转化成思维方式和

---

① 中共中央关于全面推进依法治国若干重大问题的决定 [M]. 北京:人民出版社,2014:29.
② 中共中央宣传部. 习近平新时代中国特色社会主义思想三十讲 [M]. 北京:学习出版社,2018:193.

行为方式。

各级领导干部的信念、决心和行动,对全面推进依法治国具有十分重要的示范意义。领导干部要做遵法的模范,带头尊崇法治、敬畏法律;做学法的模范,带头了解法律、掌握法律;做守法的模范,带头遵纪守法、捍卫法治;做用法的模范,带头厉行法治、依法办事。最新宪法修正案关于"国家工作人员就职前依照法律规定公开进行宪法宣誓"的规定,就是提高领导干部法治观念,增强其遵法、学法、守法、用法意识的重要举措。

为什么要抓"关键少数"?因为他们执掌国之重器,是立法者、执法者、司法者,是掌权者,最有可能公器私用,违法乱纪,最有条件滥用权力,侵害人民的合法权益;因为"以吏为师、以法为教"的传统决定了他们对社会的示范作用最为显著。这些人不遵法守法,不仅会损害党和政府的形象,损害人民对法治的信心,还会破坏社会公正,影响国家和社会的长治久安,动摇执政基础。

如何抓"关键少数"?一是要在育人上打基础,习近平总书记在中国政法大学考察时强调:"法学教育要坚持立德树人,不仅要提高学生的法学知识水平,而且要培养学生的思想道德素养。"① 不少青年有志于从政,未来的党和国家各级领导干部必然出自今天的青年,青年从现在起就应该养成良好的思想政治素质、道德素质、法治素质;应该德法兼修,明法笃行,打牢法学知识功底,加强道德养成,培养法治精神。

二是要在选人上下功夫,把法治纳入领导干部的政绩考核体系。从以往的案例看,很多出了问题的领导干部,虽学过法律,但法治意识没有走心过脑。要让领导干部法治意识走心过脑,就应当建立以法治为主要考核内容的干部评价体系,在"德能勤绩廉"的评价标准中加上"法",并切实贯彻到各级干部考核评价提拔的实际中去。十八届四中全会提出,"把法治建设成效作为衡量各级领导班子和领导干部工作实绩重要内容,纳入政绩考核指标体系。"② "要把能不能遵守法律、依法办事作为考察干部重要内容,在相同条

---

① 习近平在中国政法大学考察[N/OL].新华网,[2017-05-03].http://www.xinhuanet.com/politics/2017-05/03/c_1120913310.htm.
② 中共中央关于全面推进依法治国若干重大问题的决定[M].北京:人民出版社,2014:36.

件下，优先提拔使用法治素养好，依法办事能力强的干部。"① 此外，要警惕实际工作中"念歪了经"，把败诉率、上诉率、申诉率作为重要的甚至唯一的考核指标的做法，防止对法治考核的机械理解。对领导干部的法治素养评价，既要组织人事部门掌握，更要倾听人民群众反映，把错案办成铁案的"逆淘汰"不可取。

三是要在管人上做文章。维护社会治安，防范刑事犯罪有"见警率"一说，防止干部违规违法也有发现率和查处率一说。很多人之所以对法治"不过脑子不走心"，就是抱有侥幸心理，以为法不责众，或者抱有为工作违规不算问题，不作为更安全等错误观念。此次国家监察体制改革，制定颁布《监察法》，就是赋予监察机关监督调查处置的职责，其中监督是第一位的，扩大监察范围、实现监察全覆盖也是意在解决监督空白问题。要做到法治教育入脑入心，切实增强公职人员的法治意识，必须在管人上做文章，通过严格监督，提高违法行为的发现率和查处率，营造人人讲法治、事事有法管的良好氛围。尤其需要关注的是，此次党和国家机构改革，很多行政部门与党的机构合署办公，如何监督这类机构是个难题，有待破解。

四是要在做细上花气力。领导干部要带头践行法治精神，做到以上率下，在具体问题上检验法治意识，在细节上观察法治素养，警惕那些"嘴上法治，实际人治"，"台上法治，台下人治"的现象。领导干部是不是带头遵法，不是看开了多少会，发了多少文件，听了几次课，部署了几次任务，而要在关键问题上看他过不过脑子。要警惕那些喊破嗓子、不过脑子的"伪法治人"。

先秦法学思想家韩非子说："法与时转则治，治与世宜则有功"。改革开放四十余年来，法治政府建设从无到有、从弱到强，不断推进。一部又一部法律的出台和实施，一项又一项制度的建立和运行，将法治政府的理想蓝图逐渐变成现实。回顾法治政府建设的历程，我们可以自信地说，现在比历史上任何时候都要更接近法治政府建设的目标。

进入中国特色社会主义新时代，党和国家事业发生了历史性变革，对传统的国家治理结构和治理方式提出了新的要求，法治政府建设也面临愈

---

① 中共中央宣传部．习近平新时代中国特色社会主义思想三十讲［M］．北京：学习出版社，2018：193．

加复杂的任务和挑战。我们既要着眼长远、打好基础、建好制度，又要立足当前、突出重点、扎实工作，勇于创新，不懈努力，破解政府治理领域出现的各种难题，不断推进法治政府建设向纵深发展，创造出不负新时代的法治成果。

第二节 行政立法与行政执法

一、行政立法

(一) 行政立法的概念和特征

由于行政立法既涉及立法主体的性质，又涉及立法调整对象，因此对什么是行政立法可以有两种理解：一是指特定的国家行政机关依法制定具有一定强制力的规范性文件的活动。这是通行的对行政立法的理解，可以称之为形式意义上的行政立法。二是国家机关制定的有关行政管理法律规范的活动都称为行政立法。据此，权力机关也有行政立法活动，这可以称之为实质意义上的行政立法。

我们一般所说的行政立法是指形式意义上的行政立法，特定的国家行政机关是指法律规定有立法资格或立法权限的行政机关。具体来讲，行政立法就是指国务院制定行政法规和国务院部、委、省、自治区、直辖市以及经国务院批准的较大的市、经全国人大常委会授权的经济特区市人民政府制定规章的行为。

行政立法既然是特定的行政机关充当立法角色进行的立法活动，这一活动就既区别于普通的执行行为，又有别于纯粹的立法行为，它兼具行政和立法双重属性。①

1. 行政立法在本质上仍然是一种行政行为

（1）行政立法的主体是行政机关。行政立法是行政机关在行政管理过程中制定规范性文件的活动，它的这种职能是基于行政管理的需要而由宪法规定或通过授权法获得的。就其制定规范这一行为本身而言，似乎已相当于一

---

① 应松年. 行政法学新论 [M]. 北京：中国方正出版社，1998：202-203.

个立法机关,但就其整体来说,这种个别的有限的立法行为只不过是其整体行为的一个组成部分。这种个别的有限的行为既不能改变行政机关的性质,更不能取代专门立法机关的立法活动。

(2) 行政立法的性质是行政管理活动。行政立法作为行政机关的一种活动,是应行政管理需要而产生的,围绕行政管理而运作,它是行政行为的一种,即所谓的抽象行政行为。由于它在形式和内容上具有一定的立法意义,我们才称之为行政立法。

2. 行政立法在特征上具有准立法性质

(1) 行政立法是行政机关以国家名义制定社会规范的行为。国家行政机关同国家权力机关一样,都是国家机关,它行使的是公权力,代表的是国家意志。行政机关制定行政法规和规章,从内容来说它维护的是国家或公共利益,从形式上来说是以国家名义进行的。

(2) 行政立法机关制定的规范由国家强制力保障实施。行政法规和规章作为抽象行政行为,除了具有普遍性、规范性这些法的一般特征之外,更重要的是它同样具有法的最基本的特征——强制性,对一切国家机关、社会组织、公民都有约束力,必须切实得到实施,对违反它的行为应当按照它所确立的行为模式和惩罚标准进行处理;对于不自觉遵守这些行政法规和规章的组织和个人,行政机关可以申请司法机关或依法自行采取措施强制其执行。

(3) 行政立法活动程序严格,具有立法的形式特征。行政立法作为行政机关制定具有普遍性、规范性、强制性社会规范的行为,其涉及的是全社会、全行业或整个地方的重大利益问题,在制定程序上必须强调系统性、科学性、民主性、稳定性。所以,行政机关制定行政法规和规章必须经过起草、征求意见、审议、通过、签署、公布等行政立法程序,在修改、废止方面也要有严格的要求。这种程序虽然不如最高国家权力机关的立法那么严格、复杂和细密,但同样是十分规范的。

(二) 行政立法的分类

行政立法按照不同的标准可以分为不同的类型。以对行政立法权的确认方式为标准,可以分为职权立法与授权立法;以行政立法机关地位的差别为标准,可以分为中央行政立法与地方行政立法;以行政立法的功能为标准,可以分为执行性立法与创制性立法。①

1. 职权立法与授权立法

职权立法是指行政机关直接依据宪法和组织法所赋予的立法权,并在宪法和法律规定的职权范围内进行的立法活动。在我国,国务院根据宪法和法律制定行政法规,国务院各部、委、省、自治区、直辖市的人民政府、省会市及国务院批准的较大的市的人民政府制定规章即为职权立法。

授权立法是指行政机关依据特定法律的授权或者有立法权的国家权力机关或行政机关的委托,在授权或委托的权限范围内遵照一定的程序进行的制定规范性法律文件的活动。如全国人大常委会颁布的《关于授权国务院在经济体制改革和对外开放可以制定暂行的规定或者条例的决定》。

职权立法与授权立法在权力的来源、性质、效力等诸多方面有所区别。职权立法权来源于宪法,行政机关通过宪法的确认或赋予而获得了立法权;授权立法权来源于授权机关的特别授予或委托,授权机关将宪法或法律赋予自己的立法权授权或委托给行政机关,让其代理自己进行立法活动。职权立法权由于是由宪法或法律直接赋予的,且往往是随行政机关的产生而产生,因而它属于行政机关固有的权力;授权立法权由于它本属于授权机关的权力,只是授权机关将自己的权力交与被授权机关行使,因而可看作是行政机关的代理权力。

职权立法是行政机关的固有权力,因而其效力等级低于权力机关的立法,与其相抵触的职权立法无效。授权立法的效力等级有两种情况:若是由上级行政机关授权,其效力等级则与职权立法相同;若是由权力机关授权,其效力等级与权力机关所立之法的效力等级相同。

2. 中央行政立法与地方行政立法

中央行政立法是指中央国家行政机关依据职权或授权所进行的立法活动;地方行政立法是指地方国家行政机关根据职权或授权所进行的立法活动。

中央行政立法与地方行政立法在不同的国家结构形式中的关系是有区别的。在联邦制下,联邦与州的行政立法不产生效力等级高低的关系,而只发生权力归属的问题。若属于联邦立法权的范围,则应由联邦行政机关立法,

---

① 应松年. 行政法学新论 [M]. 北京:中国方正出版社, 1998: 205.

若属于州立法权的范围，则应由州行政立法机关立法，越权无效。争执只发生在联邦与州的立法权限划分上。在单一制国家，尽管也存在立法权限方面的划分，但更突出的是立法效力等级的差别。中央行政立法的效力及于全国，地方行政立法的效力只及于地方政府所管辖的行政区，且对同类事项进行立法，地方行政立法一般以中央行政立法为标准。

3. 执行性立法与创制性立法

执行性立法即行政立法机关为执行法律而进行的立法活动。它可以表现为授权立法，也可以表现为职权立法，但它不得创制新的义务，其效力范围也较法律为窄。

创制性立法是行政立法机关根据法律的特别授权所制定的具有新的权利义务内容的立法活动。创制性立法由于是一种产生新的法律规范的活动，因此必须有权力机关的特别授权。创制性立法的效力范围、授权界限、效力等级必须由特别授权法严格规定。也有人认为行政立法只能是执行性的，行政机关无权创制法律规范，亦即无权在职权或授权以外进行立法活动。这与我国的实际情况不符。

（三）我国行政立法的基本原则

行政立法的基本原则是指行政立法主体在进行立法活动时所应当遵循的基本准则。根据我国《立法法》《行政法规制定程序条例》《规章制定程序条例》的规定，我国的行政机关在行政立法活动中必须遵循合法性、民主性、统一性、科学性四项原则。

1. 合法性原则

这是行政法治理念在行政立法领域的延伸，要求行政立法必须由法定的行政机关依照法定的权限和程序进行。

2. 民主性原则

这是"一切权力属于人民"这一宪法原则在行政立法中的体现。这一原则要求行政立法在内容上必须真正体现人民的意志、保障人民的权益，在程序上应实现立法的公开和公众的参与，应当尽可能地听取公众的意见。听取意见可以采取召开座谈会、论证会、听证会等多种形式。

3. 统一性原则

这是指处于从属性地位的行政立法规范作为整个法律体系的一个组成部

分，应当服从于法律体系的统一性和完整性。一方面，行政立法的产物，即行政法规和行政规章，必须服从上位法的规定；另一方面，应注重不同的法律规范之间的协调性，避免彼此之间的冲突。

4. 科学性原则

行政立法的科学性是对行政立法技术的客观要求，它要求行政立法必须从实际出发，总结实践经验，把握事物的本质，遵循人类自然发展的客观规律，谋求行政立法规范构成和规范形式的科学化。

（四）我国行政立法的程序

行政立法必须遵循法定的程序。根据我国《立法法》《行政法规制定程序条例》《规章制定程序条例》的相关规定，行政立法包括立项、起草、审查、审议、公布、修改和废止等主要环节。

1. 立项

这是行政立法的第一个环节。国务院部门认为需要制定行政法规的，应当向国务院报请立项。部门规章、地方政府规章的制定也需要向制定主体履行报请立项手续。立项申请应当说明行政立法的必要性、所要解决的主要问题、拟确立的主要制度等。行政立法机关的法制工作机构对立项申请进行汇总后拟定年度立法工作计划，报行政立法机关批准后执行。

2. 起草

行政法规、规章的起草既可以由行政立法机关所属部门起草，也可以由法制机构起草或组织起草。此外，行政立法可以邀请有关的专家、组织参加，也可以委托有关专家、组织起草。

3. 审查

除行政立法机关的法制机构起草的外，其他的起草单位应当将立法草案及说明、其他有关资料等送法制机构进行审查。法制机构应当将送审稿或者送审稿所涉及的主要问题发送给有关机关、组织和专家征求意见，并召开座谈会或论证会。最后，由法制机构向行政立法机关报送草案修改稿以及审查报告，并对草案的主要问题做出说明。

4. 审议

经过审查的行政法规、规章草案应由行政立法机关的正式会议审议通过。行政法规的草案应当经过国务院全体会议或者国务院常务会议审议通过，部门规章应当由主管部门的常务会议通过，地方政府规章应由地方人民政府全体会议或者常务会议审议通过。与立法机关实行多数表决通过制不同，由于行政机关实行首长负责制，因而行政法规和规章的通过并不以投票通过为原则，只要经上述相应会议审议即可。

5. 公布

经审议通过的行政法规、规章，应由行政立法机关的行政首长签署命令予以发布，并应及时刊载在政府公报和在全国或地区范围内发行的报纸上。

6. 修改和废止

行政法规、规章在实施一定的时间后，由于社会环境的发展变化，上位法的修改、废止以及进一步规范的要求等，需要做一定的修改甚至废止。行政法规、规章的修改和废止也是一种行政立法活动，应当按照法定的程序进行。

二、行政执法

（一）行政执法的意义

行政执法作为贯彻执行国家意志的有效手段和实施、适用法律规范的一种基本方式，其特殊的重要意义具体表现为以下三个方面[①]：

1. 行政执法是实施国家法律规范的主要途径

现代社会是法治社会，现代国家是法治国家。在我国，随着改革开放和社会主义市场经济的发展，政治、经济和社会生活的各个方面都发生了一系列深刻的变化。这些变化引起的权力和利益格局变动必须用法律来加以规范和调整。因此，依法治国、走法治国家之路也就成为我们的必然选择。而在一个法治的社会和法治的国家中，全部的社会生活和整个的国家管理都必然纳入法治的轨道，因而也必然要求数量众多的法律规范得到贯彻执行。从当今世界法治国家的实际状况来看，依法行政是依法治国的重要组成部分。在几乎所有国家的法律体系中，行政法律规范的比重都占到了80%以上。可见，从实施、适用国家法律规范的执法这一个环节来说，行政执法由于其面广量大，因而在整个国家执法领域中占有相当重要的地位。另一方面，行政管理

---

① 李殿勋，郑传坤．行政执法教程［M］．北京：法律出版社，2003：14.

也是古往今来一切国家实现其政治统治和社会管理的基本方式，而行政执法则是现代国家进行行政管理的基本手段。所以说，行政执法是实施国家法律规范的主要途径。

2. 行政执法是实施依法治国方略的基本环节

在实施依法治国方略中，依法行政是其重要的组成部分；而要依法行政，行政执法则是关键性环节。一方面，在所有国家机关中，行政机关量多人众，行政机关能否依法行政，对整个国家实施依法治国方略具有重要意义；另一方面，在全部法律规范体系中，行政法律规范比重很大，在实施、适用法律规范即在整个国家执法领域中，行政执法又占有非常重要的地位。可以这样说，没有正确的行政执法，就没有国家行政机关的依法行政，也就不可能实现依法治国方略。由此可见，行政执法对于在新的历史阶段实施依法治国方略具有非常重要的意义，它是实施依法治国方略的基本环节。

3. 行政执法是实现国家行政管理职能的重要方式

国家行政管理的目的是实现国家的政治统治和社会管理。古今中外任何一个国家的政治统治和社会管理，都必然是也只能是通过行政管理才能得以实现。在实现国家行政管理的过程中，其环节和方式是多种多样的，诸如行政决策、行政立法、行政执法、行政指挥、行政控制、行政协调、行政监督等；其中，行政执法在实现国家行政管理职能中占有十分重要的地位。这是因为，在行政管理的实施过程中，一切行政法律关系所涉及的法律规范都必须通过行政执法这一基本方式才能得到具体实施和切实执行。从一定意义上讲，国家的行政管理是通过行政执法的强制手段来保障实现的。可以说，没有行政执法，国家的行政管理就没有了刚性化的措施，或者说缺少了强制性的手段，就不可能实现国家的行政管理职能。正因为如此，我们才说，行政执法是实现国家行政管理职能的重要方式。

（二）行政执法的概念和特征

行政执法是指在实现国家公共行政管理职能的过程中，法定的国家行政机关和得到法律、法规授权的组织依照法定程序实施行政法律规范，以达到维护公共利益和服务社会的目的的行政行为。一般认为，行政执法行为既包括抽象的行政行为，也包括具体的行政行为。这里所讲的行政执法主要指的是具体的行政行为。

行政执法具有以下几个方面的特征：

第一，行政执法的主体是行政机关。行政执法是行政机关行使职权的活动，只有享有行政执法权的行政机关和法律、法规授权的组织才能够以自己的名义独立地进行行政执法活动，并承担行政执法的法律后果。

第二，行政执法的依据只能是国家有权机关制定和颁行的行政法律规范。这里的行政法律规范，既可以是国家立法机关制定的，也可以是法定的行政机关制定的，但二者都必须具有法定的效力依据。

第三，行政执法的性质，即行政执法本身的属性问题，它是一种由法定的行政机关和法律、法规授权的组织执行国家行政法律规范而采取的具体行政行为。

第四，行政执法的内容直接影响或间接涉及行政相对人的权利、义务。行政执法必然影响或涉及行政相对人的权利、义务。对于行政机关做出的一些既不直接影响行政相对人的权利义务，也不间接涉及行政相对人的权利义务的行为，不属于行政执法。

第五，行政执法的对象是特定的。对象特定是指行政机关在执法时对象即已经明确，即行政执法的对象是明确的，是针对具体的人或事。这是行政执法与行政立法的区别之一，行政立法所针对的对象是不特定的。

（三）行政执法的基本形式

形式相对于内容而言，是一定内容的存在方式，执法形式亦即执法的表现形式或执法的存在方式，无此便谈不上法律理念的实现[①]。行政执法权的行使必然以各种方式、方法表现出来，行政执法的形式是执法权力行使的客观外在形态。行政执法的形式是根据行政执法活动的典型特征建立的，是对内容和程序上具有相同特征的行政执法活动的概括，是经过学理上的定型和模式化而形成的。

1. 我国行政执法形式的变化

我国经济、社会的快速发展对我国的行政法治提出了更高的要求。在我国行政法治观念革新、行政组织职能转变及政府机构改革的背景下，行政执法的状况也发生了显著变化。

---

① 郎佩娟. 论我国执法制度的重理 [J]. 北京行政学院学报，2003（6）.

（1）行政执法权服务功能得到强化。人民主权决定了我国的行政机关在本质上既是执法机关又是服务机关，是通过执法为人民提供服务的国家机关。同样，行政权既是服务权又是执法权，而且首先是服务权。行政执法的内容和目的都是服务，"行政处罚行为是为了给公众提供一个良好的社会秩序，行政征收是为了给公众提供公共设施服务的需要，行政许可行为则是对资源和机会的一种分配"①，行政指导、行政救助、行政奖励等执法形式的服务性则更为直接。

（2）行政执法的权力色彩弱化。行政执法的传统形式具有命令服从的特征，权力色彩较强，对行政执法主体的执法行为，行政相对人必须服从，否则，执法主体有权直接或者通过法院运用国家强制力履行，并对行政相对人予以制裁。对这类具有强制性的行政执法形式，被称为"权力执法形式"。随着行政机关从管理机关到服务机关的转变，行政权从管理权到服务权的转变，及其由此引起行政权的性质从强制性到说服性的嬗变，必然伴随行政执法形式的相应变革，即出现了所谓"非权力行政的增长"②或权力色彩的弱化。尊重行政相对人的权利、引导和鼓励行政相对人心悦诚服地履行其行政法上的义务，避免因强制性手段的适用引起行政执法主体与行政相对人之间不必要的冲突和纠纷，树立行政执法机关的良好形象，增强行政执法灵活性；另外，包括行政指导、行政合同等方式在国内外的广泛运用，也几乎成了世界各国行政法治的共同趋势。

（3）行政执法形式的民主化。行政执法形式的民主化是现代民主政治的必然要求。由于民主是同人们对社会参与和尊重个人等程序性活动的观察紧密联系的，因此，公民对民主的判断常常取决于合理的政府形式以及公正的程序制度③。行政执法形式的民主化主要是通过公正、合理的行政程序来体现的，听证制度、公开制度、说明理由制度等行政程序制度能够有效地保证行政相对人参与行政执法活动，防止行政执法主体的专断。

2. 我国行政执法的基本形式

行政执法活动外在地表现为行政执法的形式，行政执法的形式是多种多

---

① 叶必丰. 行政法的人文精神 [M]. 武汉：湖北人民出版社，1999：193.
② 室井力. 日本现代行政法 [M]. 北京：中国政法大学出版社，1995：13.
③ 杨寅. 中国行政程序法治化 [M]. 北京：中国政法大学出版社，2001：54.

样的，我们将那些在内容和程序方面的特征比较明显、人们已经形成统一认识、在实践中应用比较普遍的执法形式称为行政执法的基本形式。在我国，行政执法主要有以下一些基本形式：

（1）行政处罚。行政处罚是指行政主体依法对违反行政法律规范但尚不构成犯罪的公民、法人或其他组织等社会成员给予的行政制裁措施。依照我国《行政处罚法》的规定，行政处罚的主要种类有：警告；罚款；没收违法所得，没收非法财物；责令停产停业；暂扣或者吊销许可证；暂扣或者吊销执照；行政拘留等。该法还规定了简易处罚程序、普通处罚程序、听证处罚程序、处罚执行程序的具体要求。

（2）行政许可。行政许可是指行政主体根据行政相对人的申请，经依法审查，赋予其从事某种事项或活动的资格或者权利的行为。广义的行政许可还包括登记、证明、认可、准许、核准、批准等。行政许可形式繁多，一般要求使用书面形式，其中多数是颁发证照，如许可证、执照、驾驶证、通行证等。我国《行政许可法》规定的法律、行政法规可以设定行政许可；尚未制定法律、行政法规的，地方性法规可以设定行政许可；尚未制定法律、行政法规和地方性法规的，因行政管理的需要，确需立即实施行政许可的，省级人民政府规章可以设定临时性的行政许可。临时性的行政许可实施满一年需要继续实施的，应当提请本级人大及其常委会制定地方性法规。国务院各部委和直属机构的部门规章以及其他规范性文件一律不得设定行政许可。

（3）行政强制。行政强制是指行政主体为实现一定的行政目的，依法对相对人的人身或财产予以强行处置的行为。我国《行政强制法》规定行政强制有两种类型：一种是行政强制措施，是指行政机关在行政管理过程中，为制止违法行为、防止证据损毁、避免危害发生、控制危险扩大等情形，依法对公民的人身自由实施暂时性限制，或者对公民、法人或者其他组织的财物实施暂时性控制的行为。具体包括：限制公民人身自由；查封场所、设施或者财物；扣押财物；冻结存款、汇款；其他行政强制措施。另一种是行政强制执行，是指行政机关或者行政机关申请人民法院，对不履行行政决定的公民、法人或者其他组织，依法强制履行义务的行为，具体包括：加处罚款或者滞纳金；划拨存款、汇款；拍卖或者依法处理查封、扣押的场所、设施或者财物；排除妨碍、恢复原状；代履行；其他强制执行方式。

（4）行政给付。行政给付是指行政主体对公民在失业、年老、疾病、丧失劳动能力或其他需要物质帮助的情况下，依法赋予其一定的物质权益（如金钱或实物）或与物质有关的权益的具体行政行为。目前，我国的行政给付主要有抚恤金、离退休金、救济金、养老保险金等形式。

（5）行政奖励。行政奖励是行政主体依照法定条件和程序，对为国家和社会做出重大贡献的单位和个人，给予物质或精神鼓励的具体行政行为。行政奖励的形式主要包括发给奖金或奖品、通报表扬或通令嘉奖、记功、授予荣誉称号、晋级或晋职等。

（6）行政征收。行政征收是行政主体为了取得国家的财政收入及宏观调节经济活动的需要，根据法律规定，以强制方式无偿取得相对人财产所有权的一种具体行政行为。在我国，行政征收主要有行政征税和行政征费（行政收费）两种形式。

（7）行政合同。行政合同，又称为行政契约，是行政主体为了行使行政职能、实现特定的行政管理目标而与公民、法人或其他组织，经过协商一致所达成的协议。与传统的行政执法行为的强制性不同，行政合同的成立以行政机关与行政相对人的协商一致为前提。

（8）行政指导。行政指导是行政主体为实现行政目的，采用示范、建议、劝告、鼓励、提倡等非强制性措施，促使行政相对人自愿做出或不做出某种行为。与传统的行政执法行为不同，行政指导是一种非强制性的行为。行政机关所采取的变相强制行政相对人接受某种建议的行为不是行政指导。

当然，除上述行政执法的基本形式外，行政执法的基本形式还有行政检查、行政确认、行政裁决、行政规划等。

（四）行政执法的合法要件

行政执法必须合法进行，这是行政法治对行政执法的基本要求。行政执法合法必须具备一定的条件，这种条件也称为行政执法的合法要件。行政执法合法必须具备主体、权限、内容、程序合法四个要件。

1. 主体合法

主体合法要求：首先，做出行政执法行为的主体必须是依法成立的享有行政职权的行政机关，或者是经过法律、法规授权的组织，能够以自己的名义进行行政执法并独立承担相应的法律后果；其次，实施行政执法的公职人员应具有合法的身份。简言之，代表行政机关进行行政执法的公职人员必须是合法取得公职人员身份的人员。只有行为主体合法的行政执法才是合法的行政执法。

2. 权限合法

权限合法要求行政主体必须在自己的权限范围内进行行政执法，不得超越自己的事务管辖权、地域管辖权以及级别管辖权进行行政执法。此外，被授权的组织必须在授权范围内、被委托的组织必须在委托范围内进行行政执法；否则，就构成"超越职权"，所进行的行政执法就是违法的行政执法。只有权限合法的行政执法行为，才可能是合法的行政执法。

3. 内容合法

行政执法的内容即行政执法的意思表示。内容合法要求行政机关做出的行政执法必须符合法律的规定，应该做到：证据充足、认定事实清楚；适用法律、法规准确；行政执法的目的符合立法本意，没有滥用职权。内容合法是行政执法行为合法的基本要件。

4. 程序合法

程序合法不仅要求行政执法要符合行政程序的基本原则，而且要符合法定的程序制度，如告知制度、听证制度、回避制度、说明理由制度等。现代行政法治对行政执法的规范，从只注重实体开始转变到实体和程序并重。程序合法是行政执法合法的重要前提。

第三节　违法行政及其责任制度

一、违法行政的形式

（一）实体违法和程序违法

有违法就要有相应的法律责任。在现代行政法中，违法行政行为总是与违法行政责任相联系的。违法行政是违法行政责任的前提，违法责任是违法行政的法律后果。有权必有责，违法受追究，侵权要赔偿。

所谓违法行政，是指行政主体及其行政执法人员在行政管理过程中，违反法律规定行使行政职权，侵害受法律保护的行政关系而构成的不法行为。

就违法行政的形式而言,违法行政主要有实体违法和程序违法、作为的违法和不作为的违法。以行为内容为标准,违法行政具体表现为行政失职、行政越权、滥用职权、事实依据错误、适用法律错误、行政侵权等。

1. 实体违法行政

实体违法行政是指行政执法人员的行政行为在执法资格和内容上违法,不符合行政法律规范要求的实质要件。实体违法行政从该行为发生之时就没有法律效力,对这类违法的具体行政行为,行政复议机关和人民法院有权撤销。

(1) 行政失职。行政失职是行政不作为违法的主要形式,是指行政主体及其公务人员因不履行法定行政作为义务而构成的行政违法。消防人员在值班期间接到火警不出警救火就是典型的行政失职。行政诉讼法对行政主体不履行行政许可、人身权和财产权保护及发放抚恤金三类非常明显的行政不作为违法案件列为可诉性行政行为。严重的行政不作为违法还会构成犯罪,如《中华人民共和国刑法》第四百条第二款的失职导致在押人员脱逃罪,第四百一十二条第二款的商检失职罪,第四百零六条的国家机关工作人员签订、履行合同失职罪,第四百一十三条的动植物检疫失职罪等。

行政失职行为具有三个特点:一是行政执法人员有履行特定法定职责的作为义务;二是行政执法人员没有履行作为义务,包括不履行、不完全履行、拒绝履行或拖延履行作为义务;三是行政执法人员能够履行作为义务却不履行。

(2) 行政越权,即行政执法人员超越法定的权力及其限度而做出了不属于自己行政职权范围的行政行为。超越职权的情况很复杂。从主体上看,主要有纵向越权和横向越权。前者有两种形式:一是下级行政机关行使了属于上级行政机关的职权,二是上级行政机关行使了属于下级行政机关的职权。其中,后者又包括三种情况:①甲部门超越业务主管范围行使了乙部门的职权;②甲地行政机关超越业务主管范围行使了乙地行政机关的职权;③行政机关内部管理机构行使了外部管理机构的职权。从内容上看,有超越法定范围、使用了法律、法规没有规定的执法手段以及超越了法律、法规规定的适法幅度等情形,这主要存在于行政处罚中。无权限性的越权行为情况较多,包括:行政机关行使了其他机关的职权;行政机关在资格转移或丧失后仍继续行使原职权；行政工作人员在任命前或免除职务之后实施具体行政行为；行政机关以外的企事业单位或组织未经授权和委托的情况下行使了行政职权；派出机构在无法律授权的情况下，以自己的名义行使职权。行政越权的特点是，无论行政执法人员的行为动机、目的是否正当或者合法，只要客观上超越了行政职权，即构成了越权。

（3）滥用职权，即行政执法人员在主观上故意违背法定的目的、原则。滥用职权主要表现在自由裁量权的行使上。我国现实的行政执法实践中常见的滥用职权形式主要表现在：一是违背法定目的，即行政权力的行使不符合法定目的。动机和目的不正当包括追求个人或小集团的不当利益，如行政许可中的厚此薄彼，行政处罚中的法外施罚和挟嫌报复。二是工作方式和工作态度武断专横。在行使行政职权时对事实或法律因素有不正当的考虑、忽略考虑相关因素、考虑了不相关因素或者考虑不周等情形。三是随意裁量，即行政机关在行使自由裁量权时，任意而为、反复无常等。四是明显违背常理，是指行政行为明显的不合理、行为后果显失公正、违反责罚相当的原则和公平合理的原则。

（4）事实依据错误，即行政执法人员做出不符合事实依据的行政行为。行政行为的作出必须基于必要和适当的客观事实，即在做出行政行为前应明确认定相关事实。事实的存在及其正确认定是行政行为能够成立的基本事实要件，是行政行为正确性和合法性的前提和基础。如果事实不清、认定事实错误、根本就不存在做出某种行政行为的事实、没有足够的证据证明事实或者事实未经充分调查而确定等情形，都属于行政行为在事实依据方面的错误，会进而影响到行政行为的合法性。事实依据错误主要有三种情况：蓄意无中生有、事实认定错误、主要事实不清或主要证据不足。

（5）适用法律错误，即行政执法人员实施具体行政行为没有正确地适用法律依据。其法律特征是：违法的具体行政行为的决定与它所基于的法律依据有直接的关联性。

（6）行政侵权，即行政执法人员违法侵害相对人合法权益的职务行为。行政侵权行为必定是行政违法行为，但行政违法行为却不一定都是侵权行为。只有行政违法且又不法侵害了他人人身权利或财产权利，需要承担行政赔偿责任的行为，才是行政侵权行为。所以，行政违法是行政侵权的前提和基础，行政侵权以行政相对人的合法权益受到损害为条件,行政赔偿责任是行政侵权的直接法律后果。

2. 程序违法行政

程序违法行政是指行政执法人员的行政行为不符合行政法律规范要求的法定程序。虽然程序行政违法如果不影响该行为的实质内容,可以通过补救手段使其具有法律效力;但是,只要是法定的程序,不论是强行性程序还是任意性程序、是主要程序还是次要程序、是外部程序还是内部程序,行政机关在实施行政活动时都必须遵守,否则即可认定行政程序违法。

程序违法的具体表现有:形式瑕疵、步骤违法和超过期限等。形式瑕疵即行政执法行为不符合法定的形式要件;步骤违法是指行政执法人员的行政行为未经必须经过的法定阶段、顺序过程;超过期限是行政执法行为不符合法定的时限要求。

(二) 行政不作为违法

以行为方式和状态为标准,违法行政可分为作为和不作为两种形式。作为行为是以积极方式表现的违法状态,不作为行为则是以消极方式表现的违法状态。行政不作为是指行政主体及其公务人员有积极实施法定行政作为的义务,并且客观上能够履行而故意或过失不履行或拒绝履行的消极行为。不作为的行为主体主要是行政执法人员客观上不履行行政管理职责,主观上有故意或过失。例如,行政机关工作人员在审批执照时,工作拖拉,不及时办理,超过了法定期限,这是因行政机关工作人员主观存在过失,导致没有履行法定职责。又如,某公民申请公安机关解救被绑架的公民,而公安人员明知自己具有保护人身权的职责而不履行(或不及时履行)解救职责,这种行政不作为在主观上就存在故意。只有主观上有故意或者过失,才构成行政不作为。如果行政机关工作人员主观上不存在故意或过失,没有履行法定职责是因不可抗力造成的,就不属于行政不作为。行政不作为在客观上表现为行政执法人员具有法定职责而没有履行,包括不履行、不完全履行、拖延履行、拒绝履行等。

二、违法行政责任

违法行政责任是指行政机关及其公务人员在执行职务过程中,因违反法律规范而依法必须承担的法律责任。违法行政责任之所以不是政治责任和道义责任而是一种法律责任，其原因在于行政职权与行政职责相统一是政府行使职权的一项重要原则，行使职权就意味着要承担责任，并且以法律形式来规范和强化。这是现代法治国家的基本要求，也是依法行政的根本标志。违法行政行为一旦发生，就会引起对有违法行政行为的行政机关及其公务员的惩戒和因违法行政行为导致损害的对象的补救。

有什么样的违法行政行为就有与之相对应的违法行政责任。

(一) 惩戒性的违法行政责任

1. 行政处分

这是行政机关对违法行政的行政执法人员给予的一种制裁性的内部处理。做出行政处分决定的行政机关与被处分的行政执法人员之间具有行政隶属关系。由于行政执法人员是国家公务员的重要组成部分，《公务员法》对公务员纪律的规定同样适用于行政执法领域。按照《公务员法》的规定，行政处分包括警告、记过、记大过、降级、撤职、开除六种形式。

2. 刑事责任

行政机关工作人员在行政执法中，因严重违法行政而构成犯罪，超过了行政责任的范围时，将依法追究刑事责任。《中华人民共和国刑法》中规定的各种刑罚方法按轻重衔接的顺序构成了由主刑和附加刑两部分组成的刑罚体系。我国《刑法》规定的主刑有五种：管制、拘役、有期徒刑、无期徒刑、死刑；我国刑法规定的附加刑有三种：罚金、剥夺政治权利、没收财产。

(二) 补救性的违法行政责任

1. 承认错误、赔礼道歉

这是一种最轻微的补救违法行政的责任形式。当行政机关及其公务员对相对人实施了违法的管理行为，侵害了相对人的合法权益时，在行为违法性确定以后，向受害者赔礼道歉、承认错误，其方式既可以采取口头形式，也可以采取书面形式。

2. 恢复名誉、消除影响

这也是一种精神上的补救性责任，适用于行政机关及其公务员的违法行为造成行政相对人的名誉损害、产生不良影响的情形。例如，某行政执法机关对产品合格的某食品企业错误地在电台上进行批评、曝光，除对造成的经济损失应当依法赔偿外，还应当采用在大会上宣布决定或在报刊上更正原处理决定等方法消除不良影响。其方法的选择取决于相对人名誉或商誉受到损害的程度和影响的范围。

3. 返还权益

这是对行政相对一方当事人被行政机关违法或不当剥夺的权益予以返还，恢复到该行为做出之前状态的一种责任形式。

4. 恢复原状

由于行政执法人员违法行为给相对人的财产带来了一定损害，由其承担修理、拆除障碍、重新建造等使被损毁的财产恢复原状的责任。

5. 履行职务

在行政机关不履行或拖延履行法定义务时，有权机关确认其构成不作为的行政失职行为后，要求其依法履行应履行的义务。

6. 依法撤销

对事实不清或有误、无法律依据、适用法律法规错误、违反法定程序、超越职权、滥用职权等行政违法行为应予以撤销。行政执法机关对其行政违法行为本身就有撤销义务，相对人有要求撤销违法行为的权利。对于无论是已经完成还是正在进行的行政行为，上级行政机关、复议机关或人民法院都可依法直接撤销违法行为或宣布其无效。

7. 行政赔偿

这是行政机关及其工作人员的行政侵权行为所引起的一种财产责任。行政赔偿是国家赔偿最重要的组成部分，以金钱给付为责任形式。行政行为是由行政机关工作人员代表国家行政机关具体做出和实施的，因此，公务员行政违法的后果也归于行政机关，承担行政赔偿的唯一责任主体是国家行政机关。但是，行政机关赔偿后，应当依法进行追偿，责令有故意或重大过失的行政机关工作人员承担部分或全部赔偿费用。可见，违法行政主体不一定是违法行政责任主体。

思考题

1. 如何理解行政法治的内涵？

2. 行政法治的内容有哪些?
3. 法治政府建设的基本要求是什么?
4. 行政立法的概念和特征是什么?
5. 行政执法的合法要件有哪些?
6. 实体违法行政有哪些具体表现?

案例

县长下令炸毁别墅楼

据《法制晚报》2005年6月28日报道,当年6月25日,贵州盘县政府及当地公、检、法等部门联合召开了"公开逮捕、公开审判毒贩"大会。就在"公捕、公判"大会结束的时候,到会的县领导突然感觉到会场的气氛不是很热烈。"于是到会的县委、县政府领导紧急召开了一个会议,决定炸毁贩毒嫌疑人余荣达的别墅楼。"

中午11点左右,随着县长刘剑一声令下,余荣达花费30万元毒资修建的别墅化为一片废墟。县领导的决定及"炸别墅"的举动在当地引起了极大的非议。盘县法院刑事审判庭一位庭长认为,目前贩毒嫌疑人余荣达还只是在公安侦查阶段,县里有什么权力就把他的房子炸掉?他最终是否有罪、罪轻还是罪重、是否需要没收财产都还是一个未知数,最终要通过法院审理来决定。县政府的做法其实是一种违法行为。六盘水市中级人民法院的一名法官对此更是不认同,他认为犯罪嫌疑人个人财产已经被炸毁,将来执行财产刑将无从谈起。

《光明日报》2005年7月1日刊文指出:毋庸置疑,执行刑罚的权力专属于司法机关。就财产刑的执行而言,依据《刑法》的规定,应由人民法院执行,作为行政机关的政府并无此权。盘县政府越俎代庖、炸毁别墅的做法是一种公然践踏公民权益、践踏法律尊严的恶劣"法盲"行径,与法治政府、法治社会的理念和要求相悖。

思考:
请从行政法治的角度分析本案例中县长的做法。

第十一章 行政伦理

行政管理作为国家公共权力的行使过程，必须以公共利益为依托，履行公共责任。在行政管理活动中，无论是行政组织还是行政人员，必须考虑行政行为的正当性，要满足伦理和道德上的要求，要涉及关于行政行为的"对错""好坏""善恶"等判断。因此，行政不仅是理性管理的领域，而且是价值选择的领域。毫无疑问，在行政管理中存在着伦理和道德问题。实践表明，在法律制度不能有效约束行政主体的公共领域，恰恰需要运用伦理力量和道德准则来唤醒行政人员的"行政良心"。

第一节 行政伦理概述

行政伦理是行政领域中的伦理，是行政组织和行政人员在行政管理活动中应该遵循的伦理规范和原则。要了解行政伦理的深刻内涵，我们必须要先了解什么是伦理和行政伦理。

一、行政伦理的含义

（一）伦理

在中国古文字中，"伦理"原本是两个词。许慎在《说文解字》中将这两个词解释为："伦，从人，辈也，明道也；理，从玉也。""伦"有辈分、秩序、规则等含义，引申为不同辈分之间、人与人之间的关系。"理"的原意是指依照玉本身的纹路来雕琢玉器，具有治玉、条理、道理的意思，引申为治理、协调社会生活和人际关系。《礼记·乐记》把伦理合用："乐者，通伦理者也"，意思是说，音乐的作用可以使社会生活和人际关系规范化、合理化。以后"伦理"一词逐渐用来专指人类社会生活关系中应该遵循的道理和规则，或人类社会的秩序、规则及合理正当的行为。伦理作为协调关系、整合利益、分担责任的习惯、意识、行为准则，内化于社会心理中。通过对善与恶、正义与非正义、公正与偏私、诚实与虚伪、荣誉与耻辱的认同与唾弃，指导人们实践，因此，伦理规范成为维系社会的平衡器。

谈到"伦理"，不能不讲到"道德"。在中国古代典籍中，"道"的原意是道路，"道者，路也"；后来逐渐引申为支配自然和人类社会生活的准则、规范、规律、道理。如表示自然运行的规律为"天道"，表示社会生活规律和做人规矩的为"人道"。"德"字原意为正道而行，也有心中有所得到的意思。朱熹《四书集注·论语注》对"德"的注释是："德者，得也，得其于心，而不失之谓也。"意思是说，心中得道，并且能够保持它，行为上遵循它，便是德了。得于道者而有"德"。人们外求于道，内得于心，而有道德。"道""德"二字联用开始于战国时期的荀况。《荀子·劝学篇》说："故学至乎礼而止矣，夫是谓道德之极。"这里仅表明"道""德"二字已经联用，而且也说在社会生活中的人，如果一切都按照社会规则去做，那就算达到了道德的最高境界。

在西方，"道德"一词源于拉丁文"mores"一词，原意是"风俗""习惯"。"伦理"一词源自希腊文"ethos"一词，最初表示"惯常的住所""一群人共同居住的地方"。后来意义不断得到扩展，包括了这一群人的性格、气质以及所形成的风俗习惯。亚里士多德首先构建了一个形容词 ethikos，意思为"伦理的""德行的"，从而使它具有了德行的含义。

由此可见，无论是在中国还是在西方，伦理和道德的含义都是基本相通的，都是指社会和个人经过一定方式的治理和协调，使社会生活和人际关系符合一定的秩序和准则。

长期以来，在道德与伦理的关系上，人们已经习惯于将道德与伦理视为大致相同的概念，"伦理"与"道德"常常通用，甚至于人们往往不加区别地使用"伦理道德"的概念。

实际上，在充分肯定它们之间内在紧密联系的前提下，有必要认真研究二者之间的区别。

一般来说，"道德"更多地或更有可能用于人，更含主观、主体、个人、个体意味；而"伦理"更具客观、客体、社会、团体的意味①。道德源于人的内心，表现为个体的"应当"，多指对人的行为的判断标准，它按照风俗、习惯和观念直接判定行为的正当与否；伦理是内在道德的外在化，属于客观行为关系，表现现实的群体规范，多指行为判断标准的理由，它通过对风俗习惯和观念的检验和反省来对行为进行判断。所以，伦理可以看作是对道德标准的寻求②。它是道德现象的概括，是人与人之间关系的道理和规则。

（二）行政伦理

行政伦理又称"公共行政伦理"，是伦理在公共行政关系、公共行政活动中的体现。作为公共行政领域中的伦理，它是人们关于公共行政关系、活动、行为"对错""好坏""善恶"的判断，是政府组织及其公务员在行使公共权力、提供公共服务的活动中所应确立和遵守的伦理意识、伦理行为和伦理规则。

根据对学科的理解与实践的认识，我们认为，行政伦理是指调控政府组织及其行政人员行政行为的伦理理念、伦理行为和伦理规范的总和。这一概念可以归纳为以下几个方面的含义③：

首先，由于国家意志的执行（行政）和国家意志的表达（政治）有其内在的一致性，行政伦理在本质意义上也是一种政治伦理。

其次，就其内容构成而言，行政伦理由行政组织（政府组织）伦理和行政人员（公务员）伦理两部分构成。

再次，在伦理性质的意义上，行政伦理由伦理制度（即制度伦理、政策伦理、组织伦理）、行为伦理和美德伦理等构成。

最后，在表现形式上，行政伦理由主观伦理意识、习俗化的伦理规则和制度化伦理法则（如"公务员道德法"）等构成。

对于行政管理中的伦理道德问题，人们在认识和理解上多少有些分歧。一般意义上，人们往往对行政伦理与行政道德不加区分地使用并相互替代。尽管行政伦理与行政道德具有很大的相似性与关联性，但是二者在规范意义上区别还是很明显的。一方面，二者含义不尽相同。伦理是一种包含道德，

---

① 何怀宏. 伦理学是什么 [M]. 北京：北京大学出版社，2002：9.
② 张康之，李传军. 行政伦理学教程 [M]. 北京：中国人民大学出版社，2004：4.
③ 徐家良，范笑仙：公共行政伦理学基础 [M]. 北京：中共中央党校出版社，2004：10.

同时又高于道德的社会现象①。行政道德涉及行政主体个体的实践活动，主要是指履行公职的行政人员个体行为在道德规范和道德要求上的表现。行政伦理是关于行政活动本身的判断，涉及行政行为的正当性、合理性、合法性等，既包括对职位角色的伦理定位，也包括对该职位上个体的道德要求。因此，后者的外延要大于前者。另一方面，由于行政伦理和行政道德都与人们的意识和价值相关，加之伦理和道德两个概念往往联合使用，行政伦理和行政道德二者又是紧密相连的。

从行政伦理发生、发展的历史演变上看，行政伦理的理论研究首先出现在美国。

在美国建国初期，行政实践中就包含了丰富的行政伦理思想。19世纪后半期，围绕行政管理效率化、科学化、技术化的工具理性的追求被推向极端，伦理、道德等价值因素在公共行政中的作用遭到忽视。20世纪70年代，政治与行政二分法的行政学理论框架遭到猛烈抨击，以价值中立的眼光审视行政行为的思维定式开始动摇，它对行政问题的现实解释力受到质疑。来自两方面的"发现"促使人们重新思考问题：一是对行政人员自由裁量权的"发现"。在政策执行中，由于法律固有的不完备性，需要行政人员在很多情况下进行价值判断和决策；二是对行政职业重新进行角色定位。行政职业的政治色彩不断强化，增加了行政人员伦理选择的困难程度。

从政治实践来看，水门事件成为行政伦理学科产生、发展的关键推动力。1974年，美国公共行政学会成立了专门小组研究水门事件，该小组的研究报告题为《水门：对负责政府的含意》。这篇权威研究报告结束语"伦理与公职"中的大部分内容直接或间接地涉及公共服务中的伦理主题，并推动卡特政府于1978年提交国会通过了《美国政府伦理法》；据此，联邦政府设立了政府伦理办公室，并颁布了《美国行政官员伦理指导准则》。

20世纪后期至今，随着新公共行政理论与实践的全面发展，行政伦理研究显示出越来越重要的意义。

二、行政伦理的特征

行政伦理同一般意义上调节人与人之间关系的伦理等相比，具有自己独

---

① 张康之，刘柏志. 行政伦理学教程［M］. 北京：中国传媒大学出版社，2006：7.

特的特征。

(一) 强烈的政治性

行政与政治是不可分开的。伍德罗·威尔逊的《行政学研究》将政治和行政截然分开，民选的政治家专司政策的制定，行政官僚专司执行政策，政治与行政两分论被西方国家奉为金科玉律。行政管理的实践表明，"公共部门的行政或管理并非存在于真空之中，公众、政府的政治领袖及其公务员之间，由于制度安排和政治上的相互作用，彼此有非常密切的关系而且紧密地联系在一起"①。可见政府行政不可能游离于政治之外，并且公共行政扩张和发展的现实也说明政治、行政两分只是一种理论模型。一方面，行政官僚大量参与政策的制定；另一方面，行政的自由裁量权显示行政不仅仅是对法律的被动执行。行政权力作为公共权力的组成部分，必然反映统治阶级的意志，为统治阶级的统治提供行政支持。因此，行政权力、行政人员的伦理规范要符合统治阶级的需要。国家公务人员的道德规范是其政治规范的具体体现，并且许多政治规范本身就是公务人员道德规范的具体内容。

(二) 高度的自律性

行政伦理表现为公务员应具备的道德品质，而公务员是有特定身份的人员，因此行政伦理更多地表现为公务人员在管理公共事务过程中的自我约束。国家公务人员在履行行政职责时，对责任的强烈意识形成处理公务的判断标准。角色定位是否准确？个人利益与公共利益是否混同？部门利益与整体利益是否一致？当这些问题发生并可能出现冲突时，良心、信仰、正义、责任等品性就自觉地结合在一起，帮助公务人员做出选择。行政伦理的目的就是帮助公务人员养成优秀的道德品性，并且成为行政自觉的、首选的价值出发点。当行政行为面临选择时，行政伦理指导做出正确的决定；在行政行为进行的过程中，行政伦理随时预防行为的偏差；当行政行为实施后，行政伦理起评判作用，违背行政伦理规范的行为受到谴责，符合伦理规范的行为受到推崇。所以行政伦理建设的主要任务是充分发挥其自律机制的作用，这是一个国家公共行政水平的重要指标之一。

(三) 更强的他律性

在行政过程中，公务人员代表人民行使管理公共事务的权力，这种权力

---

① 欧文·E. 休斯. 公共管理导论 [M]. 彭和平，译. 北京：中国人民大学出版社，2001：263.

足以影响各种资源的分配、利益的平衡,并且公务人员会常常受到各种利益诱惑和侵蚀,因此,仅靠公务人员的良心和舆论的影响往往不足以使公务人员自觉自律,要使权力受到制约必须借助于更高的权力,也就是法律的强制力进行外部规制。因此,公务人员的道德规范常常以法的形式规范下来,强制公务人员在行政活动中必须依据一定的准则、标准,按照一定的模式进行。这些规定不允许公务人员进行选择,要无条件遵守和奉行,否则要受到法律的处罚和制裁。这些约束公务人员的伦理规范一般散见于国家宪法、法律、规章和制度中,或专门制定的行政人员伦理规范中。可见,行政伦理的他律特性在于为公务人员明确其所应遵从的道德底线。

(四) 广泛的示范性

行政伦理与社会公共伦理不同。行政伦理的主体是政府组织系统或公务员个人,是特殊的社会主体。政府行政组织在现实中承担了公共行政这一特殊领域的主要任务,在行政实践中扮演着至关重要的角色。政府组织系统虽是由人组成的,政府组织管理者也是人,但身份却是非个人化的,在其担任管理职务期间,他不是个人的意志、动机的代表,而是公众利益的代表。公务员个人掌握着公共权力,通过其所掌握的公共权力和自身的素质修养树立权威,对他人施加影响,其行为和作风会受到社会的普遍关注,而人们在不同的方面也对那些工作在政府中的人员寄予希望。因此,行政伦理是在社会中占主导作用的道德体系,它所遵循的伦理原则和伦理规范会渗透到社会生活的各个方面,从而对整个社会具有广泛的示范作用。

三、行政伦理的作用

"法规通常只给行政人员提供含义宽泛的倾向性指导,将之精确化是行政人员自己的任务。这样一来,在随意性很大的情况下,要想做出负责任的决策,决策者的伦理水准和良知就显得至关重要了。"[①] 行政伦理在制约行政权力、确保政府实现公共利益、使政府行为体现伦理关怀等方面具有不可或缺的作用。

---

① 特里·L. 库珀. 行政伦理学:实现行政责任的途径 [M]. 张秀琴,译. 北京:中国人民大学出版社,2010:6.

（一）行政伦理是实现公正与正义、追求公共利益的根本性保障

党的十九大报告提出：新时代我国社会主要矛盾已经转化为人民日益增长的美好生活需要和不平衡不充分发展之间的矛盾。人民美好生活需要日益广泛，不仅对物质文化生活提出了更高要求，而且在民主、法治、公平、正义、安全、环境等方面的要求日益增长①。

公共行政的一般伦理原则就是公正与正义。公共行政对公正与正义的价值追求集中体现在公共利益的最大化上。公共利益的最大化一方面有赖于制度定位和法律调整，另一方面需要通过道德加以规范，需要行政人员和行政组织在开展行政活动的过程中做到公开、公平、公正，从而为行政职能的有效实现提供根本性的保障。

（二）行政伦理是培养理想行政人格、塑造道德行政的重要途径

行政伦理区别于一般伦理道德的本质属性就是其公共性，维护公共利益是公共行政事件最根本的伦理要求。然而，行政人员包括行政官员和公务人员的角色又是多元的、复杂的，作为社会中的个体，往往会在维护公共利益与维护个人利益的角色中产生价值冲突。"和每一个生活在现代社会中的普通人一样，行政人员同时在家庭、社区以及社会中承担着不同的角色，而每一种角色背后都附带着一系列义务，夹杂着私人利益。"② 因此，公共行政的道德化有两个层面，即制度的道德化与行政人员的道德化，只有行政人员的道德化，才能"公正地处理行政人员与政府的关系、与同事的关系和与公众之间的关系"，这是德性行政的基础③。行政人员的优秀品德是行政行为道德化的前提。

（三）行政伦理是控制公共权力、防止权力腐败的内在约束机制

行政管理作为国家公共权力的行使过程，它必须按照公共事务的性质和规律行事，以公共利益为依托，履行公共责任。行政人员在行政活动中面临各种各样的挑战，包括亲情关、名利关和金钱关等。为确保行政权力行使的正当性，就离不开对行政权力的制约。行政伦理是以协调个人、组织与社会

---

① 习近平．决胜全面建成小康社会 夺取新时代中国特色社会主义伟大胜利［M］．北京：人民出版社，2017：11．

② 特里·L．库珀．行政伦理学：实现行政责任的途径［M］．张秀琴，译．北京：中国人民大学出版社，2010：6．

③ 张康之．寻找公共行政的伦理视角［M］．北京：中国人民大学出版社，2002：273、215、164．

的关系为核心的行政行为准则和规范系统,行政伦理是行政权力的重要制约机制之一,它能帮助行政人员进行好坏、是非的道德判断,对正确的行为加以鼓励和弘扬,对错误的行为加以纠正。

四、行政伦理的构成

行政伦理规范的对象是公共行政系统的构成要素。行政伦理的对象既包括行政组织、行政领导、公务员等,也包括行政系统中的行政体制、行政行为、公共政策等。它们直接受行政伦理价值观影响,因而有必要对它们进行伦理的规范和约束。从行政伦理规范对象的角度,我们可以把行政伦理分为:行政组织伦理、行政制度伦理、公共政策伦理、行政职员伦理。

(一) 行政组织伦理

20世纪70年代以前,人们多关注公务员个人伦理。水门事件发生以后,人们把研究的目光投向公共组织伦理。

行政组织伦理是在行政管理活动中形成的有关组织的善恶观念、价值取向、价值判断标准及其行为规范和习惯的总和。公共组织的职能是管理国家和社会公共事务,维护和实现公共利益是其基本职责。公共利益具体体现为公共产品、公共服务、公共安全、公共秩序等社会公众所必需的、个人可以享有的社会价值。这些价值是保证社会成员进行正常有序地共同生活的基础。公共组织的目标就是促进公共利益的最大化,并且促进公共利益分配的公平、公正。行政组织不仅是完成管理职能的法定机构,它还应该是行政道德的塑造者。行政组织在与社会的相互关系中必须有其特定的价值取向,也必然产生组织的伦理问题。

作为组织层面的伦理,其基本内容包括以下几个方面。

1. 程序公正

传统的组织设计所产生的弊端是容易滋生官僚的傲慢和妄自尊大。程序设计不能仅仅考虑个人控制产生效率,而要更多地考虑公共目的。程序公正是以行政伦理为主要内容的公共伦理的核心。通过公正的程序化运作,使社会公众免受权力滥用的危害,因而它是避免不公正和腐败行为的重要保障。

2. 民主责任

促进公共利益最大化并且促进公共利益分配公平、公正的公共组织目标,要求公共组织在从事行政实践过程中,既要保证公共利益的实现,也要协调和关注不同利益主体的要求,公共行政的实现必须具有合法性、透明性和有效性。现代政府是责任政府,同时又必须是民主政府。公开化是强化民主责任的一种手段。公共组织不体现民主责任,就缺乏行政伦理。

3. 组织信任

行政组织信任包括行政组织之间的信任、行政组织与公务员之间的信任、行政组织与公民之间的信任。缺乏信任的组织是无伦理可言的。现实中一些地方政府或部门或多或少出现了信任危机,导致公众信心不足,诱发社会失信行为,妨碍了政府决策的执行。良好的道德形象是行政组织赢得公众信任与支持的基础,也是行政组织不断增强凝聚力的内在动力。行政组织只有最大限度地服务于社会大众利益,才能赢得公众的信任。

(二) 行政制度伦理

制度作为社会"秩序"的保障和前提,任何制度的设置、变迁、创新都对所有社会成员和个人的行为有一种支配作用,规范着他们的行为模式,影响着他们的价值观念,引导着他们的道德选择,因而也具有伦理意义。行政制度是规定行政组织与行政成员行为与目标的一系列约束和规范的总和。

行政制度伦理是指制度的合道德性和合伦理性,由行政制度内在地规范行政组织与行政人员权利义务的原则和规范组成,并通过社会结构关系、法律、法规等正式的规范和行政习惯、行政风俗等非正式的规范表现出来,由此对一定的制度做出善恶判断[①]。行政制度伦理由行政制度的伦理化与伦理的制度化组合而成。

行政制度伦理化是指伦理审视维度的行政制度,它强调的是制度的道德性,即政治制度、经济制度、法律制度、文化制度中的道德价值和伦理追求是不是具有正当性和合理性,即把行政伦理道德作为一种价值尺度和标准体系对行政制度做出"正当性"评判,以界定并甄别公共行政制度系统中体现出的"善"的程度。在制度安排、体制设置中贯穿道德原则是公共行政道德化的基础工程,只有这一基础工程搞好了,才能时刻提醒行政人员自重、自省、自律,才能更好地发挥道德的约束作用。

---

① 施惠玲. 制度伦理研究论纲 [M]. 北京:北京师范大学出版社,2003:25.

行政伦理制度化则探讨行政伦理原则、精神和具体的规范如何转化为相应的行政制度形式的问题，即把一定社会的伦理原则和道德要求提升、规定为制度，并强调伦理的制度化、规范化、法律化，其核心是"道德立法"。许多行政伦理的规范就是通过不断被写入法律，实现了道德的制度化或者道德的法律化，如美国的《公务员道德法》。

行政制度伦理化与行政伦理制度化是相互联系、相互作用的双向互动的辩证统一关系，是行政制度伦理价值实现的两个不可分割的层面。没有伦理制度化，现实生活将难以明示基本的道德要求，社会道德就成为形而上的抽象存在，伦理功能必然囿于空泛的说教而难以实现社会化，由此也将掩蔽行政伦理价值的光辉。没有制度伦理化，意味着制度公正性的根本置疑，公共行政制度结构将缺乏伦理精神的呵护，便可能导致符合行政制度安排的公共行为却会造成违背社会伦理和行政伦理要求的结果，从而阻滞行政制度社会化的进程以及颠覆行政创新发展方向的合理性。

(三) 公共政策伦理

公共政策是分配一切资源（包括经济的、政治的和社会的资源）的手段，几乎每一项政策都涉及利益的分配和交换。因此，任何一项公共政策的出台都必然包含政策主体（主要指政府）依据特定的伦理标准来进行的价值选择。

公共政策伦理是指政府或其他社会权威机构为维护某种公共秩序而预设的伦理规范，以及采用各种手段使这些伦理规范成为公众在这一公共领域中的普遍化行为方式。它包含两层含义：一是指维护某种公共秩序所需的伦理规范，如为人民服务、维护祖国尊严等；二是为推进这些伦理规范所配置的政策化的硬约束手段，如反不正当竞争法案、见义勇为奖励基金、社会服务承诺制度就是行政伦理的政策化。

公共政策伦理是行政伦理结构中最为复杂的部分，因为它涉及重大的社会价值，涉及个人选择与社会价值之间的关系。基于公共政策本身的复杂性与系统性，公共政策伦理贯穿于公共政策的制定、决策、执行、评估等过程，既包括政策目的之中的伦理——公共政策的价值选择问题，也包括政策手段的伦理——政策实现手段的合理性、合法性和民主性问题。

(四) 行政人员伦理

无论古今中外，在不同的社会、不同的国家，尽管其公职人员的名称和性质各不相同，但他们都具有相应的社会责任和社会作用，这种特殊的职业和职业活动由于具有政治性、公共权力性和社会性等特征，尤其需要行政伦理来约束和激励。

行政人员伦理是指根据国家和人民的需要，作为行使国家行政权力的行政人员在其履行公务的活动中所形成的伦理关系以及应当遵循的道德原则和道德规范，如守法、负责、公正、廉洁等。

国家公务人员职业道德是行政伦理的重要内容。体制、政策、行为是由人的素质决定的，人也受制于体制、政策。行政机关是由公职人员个体组成的，每一项公共政策的推行都要落实到具体的公务人员身上，公职人员以政府的名义行使权力，因此，行政人员的思想品德非常重要。行政人员伦理在形式上往往与政治规范、法律规范和行政纪律有交叉、重叠，有些道德规范体现为法律化和制度化，其实质是使行政人员通过道德自律保障"公共权力"的正当行使和健康运行。

第二节　行政伦理的基本原则和规范

行政伦理的基本原则与行政伦理规范相互作用、相互联系，共同构成了行政伦理体系中最重要的部分，贯穿于行政管理活动之中，指导着人们的行政管理实践。

一、行政伦理的基本原则

行政伦理的基本原则是行政伦理准则体系中最高层次的道德准则，包括为民、公正、平等、效率、民主等。

（一）为民

政府是公共权力的受托者，公众是权力的委托者。政府作为公共权利的运行机构，其担负的公共责任决定了政府首先应当而且必须是为人民服务的政府。现代公共管理越来越多地要求政府由"管理"角色向"服务"角色转变，这种从控制导向向服务导向的转变，必须坚持以人民为中心的服务原则，使政府真正成为提供良好的公共政策服务和制度供给的组织，对民负责、为民服务、替民谋利。

社会主义国家的一切权力体现着人民的意志，是为人民谋利益的工具。人民是国家的主人，政府行政人员只是人民的公仆而已。党的十九大报告将"坚持以人民为中心"作为新时代中国特色社会主义思想的基本方略之一，明确提出必须坚持以人民为中心的发展思想，不断促进人的全面发展、全体人民共同富裕；提出要坚持以人民为中心，坚持人民主体地位，践行全心全意为人民服务的根本宗旨，把人民对美好生活的向往作为奋斗目标，打造共建共治共享的社会治理格局，更好地提升人民群众的获得感和幸福感。这是对以人民为中心的行政伦理观的积极发展。

由于现实条件的制约，行政机构确实出现了一些以权谋私的腐败现象。政府组织和个人的腐败削弱了政府的能力，背离了政府权力来自于民、用之于民的性质。所以，坚持为民原则，最基本的任务就是抑制腐败，建立清正廉洁的人民政府，确保公共权力始终成为为人民谋取利益的忠实工具。

(二) 公正

政府作为公共权力的拥有者，其主要职责就是维护和实现社会公平、公正。因为公共管理者掌握着一定的公共权力，无论其作为决策者还是决策的实施者，其行为对社会公共事务都具有重要的影响。如果政府的行政目标和行政行为偏离公共利益，不能实现社会的公正，就有可能使政府沦为为某些利益集团服务的工具，政府就要面临合法性危机。为此，必须强化其使用公共权力的公正意识，恪守公正原则。

自古以来，人们就将公正无私、秉公执法作为社会治理的主要规范。古希腊哲学家柏拉图首先提出了公正、智慧、勇敢、节制四种最基本的伦理原则。亚里士多德曾指出，公正是一切德性的汇总，是一种完全的德性。公正意味着政府在施政过程中平等地对待当事人，并排除造成不平等的各种因素。公正行政赋予现代公共行政以伦理价值内容，它有效地指导行政主体的行为，明确行政主体的行为选择要保障公民基本平等自由权的实现，使行政主体有责任和义务为最少受惠者获得公平的公共服务而进行各种努力。对行政人员而言，公正意味着公平、正直、不偏私，办事公道。

我国当前正处于社会转型期，行政伦理中坚持公正原则，从政府组织的角度看，就要解决很多社会问题，如政府官员的腐败问题、控制贫富差距问题、保护弱势群体问题、教育公平问题、城乡收入差距问题等。从行政人员的角度看，就要做到执法公平、用人平等、为人正直等。

(三) 平等

平等原则是一项与公正原则既相联系又相区别的伦理原则。平等是最重要的公正。平等原则是形式上的公正原则，是指同样的情况应当同等对待。

平等原则作为一种应该如何的伦理原则，只能是社会平等而不可能是自然平等。平等原则实质上就是权利平等原则。平等原则肯定人对于社会的基本贡献和人作为人的尊严，反映个体于组织、于社会的"前提性贡献"与相应的人的尊严。

在行政管理活动中，平等原则的具体要求体现在：基本权利平等，即人人有固有的生命权，人人有权享有人身自由和安全，每个公民享有参与公共事务的权利等等；自由权利平等，每个人无论职位高低、财富多寡，都具有独立的人格；机会平等，每个社会成员应当具有相同的发展权利，因而在发展机会面前，应该人人平等；分配平等，根据每个社会成员的具体贡献进行有所差别的分配。

(四) 民主

公共权力的掌权者如何对待权力，是将权力作为奴役公众的手段还是将其作为为人民服务的工具，这是一个伦理的问题。

民主是指"人民的权力"或"多数人的统治"。"民主意味着在形式上承认公民一律平等，承认大家都有决定国家制度和管理国家的平等权利。"① 作为人类追求的理想和现代社会发展的基本目标，民主原则对我国的行政管理活动有着十分重要而又普遍的意义。"发展社会主义民主政治就是要体现人民意志、保障人民权益、激发人民创造活力，用制度体系保证人民当家作主。"②

作为一种价值理念，民主强调政府的公共权力来源于公民权利。任何公共权力都属于全体公民所有，公民有权对公职人员进行监督。民主行为的结果要符合大多数人的利益，民主的内容就是要体现人民的意愿，民主的价值就在于实现国家的良好治理和人民高品质的生活。

作为一种程序，民主是实现一定民主自由权利的方式、途径和过程。民

---

① 列宁选集 [M].3卷. 北京：人民出版社，1972：257.
② 习近平. 决胜全面建成小康社会 夺取新时代中国特色社会主义伟大胜利——在中国共产党第十九次全国代表大会上的报告 [R]. 北京：人民出版社，2017：36.

主程序要求的是公开、公正和透明，建立和健全倾听各种声音的途径和渠道，主要考虑的是逐步扩大人民民主，扩大政务的公开度、透明度，使人民享有更多的知情权、参与权。人民在民主选举、民主决策、民主管理和民主监督中发挥着越来越大的作用。

作为一种制度，民主是与专制政治根本对立的政治制度。它强调任何一项规则的设计和政策的选择都必须符合最起码的民主要求和标准，坚持少数服从多数的决策原则以及对少数的尊重与保护原则，实行权力的合理分工与有效制约机制；它通过制度立法以及一整套机制来保障民主权利的实现。民主制度为人人参与管理活动提供了激励和保障环境，赋予人们自主选择与活动的权利，肯定人们对正当利益追求的合法性。

（五）效率

我国目前已进入发展市场经济和实现社会现代化目标的关键时期，抓住机遇、加快发展，直接关系到社会现代化建设事业的成败。效率是行政管理所追求的一个重要目标。公共行政的目的就是要对各种资源加以有效利用，使公共计划得以最迅速、最精简、最圆满地完成，尽可能地为全体成员谋求公共福利的最大化或最优化，实现最大多数人的最大幸福。也就是说，它要求政府与其他公共管理组织应当以尽可能低的公共管理成本为社会提供丰富的公共产品或公共服务，满足公民的需要，实现尽可能高的社会公共效益[①]。

一般来讲，公共行政追求效率本无可厚非，但问题在于：传统公共行政过分追求公共行政的"效率"，在为公共行政"提速"的同时却忽视了公共行政前进方向的另一个本质性维度——公共性所蕴含的公平公正问题的价值尺度，这是我们应该注意的问题。

二、行政伦理的规范

行政伦理规范是行政人员在行政活动中必须遵循的基本道德要求与行为准则，它是行政人员行政行为选择的依据，也是对行政人员行政行为评价的道德标准。行政管理是以公共权力为手段，通过对国家事务和社会公共事务的管理，实现公共利益、社会发展和人的自由等价值目标的活动。行政管理

---

① 王振华. 公共伦理学 [M]. 北京：社会科学文献出版社，2010：188.

的这一特性决定了行政伦理具有不同于家庭伦理、企业伦理等领域的特殊行为规范。

2002年,我国人事部印发的《国家公务员行为规范》中规定:国家公务员必须"政治坚定,忠于国家,勤政为民,依法办事,务实创新,清正廉洁,团结协作,品行端正",它首次对行政伦理规范内容做出了概括。2005年4月,第十届全国人大常委会第十五次会议通过、2018年12月第十三届全国人民代表大会常务委员会第七次会议修订的《中华人民共和国公务员法》,以法律的形式将行政人员道德规范进一步具体化,并规定了八条道德义务。2010年印发的《中国共产党党员领导干部廉洁从政若干准则》详细规定了领导干部从政行为八大方面的"禁止"和52种"不准"的行为。2015年10月,中共中央修订印发的《中国共产党廉洁自律准则》,对党员廉洁自律规范和党员领导干部廉洁自律规范的规定为党员和党员领导干部树立了一个看得见、够得着的高标准。

行政人员的行为规范是多方面的。从行政伦理的角度来看,概括起来,最基本的规范主要有以下几种。

(一) 忠于国家,忠于人民

忠于国家,就是行政人员必须热爱祖国,忠于宪法,维护国家安全、荣誉和利益,维护国家统一和民族团结,维护政府形象和权威,保证政令畅通。遵守外事纪律,维护国格、人格尊严,严守国家秘密,时时处处把国家利益放在大于一切、高于一切、重于一切的位置上,同一切危害国家利益的言行做斗争。贯彻这一要求,首要的是做到政治坚定,在工作中模范贯彻执行党的路线、方针、政策,坚决维护国家的安全、荣誉和利益。

忠于人民,就是行政人员必须全心全意为人民服务,接受人民监督。这既是行政人员与国家和政府、人民关系的本质体现,也是行政人员工作方面的道德要求;既是行政人员做好本职工作的基本条件,也是其应尽的道德义务。《国家公务员行为规范》第三条规定,国家公务员要"一切从人民利益出发,热爱人民,忠于人民,全心全意为人民服务,密切联系群众,关心群众疾苦,维护群众合法权益,体察民情,了解民意,集中民智,珍惜民力,力戒形式主义、官僚主义,改进工作作风,讲求工作方法,注重工作效率,提高工作质量。自觉做人民公仆,让人民满意。"

(二) 忠于职守，勤勉尽责

忠于职守，就是行政人员必须在其位谋其政，爱岗敬业，勤奋工作，钻研业务，甘于奉献，努力提高做好本职工作的能力和水平，始终保持谦虚谨慎、艰苦奋斗的作风。只有如此，为人民服务才不会是一句空话。

勤勉尽责，就是有强烈的事业心和责任感，热爱本职工作，服从和执行上级依法做出的决定和命令，按照规定的权限和程序忠实履行职责，努力提高工作质量和工作效率，不得擅离岗位、玩忽职守和贻误工作。

(三) 清正廉洁，公道正派

清正廉洁，是行政人员实现行政价值和目标的重要保障，也是赢得社会公众信任、树立自身良好形象和威望的重要内容。清正廉洁应该是每一个行政人员的品质。具体要求就是：要秉公办事，遵守纪律，不徇私情，不以权谋私，不贪赃枉法；淡泊名利，艰苦奋斗，勤俭节约，爱惜国家资财，反对拜金主义、享乐主义。

公道正派是行政人员必备的最基本的行政道德，是行政人员行为的道德底线。行政人员是公共利益的实际代表者和执行者。公共行政的目的在于维护公共利益。行政人员虽然手中握有一定的权力，但在履行行政管理职能时必须坚持公共利益至上的原则，不允许故意拖延或不作为，更不允许通过滥用职权来获取个人利益。

(四) 忠诚老实，实事求是

忠诚老实，就是诚信，说真话，言行一致。诚信是现代政府与公众维持和谐健康关系的道德基石，是现代民主社会中责任政府的重要标志，是整个社会诚信体系的基础和核心。目前，无论是政府部门还是行政人员，都或多或少地存在诚信缺失的现象。少数部门言而无信，说话不算数，做表面文章，虚报、瞒报各种统计数据。一些行政人员说假话，欺上瞒下。政府诚信理念缺失会直接影响政府公信力。政府对人民群众不守信用、不遵守诺言的行为引起人民群众强烈的不满，加剧了政府与公众间的矛盾，成为诚信政府建设中的阻力。诚信的要求就是要言行一致、忠诚守信。政府要用真心对待群众，对公众怀有善良，保持坦诚真诚，忠诚地履行自己的诺言。

实事求是，就是说实话、报实情、办实事、求实效，踏实肯干。实事求是，一切从实际出发，按客观规律办事，是一切管理活动中都必须遵循的基本原则，也是对行政人员服务思想的基本要求。务实的具体要求就是要真心实意，要以科学的态度对待工作中的一切问题，实事求是，务求实效；要敢于说真话，讲实情，不敷衍塞责，不阿谀奉承。务实必须要有真才实学，真抓实干。

（五）遵纪守法，依法行政

法律为治国之根本，行政管理者承担着管理公共事务的重任，对国家宪法和法律的遵守是对行政管理组织和行政人员行为规范的基本要求，也是其履行行政职能的基本保证。具体来说，行政管理组织和行政人员必须遵守国家法律、法规和规章制度，按照规定的职责权限和工作程序履行职责、执行公务，依法办事，严格执法，公正执法，文明执法，不滥用权力，不以权代法，做学法、守法、用法和维护法律、法规尊严的模范。不仅要同其他社会公众一样遵守国家宪法和法律，还需要遵守与公共行政及其职位有关的各项法律法规、特殊规范和规则，有法可依，有法必依，严于律己，为人表率，在管理活动中自觉抵制违法行为，不得以言代法、以权代法、徇私枉法。

（六）顾全大局，团结协作

顾全大局，就是增强全局观念，坚持以大局为重，正确处理国家、集体和个人的关系，努力营造心齐气顺、团结奋进、干事创业的氛围。行政人员必须自觉地在这个大局下开展工作，带头贯彻执行党的路线、方针、政策和国家的法律法规，认真执行上级的决定和命令，不独断专行，不搞自由主义。

团结协作，就是行政管理人员相互之间的沟通、理解、协作、配合，这是实现管理目标的首要条件。团结协作可以避免事权冲突和人际冲突，消除和控制在人力、物力、财力和时间上的浪费，避免政出多门、多头执法、层次过多、责任不清、政令不通、推诿扯皮等现象，提高管理效率和绩效。

顾全大局、团结协作的具体要求是：服从指挥，尊重上级，维护上级的威信；对下级要平等相待，尊重下级的人格、意见、权利和工作自主性，肯定与承认下级的成绩，积极帮助下级解决矛盾和问题，设身处地地为下级着想；同事之间坦诚相待，相互理解，团结友好互助；协调友邻，调动方方面面的积极性，使政府上下级之间、政府与所属部门之间政令畅通，协调一致，运转有序。

第三节　行政伦理失范与建设路径

伴随着中国现代化的进程，政府治理模式正由管理型政府向服务型政府转型。服务型政府提供的服务是否公平、公正、公开、透明，需要把行政伦理建设作为其履行职能的重要保障。面对我国行政实践中出现的行政伦理失范现象，必须大力加强行政伦理建设。

一、行政伦理失范及原因

行政伦理失范一直是困扰公共行政发展的难题。公共行政的目标是追求公共利益的最大化，然而公共利益实现的手段——公共权力，却在一些行政人员或行政组织手中异化为一种"资本"，他们置行政伦理的规范与原则不顾，用公共权力来谋取私利，从而导致公共利益受损，这就是行政伦理失范现象。

（一）行政伦理失范的类型

正如社会领域中缺少道德的行为千变万化一样，在公共行政领域中伦理失范的表现形式也是五花八门，主要有以下几种类型。

1. 政治类失范

政治类失范主要表现为权力再分配过程中的权力交易。公共权力不再是服务公共利益的手段而演变成其追求的目标，从而使党和政府的形象受到严重损害。如我国在各类行政人员的录用、选拔、任命等方面存在的任人唯亲现象，甚至在权位的竞争中进行非法交易或是买官卖官等。

2. 失职类失范

失职类失范主要是指行政人员无视自身应负的责任和义务，滥用职权或不能尽职尽责，具体表现为越位、缺位、错位、不担当、不作为、玩忽职守、贻误工作等。部分地方政府领导玩忽职守，只要经济利益、搞面子工程，而完全不顾社会效益和环境效益，忽视安全生产和公众安全。这是行政伦理失范最普遍的现象，小到对工作敷衍了事，勉强应付，大到玩忽职守，给国家和人民造成重大损失。

3. 经济类失范

经济类失范主要表现为公务人员私自从事营利性活动，违规经商、

2018年12月29日第十三届全国人民代表大会常务委员会第七次会议修订通过的《中华人民共和国公务员法》第五十九条和第十六款规定，公务员不得"违反有关规定从事或者参与营利性活动，在企业或者其他营利性组织中兼任职务"。《行政机关公务员处分条例》第二十七条规定，公务员"从事或者参与营利性活动，在企业或者其他营利性组织中兼任职务的，给予记过或者记大过处分；情节较重的，给予降级或者撤职处分；情节严重的，给予开除处分"。但是再严密的制度也不可能根绝失范现象的发生，现实中依然存在或变相存在的这类行为还很多。一些公务人员甚至利用手中职权牟取个人私利，与利益集团勾结，实现肮脏的权钱交易，置公共利益于不顾，贪污挪用，行贿受贿。这种严重侵犯公共利益的腐败行为与我国政府贯彻的以民为本和为人民服务的行政伦理及理念背道而驰。

（二）行政伦理失范的原因

行政伦理失范的原因有历史的原因、社会的原因、文化的原因、制度的原因、结构的原因、政治的原因，这些原因在不同的国家和地区或不同的历史时期所起的作用是不同的。但是公共行政的特殊地位决定了无论是个人还是组织，在这个特定的情境中都面临着角色冲突、利益冲突、权力冲突，这些构成了行政伦理的困境。

1. 角色冲突

在现实生活中，行政人员除了是某部门的主管、某人的下级、某些人的上级，也承担着其他一大堆角色，例如父母、儿女、配偶、邻居、朋友、公民等。由于行政人承担着多种角色，各种角色相关的责任之间经常发生冲突，从而使任何履行责任的行为都可能成为一个相当困难的问题。比如，他既是公民，又是公务人员，要承担公民义务的同时也要承担行政要求的责任；在行政过程中也面临着对上级负责与对公众负责的冲突。如何处理这些冲突并进行抉择就是行政人员面临的伦理问题。如果角色错位，即以一个普通公民角色对待公职，就会将神圣的职位看作是谋取个人利益的手段，或将自己置于社会关系网中，公职就成为尽父母之责、亲友之义的工具。角色错位不仅是以权谋私、滥用权力的根源，也会使公务人员在该尽职责时"忘记"身份，导致行政失职。"尽管行政人员为特定的职责承担责任（正是这些职责构成了他们的职业角色），但在某些时候，他们也认为自己不得不采取违背职责的行为。"①

2. 利益冲突

行政人作为公共利益的维护者，在行使公共权力的过程中必须同时兼顾公共利益最大化和私人利益最大化的双重取向。这样一来，公共领域与私人领域截然相反的利益取向都集中到了行政人身上。公共组织的公共性不等于抹杀行政人员的主体个性，行政人员的个体利益也应受到尊重。"公共组织不仅是为了公共利益而建构的集体性的部门，也应该是个人试图通过事业的发展而实现自己个人利益的领域。"② 问题是：行政人员应该如何确定公共利益？如果存在多种不同的利益，行政人员如何识别哪些利益可以称为"公共"？因此，行政人员在行使公共权力时，当其所护卫的公共利益同其个人利益产生矛盾，很可能会为实现自身利益的最大化而偏离公共利益，这样就会对行政行为的选择造成困难。

3. 权力冲突

权力冲突根源于存在着两种或两种以上的权力（诸如法律、组织上级、人民代表等）。在公共行政的过程中，不同的权力来源的要求是相互冲突或者不相容的，当这些权力来源对行政行为的要求不一致时，就会出现我们所说的权力冲突。比如，上级给你的要求和法律所给的要求不一致；或者，上级要求你这样做而上级的上级却要求你那样做；或者，出于组织利益的考虑，上级要求你这样做，而考虑到公众的利益，你的行为与上级的要求将会有所偏差。这些情况中，行政人员都遭遇了我们所说的权力冲突，他们在对"上"负责和对"下"服务的矛盾中进退两难。

二、行政伦理建设的路径

行政伦理的失范是行政伦理治理的直接动因。加强行政伦理建设，治理各种行政伦理失范现象是一项长期而艰巨的历史任务，需要我们从各角度、各方位齐抓共管，形成合力，才能取得成效。

---

① 特里·L. 库珀. 行政伦理学：实现行政责任的途径 [M]. 张秀琴，译. 北京：中国人民大学出版社，2010：6.

② 特里·L. 库珀. 行政伦理学：实现行政责任的途径 [M]. 张秀琴，译. 北京：中国人民大学出版社，2010：117.

（一）引导正确的伦理价值取向

角色冲突、利益冲突、权力冲突是造成行政人员行政伦理困境和失范的内在基础。做还是不做？执行还是抗命？服从还是不服从？这些问题的解决需要正确伦理价值观的引导，并通过为民、公正、平等、民主、效率等伦理原则对行政行为进行排序、选择，从而做出正确的道德判断。

当公共利益与个人私人利益相冲突时如何选择呢？在行政活动中，行政人员既作为"公共人"也作为"经济人"，必须明确区分私人领域和公共领域。当对个人利益和公共利益做出选择时，应当坚持以公共利益为主，以公共角色为重。公共行政人员作为个体存在，虽然有其正当的利益追求，但他在被授予大量的公共权力和职责的同时，应当以公共原则行事，坚持公共利益最大化。

当上级指令与法律相违背时如何选择呢？作为一个理性已经成熟的人，应该为自己的行为承担责任。《中华人民共和国公务员法》第十六条指出："公务员执行公务时，认为上级的决定或者命令有错误的，可以向上级提出改正或者撤销该决定或者命令的意见；上级不改变该决定或者命令，或者要求立即执行的，公务员应当执行该决定或者命令，执行的后果由上级负责，公务员不承担责任；但是，公务员执行明显违法的决定或者命令的，应当依法承担相应的责任。"

（二）强化行政伦理责任

有权必有责——行使公共管理权力的行政组织和行政人员应当对自己的行为负责。如果行使公共权力的组织和个人对自己的行为不负责任，那么，公民、法人和其他组织的合法权益就很难得到保障。可以说，树立以责任为核心的伦理观念是行政伦理建设的基础。

责任是指行为者应当承担的义务或因失职而应该承担的否定性法律后果。"责任"不但意味着做分内应做之事，也意味着未做好分内之事就应受到谴责和制裁。行政人员在一定的岗位和职务上必然有着相应的职责，他必须主动积极地去履行岗位或职务上的职责，否则，他就必须对自己行为的结果负责。行政责任包括两层含义：一是指行政主体依法对社会和公民应履行的义务和职责；二是指公共组织及其成员因违反行政法律规范和不履行行政法律义务而依法应承担的行政法律后果。

库珀在《行政伦理学：实现行政责任的途径》一书中把行政责任分为客观责任和主观责任。

客观责任与外部强加的可能事务相关，它源于法律的规定或组织机构与社会对行政人员的角色期待，具体表现为法令和规章规定的职责或者应尽的义务，包括"公共行政人员最直接的责任，就是对自己的上级负责，贯彻上级的指示或是完成已达成一致的目标任务。同时，他们还要为下属的行为负责"[1]；"公共行政人员还要对民选官员负责，把民选官员的意志当作公共政策的具体表现来贯彻执行"；"公共行政人员还要对公民负责，洞察、理解和权衡公民的喜好、要求和其他利益。"[2]

主观责任是我们自己内心的情感和信仰赋予我们的，是指行政人员行动的责任感受，源于对忠诚的信念、对良知的认同。相对于客观责任而言，"主观责任却根植于我们自己对忠诚、良心、认同的信仰"[3]，它侧重于对职业角色的伦理思考，是履行行政管理角色进程中职业道德的反映，是对公正、正义、善的认同和信仰。主观责任不是由于上级或法律的要求，而是因为信仰、价值观这样一些内部力量驱使，它是从家庭教育、学校教育、朋友、职业训练和组织活动中获得的，因而它具有重要的伦理意义。对我国来说，主观责任是"为人民服务"的行政价值观、"维护公共利益"的行政信念和尽职尽责的行政态度的表现。

可见，行政组织和公务人员必须以高度负责的精神保障人民的权利，为最广大的人民谋取最大的利益；要明确自身的权力所在、责任所在；要加强责任落实和监督力度，强化政府权力与责任的统一，完善责任追究和监督制度。

(三) 加强行政伦理的教育与培训

行政人员在行政过程中能否走出角色冲突困境，很大程度上取决于行政人员的态度、价值观和信仰，取决于他对行政责任的认同和接受程度。这就

---

[1] 特里·L.库珀.行政伦理学：实现行政责任的途径[M].张秀琴,译.北京：中国人民大学出版社,2010：75.

[2] 特里·L.库珀.行政伦理学：实现行政责任的途径[M].张秀琴,译.北京：中国人民大学出版社,2010：76.

[3] 特里·L.库珀.行政伦理学：实现行政责任的途径[M].张秀琴,译.北京：中国人民大学出版社,2010：84.

需要提高行政人员的道德自律意识，培育行政人员的道德义务和责任感，健全行政人员的行政人格，提升角色冲突困境中的伦理选择能力。行政伦理教育与培训是使伦理规范转化为行政人员内在道德品质的重要环节。

美国在系统地开展经常性的行政伦理教育方面有很好的范例。联邦政府要求每一个部门都要经常开展行政伦理培训，确保每一名雇员都要了解和掌握有关利益冲突法律和行为规范的内容和要求。在政府道德办公室属下专设一个教育办公室，不但负责为白宫、行政系统的各个部门人员等开办道德教育的课程，还负责出版《政府道德通讯》以及其他道德教育和宣传材料。这个教育办公室还负责协调一年一度的道德调查，调查结果是每两年向国会进行一次汇报的内容之一。该伦理教育办公室还经常举办"培训培训者"的培训班或研讨会。此外，该办公室还成立了信息中心，建立了电子网络公告牌，每年均召开一次大会，讨论行政伦理问题①。

我国在对行政人员进行行政伦理教育方面还存在很大的差距，行政伦理教育培训缺乏规范化。当前，加强行政伦理教育，一是要确定行政伦理的判断标准是维护公共利益。维护公共利益是行政人员应该遵守的最基本准则，其他所有的义务和价值都必须服从于这一标准。二是提高行政人员在利益冲突和道德冲突中进行行政行为选择的能力②。通过行政伦理法规和行政伦理行为规范的学习，使行政人员认同行政伦理规范，并使其内化为个体行政人格，树立以勤政为民、廉洁奉公、诚信务实、遵纪守法为核心的价值观、权力观和利益观，自觉限制和克服有悖于行政伦理规范的需要和欲望，从而做出"善"的、合乎道德要求的正确选择。

（四）完善行政伦理立法

要解决行政人员角色冲突问题，另一个重要的途径就是要依靠严格的伦理立法，用强制力限制行政人员可能存在的不规范行为，避免角色冲突的发生。在现代行政实践中，越来越多的行政伦理规范被纳入法律规则体系中，行政伦理立法也正在逐步推广并且日益发挥着积极的作用。世界许多国家先后出台了与行政伦理相关的法律规范，如美国于1978年通过了《政府道德法

---

① 马国泉. 行政伦理：美国的理论与实践［M］. 上海：复旦大学出版社，2006：108-110.
② 邓彬祥. 论行政人员的角色冲突及其解决途径［J］. 中山大学研究生学刊（社会科学版），2009（2）.

案》，1993年又颁布了《美国行政部门雇员道德行为准则》；法国、德国、英国、荷兰等其他发达国家也制定了类似的道德法典。亚洲一些国家近年来也制定了专门的行政道德法典：1981年，韩国颁布《公职人员道德法》；1999年，日本颁布《国家公务员伦理法》。墨西哥、印度等发展中国家也都有了明确的行政伦理法规。除了专门的法典，一些国家将对公务员道德标准的要求在宪法、行政法和刑法等法律中加以规定。我国2005年颁布、2018年12月29日第十三届全国人民代表大会常务委员会第七次会议修订的《中华人民共和国公务员法》，也以法律的形式对行政人员道德规范予以具体化。

从行政伦理立法实践来看，各国行政伦理法规包含的内容主要有两个方面：一是与行政职业道德规范有关的具体规定，如公务人员的财产申报制度、回避制度、离职限制制度、对公职以外活动的限制规定等；另一方面是与组织道德相关的内容，如对组织内的群体规范、组织价值、组织目标等的规定。

行政伦理规范的内容可谓林林总总，周到细密，但总会有漏洞，漏洞对于有道德的人无任何价值，而对无道德的人意味着"机会"，可资利用。因为法律和规章永远也不可能把一个有道德的人所应该做的事一件不漏地讲得一清二楚，对不道德的人也根本不可能靠一纸条文来限制和查禁。因此，一方面需要根据变化了的情况不断地完善行政伦理立法，另一方面更重要的是培养公务人员的自觉与自律意识。

（五）建立行政伦理监督机构

行政伦理监督是监督主体运用行政伦理对公共行政主体进行监督，督促公共行政主体遵循行政伦理的原则和规范要求，公正行政。我国目前行政监督虽然有立法监督、司法监督、行政机关内部监督、党的监督、群众监督、舆论监督等，但还没有一个以伦理道德为主的专门监督机构。

在国外，美国立法、司法、行政三大系统均设立了各自的伦理监督机构。在众议院设有"众议院官员行为规范委员会"，大法官会议设有"司法道德委员会"，联邦政府及各州政府均设有"政府伦理办公室"[①]。政府伦理办公室的任务包括：①依据《政府道德法案》，根据公务人员利益冲突的情况，制定有关的规章条例；②审查财务公开报告；③通过培训道德官员和培训政府雇

---

① 卢智增．试析公务员的行政责任伦理［J］．河北青年管理干部学院学报，2008（3）．

员预防失范行为;④进行解释性的建议和指导;⑤通过检查,监督道德计划的执行情况;⑥对道德法和道德条例进行评价,并提出立法建议①。类似于美国,加拿大政府也设立了政府道德咨询办公室,法官会议设立了司法道德委员会,国防部设立了专门管理检查机构内部遵守道德规范情况的特命道德督察等。英国设立了"公共生活准则委员会"等,这些都是专门的伦理监督机构。

我国应该借鉴西方国家的这种做法,除建设合理的行政伦理法规体系外,还要成立相应的行政伦理监督机构,对公务员的道德操守进行经常性的伦理评议和鉴定,并以此作为对行政人员绩效考核的重要指标之一,直接与行政人员的工资、奖励及职位升迁等利益挂钩,加大对行政人员进行更加有效的行政伦理监督。

思考题

1. 行政伦理的含义是什么?
2. 简述行政伦理的特征和作用。
3. 简要分析行政伦理基本原则和规范的基本内容。
4. 简述行政伦理失范及其原因。
5. 如何理解行政伦理责任?

案例

深喉:"英雄"还是"叛徒"

1972年6月17日,民主党总部水门大厦发生盗窃事件,《华盛顿邮报》记者伍德沃德和伯恩斯坦依据一名神秘内线的消息,披露了当时美国总统尼克松为首的共和党为了获得大选胜利,派人窃取民主党文件并对水门大厦进行窃听的政治丑闻。1974年8月9日,尼克松终因"水门事件"曝光被迫宣布辞职。《华盛顿邮报》将这位秘密线人取绰号"深喉"。33年来,"深喉"

---

① 马国泉.美国公务员制和道德规范[M].北京:清华大学出版社,1999:94-95.

的真正身份是美国政治界和新闻界最大的秘密，人们曾经猜测了几个嫌疑人。

2005年5月31日，92岁高龄的美国联邦调查局前副局长马克·费尔特在自己家门口公开向媒体承认："我就是那个曾被称为'深喉'的人。"他宣称这样做是为了对联邦调查局忠诚，不满尼克松利用政府机关掩饰自己的罪行。

"深喉"身份悬疑被揭开后，"深喉"话题再度成为美国举国上下的谈资。

有人说费尔特是叛徒。美国前总统尼克松的演说撰稿人帕特里克·布坎南认为，"费尔特应当对自己的所作所为感到羞耻，这就是他在过去30年中撒谎的原因。"布坎南怒斥"深喉"是"一条蛇"。尼克松的助理们认为，"作为一位政府高级雇员，费尔特是一个不光彩的人！"华盛顿许多政要认为"难道他不是背叛了尼克松总统吗？"费尔特的前上司格雷说："我对此极为惊讶，没有什么比这个更让我吃惊的了，我对这个我曾经信任的人极度失望。"

有人不做表态。国防部长拉姆斯菲尔德说："对于'深喉'，我不做任何判断。"小布什表示"我能告诉你们的是，这一消息令我吃了一惊。"

有人说费尔特是英雄。前民主党参议员麦克·格拉韦尔说："尼克松正在犯罪，是费尔特揭发了他，费尔特是一个英雄，应该被授予美国自由勋章。"《华盛顿邮报》证实"深喉"身份的当天，费尔特的家人发表声明称：费尔特是一位"美国英雄"，他为了把国家从不公正中挽救出来，不惜冒个人风险，他为自己所做的一切感到高兴。美国很多民众认为："他当然背叛了总统，但他做了对美国人民忠诚的事情"；认为他冒着生命的危险，拯救了摇摇欲坠的民主制度，扭转了国家的不公义。

30多年来，"深喉"费尔特内心也一直充满矛盾和煎熬：他不知自己究竟是一个维护了美国安全、帮助美国民众掌握政治黑幕真相的英雄，还是一个背叛总统、背叛政府、背叛联邦调查局的"叛徒"？费尔特曾一直否认自己就是"深喉"。1974年，他在接受一家杂志社采访时一再表示："'深喉'不是我，不是我。""深喉"一直生活在孤独的恐惧中，他时时刻刻收到泄密事件带来的种种惊恐，却没有朋友可以分担他的痛苦。

问题：

1. "深喉"到底是英雄还是叛徒？为什么？
2. 费尔特面临哪些冲突导致了他内心的煎熬？
3. 若你处在费尔特的处境，你会如何选择？

第十二章
行政绩效

行政绩效管理是"全面实施绩效管理"的重要组成部分，是一种政府运行形态和国家治理形态。它将经济、效率、效益、公平等绩效理念和绩效原则贯穿在政府行政管理的各层次、各类型、各环节，建立"结果导向"的绩效生成机制，形成可测量、可评价、可考核、可报告、可问责的现代化政府。同时，立法、监察等国家权力分支以及人民对政府的绩效进行审查、监督、监察、问责，最终形成以"人民为中心""人民满意"的理性、透明、回应、合法、责信的现代国家治理体系。新时代的行政绩效管理必须充分体现新时代社会主要矛盾的变化要求，必须充分体现国家治理体系和治理能力现代化的创新要求。

党的十九大报告明确提出"全面实施绩效管理"[1]，这意味着"全面实施绩效管理"已经上升为新时代中国特色社会主义的新思想、新方略、新举措。行政绩效是政府行政成本扣除后的透支或盈余状况的集中反映。行政绩效是评判政府行政水平和运作效率的重要依据。研究政府行政绩效管理，对于准确评价政府、强化政府自律、降低政府成本、提升政府管理能力具有重要意义。

行政绩效评估成为政府行政管理关注的热点源于20世纪70年代，当时，西方发达国家普遍开始关注于解决经济停滞、管理危机、财政危机和公众对政府的满意度下降等问题；绩效评估与管理这个曾经普遍应用于企业管理中的理念被引入政府管理中，要求政府注重绩效，提高政府工作人员的服务意

---

[1] 习近平. 决胜全面建成小康社会 夺取新时代中国特色社会主义伟大胜利[M]. 北京：人民出版社，2017：34.

识、服务能力和服务质量，重建政府与社会的关系。我国政府绩效评估理论引导与地方先行同时并举，各地各部门绩效评估的实践给政府管理创新活动带来了勃勃生机和活力。

要全面、正确衡量行政绩效，就必须选择政府绩效评估价值，构建政府绩效评估的指标体系。科学的评估体系不仅限于定量指标，还包括定性指标。科学评估体系将对行政绩效的不同方面、不同角度进行考察。

我国政府组织绩效评估实施过程中遇到过观念、制度和知识等诸多障碍，也探究过政府组织绩效评估障碍解除的众多工具，诸如平衡积分卡、标杆管理、360度评估法等。其中，平衡记分卡整合了政府组织绩效评估的多元评估指标，使复杂的政府组织绩效评估变得容易操作，从而克服了公众评估技术不足的缺陷。标杆管理的层级性和外部导向性能克服政府组织绩效评估的观念障碍，调动了公众参与评估的积极性。360度评估法通过建立了多元评估主体，克服了政府组织绩效评估的制度障碍，使多元评估主体逐步变为一种规定。

第一节　行政绩效管理概述

一、行政绩效管理的概念

（一）行政绩效的概念

行政绩效也称为政府绩效或政府生产力。人们经常从政绩意义上使用"行政绩效"一词，意指扣除政府成本后的盈余，一般用于衡量行政业绩做出的情况。绩效（performance）如果单纯从语言学的角度来说，包含有成绩和效益的意思，它最早用于投资项目管理方面，后来在人力资源管理方面又有广泛应用。运用"绩效"概念衡量政府活动的效果，所指的不单纯是一个政绩层面的概念，还包括政府成本、政府效率、政治稳定、社会进步、发展预期等含义在内。行政绩效主要包括三个方面：

第一，经济绩效。经济绩效表现在经济持续发展上，国民经济不仅在量上扩张，而且在结构合理的前提下有质的提升。考察经济绩效要以经济增长率、通货膨胀率、就业率、利率和汇率为重要衡量指标。良好的经济绩效还包括经济可持续发展程度较高、政府能供应推进经济与社会协调发展的宏观经济政策。

第二，社会绩效。社会绩效是经济发展基础上的社会全面进步。社会全面进步内涵丰富，包括人们的生活水平和生活质量的普遍改善和提高；社会公共产品供应及时到位，社会治安状况良好，人们安居乐业；社会和谐有序，社会群体、民族之间和谐协调，没有明显的对抗和尖锐的冲突。

第三，政治绩效。政治绩效是行政绩效的集中表现。在市场经济条件下，政治绩效经常表现为制度安排和制度创新。市场经济的游戏规则或社会秩序的供应是一种政府制度安排，这是政府核心能力之一。政府制度安排的能力越强，政治绩效就越容易凸现。在政党政治的条件下，执政党的思想是通过国家意志来表达和体现的。廉洁高效并代表人民的利益是执政党在政治绩效上的表现；依法行政则是政治绩效对政府的要求。

行政绩效体系中，经济绩效是行政绩效的主要内涵和外在表现，在整个体系中发挥着基础作用。没有经济绩效，社会绩效和政治绩效就会缺乏物质基础和物质支撑，社会绩效和政治绩效也不会长久持续。社会绩效是政府绩效体系中的价值目标，社会全面进步是社会绩效的主要内容。没有社会绩效，经济绩效就没有实现的意义和价值，政治绩效会失去社会基础。政治绩效是整个行政绩效的中枢和核心，实现经济绩效和社会绩效需要政治绩效作为法律和制度的保证和保障。政治绩效也是政府决策、政府行政的直接结果。经济绩效、社会绩效、政治绩效仅仅是政府绩效的基本框架，而非政府绩效的全部。行政绩效体现在政府行政管理的每一个层面和领域。这种绩效既不是政府短期投入的回报，也不是政府终端产品的累积，而应该是较长时期经济发展、社会进步、政治文明的总成果。

（二）行政绩效管理的概念

行政绩效管理可以定义为："政府在积极履行公共责任的过程中，在讲求内部管理与外部效应、数量与质量、经济因素与伦理政治因素、刚性规范与柔性机制相统一的基础上，获得公共产出最大化。"[①]

行政绩效管理与传统的行政效率管理相比，不仅管理主体、管理范围大

---

① 卓越. 政府绩效管理导论 [M]. 北京：清华大华出版社，2006：1-2.

大扩大了，而且突出了政府全面、协调、可持续发展的管理理念；与以往行政管理体制改革相比，绩效管理不局限在体制上，而是扩大到机制和方法上的创新。行政绩效管理具有强调绩效评估、主张顾客至上、重视多元服务主体、注重管理方法与技术等特点。

行政绩效管理最重要的内涵和实现形式是行政绩效评估。行政绩效评估可根据管理效率、服务质量、公共责任、公众满意度等方面的判断，对政府在公共管理过程中投入、产出、最终结果所体现出来的绩效进行评定和认可。行政绩效评估包括以下两个方面：

第一，对结果本身的评价。对结果本身的评价要体现公共责任的管理理念。政府是公共服务的供应者，根据社会发展的要求和公众的需要提供有效的公共服务是政府最重要的职能。对政府职能范围内管理活动绩效进行评定，也就是对政府公共服务确定质量和价格标准，通过市场化运作，采用招标、合同、非国有化、政府采购等方式，提升服务效率，降低服务成本。特别要指出的是，绩效评估所体现的是放松规制，注重谋求实际结果，但这并不意味着放弃规制，而体现为新的公共责任机制。

第二，对政府与公众关系的评价。全球化背景下的政府治理使得统治者与被统治者的关系更多地表现为公共服务的供应者与顾客之间的关系。政府公共部门行使公共权力主要是为了公共利益，提供公共服务，而公众是公共服务的消费者和顾客。因而，政府管理活动必须以顾客为中心，政府的公共服务不仅要体现公众需求的回应力，更需要重视管理活动的产出、效率与质量。运用全面质量管理方法来改进政府的绩效是现代政府管理的重要方法，具体体现在："①全面：指把追求质量应用于工作的方方面面，从界定客户需求到积极主动地评价客户满意与否。②质量：意味着满足、超过客户的期望值。③管理：指发展及保持组织力量，以便不断提高质量。"[1]

二、行政绩效管理系统构架

行政绩效评并不是一个单一的检查项目与运作过程，而是由许多环节与

---

[1] 史蒂文·科恩，罗纳德·布兰德.政府全面质量管理[M].北京：中国人民大学出版社，2002：6.

步骤所组成的系统工程,由诸多的工作流程所组成。"当组织评估它们干得如何时,即与过去的业绩相比,与其他组织(基准尺度)相比,它们取得这些陈述的目的(goal)和目标(objective)时,将业绩测评考虑为测评和程序的一个过程或系统是有益的。"① 行政绩效评估系统应包括绩效目标系统、绩效比较系统、绩效测定系统和绩效反馈系统。

(一)绩效目标系统

由于政府目标价值不是单一的而是多元的,因此,行政绩效目标的确定必须在对政府公共管理进行分类的基础上进行,即首先对政府管理活动进行细分,划分评估项目,确定绩效目标,也就是在政府总的价值目标之下细分并确定子系统绩效目标。绩效目标系统的确立可以通过制定绩效目标树的办法来进行,即确立目标总系统和目标子系统,并将总系统目标与子系统目标之间、子系统目标与子系统目标之间的内在关联直观形象标示出来。

绩效目标系统除了目标本身之外,还必须包括对绩效目标划分等级,这是在评估前就必须给定的。必须指出的是,绩效评价目标的设定常常是依靠主观评价,而不是无可争议的数据。例如,现行公务员考核中尽管有量化标准,有优秀、称职、不称职三个等次,但对于这三个等次评定含义的理解存在较大的差距,也没有建立考核量化的指标体系,把德、能、勤、绩分成若干要素,并配以合适的分值,然后确定每个公务员各项要素的等级标准和分数线。这里还必须走出现行封闭考核圈子,实行开放式考核,顾客的满意度(即服务对象满意度)也应作为考核的重要内容,这样才能体现考核的公正性,发挥考核带来的竞争效应与激励效应。

(二)绩效比较系统

绩效比较系统是一个开放和动态系统,在确定绩效评估的参照系时,必须全方位、多层次、高起点的进行选择。具体地说,应包括横向参照系和纵向参照系。

第一,横向参照系。横向参照是指在进行绩效评估时,以同类同层的绩效作为参照系数,确定被评者的绩效等级。比如,政府不当的干预会带来难以预料的负面效应,这些负面效应只有通过横向比较才能发现。政府干预对

---

① 阿里·哈拉契米. 政府业绩与质量测评 [M]. 广州:中山大学出版社,2003:35.

任何市场经济国家都是必不可少的,但是不当的政府干预会增加寻租、腐败的机会。与成熟的市场经济国家相比较,中国处于体制转型过程中,权力制衡机制尚未形成,政府不当干预使得市场交易成本上升,这一成本的产生抵消或收缩了政府绩效。

第二,纵向参照系。纵向参照是指在绩效评估时,以其本身的绩效进行进程性比较,以过去的绩效作为参照系数,确定现有绩效等级。玛格丽特·撒切尔任英国首相时给公共行政体制下了一剂又一剂猛药:缩小政府规模、私有化、效率审查、与工会作斗争。所有这些改革举措不仅促进了地方政府运作方式的转变,而且有助于缩减政府规模。在撒切尔夫人执政期间,公共雇员的人数从占职工总数的30%减少至24%,相当于1961年的水平,政府支出占国内生产总值的比例从44%降到了40.5%,但是公共服务核心部门的工作绩效几乎没有任何起色。"她需要超越私有化效率评审的变革战略"①。玛格丽特·撒切尔改革的绩效估价也只能是通过纵向比较来进行。

(三) 绩效测定系统

绩效测定系统既是对绩效目标、绩效比较的衡量与认定的系统,也是绩效评估的实际操作与工作的流程。

公共部门绩效评估所需要的信息量大,涉及的部门多,信息来源渠道丰富。要让公共部门绩效评估有准确、客观、完整的评估材料以及有效的反馈、扩散机制,必须采集、整理、储存评估信息。这是绩效测定系统运作的基础性工作。

第一,信息库。绩效是从过程、产品和服务中得到的输出结果,并能用来进行评估和与目标、标准、过去结果以及其他组织的情况进行比较。显然,政府绩效评估是对政府过程、政府积累的评价与衡量,因此,必须要收集相关的政治、经济、文化等信息,包括横向比较与纵向比较所需的信息,并进行整理、更新、测定和储存。

第二,评估信息的传递系统。通过评估信息的传递网络,把公共部门绩

---

① 戴维·奥斯本,彼德·普拉斯特里克. 摒弃官僚制:政府再造的五项战略 [M]. 北京:中国人民大学出版社,2001:25.

效评估的结果尽快反馈和扩散给相关方面，使评估信息得到有效的使用和广泛地认可，以此推动和提高政府公共部门的绩效。

第三，绩效测定主体。绩效评估的主体可以是不同层级的政府，也可以是信誉良好的社会中介组织；可以是顾客，也可以是公众。这要根据需要测评的项目以及政府职能的作用范围、作用对象、作用时间、作用背景而定。绩效测定的主体要根据具体的绩效生产过程而定，在既定测定的框架内，某个主体不能既是绩效评估的主体，同时又是客体。

(四) 绩效反馈系统

绩效反馈系统包括绩效评估信息的收集、评估结果的形成两个基本层面。要对公共行政部门绩效评估分析结果进行收集整理、统计运用，除了对评估总分或总指标进行分析外，还应对评估对象相对独立的维度指标的等级分数以及具体量化指标的实际价值与同级、同类组织的指标得分和实际值进行横向比较，结合定性指标的评估标准，找出评估对象的优势和差距。在比较过程中，还必须考虑外部环境的变化对政府绩效产生的各种有利影响和不利影响，从而对政府绩效做出较为客观公正的有效判断。

权威、公正的评估过程和评估结果能够为公共政策的制定者、政府部门服务绩效的改进和提升提供有价值的目标取向，社会公众也可以以此为窗口控制和监督公共服务和公共产品的供给。

三、行政绩效管理的意义

伴随着市场经济体制的建立与完善，公共管理领域发生了深刻的变革，我国各行政机关纷纷开始研究与探索部门内部绩效考评的方法与措施，行政机关加强绩效管理，必须对本行业所有的职位情况进行具体分析，对各部门提供的公共服务的性质进行分类，制定详细周全的考评体系。这对于转变政府职能、提高政府行政效率都具有重要的现实意义。

(一) 有助于政府管理理念的转变

美国政府推进绩效评估的初衷就是想要用新的理念改善政府行为方式与管理。戴维·奥斯本和特德·盖布勒提出了政府管理的十大原则：即政府是掌舵而不是划桨、是授权而不是服务、把竞争机制注入提供服务中去、改变照章办事的组织、按效果而不是按投入拨款、满足顾客的需要、有收益而不浪费、预防而不是治疗、从等级制到参与和协作、通过市场力量进行变革等①。这些理念都比以往更重视公共管理的导向和绩效评估。

行政绩效评估促进政府转换管理理念，引导政府主动反思传统行政管理的利弊，跳出原有的思维模式，接受新的管理理念和理论，提升政府管理思维高度和思维广度，倡导"顾客至上"理念，强调满足社会公众的需求。

（二）有助于促进政府职能的转变

行政绩效评估都是指向某一级政府或某一个政府部门的特殊职能，是根据政府现有职能以及政府为适应市场经济的需要所应具有的职能进行评估，评估的内容既要考虑政府现有的职能，又要考虑社会发展对政府提出的新要求。绩效评估在很大程度上为政府衡量特定职能的合理性与必要性提供了一个较为清晰的标准和尺度，有助于理顺各种关系，有效地转变政府职能，提供公共服务，追求经济、高效和公民满意度，进而建立政府与社会之间的良性关系，为深化体制改革提供理论上的支持和技术上的帮助。

（三）有助于行政效能的提高

行政绩效评估体现了"以结果为本"的管理理念，要求"按效果而不是按投入拨款"，而按效果拨款的前提是对结果的科学测定。在绩效评估的推动下，各种机构都需要根据本部门的内在职能和固有规律，制定本行业、本部门的工作绩效考评机制，为各项工作划定基本的工作标准和底线，这样可以发现问题、提出改进措施，从而提高政府管理能力。绩效评估还能够促进管理者更加注重行政投入的效率与效益，实现成本核算，加强财务控制，并建立以绩效为基础的预算制度、审计制度，全面提高政府的行政效能。

（四）有助于服务型政府的建立

绩效评估过程强调公民和组织参与公共行政的决策和执行过程，注重建立信息的收集、传递与反馈机制，对政府服务做出尽可能全面、科学的描述并公之于众。通过行政绩效管理，进一步调整和规范政府各部门的职能，使其更加符合服务型政府的标准。从本质上来说，服务型政府就是一个以民众为中心的政府。行政绩效评估把政府的开支情况、运转情况以及政府为提高

---

① 戴维·奥斯本特德·盖布勒.改革政府——企业家精神如何改革着公共部门[M].周敦仁，译.上海：上海译文出版社，2006.

绩效所做的努力等信息展示给公众,把顾客至上、服务型政府职能表现出来,通过信息公开、外部公众评价,更利于公众监督和民主推行。绩效导向体现在维护市场正常运行和为民众提供多方位的服务上,突出反映人民生活水平的变化和政府服务能力的高低,并以此引导政府管理向服务型政府转变。

(五)有助于推动政府治理能力现代化

习近平总书记指出:"我们既要绿水青山,也要金山银山。宁要绿水青山,不要金山银山,而且绿水青山就是金山银山。"[①] 这是重要的发展理念,也是推进现代化建设的重大原则。"金山银山"是一种形象化描述,是指我国要实现政府绩效转型,从粗放式发展转向可持续发展,学术界将其称为"政府绩效评估转型"。国家治理能力的现代化主要体现在政府治理能力的现代化,而政府绩效评估转向持续发展的模式能够有效推进政府治理能力的现代化。从一定意义上说,国家治理能力现代化就是新时代推进国家生产力发展能力的现代化。在不同的时代和不同的历史时期,需要探索符合时代特征的新的发展生产力的方式、方法,培养新的推进生产力持续提升的能力。进入新时代,我国确立了经济、政治、社会、文化、生态五位一体的协同发展战略,继而又提出了"创新、协调、绿色、开放、共享"的发展理念。作为"指挥棒"的政府绩效评估,要以符合新时代需要的模式来科学评估政府绩效。政府绩效评估能够科学地测评出新时代政府绩效的现状,对于政府治理能力的现代化具有实质性意义。

第二节 行政绩效价值

行政绩效评估价值作为创造政府绩效的指导理念,承认各种公众需求的价值,并在此基础上确定这些价值的相对关系和合理满足方式。中国政府绩效评估已经从平均主义的价值转向以效率为中心的价值基础上,朝着实现以人为本、公平公正的核心价值方向迈进。

---

① 中共中央宣传部. 习近平新时代中国特色社会主义思想学习纲要 [M]. 北京:学习出版社,人民出版社,2018:169-170.

一、西方行政绩效管理的一般价值

西方政府绩效评估价值经历了从"效率优先"到"质量优先"演变的历史进程,当下西方国家社会评估的侧重点是公共服务的质量和效益。西方行政绩效管理的价值主要体现为顾客至上、公共责任、投入产出三大价值。

(一) 顾客至上的价值

传统政府与企业最大的差别是:企业是顾客驱动的,企业通过满足顾客需要而获得利润;政府是科层行政驱动的,行政人员以满足上级的要求来获得信任。传统发展观总体上表现为工具理性的过度膨胀和价值理性的缺失。以经济和效率为基本目标,容易忽视公共行政所担负的广泛社会责任,其结果是在经济上获得前所未有发展的同时,还普遍存在着失业、贫穷、愚昧。20世纪80年代中期,西方国家为应对科学技术高速发展、全球化和国际竞争的环境条件,解决财政赤字和社会公众对政府服务能力失去信心等问题,普遍采取了以公共责任和顾客至上为价值的政府绩效评估改革措施。

(二) 公共责任的价值

政府是公共服务的供应者,根据社会发展的要求和公众的需要,提供有效的公共服务是政府最为重要的职能。因此,应当对政府职能范围内的管理活动进行绩效评估;应当通过对政府公共服务确定质量和价格标准,通过市场化运作,采用招标、合同、非国有化、政府采购等方式提升政府服务效率,降低服务成本。特别要指出的是,绩效评估所体现的是放松规制,但这并不意味着放弃规制,而是体现为新的公共责任机制作用与效果。

奥斯本与盖布勒认为,政府绩效评估就是改变照章办事的政府组织,谋求有使命感的政府,"当它们必须确定自己所希望取得的成果和恰当的基准尺度以测量成果时,搞不清总目标的情况势必会暴露出来。人们开始把问题提到点子上,重新阐明他们正在设法解决的问题,并重新判断问题。"[1] 政府只有得到公民的支持才具有合法性。政府所有的行为必须建立在法律之上,官员应对政府的每个行为负责,没有这些前提时,政府即使仍在运行,也会缺

---

[1] 戴维·奥斯本,特德·盖布勒.改革政府:企业精神如何改革着公营部门[M].上海:上海译文出版社,2001:129.

乏责任约束，产生权力异化和权力腐败。

（三）投入产出的价值

从一定意义上说，政府绩效就是对政府公共部门管理过程中投入、产出、最终成果所反映的绩效进行评定、划分等级。评估活动主要集中在对政府管理活动，公共产品的投入、运作及其社会效果等方面的测定上，并以此为基础来划分不同的绩效等级。业绩测评总的目的是获得生产过程或政策过程一系列相关方面的见识，为了增强'控制'这些过程的能力。从这些方面看，业绩测评的四项功能较为突出：①对于产出与后果提供早期的预警；②改善资源的分配；③改善生产与政策过程效率和效益；④改善责任（accountability），尤其是合同管理和机构的例子。

二、中国行政绩效评估价值重置

"中国特色社会主义进入新时代，我国社会主要矛盾已经转化为人民日益增长的美好生活需要和不平衡不充分的发展之间的矛盾。"[①] 社会主要矛盾转化决定了国家治理的根本任务与工作重点的重新聚焦，更大程度地满足更多人对美好生活的需要是新时代国家治理现代化的目标指向和根本归宿；着力破除发展不平衡、不充分，实现更加全面而均衡的发展是新时代行政绩效的重要聚焦点。新时代语境下，中国政府绩效评估的价值重置除了要遵循政府绩效评估一般价值之外，还必须突出以下价值。

（一）以人民为中心的价值

对幸福生活的追求是推动人类文明进步最持久的力量。"进入新时代，人民对美好生活的向往更加强烈，期盼有好的教育、更稳定的工作、更满意的收入、更可靠的社会保障、更高水平的医疗卫生服务、更舒适的居住条件、更优美的环境、更丰富的精神文化生活，期盼孩子们能成长得更好、工作得更好、生活得更好。"[②] 以人民为中心突出强调发展的人文向度，将人的全面发展作为评判发展的根本价值标准。新时代要求全面、公正地测评政府行为

[①] 习近平. 决胜全面建成小康社会 夺取新时代中国特色社会主义伟大胜利 [M]. 北京：人民出版社，2017：11.

[②] 中共中央宣传部. 习近平新时代中国特色社会主义思想学习纲要 [M]. 北京：学习出版社，人民出版社，2018：41.

及其对社会的影响，不仅评估其行为的有效性，更要评估其行为的正当性；不仅评估其行为的经济成效，还要评估其行为对于政治、文化、社会、自然特别是对公民的影响。

政府公共管理要围绕实现人民的权利和利益、满足群众的需要、促进人的全面发展来进行。只有坚持以人为本的政府治理和政府责任，才能建设和谐社会，即达到人与人的和谐、人与社会的和谐、人与自然的和谐；达到我国各社会阶层、社会利益群体之间的和谐以及争取外部世界格局的和谐发展。

(二) 公共利益的价值

公共利益的核心在于其与一个社群的存在和发展有着密切的联系，如公共安全、公共秩序、产权安排等；并且这种社会价值不是由社群中某个人专门享有，其他个体也应该平等地可以享有。即："有许多个人要求或多或少的公共利益，但是如果他们都要享有它，那么每个人必须享有同样的一份"[①]。在当代中国，政府行政的根本目的在于实现公共价值和增进公共利益，公共利益高于一切是中国执政党和一切国家机关的最高政治原则，政府绩效评估必须要最大限度地表达和代表公共利益。

新时代要求体现公共利益的政府绩效应从社会、自然和人的发展的高度来衡量，即要从社会的整体利益来测评政府活动投入、产出和效果。与此同时，要通过政府绩效评估，推动公共服务的政府精神以及问责制的形成和完善，以公共服务满意度评价指标，促进优秀的政府形象生成。

(三) 公平正义的价值

要把促进社会公平正义、增进人民福祉作为一面镜子，审视我们各方面体制机制和政策规定，哪里有不符合社会公平正义的问题，哪里就需要改革；哪个领域哪个环节问题突出，哪个领域哪个环节就是改革的重点[②]。显然，公平正义是行政绩效评估的必然价值选择。

公平正义是人们诉求的价值目标和基本要求。公平正义作为基本政治要素，是衡量一种社会制度是否具有合法性的前提和条件，也是公共精神能否满足、优越性能否体现的价值维度。要通过体现公平正义价值的政府绩效评

---

① 茅于轼. 中国人道德前景 [M]. 广州：暨南大学出版社，1997：62.
② 中共中央宣传部. 习近平新时代中国特色社会主义思想学习纲要 [M]. 北京：学习出版社，人民出版社，2018：85.

估过程，形成社会包容机制，协调好各方面的利益关系，促进科学发展、和谐发展。建立以基本公共服务均等化为重点的中央与地方关系，缩小不同行业间基本公共服务的差距；通过目标管理和外部审计来考量公共服务，体现公共服务成本与公共服务效率的公平性。

第三节 行政绩效管理的类型与方式

20世纪50年代，美国的新公共行政运动动摇了以专家为主体、以理论为推演为主要方法、以自上而下的分解为过程特征、以成本—效益产出为核心内容的政府绩效评估设计体系；而代之以民众为主体、以调查为主要方法、以自下而上的综合为过程特性、以服务质量为核心内容的体系。我国的政府绩效评价科学体系目前还处于起步时期，还带有比较浓厚的计划经济体制色彩。从国外政府绩效评估演变的轨迹不难发现，我国政府绩效评估还处于初始阶段。

一、我国行政绩效管理的分类

目前，我国政府绩效管理的应用主要分为三种类型[①]。

（一）普适性的政府机关绩效评估

普适性的政府机关绩效评估特征是：绩效评估作为特定管理机制中的一个环节，随着这种管理机制的普及而普遍应用于多种公共组织。实践中的例证包括目标责任制、社会服务承诺制、效能监察、效能建设、行风评议等。

（二）具体行业的组织绩效评估

组织绩效评估应用于某个行业，一般具有自上而下的单向性特征，即由政府主管部门设立评价指标体系，组织对所属企事业单位进行组织绩效的定期评估。实践中的例证包括卫生部为医院设立的绩效评估体系，教育部门为各级各类学校设立的绩效评估体系等。

（三）专项绩效评估

这种绩效评估针对某一专项活动或政府工作的某一方面。如教育部门的

---

① 中国行政管理学会联合课题组．关于政府机关工作效率标准的研究报告 [J]．中国行政管理，2003（3）．

普通中小学全面实施素质教育评价；科技部制定的"高新区评价指标体系"；江苏省纪委的"应用指标分析方法对反腐败五年目标实现程度的测评"等。

二、我国行政绩效管理的方式

目前各地政府绩效管理还处于探索阶段，所采取的绩效管理及评估的具体方法也不尽一致。各地所采取的方法主要分为四种方式：

（一）目标责任制的绩效评估方式

目标责任制的内容，早期主要是不同层级的经济目标责任制。随着政府职能的转变和政府经济管理方式的改变，政府机构目标责任的内容逐渐扩展。从全国的情况来看，各地都把工作目标和责任进一步分解为详尽程度不等的具体指标体系，并对不同类指标赋以不同的权重。

自 2001 年以来，江苏省南通市在机关作风建设和目标绩效管理方面积极探索，勇于实践，形成了一套行之有效的机制，被国家人事部誉为"南通模式"。南通的做法是：决策战略目标化、指标设置目标化、目标责任明晰化、目标考核综合化、目标过程程式化。南通的做法是一种从目标管理向现代绩效管理过渡的评估模式，既承接了目标管理简捷、方便的优势，又吸纳了现代绩效管理计量、客观、科学的方法①。著名的绩效管理专家、时任中国人事科学研究院院长的吴江将南通绩效评估的做法表述为"绩效南通——让人民满意"②。南通的政府绩效评估是以市民巡访团作为"第三方评价"并充当"大众评审团"的角色，成为提高政府办事效率的"催化剂"这种以公众为主体对政府绩效进行满意度评估，并将结果用于组织绩效的持续改善的做法，改善了政府与公众的关系。

（二）社会服务承诺制绩效评估方式

社会服务承诺制度的基本内容是：公开办事内容、办事标准和办事程序，确定办事时限，设立监督机构和举报电话，明确赔偿标准，未实现承诺的责任单位和责任人要按规定给当事人以赔偿。

1994 年 6 月，烟台市针对城市社会服务质量差的问题，借鉴英国和中国

---

① 臧乃康.地方政府绩效评估的"南通模式"效应、瓶颈及努力方向 [J]. 北京行政学院学报，2008（6）.
② 吴江.绩效南通——让人民满意 [M]. 北京：党建读物出版社，2011：75-77.

香港地区社会管理部门的做法，率先在烟台市建委试行"社会服务承诺制"，至1996年，实现承诺的内容达到81项、服务标准117条。1998年以后，烟台市决定将承诺服务变为政府管理的运转方式，承诺服务进一步拓展、延伸，承诺服务的方式不断创新。

作为一种公共服务的质量改进机制，社会服务承诺制实际上包括三个核心内容：顾客协商和顾客真实需求的确认，设立和公开服务标准，并根据这些标准评价实际工作结果，在未达标时承担责任并采取有效的改进措施。

（三）效能监察的绩效评估方式

效能监察是纪检监察机关以及受纪检监察机关委托的组织，在政府的领导下有计划、有目的地针对行政管理的效率、效能以及国有企业生产经营管理的质量、效果、效率、效益等情况开展的监察监督活动。显然，效能监察的主体是党和政府的纪检监察部门，监察的对象是党政机关和国有企事业单位，监察的内容是管理和经营中的效率、效果、效益、质量等。

效能建设是在拓展效能监察活动基础上形成的新的思路和新的运作机制。机关效能建设是指在党委、政府统一领导下，强化各级机关的效能意识，以提高工作效率、管理效益和社会效果为目标，以加强思想、作风、制度、业务和廉政建设为内容，科学配置机关管理资源，优化机关管理要素，改善机关运作方式，改进机关工作作风，按照廉洁、勤政、务实、高效的要求，构筑机关效能保障体系的综合性工作。

客观地说，我国行政绩效评估无论在理论还是在实践上都还很不成熟，其主要问题如下：一是从评估主体看，多为上级行政机关，社会公众还没有真正成为评估主体；二是从评估内容看，没有建立全面科学的评估指标体系，片面地将经济业绩等同于政绩，将经济指标等同于政府绩效的评估指标；三是从评估程序看，操作过程没有规范化和程序化，存在很大的随意性；四是从评估方法看，多为定性方法，较少采取定量方法，多为"运动式""评比式""突击式"评估，而对政府绩效的持续性测定较少；五是从评估过程看，具有封闭性、神秘性，缺乏透明与公开，缺乏媒体跟踪与监督；六是从评比效应看，管理者把公共管理的主要精力放在见效快的工作上，一些地方政府及其官员不计成本，不考虑经济效益和社会效益，刻意制造政绩工程。

第四节　绩效实施与过程管理

一、行政绩效评估指标体系的考察

(一) 行政绩效评估指标体系构建

西方新公共管理运动兴起以来一个重要的变化是，以民众为主体、以调查为主要方法、以自下而上的综合为过程特性、以服务质量为核心内容的体系[1]，替代了原有的以专家为主体、以理论为推演为主要方法、以自上而下的分解为过程特征、以成本—效益产出为核心内容的政府绩效评估设计体系。

绩效评估制度的核心在于衡量政府的绩效。绩效评估的衡量标准是衡量行政绩效的尺度，是绩效评估不可缺少的工具。如果绩效评估制度缺少相关指标体系的支持，也就等于失去了衡量的基础。对于绩效评估中的标准存在不同的表达方式，但这些不同的表达方式都集中反映了一些共同的特质：衡量行政绩效的标准常常以量化的形式出现，反映行政活动的结果[2]。一般而言，评价行政绩效的指标包括软指标和硬指标。硬指标就是可量化的指标，它反映的是客观事实，有确定的数量属性；软性指标反映人们对测评对象的意见、看法、期望值和满意度，有相当的模糊性、不确定性和不可比性。具体来说，构建绩效评估指标体系不仅要清楚政府完成了什么工作，还要表明政府是怎样完成这些工作的，完成这些工作是为了什么。

1. 指标与维度

什么是指标呢？简言之，指标就是将目标逐级分解，使之成为具体的、可测量和可操作的分目标。在绩效评估过程中，指标是一整套统计数据系统，用以描述经济和社会状况的指数，制定规划，对现状和未来做出评估；作为一种管理工具，指标受管理目标、评估价值的制约。

指标体系是系统化了的指标的集合体。在指标体系中，评估维度位居评估模式的中间层次，是对评估范围的类型划分，通过维度区分，可以使评估

---

[1] 张璋. 政府绩效评估的元设计理论：两种模式及其批判 [J]. 中国行政管理, 2000 (6): 46-49.
[2] 周凯. 政府绩效评估导论 [M]. 北京：中国人民大学出版社, 2006: 184-185.

层面更加有条理，评估视角更加集中，使评估标准更具有可比性。维度划分与评估主体的多元结构是密切联系的，满意度是两者统一的基础，从某种意义上说，划分维度服务于评估主体的结构需要，便于各个评估主体从不同的视角对同一个组织行为进行评估。如美国政府责任委员会架构的评估模式包括投入、产出、结果、效率、成本效益以及生产力等六个维度。概言之，维度是评估对象、评估行为的类型区分，规定了评估的基本面向，而指标则是评估的具体手段，指标可以看成是维度的直接载体和外在表现。通常，同一个评估维度之下有若干个评估指标，这些指标的形成是依据相关度、隶属度的程度编排划定的。如果指标体系是由三级指标构成的，那么一级指标就是评估的一个维度。

政府形象的评估至少应包括：①公务员行为维度。具有良好形象的政府需要建立一支廉洁、高效、勤政、务实的公务员队伍。②政府职能维度。公众能够知道政府是如何组织的，政府有哪些组成部门，各个部门的职责是什么，行政权力是如何分配的，等等。③政府行为维度。政府的行为体现为民的原则，坚持公开透明的原则。④行政氛围维度。政府要善于营造一种宽松、民主的行政氛围，加强行政监督。这包括舆论监督的自由和公众充分的政治参与。⑤政府对危机处理能力的维度。危机事件是政府在行政过程中遇到的对政府形象会带来重大影响的事件，直接关系到政府组织在社会目标公众心目中的形象和权威地位。当然，上述五个维度并不足以充分体现政府的形象，还必须根据政府形象的评估项目，对评估维度进行增减和调整。

在特定维度之下可以设置具体指标。例如，在公务员行为维度中，可以设置官员的道德水平、廉政勤政状况、公务员录用和晋升公平公正程度、履职能力等具体指标。相对而言，指标可以分为两个种类①：

第一，定性描述为主的指标结构。在政府通用性指标开发过程中，通常采用侧重定性描述为主的指标结构。指标的通用性与定量化成反比例关系，各个政府之间可比程度越高，量化的精确度越被淡化。例如，欧盟开发设计的公共行政管理"通用评价模型"，在每一个维度中都设置了若干具体的评估指标；其在第一项领导维度方面设置了明确的远景目标、使命和价值取向、

---

① 卓越. 政府绩效管理导论 [M]. 北京：清华大学出版社，2006：326-328.

致力于组织的不断改进并率先垂范、鼓励并支持组织中的成员、与顾客/公民和合作伙伴建立密切关系等具体指标。在2010年中国政府网站绩效评估指标体系征求意见稿中,服务型政府在社保领域的评估维度是建立完善的社会保险体系,其通用指标包括:养老保险服务、医疗保险服务、工伤保险服务、失业保险服务、生育保险服务。其他诸如教育领域服务能力、就业领域服务能力、医疗领域服务能力、住房领域服务能力等维度下都设置了具体的指标。

第二,已有量化特征的指标结构。中国香港特别行政区政府进行了绩效评估的积极实践,已经形成一套包括四个维度和若干指标的评估模式:①目标维度。主要测评部门在政策目标、关键成效区域、政府整体目标以及财政绩效方面的实现程度,具体指标包括:达到政策目标的程度,关键成效区域中的进步,预算表现,各项产出内容的单位消耗,满足财政收入的要求,不断提高市民的满意度等。②顾客维度。这是服务顾客管理目标的具体化,主要测评各种顾客群体需求的满足程度。可以设置顾客的满意水平,完成顾客型服务的目标,公众对关键问题和服务的了解程度等指标。③过程维度。参照企业管理运用目标管理和顾客取向的举措,创设公共服务顾客满意的体系。这方面的指标主要有核心过程的效率,实现主要功能的准确性和质量,形成新的过程或改良等。④组织和员工的维度。这个维度以不断的改进为标准,主要指标包括引入新的过程或创见,同去年相比较的绩效,受训员工数量,全体员工的满意度和士气,信息管理的质量等。香港地区的绩效评估指标体系采用具有一定量化特征的指标结构,将一些原本在指标要素结构中的东西通过指标结构先行体现出来,没有采用通用指标与业绩指标相对应的划分方式。

2. 行政绩效评估指标体系设计原则

不同的评估对象和标准会有不同的指标体系,而指标体系的设计原则是一致的。在构建地方政府绩效评估指标体系时,应坚持以下几个基本原则:

一是系统性原则。行政绩效评估指标体系是一个复杂的系统工程,要设计科学合理的指标体系,必须充分体现系统性原则,发挥系统的整体效应。体现系统性原则,必须保持目标、维度、指标的一致性和契合性,维度体现目标、指标体现维度,并且指标与指标之间也要保持一致性,不能将相互冲突的指标放在同一目标或维度之中。考虑系统性原则要求抓住主要因素来设计指标，不能遗漏反映目标实质性的指标。

二是层次性原则。层次性原则是指根据职权大小与活动范围的大小，依现有地方政府层级进行划分和评估，如可以根据需要划分为市、县、乡等层级。分类原则是指在设置地方政府绩效评估指标体系的过程中，根据政府行政行为不同的性质、特点和管理需要，按照一定的类别来衡量所应遵守的基本要求。

三是重点性原则。要突出一些重点领域和关键性的工作，设计一些关键性的指标来综合反映政府的绩效水平；把科学发展指数和群众生活幸福指数作为绩效评估指标体系的核心内容。建立切实可行的KPI指标体系是做好绩效管理的关键。KPI法符合一个重要的管理原理——"二八原理"，即80%的工作任务是由20%的关键行为完成的。因此，必须抓住20%的关键行为，对之进行分析和衡量，这样就能抓住绩效评价的重心。

四是科学性原则。绩效评估不同于传统的评比，指标体系不同于传统的统计监测体系。政府绩效评估指标体系的设计要做到公平公正、系统全面、可靠客观和连续稳定。设计方法应该是多元的、多视角的，以综合反映组织绩效的全貌。为此，要做到两个结合：一是近期与长远相结合。绩效指标体系在指标的内涵、数量及体系的构成上均应保持相对稳定性，同时要对未来的发展有所预见，力求保持连续性，以适应形势发展的需要。二是定性与定量相结合。定量认识要以定性认识为前提和基础，定性指标要尽量量化。有些定性指标所含信息量的宽度和广度要远大于定量指标，定量指标和定性指标有机结合，可使绩效评估结果更为科学和真实。

（二）我国地方行政绩效评估指标的探索

我国政府的绩效评估还处于起步阶段，指标体系的设置水平与绩效评估的发展阶段相适应。目前，我国现行政府绩效评估指标存在的缺陷主要有：

第一，通用指标体系的框架尚未完全体现绩效价值。政府绩效评估指标体系不是一些指标的简单堆积和组合，而是根据预先设置的价值建立起来，应是由能够全面反映政府管理绩效状况的指标集合。国家人事部的《中国政府绩效评估研究》在总结国内外相关指标体系设计思想和方法技术的基础上，提出了一套地方政府绩效评估指标体系。该体系由3个一级指标，11个二级指标以及 33 个三级指标构成①。见表 12-1。

表 12-1　地方政府绩效评估指标体系

一级指标	二级指标	三级指标
政府绩效		
影响指标	经济	人均 GDP；劳动生产率；外来投资占 GDP 比重
	社会	人均预期寿命；恩格尔系数；平均受教育程度
	人口与环境	环境与生态；非农业人口比重；人口自然增长率
职能指标	经济调节	GDP 增长率；城镇登记失业率；财政收支状况
	市场监管	法规的完善程度；执法状况；企业满意度
	社会管理	贫困人口占总人口比例；刑事案件发案率；生产和交通事故死亡率
	公共服务	基础设施建设信息公开程度；公民满意度
	国有资产管理	国有企业资产保值增值率；其他国有资产占 GDP 的比重；国有企业实现利润增长率
潜力指标	人力资源状况	行政人员中本科以上学历者所占比例；领导班子团队建设；人力资源开发战略规划
	廉洁状况	腐败案件涉案人数占行政人员比率；机关工作作风公民评议状况
	行政效率	行政经费占财政支出的比重；行政人员占总人口的比重；信息管理水平

该指标体系在一定程度上体现了科学发展观的价值要求，能较为客观地评价政府在经济、社会发展过程中的地位和作用。当然，这里的地方政府通用指标体系框架还没有建立起来。现有的地方政府绩效评估指标体系并不完全适用区域差距特别明显、不同社会群体收入分配差别较大的基本国情，公共产品和公共服务的均等程度、社会公平程度等并没有通过合适的指标在绩

---

① 桑助来，张平平. 中国地方政府绩效评估体系浮出水面 [J]. 瞭望新闻周刊，2004（29）：24-25.

效评估中体现出来。目前不少城市政府都设计过政府绩效考核指标体系，内容包括年度经济指标完成、履行职责、廉政建设、工作效率等，但是在专家看来，这些绩效指标存在诸多不足。首先，很多城市政府把 GDP、招商引资的标准列为重头，而随着行政审批制度改革和机构改革的推进，直接反映经济增长的指标不适宜作为衡量政府绩效的主要尺度。其次，政府绩效评估指标体系不预设指标权重，容易导致指标的运用走样变形，影响整体评估客观效果，而且也不能适应新时代社会主要矛盾的变化和发展。

第二，指标体系设置与政府绩效评估价值难以对接。目前，我国政府绩效评估中存在比较严重的绩效评估指标与绩效评估价值分离的问题。这里，我们可以参考美国的一些做法。美国联邦小企业管理局与总统的绩效协议书中将政策目标与绩效指标较好地统一起来，承诺忠实地执行总统为小企业管理局制定的四项政策目标，愿意为贯彻它们而努力。小企业管理局围绕开放对小企业投资的资本，减少小企业的贷款压力，创造就业岗位等目标设定五个方面的绩效和十项服务和管理目标，这十项服务和管理目标又以若干项绩效指标来支撑①。

我国绩效评估指标体系的设置缺乏通用框架文本，使得指标体系设置与政府绩效评估价值对接的"接口"缺失。这具体表现在：一是由于指标本身由于政府服务本身并不是有形的可量化的物质产品，其质与量缺乏确定性和可度量性，并且政府的终端产品难以计量出公共服务含量，政府公共服务绝大多数是以中间产品的形态出现，难以清晰地使用投入—产出的简单公式来衡量。二是政府职能的转变迟滞于政府绩效评估指标体系的设置。从中央政府到地方政府的职能转变比较迟缓，政府的部门利益仍然在扭曲着公共政策的本意，政策的公共精神常常被部门私益、地方利益所消解。政府职能转变的缓慢使得体现绩效评估价值的指标体系设置缺少对接的前提。三是政府绩效评估的回应缺乏约束与激励。从时序上，回应是在指标体系运用之后，但是因为回应牵涉到"管人"与"管事"两大体系，容易导致评估回应的过程与结果的脱节、分离，指标体系设计与回应的过

---

① 财政部财政科学研究所《绩效预算》课题组. 美国政府绩效评估体系 [M]. 北京：经济管理出版社，2004：255-269.

程缺乏链接的通道和"接口"。

第三，指标体系设置缺乏比较充分的理论支持。尽管提出的地方政府绩效评估指标体系比较全面地勾勒出我国地方政府经济社会发展政绩的基本线条，但却并没有能全面体现政府为公众提供公共产品、公共服务的实际水平，社会公平程度也没有比较清晰地在指标体系中显现出来。现阶段，我国政府绩效评估的主要功能仅局限在对工作目标分解和工作任务完成监督检查的工具层次上，行政绩效评估指标体系的设计缺乏比较充分的理论支持。

利益相关者理论（Stakeholder Theory）是20世纪60年代在西方国家逐步发展起来的。弗里曼（R. E. Freeman）将"利益相关者定义为'任何能够影响或被组织目标所影响的团体或个人'"[1]。在政府绩效评估过程中，因为不同的利益相关者对同一评估对象会产生不同的关注焦点，进而得出不同的结论，所以在选择特定的利益相关者作为评估主体时，"应根据特定利益相关者的利益要求特点进行绩效评估指标体系设计。政府绩效具有众多的利益相关者，其中起关键作用的是接受并享受其产品或服务的社会公众、为绩效产出进行投入的上级部门、负责绩效及其行为管理的政府部门自身"[2]。在利益相关者模式下，指标体系的设置和绩效考核不仅要考虑政府本身的利益，更要考虑到公众利益、利益群体、顾客、社区、投资者、受益者、非政府组织等多重、多元利益相关者。

我国的行政绩效评估模式产生于计划经济向市场经济的体制转换时期，GDP增长率和重要性经济指标是这一时期关键的甚至是决定性指标，绩效评估是目标管理的辅助手段，这对于经济总量的迅速扩张起着积极的推进作用；但是，由于缺乏科学的评估价值引领和充分的理论支持，指标设置难以体现公共精神的要求，指标之间缺乏横向的关联，评估主体的选择缺乏应有的理论支撑。

第四，政府绩效评估价值缺乏有效的制度安排。我国行政绩效评估从评估价值、设计指标、权重设定、主体选择、运作机制等方面都带有传统体制

---

[1] 彭国甫. 地方政府绩效评估研究 [M]. 长沙：湖南人民出版社，2005：95.
[2] 彭国甫. 地方政府绩效评估研究 [M]. 长沙：湖南人民出版社，2005：97.

的色彩，体现科学发展观的绩效评估价值难以转换为制度安排。中国社会的公共领域中，大量的资源还是通过行政层级的通道来分配，这种分配通常依据某种排序或领导认定，自上而下的压力是传统体制运作的主要内在动力，封闭性和非社会性是传统评估过程的生态要求和环境保证。政府绩效评估价值的实现缺乏有效的制度安排，会带来政府行为失范，容易造成人与人、人与社会、人与自然之间无序的利益博弈格局。

2006年，在江苏省省级机关作风"万人评议"活动中，"不与民争利"是评议维度之一。在实施方案更为细化的评议内容中，产生了五条具体评议："保证政令畅通""坚决纠正与民争利行为""依法行政""帮助基层和群众解决实际问题""树立清正廉洁良好形象"①。"万人评议"活动旨在建立省级机关作风建设的长效机制，通过机关作风改善来促进政府绩效的提高，但还不是完整意义上的政府绩效评估。绩效计划、绩效预算、绩效组织、绩效指标还没有完整地进入制度安排；绩效评估的结果与公民之间还缺乏相互对接确认的制度通道或制度连接。

（三）我国行政绩效评估指标体系重构

当前，要以习近平新时代中国特色社会主义思想为指导，改变我国行政绩效评估价值缺失的状况，重构科学合理的行政绩效评估指标体系。

第一，将政府绩效评估从技术方法提升到制度安排。要改变政府绩效评估只关注评估模型、实证分析的局限，必须要特别强调政府绩效评估的制度安排。制度安排能够最大限度地制约指标体系设计和评估过程的自利性，减少或消除评估信息不对称所带来的负面效应，建立政府绩效评估的基本程序和运行机制。

韩国政府绩效评估主体制度由政府业务评价制度、成果管理制度、责任运营机关制度和职务成果契约制度构成。其中，政府业务评价制度是政府绩效评估体系中最核心的制度。政府业务评价采用各行政部门自我评价与政策评价委员会上位评价相结合的方法。政府业务评价的指标和内容如下②（见表12-2）：

---

① 省级机关作风建设领导小组办公室.2006年群众评议省级机关作风建设方案［EB/OL］.中国江苏网，2017-01-07［2017-01-07］.http：//wrpy.jschina.com.cn/.

② 汪菁，朴钟权.韩国政府绩效评估制度及其对我国的启示［J］.理论与改革，2006（5）：64-67.

表 12-2　政府业务评价的指标和内容

评价指标	权重（%）	评价内容
主要政策	30	年初业务报告；任务的推进过程和成果*
革新管理	30	革新领导；学习和力量；革新课题
顾客满意度	15	主要政策；行政民怨；机关行政服务满意度
政策宣传管理	15	宣传准备阶段；数码宣传；言论宣传等
法制业务和义务	10	法律的业务；法律的义务；奖励事项履行程度
总计	100	
清廉度	+1—-4（加减分数）	清廉度；潜在清廉度等**
危机管理	+2.5—-2.5（加减分数）	危机管理体系和危机管理活动
规制改革		推进规制改革努力和实绩

* 各部处每年年初向总统报告该年预定处理的主要政策。

** 清廉度、危机管理和规制改革三项指标作为额外的评价指标，酌情从总分中加减相应分数。

第二，优化评估框架与评估指标。我国现有的政府绩效考核指标体系中既有可量化的"硬指标"，又有难以量化的以社会评价、公众满意度等为内容的"软指标"，但是整个评估框架并没有完全体现市场经济条件下政府履行职能的要求。例如，对政府供应的公共产品、公共服务的均等化程度，社会财富分布的状况等情况没有设立令人满意的评估指标。政府绩效评估框架与评估指标需要充分体现科学发展观的要求：一是以政府法定职责定位评估指向。在具体指标设定时，不能让政府越位、错位的工作职能进入绩效评估的内容。对于政府与市场的职能交叉重叠之处的考核指标，可以采用取低权重或捆绑考核的办法。例如，招商引资的考核必须与产业结构优化结合起来；应将农民工纳入公共服务的人群范围等。公共政策的绩效评估可以单项列入，以更好地对应支撑起政府绩效评估系统。二是围绕"三E"超越"三E"。西方国家在政府绩效指标设计上围绕"三E"指标，即经济（Economy）应、效率（Efficiency）、效益（Effectiveness）展开，政府绩效评估指标选取上应突出顾客至上、以民为本的价值。我国政府绩效评估指标的选取要体现科学发展观的要求,对三级指标的列举要体现应有的真实含义,如"公共服务"的三级指标仅列举"基础设施建设""信息公开制度""公民满意度"作为公共服务的主要内容,并不能真正揭示其应有的本意。

第三,由单一评估主体向多元评估主体的转变。企业管理中的360度全方位评估技术,是指由顾客、领导、员工和外部专业机构从不同的视角对组织管理绩效进行评估的技术和方法的统称。要保证政府绩效评估过程的公正性、结果的全面性和准确性,就需要将公众、领导、员工、外部专业机构等构成复合多元的绩效评估主体。现有政府绩效评估主体与指标体系的设计者、指标要求实现者常常利益相连过多。政府绩效评估常常以强化内部控制为真实动机,必须通过评估主体的多元化强化政府绩效评估建设。例如,江苏省级机关作风建设参评人员总数为10000人左右。参评人员由8类人员构成:①省第十一次党代会代表、省十届人大代表、省九届政协委员;②省级机关干部职工代表及离退休干部代表;③各省辖市市级机关干部职工代表;④各县(市、区)机关干部职工代表;⑤农民和城镇居民代表。⑥各类企业方面代表;⑦新闻媒体、科研院所、文教卫体、部队机关、军事院校、中央驻苏机构等方面代表;⑧省级机关作风建设监督点代表①。这样,评估主体既体现了广泛性,又体现了群众性,能比较全面地体现评估主体对评估指标体系的理解。

第五节 行政绩效评估的方法

行政绩效评估要运用科学的方法来检查和评定政府组织的工作成绩,从而促进行政管理,提高政府绩效。在绩效管理实践中,人们创设了许多种绩效管理方法,本节重点介绍平衡计分法、标杆管理法、360度法三种绩效管理方法,以期实现管理方法与评估价值、评估目标的匹配。

一、平衡计分法

美国诺顿研究所于20世纪90年代主持并完成了"未来组织绩效衡量方

---

① 省级机关作风建设领导小组办公室.2006年群众评议省级机关作风建设方案[EB/OL].中国江苏网;2007-01-07[2007-01-07].http://wrpy.jschina.com.cn/ 2007-1-7.

法"研究计划。在此基础上,项计划的带头人,美国著名管理会计学家、哈佛大学教授罗伯特·卡普兰(Robert Kaplan)和诺顿研究院的大卫·诺顿(David Norton)又进行了全面而深入的研究,发表了《平衡计分卡:良好的绩效评估体系》《平衡计分卡的应用》《将平衡计分卡用于战略管理系统》三篇论文;此后又出版了《平衡计分卡:一种革命性的评估和管理系统》《战略地图——化无形资产为有形成果》等专著,提出以顾客、财务、内部业务流程、学习与成长为维度的绩效衡量系统,称为平衡计分卡。

平衡计分卡是基于组织战略精心选择的计量指标体系,是一套完整的组织评估系统,具有战略管理功能,可以把战略或使命转化为具体的目标和评估指标,能够有效地推动组织的变革,当与报酬相联结时可以实现有效激励。平衡计分卡所选择的评价指标可以向员工和外部利益相关者传递各种结果,有助于组织实现其使命和战略目标。平衡计分卡的目标和衡量方法是从财务、客户、内部经营过程以及学习和成长四个维度来考察业绩,体现出整合短期行为和长期战略、组织目标和个人目标的功能。一般意义上的平衡计分卡如图12-1所示。

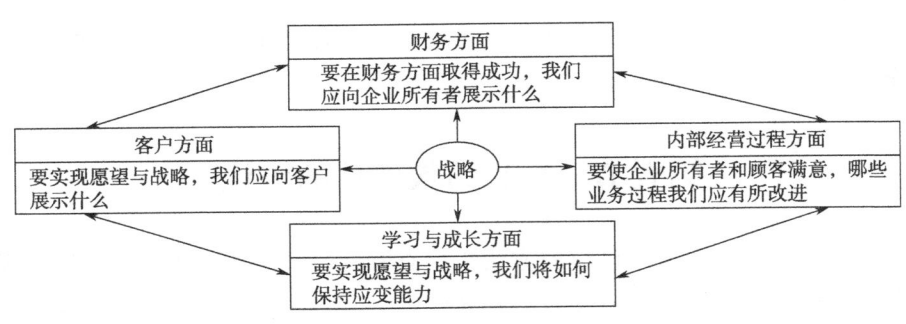

图 12-1 平衡计分卡示意图

平衡计分卡作为一个系统,具有极强的内在因果关系。在政府绩效评估中应用平衡计分卡方法,可以从四个维度建立指标体系。其中,公共服务维度的满意源于内部流程管理的有效性和财务维度的适宜性,公共服务型政府的理念日渐深入人心,强调政府的服务职能,强调政府的成长;而学习创新维度的发展又有利于财务维度的成长和内部流程的优化;无论是学习创新维度的进步、内部流程维度的优化,还是财务维度的成长,都是追求公共服务维度的完善。与企业不同，财务维度并非政府绩效评估中的首要维度，应该把公共服务维度处于首要位置。

（一）客户维度（公共服务维度）

此维度是其他三个维度的价值追求所在，无论优化内部流程、学习创新，还是控制经济成本，落脚点都是为了给公众提供服务。政府是否做到了最大限度地满足了人民的需要、维护人民的利益，就是公共服务维度要评估的绩效。

（二）学习与成长（学习创新维度）

未来是不断发展和变化的，当今社会日新月异，为了跟上时代进步的脚步，为了创建优质高效的政府组织，我们的政府应成为学习型政府，政府通过学习创新可以使政府管理更有效。

（三）内部流程维度

绩效评估的任务就是对政府组织结构和政务流程进行持续不断的创新，以适应当今不断变化的内外组织环境。政府部门的内部业务流程不仅在于选择、评价那些能够满足公众需求并最终实现绩效目标的流程，而且要建立良好有序的政府管理流程，以保证政府绩效水平的优良。

（四）财务维度

从财务维度看政府用于提供公共物品和公共服务的经费，从原则上讲，公共财政转变为政府部门费用必须经过公共预算。因此，从财务维度来考核政府绩效，就要加强对政府预算的审定和监督，努力构建完善的基于绩效的公共预算体制，以更少的成本提供更多的社会服务。

平衡计分卡在企业中得到了广泛的应用和认可，政府绩效评估与企业绩效评估有一定相似性，决定了平衡计分卡在政府绩效评估中得以实施的可行性。在综合考虑政府的政治性、公共性、复杂性等特点之后，可以将平衡计分卡的方法借鉴到政府的绩效评估过程中。

二、标杆管理法

标杆管理法由美国施乐公司于 1979 年首创，是现代西方发达国家企业管理活动中支持企业不断改进和获得竞争优势的最重要的管理方式之一，西方管理学界将其与企业再造、战略联盟一起并称为 20 世纪 90 年代三大管理方法。

标杆就是榜样,这些榜样在业务流程、制造流程、设备、产品和服务方面所取得的成就,就是后进者瞄准和赶超的标杆。标杆管理一般包括四个基本步骤:找出关键绩效指标;确定绩效管理"标杆";优化关键绩效指标;实现绩效超越目标。标杆管理实质是一个不断认识和引进最佳实践,学习他人,改进自己,增强企业的竞争力并提高组织绩效的过程。随着新公共管理理论的发展,企业化政府、市场化政府呼声的高涨,政府管理借鉴私营企业的做法越来越多,标杆管理法的应用就是其中之一。

标杆管理法较好地体现了现代知识管理中追求竞争优势的本质,因此具有巨大的实效性和广泛的适用性。如今,标杆管理已经在市场营销、成本管理、人力资源管理、新产品开发、教育部门管理等各个方面得到广泛的应用。

（一）标杆管理的要素

标杆管理的要素是界定标杆管理定义、分类和程序的基础。标杆管理主要有以下三个要素:

一是标杆管理实施者,即发起和实施标杆管理的组织。

二是标杆伙伴,也称标杆对象,即定为"标杆"被学习借鉴的组织,是任何乐于通过与标杆管理实施者进行信息和资料交换并开展合作的内外部组织或单位。

三是标杆管理项目,也称标杆管理内容,即存在不足,通过标杆管理向他人学习借鉴以谋求提高的领域。

（二）标杆管理的在行政绩效管理中的实施步骤

一是选择标杆。这是标杆管理测评的第一步。可以以行业内外的最佳实践作为衡量标准,确定明确的追赶目标。

二是学习标杆。确立了目标后,就要进行资料收集和分析,制定学习方案。收集数据是标杆管理的重要环节,是进行分析的重要基础。收集前,首先必须确定要收集哪些方面的信息以及所需的信息的具体程度;其次,必须确定信息源,以便快速、有效地收集到所需要的数据;最后要根据具体情况确定收集数据的途径。收集数据的工作完成之后,就需要对数据进行处理和分析。分析的工作包括利用数据处理的结果确定政府绩效与"标杆"目标绩效的差距,找出差距的原因以及标杆目标取得绩效的因素,确定预期标杆管理所要达到的目标水平，制定本部门应如何学习或创新才能达到或超过标杆目标水平的具体实施方案。可以说，对资料分析的好坏直接关系到政府标杆的学习效果。通过分析找到一个适合本部门提高绩效的方案，是实施标杆管理的关键所在。

三是改善工作绩效。计划制订出来后，就是对计划的实施。在实施的过程中，政府部门全体成员要保持目标一致、行动一致，减少计划实施的阻力；同时还需要不停地对这种实施进行监控和评估，按照环境情况的变化对学习方案进行必要的调整。对标杆管理实施的阶段性效果进行评估，如果无法取得满意的效果，就需要返回以上环节进行检查，找到原因并重新进行调整，直到达到理想的效果，实现政府部门绩效的改进。

四是发掘新标杆。标杆管理法将引进最佳实践后产生的工作效果与预期达到的目标进行对比，找出不足之处，从而实现工作的改进，但这只是整个绩效评估流程中一个阶段的结束。为了不断提高组织绩效，要继续寻找那些表现优于自己的组织，或在某方面优于自己的组织作为比较绩效的对象，这就是"再标杆"阶段。

由于标杆管理是一个涉及很多方面的过程，因此实施中往往出现一些偏差。比如，人们往往将注意力只集中于数据方面，而标杆管理的真正价值应该是产生优秀绩效的过程及其实施，不应该只注重某几个财务数据本身；再比如，由于方案设计或者其他原因，在标杆管理实施过程中受到成员的抵触，从而增加了实施的成本，降低了活动的收益，等等。

（三）标杆管理的作用与影响

标杆管理之所以能引起各单位（部门）的如此重视并风靡于世界，其根本原因在于它能给企业带来巨大的实效，会让企业形成一种持续学习的文化。企业的运作业绩永远是动态变化的，只有持续追求最佳才能获得持续的竞争力，才能始终立于不败之地。

这种直接的、中断式的、渐进的管理方法，使单位（部门）可以寻找整体最佳实践，也可以发掘优秀"片断"进行标杆比较；由于现实中不同的单位（部门）各有长短，所以这种"片断"标杆可以使单位（部门）的比较视角更开阔，也更容易使单位（部门）集百家之长。

三、360 度评估法

传统的绩效评估系统往往基于目标管理思想。目标管理有许多优点，但缺少对组织内其他人员的考虑。360 度评估法是从多个视角对被评估对象进行全方位综合评估的方法。

（一）360 度评估法的主要内容

360 度评估法是一种从不同角度获取组织成员工作行为表现的观察资料，然后对获得的资料进行分析评估的方法；它包括来自上级、同事、下属及客户的评价，同时也包括被评者自己的评价。这种方法的优点是可以比较全面地进行评估，易于做出比较公正的评价，同时通过反馈可以促进工作能力，也有利于团队建设和沟通。它的缺点是，由于需要来自各方面的评估，工作量比较大；也可能存在非正式组织，影响评价的公正性；还需要员工有一定的知识参与评估。

评估的内容主要是与公司的价值观有关的各项内容。四组人员根据对被考核人的了解来看其是否符合价值观的相关内容，再给出被考核人三项最强的方面。分析表非常详细，每一项同级、上级、下级会有不同的评价，通过这些由专门顾问公司分析得到对被考核人的评价结果。被考核人如果发现在任一点上比同级给的评价低，都可以找到这个组的几个人进行沟通，大家敞开交换意见，起到帮助员工提高的效果。

（二）360 度评估的回馈和实施过程

360 度评估回馈的主要流程及步骤影响着考评结果的成败，其具体步骤及流程介绍如下。

1. 准备阶段

此阶段又可分为以下几个步骤：

第一，界定目标（Define Objective）过程中，每个考评首先要知道考评的目的。例如，是为了了解整个单位（部门）的绩效发展情况，还是中高领导者的表现等。不同的目的会产生不同的问卷，所考评的内容及对象亦会不同。组织需要正确理解实施 360 度评估回馈的目的和作用，进而建立起对这种评估方法的信任。

第二，发展职能标准及主要行为维度（Develop Competency/Dimensions）。

根据考评的目的来决定考评的职能标准及主要行为维度为何。一旦职能确定后，再根据每项职能确定主要行为。例如，就分析能力此项职能来说，其主要行为可能是能辨别事件的因果关系；搜集不同的资料来了解问题；归纳不同的资料，得出逻辑的结论等。

第三，根据职能标准发展问卷（Develop Questionnaire）。在职能及主要行为确定后，即可着手进行问卷发展。问卷的题目可以从职能的主要行为来选择，由于其鼓励公司期望被评估者所应展现的行为，用此作为评估的标准深具意义。

2. 实施阶段

此阶段又可分为以下几个步骤：

第一，选定被评估人及评估人（Select Targets and Rators）。发放问卷的同时，可选定此次被评估的主角（Target），以及给予每位主角评分的评估者（Rator）。选择的评估人必须与被评估人有充分的互动，有机会观察其行为。

第二，沟通及教育（Communication and Training）。这是整个流程的核心步骤，沟通及教育深刻地影响着评分的心态及正确性。沟通的主要原则是必须清楚评估的目的及其与公司及个人的关系，让参与者知道新的评量法对他们的好处是什么；再则是让其了解运作的细节及作答的标准，让他们对评量的公平、公正、保密深具信心。

第三，执行考评（Conduct Evaluation）。问卷的形式有很多种，有书面问卷、磁盘档案、网络直接作答等。此时，必须给评估人充足的时间来完成所有的问卷。

第四，评分及报告（Score and Create Report）。当所有的问卷都回收后即可进行资料输入及分析。此时，保密性非常重要，因为执行此一步骤的人会看到问卷的内容，这也是为什么很多单位（部分）要借助第三方公司来执行的原因。

3. 反馈阶段

给予回馈是一门很重要的艺术，具体到该让什么人知道考评的结果，与当事人讨论结果时如何处理其情绪，如何达成共识并拟订行动计划等方面。

在第一次实施360度评估和反馈项目时，最好请专家开展反馈辅导谈话，以指导被评估者如何去阅读、解释以及充分利用360度评估的反馈报告。行动计划就是基于 360 度反馈评估结果,为满足被评估者的发展需要而制定的有针对性的个人发展或单位(部门)发展行动计划。行动计划的元素包括:发展的目标、发展策略、所需资源、完成时间、行动步骤、期望的结果(测量所设立的目标)等。

思考题

1. 什么是行政绩效评估?
2. 绩效评估与绩效管理的联系与区别有哪些?
3. 试列举行政绩效评估的成功案例。
4. 新时代行政绩效评估价值重置的主要内涵包括哪些?
5. 如何建构新时代政府绩效评估指标体系?
6. 政府绩效评估有些哪些主要的方法和工具?请比较并简述它们的特点。

案例

江苏省南通市自 2001 年以来,以目标为导向的地方政府绩效评估经历了起步、提升、深化三个阶段,逐步形成了横向到边、纵向到底的目标考核体系,初步建立了组织与个人目标绩效考评相结合的政府绩效评估机制。他们在考评谋划上做到"三面并进",注重经济、环境和作风建设三者之间的统筹兼顾,相互促进和共同提升;在考评架构上坚持"三位一体",以部门职能目标、作风建设共性目标和综合评议三方面内容构成绩效考评的总体构架;在指标确定上力求"三个体现",即部门目标真正体现高点定位、争先创优的目标;真正体现服务全局、服众大局、推动跨越发展的目标;真正体现创造性地发挥职能作用,解决实际问题的目标。

南通市政府绩效评估的特点是:决策战略目标化、指标设置目标化、目标责任明晰化、目标考核综合化、目标过程程式化。

南通以目标绩效为核心的地方政府绩效评估是一种符合南通经济社会发展实际水平的评估模式,也是一种处于从目标管理向现代绩效管理的过渡性评估模式。这种模式既承接了目标管理简捷、方便的优势,又吸纳了现代绩效管理客观、科学的方法，对体制转换时期的地方政府绩效评估的全面推开有着极强的示范意义。

南通以目标绩效为核心的地方政府绩效评估的效应主要在于传递效应突出、引领效应明显和监督效应凸现。评估效应的成效主要体现为：一是促进了行政效能的提升；二是促进了区域经济社会的发展。

第十三章 行政发展

行政活动总是在一定的环境下进行的，而环境又是不断变化的，行政活动也应随之发展，适应环境的变化。从系统论的观点出发，行政发展是指行政系统为了适应外部环境的变化，在掌握行政管理活动根本规律的基础上推动行政改革，健全行政体系，提高行政能力，实现行政管理活动与行政环境达到动态平衡的过程。

第一节 行政环境与行政管理

一、行政环境的含义及分类

行政环境是行政系统赖以存在和发展并影响行政主体及其管理活动过程、行为方式的外部条件的总和。从不同的角度，行政环境可以划分为不同的类型：从内容上看，可分为政治环境、经济环境和文化环境；从层次上看，可以分为宏观环境、中观环境和微观环境；从领域看，可分为国际环境与国内环境。行政环境对行政系统主体及其活动过程有着直接或间接的作用或影响。根据行政环境的定义，按照对行政活动影响力的来源和作用程度的层次性，可将行政环境分为以下几种。

（一）政治环境

政治环境是指在国家政治体系中，除行政管理子系统之外的其他诸子系统的总和，主要是指作用于行政系统的国家政治制度、政党制度、社会政治气氛以及社会民主意识程度等。在具体的政治活动过程中，也可以看作是行政机关与政党组织、立法机关、司法机关、社会团体组织等之间的互动情况。

行政系统是政治系统的一部分，是国家意志的体现。政治环境对行政发展有着最为直接的影响。

(二) 经济环境

经济环境是指对行政系统有重大影响的各种经济因素的总和，包括一个国家的经济发展水平、经济制度、经济秩序、经济形式等。经济体制的结构对行政系统的产生、性质、运作目标和方式等起着决定性的作用。例如，它可以促进生产力从低到高的发展，促进物质技术水平由低到高、由少到多的发展，行政管理方式的创新以及行政效率的提高。社会经济发展水平是行政系统可持续发展的基础。

(三) 文化环境

文化环境是指对行政活动的价值取向、伦理精神起作用的历史文化、风俗习惯、意识形态、社会心理、道德价值观、社会理性程度等因素，包括人口的数量和质量、教育科技水平、社会阶层结构和社会组织发育等方面。行政系统处于一定的文化环境之中，它的活动必须和文化环境相协调；一个社会的文化环境对行政管理活动的影响是重要且深远的，它为行政活动提供了精神动力和行为规范。

(四) 自然环境

自然环境主要是指作用于行政系统的自然条件和资源，包括国土面积、大气、海洋、水系、土壤、矿藏、森林、草原以及动植物分布等。自然环境对行政管理的作用不是直接的，但在一定条件下也能发挥重要作用，如重大自然灾害的发生、自然资源的严重破坏会影响甚至中断行政系统的正常运作。随着人类对自然资源消耗的增加，越来越多的政府认识到行政系统和自然环境协调发展的必要性，开始把保障生态环境的平衡作为行政系统的活动准则。

(五) 国际环境

国际环境是指世界各个国家之间政治、经济、文化、自然地理等方面的相互关系，以及建立在此基础上的国与国之间相互作用、相互制约、相互促进的关系。随着全球化的发展，原本分散的国家之间的联系越来越紧密，呈现出相互依赖和相互作用的状态。当代世界的全球化对一国的行政管理活动产生了极为深刻的影响，国际环境成为各国实施行政活动的一个重要参数，各国在制定行政决策时，必须考虑到世界局势的发展变化。

二、行政管理与行政环境的平衡

行政管理与行政环境的平衡是指在相对稳定的状态下，行政职能的确定、行政机构的设置、行政系统运行的机制和方式等与外部环境相互适应、有效配合的过程。行政管理与行政环境之间的平衡主要表现在：行政管理与行政环境的基本性质相一致，特别是社会制度的性质；行政管理与行政环境的现状和发展水平相一致；行政管理与行政环境的发展方向相一致。行政管理与行政环境的平衡是行政系统发展的必要条件，也是提高行政管理活动的活力和效率的重要前提。总的来说，行政管理与行政环境的平衡有以下几个方面的特点[①]。

（一）综合平衡

根据能量守恒原理，在自然界，物质、能量的输入和输出是一致的，这也是保持生态平衡的重要条件。行政管理和行政环境的平衡关系则复杂得多，既有量的衡量，也有质的衡量；既要考虑效率，又要体现效益；还要全面衡量政治、经济、社会等多方面的因素。因此，行政管理和行政环境的平衡更是一种综合平衡，不仅要从自然形态的物质、能量输入和输出的关系来考察，而且还要从政治、经济、文化等社会关系方面来考察。

（二）宏观平衡

行政管理活动的开展主要是依据法律，通过法规、法令、方针、政策来实现，这些法律、法规、方针、政策在其适用领域内是普遍有效的，因此，行政管理活动着重于宏观管理，具有普遍性。从行政纵向结构来说，行政层级越高，行政管理活动越强调宏观管理。另外，尽管行政环境也有普遍和特殊、全局和局部、宏观和微观之分，但更重视它的普遍的、全局的和宏观的方面，强调宏观管理。因此，行政管理和行政环境之间的平衡主要地表现为宏观平衡，行政管理和行政环境间局部的不平衡则需要其他管理组织再进行相应地调节。

（三）暂时平衡

平衡的暂时性体现在两个方面：一方面，在行政管理和行政环境基本一

---

① 夏书章. 行政管理学 [M]. 广州：中山大学出版社，2003：31-32.

致的前提下，针对局部的、微观的不平衡，行政系统可以通过自我调节进行及时有效地调整来确保总体平衡。这种平衡是暂时的，局部不平衡会不断地发生，行政系统在与行政环境相一致的基本条件下不断地进行自我完善；另一方面，当行政管理和行政环境相互矛盾，而且这种矛盾已经超出行政系统自我完善的能力时，需要进行行政体制改革，实现新的平衡。行政管理和行政环境从不平衡到平衡的循环往复过程是一个否定之否定的过程，这是事物发展的普遍规律，也是行政管理与行政环境相互关系发展的必然过程。

三、行政管理与行政环境的相互作用

行政环境是行政管理产生和发展的基础，影响并决定着行政目标、机构设置、机制运行和活动方式等方面的选择；行政管理在受行政环境制约的同时，又能动地利用并改造行政环境，行政管理和行政环境之间是相互联系、相互作用的，具体表现在以下几个方面[1]。

（一）行政环境对行政管理的制约

行政系统作为上层建筑的重要组成部分，建立在一定的经济基础之上。经济基础决定上层建筑，行政系统的性质、原则和职能划分是由行政环境决定的，行政职能、行政体制、行政方式、行政决策、财务行政、人事行政等都要受到行政环境的制约。行政管理是一个国家及其不同历史时期行政环境性质的产物，行政管理本身没有严格的好与坏的区分，唯有适应行政环境现状才是最理想的，行政管理就是在对行政环境不断变化的认识、把握和调整中达到平衡和适应。

（二）行政管理对行政环境的利用

行政管理是国家行政机关行使公共权力，对社会公共事务依法进行管理的活动，其中也包括对行政环境的管理。行政管理对行政环境的利用和改造具有两面性：当行政管理沿着行政环境发展方向发生作用时，对行政环境特别是经济、政治、文化等环境的发展就起积极的推进作用；当行政管理沿着与行政环境相反的方向发生作用时，对行政环境的发展就起消极的阻碍作用。行政管理主体通过行政环境发挥积极作用，审时度势，不断地修正其所制定

---

[1] 雷明. 行政管理概论 [M]. 北京：中国人事出版社，2000：190-192.

的政策和措施,使之不断完善,并更好地适应行政环境的要求,这是行政管理对行政环境能动作用的突出表现。

(三) 行政管理和行政环境的交换

行政管理和行政环境之间是相互联系、相互作用的,在表现为自然形态的物质、能量和信息的交流的同时,更多地表现为行政环境的科学持续发展需要和行政管理对这种需要的满足。行政环境的存在和自身发展向行政系统提出不同形式的需要,构成行政系统的资源、信息输入。行政系统经过具体的行政管理活动后,通过决策、计划、法规、措施等行政输出行为来满足行政环境的需要。行政环境与行政系统之间的相互作用正是围绕着需要提出和需要满足以及二者的循环往复展开的,它们构成了行政管理和行政环境相互作用的基本内容。满足行政环境的需要是确定行政管理活动开展的依据和目标。

四、我国现阶段行政环境的主要特点

(一) 经济环境

我国目前仍属于发展中国家,整个社会经济正处于现代化转型的过渡时期。这也使得我国行政系统所面临的经济环境呈现出转型时期的种种特征[①]:

1. 从生产力发展来看

改革开放以来,我国的经济建设取得了举世瞩目的成就,但总体上说来,社会生产力发展整体水平处于不充分、不平衡的状态。这种经济特征对我国的行政管理活动产生了以下影响:

第一,国民经济各项总量指标取得了长足的进展,但各种人均经济指标却很低。国民经济的巨大发展为我国行政组织的运行提供了坚实的经济基础与财政后盾。但我国各项人均经济总量偏小,无论生产力发展水平还是人民生活福利,还有待进一步发展。这限制了行政系统所能动用的财力资源总量,并限制了我国行政组织的活动范围和能力。

第二,较发达的城市工业体系与小农业经济并存,这种二元经济结构使

---

① 行政环境 [DB/OL]. 中国地质大学, 2020 - 09 - 06 [2020 - 09 - 06]. http://course.cug.edu.cn/cugFourth/xzhglx/kcnr/02/2.3.3.htm.

得在较发达的城市，由于工业体系的兴起，产生了对现代政府管理模式的强烈要求，促成了各种现代管理思想、理论的形成或引进，加速了我国行政体制的现代化进程；而另一方面，传统小农业经济的存在又限制了现代行政体制职能及机构的形成，并使运行方式、运行规则及程序等仍保持着传统色彩。

第三，国民经济体系逐步健全，社会主义市场经济体制也逐渐走向成熟。这既提出了加快我国行政体制现代化进程的强烈要求，又为之提供了强大的推动力与社会经济基础。但国民经济结构仍然不合理，地域、部门之间的发展不平衡，却阻碍了国民经济实现可持续发展的战略目标。这一状况既造成了行政组织的区域性特征，导致地方保护主义等不良行政行为的恶性膨胀；同时也增加了行政系统实现国民经济稳定、高速、协调发展这一社会发展战略的难度。

第四，科技发展水平不平衡。沿海先开放地区，某些高科技产业已开始采用世界领先水平的科学技术。许多高科技产品，如高清屏幕、巨型电子计算机、新能源与新材料乃至于航空航天技术得到日益广泛的应用。但是，在广大中西部地区及占人口总数相当大的农村，生产方式还比较落后。这种现状限制了我国行政组织科学化、专业化及技术现代化进程的发展。

2. 从经济结构来看

改革开放以来，我国逐步形成了目前以公有制为主体、多种所有制经济共同发展的现行社会经济结构，新的经济结构体系正在逐步完善。一方面，新型结构为我国行政系统摆脱与计划经济体制相适应的集权行政模式创造了经济基础和前提条件。但由于在传统体制下形成的政企关系行政化、国有企业所有权虚置化等问题的存在和难以解决，国有经济缺乏活力、效率低下。这使得现行行政体制就难以进行有效改革，也就无法建立与社会主义市场经济体系相适应的新型行政体制。

另一方面，目前社会主义市场经济发展的局限性阻碍了行政体制的顺利转型。在中华人民共和国成立后相当长的一段时期内，中国经济的发展是靠扭曲农产品的价格并严格限制工人规模来补贴工业发展。这种城乡二元化"剪刀差"的经济发展模式在改革后得到扭转，但市场经济的自由发展还受到一些限制：一是有少量关系国计民生的物质依旧保持着价格双轨制，这使政府经济管理职能、管理方式与手段呈现出双重性特征，即：既要维持与市场经济体系相适应的经济管理职能，又要维持传统计划经济体制中形成的经济管理体系。二是由于地方保护主义的存在，全国市场体系尚未完全统一，呈现出分割线。地方政府为了保护本地经济发展，人为地设置各种行政壁垒，或通过变相的税费政策，相对地提高外地产品的价格与成本。这就使得商品价格不能完全按市场规则来决定。同时，这种市场有限性又会对地方政府产生影响，使地方政府承担了许多不应该承担的职能，无法实现职能转变的改革目标，最终又阻碍了整个地方行政体制的改革进程。另外，市场的分割性也会对中央政府社会经济管理职能，尤其是对与市场经济体制相配套的宏观经济管理职能的有效行使构成严重的负面影响，进而阻碍了行政改革的顺利进行。然而，随着我国社会主义市场经济体制的进一步完善，我国行政管理体制也将会进一步得到发展。

（二）政治环境

1. 中国共产党领导下的多党合作制对行政管理的影响

中国共产党领导的多党合作、政治协商制度是我国现行政党制度，也是我国基本政治制度之一。这一制度使中国共产党在整个国家政治体系中占据领导核心地位，在国家社会生活各个领域都发挥着巨大的影响作用。具体来说，中国共产党对行政系统的影响可分为直接影响与间接影响两个部分。其中，直接影响是指中国共产党作为执政党，通过建立与各级政府直接相对应的、严密的层级系统——各级党委与党代会，直接对行政系统的组织、人事和决策活动行使领导功能，对行政政策的制定、实施过程进行监督。

2. 人民代表大会制度及其对行政管理的影响

人民代表大会制是我国的政权组织形式。根据这一制度，人民代表大会是国家权力机关，国家行政机关与司法机关都由人民代表大会产生，对它负责，受它监督。人民代表大会及其常委会通过制定或批准同级政府的政策、方针，制定有关行政系统及其运行程序的法律规范，决定政府的重要人事任免等权力来实施对政府的领导、监督与控制；司法机关，包括人民法院与人民检察院，则通过行使审判权与国家监督权，对行政行为及其后果的合法性进行监督与制约。人民代表大会制的逐步完善与健全，人民代表大会及其常委会、司法系统、行政系统之间的关系进一步科学化、规范化，将为行政系统走向科学化、规范化与现代化奠定坚实的基础。

(三) 文化环境

1. 从社会组织的发展来看

随着人们的经济文化生活水平的不断提高，社会公众的自我意识与责任感不断增强，同时也由于党和政府对社会管制的逐步放松，人们逐渐意识到为维护自身利益而组成各种共同利益团体的必要性与可能性。于是，由社会公众基于共同利益而自愿组织起来的各种社会团体，如环保协会、消费者权益保护协会、各种行业协会等纷纷涌现，并很快地取得了社会的认同与迅速成长。尽管这些社会组织不同于西方的利益集团会对公共决策过程产生极大的压力，但有些也开始运用各种方法与途径影响我国的政治决策过程和行政运行过程，对行政的发展提出了更高的要求。

2. 从社会结构的分层来看

改革开放的深入发展带来了经济制度变革、产业结构升级和城市化发展，在一定程度上引起了社会阶层的分化和重组。随着产业结构的变化和所有制成分的多样化发展，以及经济活动的自由化发展，中国社会不仅出现了新的职业群体和社会阶层，社会的流动性也日趋加剧。原有体制下以身份和单位划分社会结构的标准被打破，现代意义上的社会分层开始出现。社会结构的改变对传统的社会管理体制产生了根本冲击，对政府的行政管理能力提出了新的挑战。特别是随着城市化步伐的加快，中国的社会结构充满着复杂性和多变性，如何面对来自不同社会阶层的需求与挑战，有效地反思传统行政管理体制的弊病，创新社会治理机制，是当前行政体系面临的新难题。

3. 从社会文化的多元来看

中国现代化发展的特殊历史地位使得原本依次更替的农业文明、工业文明和后工业文明在改革开放后的中国表现为同时共生的形态，多元文化、各种社会思潮交织融合在一起，以人与自然的自在的和原始的合一为内涵的传统农业文明的文化精神，以技术理性和人本精神为内涵的现代工业的文化精神，以及以消解主体性、解构自我、重建人与自然的统一为特征的后工业文明的文化精神，在中国的现代化进程中同时出现，从不同的角度挤压、冲撞着人们，并影响着人们对行政管理的要求和参与态度。

第二节　行政改革概述

一、行政改革的基本含义

从 20 世纪 70 年代开始，世界各国特别是以欧美为代表的西方发达国家政府，在财政赤字增加、行政效率低下、国际综合竞争日益激烈、政府诚信危机频发等内忧外患的情况下，针对政府弊端进行了大刀阔斧的行政改革；之后，行政改革的实践遍及世界各国，并且成为各国行政管理活动的主题。在这场改革浪潮中，国内外学者进行了大量的理论研究，出现了多种理论流派和学说，对行政改革概念的界定也有着不同的看法。

美国学者蒙哥马利认为，行政改革是一个政治过程，是指调整行政机构与社会其他要素之间的关系，或者行政机构内部的关系。改革的目标和各种弊病都随着政治形势的不同而改变。K. R. 霍普认为，行政改革是为了根本改变政府官僚机构的结构和办事程序以及有关人员的态度和行为而专门筹划和慎重进行的努力，其旨在提高组织的效能，实现国家的发展目标……从技术和实践的观点看，改革是对政府机器的重建。凯顿认为，行政改革是指克服阻力，人为地诱导行政的转变[1]。我国学者夏书章认为，行政改革是行政主体适应社会政治、经济、文化环境的变迁而进行的自我调整和变革的过程[2]。张康之认为，行政改革是由政府领导的自觉地改变行政组织结构、改善行政行为方式、理顺行政关系、增强行政功能的运动。[3] 任晓认为，行政改革是指在各种政治力量和社会力量的推动下，政府有意识、有计划地调整和改变行政组织的体制、结构、职能和行政人员的行为方式的活动。行政改革是为了增强行政能力、提高政府效率，使政府更好地适应变化了的行政环境，进而有效地推动社会经济的发展[4]。

上述中外学者对行政改革概念的界定有以下几个方面的共同之处：①政

---

[1] 任晓. 中国行政改革 [M]. 杭州：浙江人民出版社，1995：16.
[2] 夏书章. 行政管理学 [M]. 广州：中山大学出版社，2003：366.
[3] 张康之. 行政改革的制度安排 [J]. 宁夏社会科学，2000（3）：23.
[4] 任晓. 中国行政改革 [M]. 杭州：浙江人民出版社，1995：16.

府是行政改革的主体，行政改革是政府自身为了适应社会发展需要而做出的相应的调适；②政府组织和政府行为是行政改革的对象，行政改革的核心问题是对行政权力的重新定位、划分，并重新配置行政职能，构建行政组织；③各种外部力量是推动行政改革的动力，行政改革是适应行政环境发展的产物，在政治、经济、社会等各种力量的推动下进行；④行政改革的目的是提高行政效率，建立起一个运转协调、行为规范的行政管理体制。因此，行政改革是指行政机关为适应社会政治、经济、文化环境发展需要，在外部政治力量和社会力量的推动下，对自身的职能划分、组织结构、行为方式进行自我调整和变革，建立廉洁高效的政府的过程。

二、行政改革的必然性

（一）行政改革是时代发展的必然要求

20世纪80年代中期，冷战结束，和平与发展成为当今世界的两大主题。在这个时代背景下，世界各国的经济政治的发展逐渐走向全球一体化。为了适应全球化带来的新的竞争规律和竞争形式，各国政府意识到必须改革原有的行政管理模式，提高行政效率，提升政府的管理能力。全球化意味着市场经济模式的普及、政治文明的传播和多元文化的交融，这些因素给行政改革提出了新的要求：市场经济的普及对行政管理体制和运行方式提出了挑战，也带来了机遇，随着市场经济的普及，政府的职能以及提供公共服务的方式需要根据市场经济发展的需要进行调整；政治文明的传播，特别是民主理念的深化，要求政府更新施政理念，更加贴近公众，提高服务意识；多元文化的交融需要政府更新原有的行政文化，由封闭走向开放，行政价值诉求从单方面追求行政效率到全面强调社会公正。

（二）行政改革是促进经济发展和政治建设的需要

在当代国际政治环境较为和平而且经济竞争日益激烈的条件下，无论是发达国家，还是发展中国家，都面临着发展经济、加强民主政治建设的中心任务。当代各国政府纷纷进行行政改革，通过管理制度、管理政策、管理机制和管理方式的调整，促进经济的发展。同时，通过行政改革，建立适应经济发展的行政法规制度、监督制度、廉政制度、民主制度等，增强政府管理活动的公开性和民主性，扩大人民群众参政议政的渠道，促进政府与社会公众之间的相互沟通和理解，从而较好地调节上层建筑和经济基础、生产关系和生产力之间的矛盾。

（三）行政改革是实现行政管理科学化和现代化的需要

行政管理的科学化和现代化是当代行政管理研究的出发点和落脚点，也是各国政府行政管理活动的基本目标。为了实现行政管理的科学化和现代化，需要行政职权的合理划分，政府职能的科学配置，组织机构的精干高效，人事制度、领导制度的不断完善，行政法规、行政制度的建立健全，行政管理方式方法等诸方面的不断改进和完善，而这一切都需要通过行政改革才能得以实现。不进行行政改革，旧的行政弊端无法克服和消除，新的行政体制不可能形成和运作。因此，行政改革是促进和实现行政管理科学化及现代化的基本途径与重要手段。

三、当代西方国家的行政改革

20世纪70年代末、80年代初，英国开启行政改革先河，开始打破传统理论和管理模式的束缚，用新的理论对行政管理进行根本性或方向性调整。随后，美国、法国、澳大利亚、新西兰、日本等相继掀起了政府改革浪潮。尽管每个国家的具体情况有所不同，也采取了不同的行政改革方案，但都依照企业管理的理念和市场竞争机制来指导对行政部门管理水平和质量的改革，体现了从传统行政模式向新的行政模式的转换。西方国家这种大规模的行政改革运动被称为"新公共管理运动"，也被称为"政府再造""政府重塑""治道变革"等。

（一）当代西方国家公共行政改革的主要内容

当代西方国家公共行政改革的基本特征是从根本上重塑政府组织，缩小政府的职能范围，充分发挥市场机制、竞争机制、民营组织和社会组织的作用，从根本上调整政府与市场、社会、公众、企业之间的关系，实现政府治理的观念、结构、方式和方法的根本变革，改革的内容主要包括以下几个方面[①]：

---

① 王湘军. 当代西方公共行政改革及其对我国的借鉴意义 [J]. 未来与发展, 2009 (5).

1. 缩小行政管理范围

按照市场优先、社会优先的基本原则,将原来由政府承担的部分社会职能和经济职能推向市场与社会,以收缩行政管理职能与规模,减少财政负担。

首先,收缩政府的经济职能,放松经济管制,推进国有企业民营化改革。放松政府规制改革的重点是放松对工商业的经济性管制。美国政府放松管制的改革主要集中在 1975 至 1986 年,起步于福特总统的任期,在卡特和里根总统的任期之内达到高潮。里根时期,从航空、铁路、卡车、公共汽车等行业到能源、银行和电信等行业,都进行了改革。克林顿上台后,于 1996 年签署了新的电信法案,彻底解除了电信业的市场管制,从而引发了美国信息产业新一轮重组和跨行业兼并的浪潮。英、日、法、瑞典等国政府也开展了类似美国的改革运动,打破了行业垄断,推动了生产力的发展。

国有企业民营化是英、法等国有经济成分较高的西方工业化国家压缩政府规模、优化政府职能的主要改革措施之一。撒切尔夫人于 1979 年上台后,把英国最大的卡车运输公司、50 万套以上的公有住房、化工企业、电子公司、电话系统和天然气公司交给私营公司经营;随后又在 1984—1986 年 3 年间将长途通信公司、煤炭公司、航空公司私营化。

其次,收缩政府的社会职能,改革公共福利政策。改革的举措大致有以下几点:

(1) 提高接受福利者的资格,包括适当延长退休年龄,以直接减少享受福利的人数;

(2) 以"工作福利"取代社会福利,克服坐吃救济、不劳而获的偷懒现象,让自愿失业者重新回到劳动力市场;

(3) 将住房、医疗保健、养老等许多福利项目市场化,交给私营部门经营管理,政府只负责制定运作规则,并严格监督规则的执行;

(4) 适当增加个人负担的份额;

(5) 在明确财政收支的前提下,将部分福利项目移交地方政府管理,使管理层次更接近受益者,并转移中央政府的财政负担。

2. 实现政府职能市场化

在公共服务领域引进市场机制,将政府权威与市场交换的优势结合起来,以提高政府公共服务的供给能力、质量和效率。政府公共服务市场化的主要形式有：

（1）合同出租，又称竞争性招标（Competitive Tendering）。具体办法是，政府确定某种公共产品或服务的数量和质量标准，然后对外向私营部门、非营利部门招标承包，中标者按合同提供公共服务，政府用纳税人的钱购买承包商提供的服务。其范围包括环境保护、医疗救助、社会保障、工作培训、运输服务、公共工程、精神保健、公用设施维护、决策咨询与政府设计、政策效力评价、公共项目论证与规划、公共组织绩效评估以及选民登记、公共管理人员录用以至于监狱管理等方面。这种方式在美国、英国的行政改革中最为突出。

（2）公私合作。公私合作与合同出租的不同之处在于，政府不是用纳税人的钱去购买私营部门提供的服务，而是以政府特许或其他形式吸引中标的私营部门参与基础建设或提供某项服务；在政府的规制下，私营部门通过向消费者收费来收回成本和追求回报。公私合作既借社会资源提高了公共服务生产能力，又借价格机制显示了真实需求，政府和私营部门发挥各自的优势来提供公共产品或服务。公共基础设施特许经营制度就是典型的公私合作模式。

（3）用者付费制度。根据谁受益谁付费的基本原则，用者付费是指政府部门对家庭、企业和其他私营部门实际消费政府提供的具有消费的可分性的服务和设施（如学校、医院、公园等；国防、安全等具有供给的连带性和消费的不可分性的物品不在此列）时收取费用的制度。其最大目的在于显示公众对公共服务的真实需求，为有效配置资源创造条件。用者付费制度在美国地方政府较为普遍，地方政府（不包括校区）用者付费占其预算来源的25%。这一制度的适用范围包括垃圾收集、废水和污水处理、娱乐设施、公园、保健服务、特殊事项上的警察服务、住宅区服务等，但主要对象是公用事业。

（4）凭单制度。凭单是政府为帮助某些特定集团的人购买某些特定的货物或服务而发放的有价证券，主要用于政府提供的食品补助、医疗补助、教育补助和住房补助等领域。有资格接受凭单的消费者在政府指定的公共服务供给组织中使用凭单购买特定的货物或服务，然后政府用现金兑换各组织接收的凭单。政府通过凭单把选择服务的权力直接交给了消费者个人，而不是交给供给服务的组织，其目的在于削弱职业性利益集团（如保健组织、建筑商）对政府公共服务决策的控制和对消费者的控制，让供给者为获得消费者手中的凭单展开积极的竞争，以提高公共服务的效率和质量，同时避免政府公共服务过程中的寻租现象。其中比较典型的有美国的"教育券"制度、退伍军人权利法案中设计的"凭单制度"和英国的"公费医疗拨款制度"等。

3. 调整政府间纵向关系

政府间纵向关系主要包括各级政府间权力的分配，中央对地方、上级政府对下级政府的管理机制和监控机制等。20世纪80年代以来，地方分权改革普遍受到重视。中央政府将若干权力，如项目管理权、法规制定权等，下放给地方政府，使地方政府较之以前拥有更大的权力。1982年3月2日，法国议会通过《关于市镇、省和大区权利与自由法》，正式开始了以权力下放为重要内容的地方分权改革，涉及决策权、管理权的下放，地方议会作用的扩张，政府财政预算、税收功能的重新界定等。为实现1982年确定的目标，法国在此后10年间共颁布了71项法律和748个法令予以补充与完善。1992年2月3日和6日，法国政府又先后颁布了《行使地方议员权责条件法》和《共和国地方行政指导法》两个重要的法律文件，进一步深化了地方分权的改革。

4. 优化组织内部结构

（1）实行大部制，即将相似的职能尽可能集中到一个部门，以精简政府机构，减少横向协调困难，增强领导对各部门的直接控制。日本政府一向号称为"小政府"，1984—1988年，日本撤销了54个设在地方的中央分局，改组、整编了178个府县机关；2001年1月，日本完成了战后最大一次中央政府改革，将原有的1府（总理府）22省厅改为1府（内阁府）12省厅。如将建设省、运输省、国土厅、北海道开发厅合并为国土交通厅，将文部省和科学技术厅合并成教育科学技术省。德国的州和城市政府一般都设置7—8个大的部门。英国、澳大利亚等国家都组建了超级大部。

（2）实行分权化，即决策和执行的分离。英国的做法是把中央政府各部门分成决策机构与执行机构两个部分。由部长和少数高级文官构成精干的核心部，负责制定政策和对执行机构的运作进行监督、协调与评估。其方式包括设立绩效目标、配置资源、设计绩效目标、"适距控制"等。执行机构由部内的中下层组织转化而来，负担执行政府的政策和提供服务。主管部长与各执行机构负责人通过签订政策与资源框架文件约定双方的责权关系。执行机构负责人在机构编制、人员录用标准和程序、工资级别与待遇、财务管理、内部组织结构等方面拥有充分的自主权。英国执行机构1990年为33个，1993年为82个，1995年为10个，1997年达到124个，共雇用了原公务员总数的76%。执行机构涉及的公共活动范围从狱政管理、研究机构、税务机关、社会福利管理到诸如驾驶执照的审核签发等管制活动，非常广泛。这一改革得到了包括德国、法国、荷兰、丹麦、芬兰、澳大利亚等国的纷纷效仿。

5. 转变政府管理方式

（1）政府的企业化管理。参照企业管理，以企业家精神改革政府，成为西方国家行政改革的主要方式之一。以绩效预算和绩效评估为主要内容的绩效管理是被运用得最广泛的政府内部管理方法。例如，英国将此运用于对执行机构的控制和管理，通过对各执行机构确立明确的绩效指标，定期对执行机构的绩效状况进行评估并将评估结果公布于众。

（2）行政管理手段的改革。用行政合同、行政指导和行政奖励为主的柔性管理手段取代传统的以行政许可、处罚和强制为核心的刚性管理手段。

（3）政府信息化。政府信息化的核心是推行电子政务，它首先于1993年在美国政府发展起来，并迅速进入了各国政府的管理之中。在这方面迄今为止名列世界前列的包括美国、加拿大、澳大利亚、丹麦、英国、芬兰、德国、爱尔兰、荷兰、法国、新西兰、挪威、日本等国政府。电子政务通过电脑网络将政府部门与企业、公民联为一体，不仅大大节省了管理者的管理成本，也节省了被管理者的时间及费用。

6. 公务员制度改革

撒切尔夫人上台后对文官制度采取了三大措施：取消文官部；彻底打破文官在人员和晋升上独立的传统；削减文官的规模和经费。在美国，1993年克林顿总统宣布了一项"裁员、节支、高效"的政府改革计划，在不到5年的时间内裁减公务员28万人。同时，克林顿先后签署了第12861和第12866号行政令，要求取消联邦政府内部规制的1/2，对要求出台的规制进行严格审查，并就简化规制和改革行政程序进行创新，把公务员从陈规旧俗中解放出来，以提高政府绩效和对公民的回应性。其他国家也以各自的方式进行公务员制度的改革。改革使传统公务员制度的一些核心原则和基础受到动摇。一是由于大量执行机构的设立和合同用人制度的广泛推行，公务员终身制已名存实亡。二是政治中立原则受到严重挑战。撒切尔政府加强了对高级文官的政治控制，导致高级文官政治化。美国国会两院也以政治中立使公务员成为政治上的二等公民为由，通过了公务员政治权利法案。三是公务员选拔录用和晋升方面的权力逐渐转移到政务官和行政部门手中，独立文官管理机构（人事部）的权力被削弱，有的甚至被解散，公务员的独立管理原则已不复存在。

（二）当代西方国家行政改革的趋势

当代西方国家行政改革的实质是通过民营化方式采取招标、公私合作等方法，借助社会中介组织和非营利组织的力量对行政组织、行政方式、行政权力、行政运行、行政对象等进行改革，以达到减轻财政负担、提高行政效率的目的，适应社会多元化、经济全球化的需要。总的来说，尽管具体的改革方式和措施有所不同，当代西方国家的行政改革朝着以下几个方向发展[①]：

1. 行政改革方向市场化

针对长期以来形成的绩效下降，腐败严重，官僚主义和财政赤字等问题，西方国家对公共产品和服务的供给进行了市场化改革，通过国有企业和公用事业的产权转移，由市场和社会承担其生产和服务功能，从而为政府卸包袱、降低财政赤字，提高服务质量和效率。其主要措施是：依靠市场的力量来搞好国有企业，通过国有企业股份化，放松对国有企业的管制和规范；政府公共服务遵循竞争招标的原则，政府通过承包制等办法，将政府承担的公共服务项目承包给非政府组织去经营。

2. 行政组织结构扁平化

行政组织从金字塔型的等级制向平行网络扁平化发展。平行网络强调组织间的横向联系和协作，这种组织的价值观在于效率、适应、创新，权力重心下移，权力结构是分散的网络状，组织中虽有分工，但更重视相互依存和合作。为此，通过建立层级尽可能少的平板式而非金字塔式的组织结构，用以替代传统的科层结构，使政府能更全面地接触社会和公民，方便政府与市场、政府与社会、政府与企业、政府与公民之间的合作，形成互动网络，提高政府的回应性，最大限度地调动和发挥各种社会力量。

---

① 王清. 当代西方行政改革的趋势及其启示 [J]. 辽宁行政学院学报，2009（3）.

3. 行政权力分配分权化

缩小政府行政范围，分散政府行政机构的权力，是西方国家行政机构改革的又一趋势。这既表现为中央政府与地方政府之间的分权，又表现为政府行政机构内部层级之间的分权。其实质是决策权从地方向中央集中和管理财务权从中央向地方下放的有机结合。

4. 行政管理行为私营化。

在当代西方国家，私营化主要包括自由化、合同出租、财源替代等形式。其基本做法是将国有企业通过出售、租赁、合资、合营、股份制等方式转移给私营部门、非政府部门乃至个人手中。通过依靠私营部门的制度安排，较少地依赖政府去满足社会需要，减少政府的官僚主义，提高服务质量。

5. 行政管理信息网络化

在信息社会，政府部门办公自动化、电子化、网络化是大势所趋，信息现代化程度的高低已经成为一个国家现代化水平和综合国力的重要标志。西方国家积极倡导的"信息高速公路"的五个应用领域中，网络化政府被列为第一位，政府信息网络化是信息化社会健康发展的基础。

6. 行政管理范围国际化

经济全球化带来国内政治国际化，国家的政治主权不再具有传统意义上的独立性与完整性。经济发展所形成的全球一体化状态使国内政治与国际形势紧密相连，国家越来越不能单独对经济事务做出决策并达到目的，仅靠一国的政治权力也常常难以解决本国的政治问题，在这种情况下，需要借助其他国家的力量，或是协助其他国家解决一些政治、经济问题，行政管理的范围也因此越出了国界，走向国际化、全球化。

第三节 中国的行政改革与行政发展

中华人民共和国成立后曾进行过多次的行政改革，但都是在不改变高度集中统一的行政管理体制的前提下进行的。党的十一届三中全会后，中国进入了改革开放的新时期，40多年来，我国的行政改革经历了由单项改革到综合改革，由局部探索到全面推进，由改革旧体制到建立新体制的发展过程。

一、当代中国行政改革的进程

随着中国改革开放政策的确立,改革首先从经济领域开始,国家经济体制从计划经济逐步向市场经济转变,而这一经济基础的调整也带来了社会的大变迁。中国政府所处的行政环境发生了巨大的变化,旧的管理模式不但不能有效回应社会对管理的要求,而且自身的存在和发展也受到极大的压力,陷入困境之中,行政改革已成为必然之举。改革开放40多年来,我国先后经历了多次大的行政改革①。

(一) 1982 年行政改革

1982年的行政改革是中国改革开放以来进行的第一次规模较大的行政改革,是在传统的计划经济体制下进行的行政改革,是一次行政机构的内部改革。这次行政改革所面临的社会大环境是中国将工作重心转移到经济建设上来,经济体制改革和对外开放刚刚起步。而这一时期中央政府机构陷于机构臃肿、层次重叠、手续繁杂、效率极低的困境之中,主要表现在以下几个方面:

(1) 机构剧增,呈直线上升之势。1977年至1981年,共增加了48个行政机构。

(2) 人员老化严重。其中,部分原因在于"文革"后对一批受迫害的老干部进行重新安置。

(3) 组织机构繁杂。主要表现在国务院和各部委之间设立协调性委员会数量增多,层次繁杂。

(4) 副职过多。

为了解决政府部门存在的问题,适应当时的政治、社会发展的需要,特别是经济体制改革的需要,中国政府从中央到地方展开了行政改革。这次改革主要取得了三个方面的成绩:一是进行了机构和人员精简,较大幅度地撤并了经济管理部门,加强了综合、调节、监督、法制部门。二是在人事制度上废除了实际存在的领导职务终身制,建立了干部离退休制度,使一大批老同志退出了一线;三是加快了干部队伍年轻化建设,使一批年富力强、具有

---

① 李潇. 当代中国行政改革的动力研究 [D]. 山西大学,2010:16-21.

较高文化程度和专业知识水平的行政官员进入了领导岗位。

这次改革只是迫于当时政府运行困难而在浅层面上进行的改革，并没有从根本上解决我国政府机构林立、职能重叠、人浮于事、效率低下的问题，并且改革成果也没有得到巩固，改革后不久又出现了机构膨胀、人员猛增的势头。但是这次改革是中国政府逐步适应当时正在发生的社会变革进行的探索，为改革开放的顺利进行奠定了基础。

(二) 1988 年行政改革

1988 年中国进行了新一轮的行政改革，这次行政改革所处的社会大环境是我国经济体制改革在深度和广度上有了实质性的进展，多种经济成分并存的局面逐步发展，国有企业自主权日渐扩大，企业自主经营机制正在形成，党的十二届三中全会确认了社会主义经济是以公有制为基础的有计划的商品经济。随着经济体制改革的发展，政府行政管理体制中存在的政企不分、结构不合理、微观管得过多、宏观调控不力、机构臃肿、层次过多等弊端已对经济体制改革的进一步深化形成了阻碍。而且当时政治体制改革也提上了议事日程，政治、经济、社会的发展都要求政府相应地转变机构职能和管理方式，调整机构设置的总体格局及其职责权限，政府必须应势而动，进行行政改革。

这次改革的目标是"根据党政分开、政企分开和精简、统一、效能的原则，逐步建立具有中国特色的功能齐全、结构合理、运转协调、灵活高效的行政管理体系"。具体的改革措施包括：首先，首次提出了转变政府职能的概念，并把转变政府职能作为行政改革的关键，以经济管理部门的改革为重点。其次，提出政企分开、党政分开的原则，初步理顺了党政关系、政府与企事业单位和人民团体的关系、政府各部门之间的关系以及中央政府同地方政府的关系。

通过这次改革，政府在转变职能方面下放了部分权力，将一些职能转移给了行业协会、联合会等各种社会经济团体，同时加强了决策、咨询、调节、监督和信息等属于中央政府的职能。结合职能转变，政府机构和人员也再次进行了精简，国务院部委、机构减少了 39 个，人员编制比原来减少五分之一。这次行政改革以转变政府职能、理顺各种关系为改革重点，找准了改革的方向，但改革实践进展缓慢，随着因中国经济过热而进行的治理整顿，政府为了使政治、经济环境迅速稳定下来,只能借助和延续旧的熟悉的管理体制和管理手段对社会进行管理,这就使得正在进行的行政改革被中断,流于形式。由此还产生了另一个后果,就是出现了大量行使行政权力的事业单位,不仅增加了行政开支,使中央政府背上了沉重的"吃饭财政"的包袱,而且进一步扩大了各条条、块块之间的利益争夺,部门利益、小团体利益现象泛滥。这次行政改革并没有对过去旧经济体制下形成的行政管理体制造成大的冲击。

(三) 1993年行政改革

1993年行政改革是在提出建立社会主义市场经济体制的背景下进行的。随着中国经济体制改革进入了新阶段,党的十四大明确提出,我国经济体制改革的目标是建立社会主义市场经济体制,即经济要在国家宏观调控下使市场对资源配置起基础性作用。经济体制改革越深入展开,企业经营机制、市场体系发育越趋于市场化,就越会感到政府管理经济职能转变及间接调控体系建立滞后所带来的制约。经济体制改革的深入进行对行政改革提出了新的要求与任务,需要中国行政改革从计划经济体制的旧模式下解放出来,转而向建立适应社会主义市场经济要求的行政管理体系迈进。这次行政改革中政府面临的另一个困境是国家行政与事业经费过高,与经济发展抢占资金,二者冲突导致国家财政连年赤字,不堪重负。因此,此次行政改革的重点在于"转变职能、理顺关系、精兵简政"。转变职能的根本途径是政企分开,建立适应市场经济的现代企业制度,探索国有资产的管理体制;理顺关系是对党政关系进行调整,以此来适应市场经济体制对行政管理的要求;精兵简政是政府减轻财政负担、缓解财政困难的有效措施,也是此次行政改革最明显的特点。同时,此次改革与推行国家公务员制度紧密相连,全面推进机关、事业、企业人事制度的改革,使政府对人员的管理逐步走上科学的轨道。

经过改革,国务院各部委、机构精简27个,人员精简平均为20%左右。地方政府机构也相应进行了大量精简。1993年中国行政改革在改革目标的认识上和体制重构上都前进了一步,但因为当时建立市场经济体制的经济体制改革目标刚刚明确,行政改革很难与之有机地结合起来,机构设置、行政职能无法适应社会主义市场经济发展的方面日益明显。同时,行政管理体制中存在的诸多问题尚未得到根本性的解决,如政企不分、经济和社会管理手段的行政单一性、政府机构重叠、人浮于事等。

（四）1998 年行政改革

1998 年的行政改革是在建立和完善社会主义市场经济体制的过程中进行的，改革方案贯彻了"既要积极，又要稳妥"的方针。这次行政改革的目标是建立办事高效、运转协调、行为规范的行政管理体系，完善国家公务员制度，建设高素质、专业化行政管理干部队伍，逐步建立适应社会主义市场经济体制的、有中国特色的行政管理体制。改革的原则是：

（1）按照发展社会主义市场经济的要求，转变政府职能，实现政企分开，把政府职能切实转变到宏观调控、社会管理和公共服务方面来，把生产经营的权力真正还给企业；

（2）按照精简、统一和效能的原则，调整政府组织结构，实行精兵简政，加强宏观经济调控部门，调整和减少专业经济部门，适当调整社会服务部门，加强执法监管部门，发展社会中介组织；

（3）按照权责一致的原则，调整政府部门的职责权限，明确划分部门之间的职责分工，相同或相近的职能交由一个部门承担，克服多头管理、政出多门的弊端；

（4）按照依法治国、依法行政的要求，加强行政体系的法制建设，实现政府机构、职能、编制、工作程序的法定化。

这次行政改革中，国务院机构改革实施的成效是：第一，对国务院的组成部门进行了大幅度的精简，由原来的 40 个减少到 29 个；第二，对政府部门的职责权限进行调整，突出体现为撤销了几乎所有的工业专业经济部门，将原来这些部门所有的 200 多项职能或下放给地方政府、企业或社会中介组织，或在国务院各部门内进行转移、合并；第三，地方政府也进行了相应改革，政府机构设置及其内部人员结构皆有所优化，部门职责关系进一步理顺，从而使政府职能转变和政企分开有了新的突破，政府管理方式和工作作风得以改进。总体上，这次行政改革使政府职能转变取得了实际成效，使部门之间的职能分工更加合理，并解决了部分长期存在的体制不顺的"老大难"问题。

（五）2003 年行政改革

2003 年行政改革是在我国加入世界贸易组织后和党的十六大胜利召开之

后进行的一次大的行政改革。加入世界贸易组织就意味着中国要在经济全球化浪潮中博击，也意味着政府要按照世界贸易组织的规则行事，在管理中要履行谈判时的承诺。而世界贸易组织中大部分规则是针对政府行政管理的，因此，这次行政改革也是适应经济发展参与经济全球化的必然之举，其显著的特点是：重点不是减人，而是政府职能转变。

这次改革的措施与特点包括：

（1）突出政府职能的转变，在加强政府宏观管理和建设服务型政府方面进行了改革。在这次行政改革中，国务院机构在设置上充分体现了政府职能转变的内容，新设立和改组的部门主要是为更有力地加强宏观调控和为经济进一步顺利发展进行监督服务。如新设立的国有资产监督管理委员会、银监会、商务部；改组成立的国家发展和改革委员会等。通过调整和完善政府机构设置，有利于明确政府部门的职能分工，理顺部门关系，提高政府管理水平，形成行为规范、运转协调、公正透明、廉洁高效的行政管理体制，更好地发挥政府监管和服务职能。

（2）改革重新调整划定了中央政府与地方政府的职能范围。中央政府主要负责全国整体性宏观调控、经济决策，地方政府负责辖区内经济、社会发展等具体事务。

（3）世界贸易组织规则的要求使政府在治理过程中面临着既要适应国内经济发展要求，又要符合国际贸易规制要求的双重压力；同时市场经济也要求政府朝着放松规制的方面发展。因此，这次行政改革将行政审批改革与规范行政执法改革也提上了日程，逐步改变我国行政审批手续烦琐、时间冗长、各自行政、多头执法的政府运行机制。

（六）2008年行政改革

2008年国务院机构改革是深化行政管理体制改革的重要组成部分。深化行政管理体制改革的总体目标是：到2020年，建立起比较完善的有中国特色社会主义行政管理体制。这次行政改革按照精简、统一、效能的原则和决策权、执行权、监督权既相互制约又相互协调的要求，着力优化组织结构，规范机构设置，完善运行机制，为全面建设小康社会提供组织保障。这次改革的主要任务是：围绕转变政府职能和理顺部门职责关系，探索实行职能有机统一的大部门体制，合理配置宏观调控部门职能，加强能源环境管理机构，整合完善工业和信息化、交通运输行业管理体制，以改善民生为重点，加强与整合社会管理和公共服务部门。这次改革突出了三个重点：一是加强和改善宏观调控，促进科学发展；二是着眼于保障和改善民生，加强社会管理和公共服务；三是按照探索职能有机统一的大部门体制要求，对一些职能相近的部门进行整合，实行综合设置，理顺部门职责关系。

（七）2013年以来的行政改革[①]

这一时期的行政改革侧重于公共治理，鼓励多主体参与国家和社会治理。2013年、2018年政府先后进行了两次机构改革，以加强宏观调控和改善民生为重点，加大了机构整合力度。

2013年，中共十八届二中全会讨论通过《国务院机构改革和职能转变方案》，紧接着十二届全国人大一次会议审议通过《国务院机构改革和职能转变方案》，新一轮机构改革付诸实施。此次改革在实现国家治理体系和治理能力现代化的总目标引领下，把"创造良好发展环境、提供优质公共服务、维护社会公平正义"确定为转变政府职能的总方向，深入推进政企分开、政资分开、政事分开、政社分开，建设职能科学、结构优化、廉洁高效、人民满意的服务型政府；继续推进大部制改革，实行铁路政企分开，不再保留铁道部，组建国家卫生和计划生育委员会、食品药品监督管理总局、新闻出版广电总局、国家海洋局、国家能源局。改革后的国务院设有25个组成部门。

2018年十三届全国人民代表大会一次会议审议通过了国务院提交的《国务院机构改革方案》。在本轮机构改革中，许多以往制约发展的体制方面的问题得到化解，办成了许多过去想办而没有办成的大事，推动了国家治理体系的创新。比如，理顺市场监管体制，推进政府监管职能综合化，加强监管协同，形成市场监管合力；组建应急管理部，整合先前分散在13个部门的应急管理职能，基本完成了自然灾害和事故灾难领域内的全灾种管理；理顺行政执法体制，统筹配置行政处罚职能和执法资源，相对集中行政处罚权，整合精简执法队伍，解决多头多层重复执法问题；理顺自然资源和生态环境管理体制，设立国有自然资源资产管理和自然生态监管机构，完善生态环境管理

[①] 高小平，陈宝胜. 改革开放以来政府机构改革的理性历程——基于政府机构改革阶段性特征的研究［J］. 学海，2018（3）：74-75.

制度，统一行使全民所有自然资源资产所有者职责，统一行使所有国土空间用途管制和生态保护修复职责，统一行使监管城乡各类污染排放和行政执法职责，解决"九龙治水"的管理体制。本次改革国务院减少8个正部级机构、7个副部级机构。

2018年的行政改革有以下几个关键特点：一是立足社会主义初级阶段的国情，审时度势，积极主动适应正在不断转化的社会主要矛盾，把解决不平衡不充分发展作为政府机构改革的重点领域。二是进一步突出党对政府工作的全面领导，将党的全心全意为人民服务宗旨更直接更全面地体现到政府机构改革中。三是提出政府治理现代化的要求，将实现政府治理体系和治理能力现代化这个全面深化改革的总目标进一步具体化。四是在转变职能方面创造性地进行简政放权、放管结合、优化服务"三管齐下"改革。五是协同推进党、政、军、群机构以及中央和地方机构改革。

二、当代中国行政改革评述

从行政学角度来看，我国行政改革主要表现为政府行政管理体制改革，也就是如何建设行为规范、运转协调、公正透明、廉洁高效的行政管理体制。在多年的改革开放进程中，中国政府体制改革包含着非常丰富的内容。从最广泛的意义上来看，中国政府体制改革包括整个国家权力结构的调整，如中央与地方关系，党政关系，立法、司法、行政之间的关系等，包括政府职能转变、政府运作法制化、政府决策民主化、公务员制度建设等。从具体管理来看，还包括国防、公安、科学、教育、文化、公共卫生等管理体制改革。其主要实践表现为每隔五年进行一次的以精简机构和裁减人员为主的国家机构改革。改革开放以来，我国政府行政改革的重要内容取得了以下实质性进展[①]：

一是确立了以人民为中心的改革取向。我国《宪法》明确规定："一切国家机关和国家工作人员必须依靠人民的支持，经常保持与人民的密切关系，倾听人民的意见和建议，接受人民的监督，努力为人民服务。"改革开放以

---

① 马宝成，安森东. 中国行政体制改革40年：主要成就和未来展望 [J]. 行政管理改革，2018 (10)：32-34.

来，中国行政体制改革的重要内容就是对"以人民为中心"改革取向的不断确认、强化和发展，充分尊重人民群众的主体地位和首创精神，着力解决人民群众最关心、最直接、最现实的利益问题。

二是铸造了以发展为导向的改革品格。改革开放伊始，面对生存和发展的巨大挑战，我国确立了"发展是第一要务""发展是硬道理"等发展观，并迅速达成了共识并付诸实践。生产力的巨大发展，综合国力的迅速提升，人民生活水平的持续改善，行政体制改革起到了重要的推动和保障作用。一直以来，中国把行政体制改革置于中国经济社会发展的大局中统筹谋划，较好实现了与完善社会主义市场经济体制进程相适应，与建设社会主义民主政治、完善国家治理体系相协调。

三是建立了适应市场经济体制的比较完备、科学的政府职能体系。正确处理政府与市场关系，是改革开放以来中国行政体制改革的主线和核心。经过四十多年的改革，建立了较为科学完备、与市场经济体制相适应的职能体系，政府职能向创造良好发展环境、提供优质公共服务、维护社会公平正义转型基本实现。

四是形成了放权与协同的治理格局。通过持续的改革，初步形成了放权与协同的治理格局。例如：通过政企分开，企业成为自主经营、自负盈亏的市场主体；通过政事分开，激发了事业单位的活力；通过政社分开，促进了社会组织的健康发展；通过赋权地方，调动了地方政府改革发展的积极性。

五是优化了政府组织机构框架。经过40多年的改革和优化，政府职能和组织框架日趋合理，主要表现在：从单纯的政府职能调整和政府机构改革到实现各类改革和党政群、人大、政协、军队等机构设置的统筹；政府机构和人员日趋精简，办事效率明显提高；建立了决策、执行、监督既相互协调又相互制约的政府组织权力运行机制。

六是形成了民主参与的政府治理模式。民主参与的政府治理主要表现在：建立政务公开制度，保障了人民的知情权，强化了阳光政府建设；建立民主参与决策和政策制定的制度，有利于保障决策和政策的科学合理与有效实施；城市社区居民自治和农村村民自治制度的确立和实施，有利于调动社区居民和村民的积极性，建设和谐社区。

七是推进了法治政府和廉洁政府建设。经过持续的改革，法治政府和廉洁政府建设格局基本形成。主要表现为：建设法治国家和法治政府已成为国家的基本方略；制定了相关规划、实施策略和法律制度；推进了行政执法体制改革；改革审批制度，压缩政府权力寻租空间，铲除腐败滋生土壤，为廉洁政府的发展奠定了良好基础。

改革开放以来，我国行政改革取得了实质性进展，但是面对新时代新任务提出的新要求，以及实现国家治理现代化的要求，并不完全适应，一些矛盾和问题亟待破解。

一是部分领域党的机构设置和职能配置还不够健全有力、科学完备，保障党的全面领导、推进全面从严治党的体制机制有待进一步完善，党在部分领域的作用还没有充分有效发挥出来。

二是一些领域党政机构重叠、职责交叉、权责脱节问题比较突出，部分政府机构设置和职责划分不够科学，职责缺位和效能不高问题凸显，政府职能转变还不到位。

三是一些领域中央和地方机构职能上下一般粗，权责划分不尽合理，部分区域和领域人、财、物与职能职责配比不科学，难以保证中央和地方"两个积极性"的充分发挥。

四是基层机构设置和权力配置有待完善，部分区域尤其是发展较快的区域，这方面的问题仍比较突出，组织群众、服务群众的意识和能力需要进一步提升。

五是事业单位定位不准、职能不清、效率不高等问题依然存在，部分事业单位的投入与产出明显不成比例，亟待精准定位，厘清权责界面，加快提升效率效能水平。

六是一些领域权力运行制约和监督机制不够完善，履职缺位、越位、错位、不到位并存，滥用职权、以权谋私等问题仍然不同程度地存在。

七是机构编制科学化、规范化、法定化相对滞后，不能及时有效满足经济社会发展和改革开放的需要。同时，机构编制管理方式还不够科学完善，有待加快改进。

八是政府与市场的职能边界仍不清晰，政企不分、政资不分、政社不分的现象依然不同程度地存在，需要尽快明确政府与市场，以及政企、政资、政社的边界。

三、当代中国行政发展的途径

综合西方行政改革的经验和当代中国行政改革中存在的问题，我国行政发展应该重视以下几个方面[①]：

（一）坚持党的全面领导，深化行政体制改革

党的全面领导是深化行政体制改革的根本保证。深化行政体制改革，必须毫不动摇坚持党的全面领导，建立健全党对重大工作的领导体制机制，完善党的全面领导制度，强化党的组织在同级组织中的领导地位，更好发挥党的职能部门作用，统筹设置党政机构，推进党的纪律检查体制和国家监察体制改革，不断优化和规范政府职能。

（二）切实明确政府的职能范围，正确处理好政府与企业、政府与市场、政府与社会的关系，提高行政效率

在政府与市场、市长这三者之间关系的建构上，重点要解决三个层次的问题：一是政府可以从哪些领域淡出，由私人或市场介入；二是政府职能如何采用市场化的手段推行；三是政府如何对市场进行调节、监管和服务。

具体而言，一是加大政府审批和采购制度改革的力度，建立服务性行政。在最大限度减少政府审批、许可的范围、程序和随意性的同时，规范行政审批权；创新政府采购方式，扩大政府采购的范围。二是将决策与执行分开，设立执行性机构，放松管制，以提高决策质量与执行效率。三是以预算、拨款、审计等财政体制的改革推动行政体制改革，有效约束行政机构和人员的内在膨胀，提高有限资金的使用效率。

（三）引入竞争机制，积极推行公共服务市场化

西方行政改革的实践表明，并不是公共产品就非得由政府来供给，政府供给的公共产品也不一定由政府或政府指定的部门来生产，而应该引入市场竞争机制。对于我国长期以来服务质量差、效率低下、群众不满的公共服务领域，特别是具有自然垄断性质的铁路、公路、桥梁、电信、航空、邮政、电力、供水供气的基础设施和市政建设行业，应该向市场开放，通过引入竞争机制，如实行"政府业务合同出租""竞争性招标"，鼓励私人投资和经营

---

① 朱灵标. 现代西方行政改革趋势及启示 [J]. 职业时空，2007（8）.

公共服务行业等方式来实现公共服务的市场化，以公众需要为中心，形成公共服务领域的良性竞争，提高公共服务的有效供给，取得经济效益和社会效益的平衡。

（四）借鉴企业管理的方法，强调绩效管理

公共管理与企业管理有很大区别，但这并不妨碍把目标管理、绩效评估、成本核算、重视市场需要和顾客需求及反馈、讲求投入产出等方法引入行政管理领域，而这恰恰也是西方行政改革取得成效的根本原因之一。我国的行政管理也应引入科学的企业管理的方法和技术，注重实际工作绩效，以提高行政人员的责任感和工作效率。

（五）大力培育和发展社会中介组织，推进公共服务社区化

西方发达国家在行政改革过程中十分注重培育和发展各类社会中介组织，因此，我国要加强立法，积极培育社会中介组织，减少行政干预，促进包括非营利组织在内的社会中介组织的发展和繁荣，以促进社会参与和公民社会的形成，弥补"市场失灵"和"政府失灵"。社区是社会的基本单位，与居民的生活息息相关，政府应向社区授权，把公共服务推向社区，调动社区居民社会参与的积极性、主动性，实现内部公共事务的良好治理。

（六）促进社会治理多元化

培育和发展社会中介组织的主要目的是提高公民参与公共事务管理的积极性和效能。公民不仅是公共服务的消费者，也是公共服务的监督者，应在参与中体现自己的权利和价值。我国的行政改革必须考虑到公民的实际需要，并逐步实现社会治理多元化。一方面，要大力发展和支持政务公开制度建设等行政民主化的实践，逐步健全人民参与管理、监督公共行政的系统配套制度；另一方面，可以通过共同协商的方式把社会公众吸收到公共决策活动过程中，体现公民的地位和作用，以提高决策的质量和效率。这个过程也是公共决策民主化的过程，公民可以通过提案和建议、协商咨询和听证以及推行竞争性的公共服务机制等实现公民参与并影响公共决策过程，实现自己利益的表达、保障以及增进。

根据系统论的观点，行政系统应与外部环境相一致，行政发展随着行政环境的变化而变化，因此，行政改革要在遵循行政管理活动自身规律的基础上，适应行政环境变化的需要。随着人类社会的进步，行政改革是时代发展

的必然要求，同时也是促进社会经济发展和政治建设、实现行政管理科学化和现代化的需要。

思考题

1. 简述行政环境的含义和分类。
2. 谈谈行政管理和行政环境之间的关系。
3. 当代西方行政改革主要内容有哪些？
4. 当代西方的行政改革朝着哪些方向发展？
5. 改革开放以来我国先后经历了几次机构改革？每次改革的主要内容是什么？
6. 结合西方行政改革的经验和当代中国行政改革的现状，谈谈我国行政发展应注重哪些方面？

案例

温州市政府的"无为与有为"[①]

（一）保护民营经济发展的无为

温州民营经济的发展有着自身的动力和内因，而政府的"无为"为之提供了重要的外部环境。温州市市长曾说："在温州，凡理论和实践发生矛盾时，先服从于实践。"于是个体工商业、服务业、家庭工厂、挂户经营、雇工经营、买卖合同、长途运输等，只要上面不管，就都让它发展。

1984年在平阳县钱库镇出现了私人钱庄。当时中国人民银行要求坚决取缔，而温州各级政府因为考虑到钱库镇当时经济发展的需要，并没有强制取缔，而是在争取钱库镇的银行和信用社率先实行利率浮动改革的试点；之后，钱庄于1989年在无证经营了五年后自行关闭。

在温州人民群众自发展民营经济的推动下，温州政府顺经济改革的需求，先后出台了许多突破当时政策或在全国率先改革的法规和措施，如中国

[①] 编写组. 公务员公共管理核心内容培训教程 [M]. 北京：人民日报出版社，2006：107.

首份个体工商执照、首个关于私营企业的地方法规、首家实行利率改革的信用社等。

(二) 强化市场和质量管理的有为

20世纪80年代末，温州的形象和声誉曾一度出现空前的危机。如温州低质皮鞋在杭州武林广场被焚；永嘉的虚假广告；仓南的假商标等。温州的信誉危机强烈震撼着温州市政府。为此温州市政府转变强化管理职能，严厉打击假冒伪劣，开始全面整顿，并加强质量管理，在外出水陆交通要道设立检查站，对皮鞋、低压电器等产品的出境实行"准运证制度"，严堵假冒伪劣产品的外流。在此基础上，温州市政府提出"质量立市"的口号，在全国率先制定"质量立市"的地方法规。1992年，温州市政府继而提出以质量和品牌为核心的二次创业的战略目标。

总之，温州市政府按照市场经济发展的需要，大力加强和改善基础设施建设，降低人、物、信息、资金流通的成本；同时减少政府对经济的主体干预，简化和减少行政审批手续，全面推进政务公开和限时办理制度，提高政府办事效率。

问题：请结合本章行政发展的有关理论分析此案例，对温州市政府的"有为"与"无为"，你是如何认识和理解的？

参考文献

[1] 习近平. 习近平谈治国理政［M］. 北京：外文出版社，2014.

[2] 习近平. 习近平谈治国理政（第二卷）［M］. 北京：外文出版社，2017.

[3] 习近平. 习近平谈治国理政（第三卷）［M］. 北京：外文出版社，2020.

[4] 中共中央宣传部. 习近平新时代中国特色社会主义思想学习纲要.［M］. 北京：学习出版社，人民出版社，2018.

[5] 习近平. 决胜全面建成小康社会 夺取新时代中国特色社会主义伟大胜利——在中国共产党第十九次全国代表大会上的报告［M］. 北京：人民出版社，2017.

[6] 菲利克斯·尼格罗等. 公共行政学简明教程［M］. 郭晓来等，译. 北京：中共中央党校出版社，1997.

[7] R. 斯蒂尔曼. 公共行政学［M］. 李方等，译. 北京：中国社会科学出版社，1988.

[8] 尼古拉·亨利. 公共行政学［M］. 北京：华夏出版社，2002.

[9] 沈亚平，吴春华，编. 公共行政学［M］. 天津：天津大学出版社，2005.

[10] 张国庆. 公共行政学（第三版）［M］. 北京：北京大学出版社，2007.

[11] 夏书章. 行政管理学（第四版）［M］. 北京：高等教育出版社，2008.

[12] 竺乾威. 公共行政学（第三版）［M］. 北京：复旦大学出版社，2011.

[13] 郑志龙. 行政管理学［M］. 北京：高等教育出版社，2011.

[14] 陈瑞莲，刘亚平. 行政管理学导论［M］. 北京：高等教育出版

社，2011.

[15] 刘厚金. 行政学概论 [M]. 北京：北京大学出版社，2015.

[16] 郭小聪. 行政管理学（第四版）[M]. 北京：中国人民大学出版社，2016.

[17] 丁煌. 西方行政学理论概要 [M]. 北京：中国人民大学出版社，2005.

[18] 谭功荣. 西方公共行政学思想与流派 [M]. 北京：北京大学出版社，2008.

[19] 杨沛龙. 中国早期行政学史：民国时期行政学研究 [M]. 北京：社会科学文献出版社，2014.

[20] 加布里埃尔·A. 阿尔蒙德，小 C. 宾厄姆·鲍威尔. 比较政治学：体系、过程和政策 [M]. 曹沛霖等，译. 上海：上海译文出版社，1987.

[21] 古德诺. 政治与行政——一个对政府的研究 [M]. 王元，杨百朋，译. 北京：华夏出版社，1987.

[22] 洛克. 政府论 [M]. 叶启芳等，译，北京：商务印书馆，1993.

[23] 欧文·E. 休斯. 公共管理导论（第二版）[M]. 彭和平等，译. 北京：中国人民大学出版社，2002.

[24] 王亚南. 中国官僚政治研究 [M]. 北京：商务印书馆，2010.

[25] 马丁·阿尔布罗. 官僚制 [M]. 北京：知识出版社，1990.

[26] 乔尔·阿伯巴奇等. 两种人：官僚与政客 [M]. 陶远华等，译. 北京：求实出版社，1990.

[27] 保罗·萨缪尔森，威廉·诺德豪斯. 经济学 [M]. 高鸿业等，译. 北京：商务印书馆，1979.

[28] 梁小民. 高级宏观经济学教程 [M]. 北京：北京大学出版社，1993.

[29] 弗里蒙特·卡斯特，詹姆斯·罗森茨韦克. 组织与管理 [M]. 李柱流等，译. 北京：中国社会科学出版社，1985.

[30] 孔茨等. 管理学 [M]. 郝国华等，译. 北京：经济科学出版社，1995.

[31] 丹尼尔·雷恩. 管理思想的演进 [M]. 孙耀君等，译. 北京：中

国社会科学出版社，1986.

[32] 罗伯特·赖克. 国家的作用——21 世纪资本主义的前景 [M]. 上海市政协编译组等，编译. 上海：上海译文出版社，1994.

[33] 斯蒂格利茨. 政府为什么干预经济 [M]. 郑秉文，译. 北京：中国物资出版社，1998.

[34] 查尔斯·沃尔夫. 市场或政府——权衡两种不完善的选择 [M]. 谢旭，译. 北京：中国发展出版社，1994.

[35] 世界银行：1997 年世界发展报告——变革世界中的政府 [M]. 蔡秋生等，译. 北京：中国财政经济出版社，1997.

[35] 金太军等. 政府职能梳理与重构 [M]. 广州：广东人民出版社，2002.

[36] 尼古拉斯·亨利. 公共行政与公共事务 [M]. 北京：中国人民大学出版社，2002.

[37] 科斯等. 制度、契约与组织——从新制度经济学角度的透视 [M]. 北京：经济科学出版社，2003.

[38] 约翰·肯尼思·加尔布雷. 权力的分析 [M]. 陶远华等，译. [M]. 石家庄：河北人民出版社，1988.

[39] 朱光磊：以权力制约权力 [M]. 成都：四川人民出版社，1987.

[40] 林子英等. 难解的方程式——行政权力划分和配置 [M]. 广州：暨南大学出版社，1997.

[41] 沃伦·布兰克. 领导能力的九项法则 [M]. 夏善晨等，译. 上海：上海人民出版社，1997.

[42] 詹姆斯·麦格雷戈·伯恩斯：领袖论 [M]. 刘李胜等，译. 北京：中国社会科学出版社，1996.

[43] 赫伯特·西蒙. 管理决策新科学. [M]. 北京：中国社会科学出版社，1982.

[44] 斯图亚特·S. 内格尔. 政策科学百科全书 [M]. 林明等，译. 北京：科学技术文献出版社，1990.

[45] 叶海卡，德罗尔. 逆境中的政策制定 [M]. 王满传等，译. 上海：上海远东出版社，1996.

［46］桑玉成，刘百鸣．公共政策导论［M］．上海：复旦大学出版社，1991．

［47］陈庆云．公共政策分析［M］．北京：中国经济出版社，1997．

［48］赵国俊，陈幽泓．机关管理的原理与方法［M］．北京：中国人民大学出版社，1999．

［49］段甲强，李积万．公共部门机关管理［M］．北京：中国国际广播出版社，2002．

［50］张泰峰．公共部门机关管理［M］．郑州：郑州大学出版社，2003．

［51］王首程．会议管理［M］．北京：高等教育出版社，2003．

［52］中共中央关于全面推进依法治国若干重大问题的决定［M］．北京：人民出版社，2014．

［53］中共中央文献研究室．习近平关于全面依法治国论述摘编［M］．北京：中央文献出版社，2015．

［54］杨海坤．行政法与行政诉讼法［M］．北京：法律出版社，1992．

［55］姜明安．行政诉讼法学［M］．北京：北京大学出版社，1993．

［56］应松年．行政法学新论［M］．北京：中国方正出版社，1998．

［57］李殿勋，郑传坤等．行政执法教程［M］．北京：法律出版社，2003．

［58］郎加．监督制度创新［M］．北京：国家行政学院出版社，2005．

［59］阿里·哈拉契米．政府业绩与质量测评［M］．广州：中山大学出版社，2003．

［60］财政部财政科学研究所《绩效预算》课题组．美国政府绩效评估体系［M］．北京：经济管理出版社，2004．

［61］范柏乃．政府绩效评估理论与实务［M］．北京：人民出版社，2005．

［62］彭国甫等．地方政府绩效评估研究［M］．长沙：湖南人民出版社，2005．

［63］卓越．政府绩效管理导论［M］．北京：清华大学出版社，2006．

［64］周凯．政府绩效评估导论［M］．北京：中国人民大学出版社，2006．

［65］刘亚平. 当代我国地方政府间竞争［M］. 北京：社会科学文献出版社，2007.

［66］何怀宏：伦理学是什么［M］. 北京：北京大学出版社，2002.

［67］特里·库珀. 行政伦理学：实现行政责任的途径（第五版）［M］. 张秀琴，译. 北京：中国人民大学出版社，2010.

［68］张康之，刘柏志. 行政伦理学教程［M］. 北京：中国传媒大学出版社，2006.

［69］王振华. 公共伦理学［M］. 北京：社会科学文献出版社，2010.

［70］王伟等. 中国韩国行政伦理与廉政建设研究［M］. 北京：国家行政学院出版社，1998.

［71］马国泉. 行政伦理：美国的理论与实践［M］. 上海：复旦大学出版社，2006.

［72］俞可平. 治理与善治［M］. 北京：社会科学文献出版社，2004.

［73］任晓. 中国行政改革［M］. 杭州：浙江人民出版社，1998.

［74］毛寿龙，李梅，陈幽泓. 西方政府治道变革［M］. 北京：中国人民大学出版社，1998.

［75］文森特·奥斯特罗姆. 美国公共行政的思想危机［M］. 毛寿龙，译. 上海：上海三联书店，1999.

［76］戴维·奥斯本，彼得普拉. 斯特里克. 再造政府［M］. 谭功荣，刘霞，译. 北京：中国人民大学出版社，2010.

［77］H. 乔治·弗雷德里克森. 新公共行政［M］. 北京：中国人民大学出版社，2011.

［78］戴维·奥斯本，特德·盖布勒. 改革政府——企业精神如何改革公营部门［M］. 周敦仁等，译. 上海：上海译文出版社，1996.

［79］珍妮特·V. 登哈特，罗伯特·B. 登哈特. 新公共服务：服务，而不是掌舵［M］. 丁煌，译. 北京：中国人民大学出版社，2010.

［80］拉塞尔·M. 林登. 无缝隙政府.［M］. 北京：中国人民大学出版社，2002.

后 记

为把公共行政学的基本原理和基础知识介绍给高等院校行政管理、现代文秘等相关专业的师生以及广大机关和事业单位工作人员、有志于公共行政学学习的读者，我们编写了本书。除正文外，我们还在每一章后附有案例和思考题，在书末开列了主要参考文献，相信这会对学生拓宽视野，加深理解，提高分析问题和解决问题的能力有所帮助，对其他研修者的学习探究也不无裨益。

本教材是南通大学、南京审计大学等多位从事公共行政学教学和研究的教师通力合作的结果。具体分工如下：南通大学蒋国宏教授撰写第一、三、四章；南通大学宋超教授撰写第二、九、十章；南通大学臧乃康教授撰写第十二章；南通大学黄功勤、黄丽娟副教授撰写第十一章；南通大学朱余斌副教授撰写第五、第七、第八章；南京审计大学林莉副教授撰写第六、第十三章。最后由蒋国宏和宋超进行统稿。

在编写本教材的过程中，我们参考了大量的中外文献，借鉴了众多学者的研究成果，吸收了国内外已经出版的类似教材的诸多优点，在此深表谢意！另外，南通大学杏林学院及江苏省一流本科专业建设项目"行政管理"为这本教材的出版提供了支持，首都经济贸易大学出版社王玉荣编辑为本教材出版做了大量的工作。对此，我们表示衷心的感谢。由于学识、能力和时间所限，本教材必然存在一些错漏，敬请广大读者批评指正，以便帮助我们进一步改进！

编　者

2020 年 12 月